美国联邦最高法院经典税法案例评析

翟继光 著

立信会计出版社
LIXIN ACCOUNTING PUBLISHING HOUSE

图书在版编目(CIP)数据

美国联邦最高法院经典税法案例评析/翟继光著.
—上海:立信会计出版社,2009.7
ISBN 978-7-5429-2300-4

Ⅰ.美… Ⅱ.翟… Ⅲ.税法—案例—分析—美国
Ⅳ.D971.222

中国版本图书馆 CIP 数据核字(2009)第 120336 号

责任编辑　王微宇
封面设计　周崇文

美国联邦最高法院经典税法案例评析

出版发行	立信会计出版社		
地　　址	上海市中山西路 2230 号	邮政编码	200235
电　　话	(021)64411389	传　真	(021)64411325
网　　址	www.lixinaph.com	E-mail	lxaph@sh163.net
网上书店	www.lixinbook.com	Tel：(021)64411071	
经　　销	各地新华书店		

印　　刷	常熟市梅李印刷有限公司
开　　本	787 毫米×960 毫米　　1/16
印　　张	20.25
字　　数	376 千字
版　　次	2009 年 7 月第 1 版
印　　次	2009 年 7 月第 1 次
印　　数	1—3 000
书　　号	ISBN 978-7-5429-2300-4/D·0106
定　　价	38.00 元

如有印订差错　请与本社联系调换

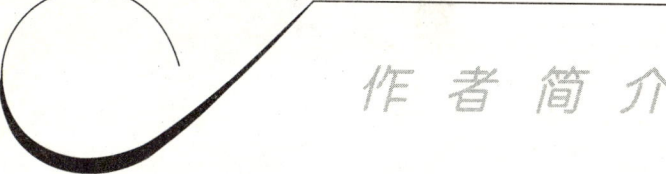

作 者 简 介

    翟继光,哲学学士(北京大学)、法学博士(北京大学),中国政法大学民商经济法学院副教授,兼任北京大学财经法研究中心民营企业税法研究室主任,《法制日报》、《第一财经日报》特邀评论员。

    在《中国税务》、《税务研究》、《涉外税务》、《西南政法大学学报》、《法制日报》、《经济日报》、《中国税务报》、《中国财经报》、《第一财经日报》等刊物发表论文100余篇,其中,4篇论文被中国人民大学书报资料中心复印报刊资料全文转载,3篇论文被《经济研究参考》全文转载,1篇论文被《中国社会科学文摘》部分转载。参与国家级、省部级课题10余项。目前已经出版学术类个人专著1部、合著1部、实务类个人专著15部、合著11部、主编4部、副主编2部、译著2部、参著20余部著作。主要著作:《中华人民共和国企业所得税法释义》(立信会计出版社2007年版)、《企业纳税筹划》(法律出版社2007年版)、《新企业所得税法及实施条例实务操作与筹划指南》(中国法制出版社2008年版)、《个人所得税自行纳税申报实务操作指南》(上海三联书店2008年版)、《明明白白缴个税》(北京大学出版社2008年版)、《新税法下企业纳税筹划》(电子工业出版社2008年版)、《财税法原论——和谐社会背景下的税收法治建设》(立信会计出版社2008年版)、《税法学》(中国政法大学出版社2008年版)、《增值税、营业税、消费税新规解释及企业筹划应对》(中国法制出版社2009年版)。

前 言 *FOREWORD*

中国学生在学习税法时遇到的一个重大问题是找不到可供学习的典型税法案例，这同样也是中国税法教师和研究者在税法教学和研究中所遇到的难题。很多人甚至由此对税法的法律性质及其可诉性等产生了疑问，一部不被法院所使用的法律还能算法律吗？一个没有案例的法律部门具有可诉性吗？其实，这些问题都是由于中国税法尚不完善，中国税收法治建设尚停留在初级阶段所导致的。

税法是规范国家向纳税人征收税款、纳税人向国家缴纳税款的法律。国家之所以有权力向纳税人征收税款是因为国家向纳税人提供了公共物品，纳税人之所以有义务向国家缴纳税款是因为纳税人享受了国家所提供的公共物品。任何国家的存在都是为了向社会主体提供公共物品，任何国家的存在都离不开税法。税法不仅应当是一个国家最先确立的法律之一，而且应当是这个国家最重要的法律之一。西方法治发达国家莫不如此。税法对纳税人和国家的权利义务影响如此之广泛，也导致了税法是一个迫切需要司法救济的法律项目。为此，很多国家专门设立了税务法院或者财务法院，专门解决大量具有专业性的税法案件。也有很多国家虽然没有设立专门的税务法院或者财务法院，但实际上在行政诉讼领域也受理大量的税法案件，甚至税法案件已经成为该国家（地区）最主要的行政诉讼案件。因此，可以毫不夸张地说，税收司法的发展状况是一个国家（地区）税法完善程度及其税收法治建设完善程度的直接标志。

笔者曾在一篇文章中提出"税收司法是税收法治的突破口"的观点（《税收司法——税收法治的突破口》，载《财税法论丛》第7卷，法律出版社2005年版），现在看来，这一观点仍然是具有前瞻性的。推进中国税收法治建设必须以推进中国的税收司法为前提，提升中国税法研究的理论水平同样必须以提高中国税法学界对税法典型案例的关注程度和研究水平为基础。

虽然中国目前尚没有典型的税法案例供学者学习和研究，但以税收法治建设完备而著称的美国却有大量的经典税法案例可供我们学习和研究。美国专门设置了税务法院，同时，美国的各级普通法院也都有解决税务案件的管辖权。这些法院每年处理数以万计的税务案件,其中一些比较重要的案件会被较高级别的法院所审理,最重要的、最具典型性的税务案件则会被交到美国联邦最高法院进行审理。由于联邦最高法院每年审理的案件数量有限,而且对于案件的筛选非常严格,每年都有成千上万的案件被拒在联邦最高法院的门外,可以说,凡是联邦最高法院审理的税务案件都是在当时最具代表性的案件。美国联邦最高法院从成立之初到今天已经审理和判决了数百个税务案件,我们暂时还没有时间和精力对这些案件一一进行学习和研究。本书选取了其中一些更具代表性的案件予以评析,供中国和其他华语地区的税法学生及学者学习和研究之用。

由于美国联邦最高法院审理的每一个案件都具代表性,因此,本书所选取的案件只能是在笔者看来更具代表性的案件。在将来条件许可时,笔者计划再选择一批典型的案件予以翻译和评析,以给广大读者提供更多具有参考价值的典型税法案例。

本书以给广大读者提供第一手资料为基本定位,因此,笔者对于案件的评论和观点全部都采取简明扼要的论点式提出,并不做长篇大论式的论述。由于这些案例的英文原文可以很容易在互联网上检索到,本书仅在附录部分列举了各个案例的英文名称,没有将英文判决书的原文列入本书。同时,为了便于广大读者对于美国《国内收入法典》(《美国税法典》)有一个整体的了解以更好地理解各个税法案例,本书在附录部分列出了笔者研究《美国税法典》的一篇文章,供读者参考。

笔者翻译整理这些案例大约用了一年的时间,最初是供笔者自己学习和研究税法之用,后来又在课堂上给学生讲授,深受学生喜欢。由于直接阅读英文判决书会耗费大量的时间和精力,很多学生和学者都不愿去做这些"事倍功半"的学习和研究,因此,笔者决定将这些已经翻译并整理出来的典型案例予以出版,希望能够帮助广大读者在学习和研究美国税法案例中取得"事半功倍"的效果。

本书可供广大法学专业、税收专业学生学习研究税法之用,也可供广大税法教师和研究者在税法教学和研究中作为重要的参考资料予以使用。想了解美国税法及其税务案件解决程序的读者,也可将本书作为重要的参考资料。

由于笔者并非专业翻译人员出身,对于美国案例、税法和司法制度的研究也有限,因此,虽然笔者在翻译过程中参考了大量资料,特别是互联网上的翻译资料,但也许还会有不合翻译规范,甚至翻译错误之处。在此,希望广大学界前辈和读者不吝赐教,将阅读中发现的瑕疵和错误之处向笔者指出,以便再版时修正。笔者联系方式是:北京市昌平区府学路 27 号中国政法大学民商经济法学院(邮编:102249),E-mail:zhaijiguang2008@sina.com。

翟继光
2009 年 6 月 15 日

目 录 CONTENTS

第一章 公司资本重组免税案(1947)

一、基本法律规定

(一)《1939 年国内收入法典》第 22 节第 a 分节的规定

"毛所得"包括以下收益、利润以及所得:来自薪水、工资或者个人劳务报酬,无论按照什么种类、采取何种方式支付;来自职业、行业、贸易、交易、商业,或者销售,或者财产处理,无论是不动产还是个人财产;来自所有权,或者该财产的使用或者利益;来自利息、租金、股息、证券,或者任何用于获得利益或者利润的商业交换;来自任何其他的收益或者利润和所得。对于在 1932 年 6 月 6 日以后就职的美国总统以及美国法院的法官而言,其所收到的报酬应当包括在毛所得之内;确定该总统和法官的报酬的所有法律因此作相应修改。

(二)《1939 年国内收入法典》第 112 节的规定

1. 第 a 分节:总则

除本节以下规定以外,对于财产的销售或者交换,根据第 111 节所确定的全部收益或者损失的数额,都应当予以确认。

2. 第 b 分节第 3 段:重组中的股票换股票

重组中的股票换股票:如果作为重组一方当事人的某公司的股票或者证券,按照重组计划,仅仅用于交换在该公司或者作为重组一方当事人的另一个公司中的股票或者证券,那么,不应当确认任何收益或者损失。

3. 第 c 分节:来自非仅仅种类交换的收益

如果一项交换本来应当属于本节中的第 b 分节第 1、第 2、第 3 段或者第 5 段所规定的范围内,如果没有下面这一事实的话:在该交换中所收到的财产不仅由被允许不确认收益的财产组成,而且由其他财产或者货币组成,那么,接收者所收到的收益的数额——如果有的话——不能超过该货币以及该其他财产的公平市场价值之和。

如果一项分配是按照一个符合上述规定的重组计划而进行的,但是却具有分配应税股息的效果,那么,应当对每一个分配受益人按照股息征税,该股息的数额等于根据上述规定所确认的收益数额,该数额不应当超过在 1913 年 2 月 28 日以后该公司所累积的未分配收益和利润中它所占的份额。

4. 第 g 分节:重组的定义

"重组"这一术语是指:① 法定兼并或者合并;② 一个公司至少获得另一个公司 80% 的有表决权的股票或者所有其他种类股票总份额的 80%;或者另一个公司实质上所有财产的 80%;③ 一个公司的所有或者部分资产向另一个公司的转移,如果在该转移以后,让与公司或者其股东或者两者控制了接收转让资产的公司;④ 资本重组;⑤ 仅仅身份、形式或者组织地点的改变,不论该改变具有什么效果。

5. 第 115 节:公司的分配

本章中所使用的"股息"这一术语是指由一个公司向其股东所作出的任何分配,无论是采取货币的形式,还是其他财产的形式。该分配是从其在 1913 年 2 月 28 日以后累积的收益或者利润中,或者从纳税年度的收益或者利润(截至该纳税年度结束之时计算,不扣除在该纳税年度中任何分配的数额)中进行的,不考虑在分配之时收益和利润的数额。

(三) 现行《国内收入法典》第 351 节的相关规定

1. 第 a 分节:总则

如果财产被一个或者更多的主体转让给一个公司,其目的仅仅是换取该公司中的股票,同时在该交换以后,该主体控制了(根据第 368 节的定义)该公司,那么,就不能确认任何收益或者损失。

2. 第 b 分节:收到财产

如果第 a 分节本来应当适用于一个交易,只是由于这样一个事实而没有被适用:除了第 a 分节所允许接收的股票以外,还收到了其他财产或者货币,那么,① 关于该收到的收益(如果有的话)应当予以确认,但是不能超过下列两个数额之和:所收到的货币数额加上所收到的其他财产的公平市场价值;② 关于该收到行为,禁止确认任何损失。

3. 第 c 分节:向股东分配的特殊规定

(1) 第 1 段:一般规定

在为本节规定之目的而确定控制之时,下面这一事实不应当予以考虑:作为转让人的任何公司分配公司的全部或者部分股票,而其获得该股票是为了与其股东进行交换。

(2) 第 2 段:第 355 节的特别规定

如果第 1 段所描述的分配符合第 355 节(或者第 356 节中与第 355 节相关部

分)所规定的条件,那么,专门为了确定分配公司将财产转让给控制公司的税收待遇之目的,这样一个事实,即分配公司的股东处置了全部或者部分被分配的股票,或者这样一个事实,即其股票被分配的公司又发行了新股,为确定本节所规定的控制之目的,不应当予以考虑。

(四) 现行《国内收入法典》第354节第a分节的相关规定

1. 第1段:一般规定

如果作为重组一方的公司的股票或者证券,按照重组计划,专门为了该公司或者另外一个属于重组一方的公司的股票或者证券而进行交易,则禁止确认任何收益或者损失。

2. 第2段:限制

(1) 第A分段:超额本金数额

在下列情况下,第1段的规定不应当予以适用:所收到的任何该证券的本金数额超过了所放弃的任何该证券的本金数额,或者收到了任何该证券,但没有该证券被放弃。

(2) 第B分段:可归于应付利息的财产

如果任何股票(包括不符合条件的优先股,根据第351节的定义)、证券或者所收到的其他财产中可归于在持有人持有期间开始或者以后该证券所发生的利息的部分,第1段以及第356节中与第1段相关的部分都应当予以适用。

(3) 第C分段:不符合条件的优先股

在与除不符合条件的优先股(根据第351节的定义)以外的股票进行的交换中所收到的不符合条件的优先股(根据上述定义),不应当被视为股票或者证券。

上述规定不应当适用于第368节所规定的家庭拥有公司的资本重组。

为本条款规定之目的,除非规章另有规定,"家庭拥有公司"这一术语是指在资本结构变化之日5年以前的当天开始的8年期间的整个过程中都属于第447节所描述情况的任何公司。为前面一句规定之目的,在第355节所描述的任何期间内,股票不应当被视为由家庭成员所拥有。

可归于不再属于家庭所有公司的任何欠税的法定核定期间,在该公司通知(按照部长所规定的方式)部长存在该欠税情况之日起的3年期间未届满之前不能届满,并且该欠税可以在该3年期间届满之前予以核定和征收,即使有任何有可能阻止该核定与征收的法律规定,仍然可以行使上述权力。

(五) 现行《国内收入法典》第368节的相关规定

1. 第a分节:重组

(1) 第1段:一般规定

为Ⅰ部分、Ⅱ部分以及本部分规定之目的,"重组"这一术语是指:① 法定兼并或者合并；② 一个公司为了获得另外一个公司的股票而专门交换其全部或者部分具有表决权（或者专门交换控制获得公司的全部或者部分具有表决权的股票）的股票的获得行为，并且在该获得以后，获得公司已经控制了该其他公司（无论该获得公司在获得之前是否控制该公司）；③ 一个公司为了获得另外一个公司实质上所有的财产而专门交换其全部或者部分具有表决权（或者专门交换控制获得公司的全部或者部分具有表决权的股票）的股票的获得行为，但是在确定该交换是否专门为股票时，获得公司对其他公司债务的承担应当不予考虑；④ 一个公司将其全部或者部分资产向另外一个公司的转让，如果在该转让以后，转让人，或者其中一个或者更多股东（包括在该转让前属于股东的主体），或者其中的任何联合，控制了资产被转让给的公司；但是必须满足下面这一条件：根据计划，该资产被转让给的公司的股票或者证券在符合第 354、第 355 节或者第 356 节所规定条件的交易中被分配；⑤ 资本结构的改变；⑥ 一个公司仅仅在身份、形式或者组织地点方面的改变，不论该改变的效果是什么；⑦ 一个公司将其全部或者部分资产在标题 11 或者类似的情况下转让给另外一个公司；但是必须满足下面的条件：根据计划，该资产被转让给的公司的股票或者证券在符合第 354、第 355 节或者第 356 节所规定条件的交易中被分配。

（2）第 2 段：关于第 1 段的特殊规定

如果一个公司实质上获得了另外一个公司的全部财产，该获得本来应当符合上述③所规定的条件，但是由于下列事实而不符合：除了有表决权的股票以外，获得公司还交换了货币或者其他财产，并且获得公司，专门为了上述③所描述的拥有表决权的股票，获得了其他公司的财产，该财产拥有的公平市场价值至少是该其他公司的所有财产的公平市场价值的 80%，那么，该获得应当被视为符合上述③所规定的条件。获得公司所承担的任何债务的数额应当视为该财产所支付的货币。

本来符合上述①、②、③、⑦所规定条件的交易不应当仅仅因为这样一个事实就被认为不符合条件：在该交易中所获得的资产或者股票的全部或者部分被转让给由获得该资产或者股票的公司所控制的公司。

一个公司为了交换控制获得公司的一个公司（本分段以下称为"控制公司"）的股票，而获得另外一个公司的实质上所有财产的行为不应当视为是符合上述①或者⑦所规定条件的交易，如果在该交易中没有使用获得公司的任何股票，并且在上述①所规定的交易情况下，该交易本来应当符合上述①所规定的条件，如果合并到控制公司的话。

一个本来应当符合上述①所规定条件的交易不应当因为下面这一事实就被认为不符合条件：在兼并之前控制被兼并公司的一个公司的股票在该交易中被使用了，如果在该交易以后，在兼并中继续存在的公司实质上拥有了其全部财产以及被兼并公司的财产（控制公司在该交易中分配的股票除外）；并且在该交易中，存续公司的前任股东为了控制公司的一定数量的有表决权的股票而交换了构成控制该公司的存续公司的一定数量的股票。

　　如果在上述规定所描写的交易之前，参与该交易的 2 个或者更多的主体是投资公司，那么，该交易不应当被视为关于任何该投资公司（及其股东以及证券持有人）的重组，除非它是受规制的投资公司、不动产投资信托或者符合下列条件的公司：如果其总资产中不超过 25％ 的部分被投资于任何一个发行人的股票或者证券中，并且其总资产中不超过 50％ 的部分被投资于 5 个或者更少数量的发行人的股票或者证券中。为上述规定之目的，控制公司集团（在第 1563 节所规定的意义范围内）的所有成员应当被视为一个发行人。为上述规定之目的，在受规制的投资公司、不动产投资信托或者符合本条款所规定条件的投资公司中持有股票的主体，除非规章另有规定，应当被视为持有该公司或者信托所拥有资产的适当比例的份额。

　　"投资公司"这一术语是指受规制投资公司、不动产投资信托或者其总资产价值的 50％ 或者以上是股票和证券，并且其总资产价值的 80％ 或者以上是为投资而持有的资产。在作出前面一句所规定的 50％ 和 80％ 的决定时，在任何附属公司中的股票和证券应当不予考虑，并且，母公司应当视为拥有附属公司资产的适当比例的份额。如果母公司拥有某公司所有种类的有表决权的股票的联合表决价值的 50％ 或者以上，或者所有种类已发行股票的总价值的 50％ 或者以上，该公司应当被视为附属公司。

　　在确定总资产时，应当将下列排除在外：现金和现金项目（包括应收项目），政府证券，以及根据部长制定的规章的规定，为了符合上述条款所规定的条件或者停止属于投资公司而获得的财产（通过承担债务或者其他方式）。

　　如果每一个投资公司的股票实质上都是由相同的主体按照相同的比例所持有的，上述规定不应当予以适用。

　　"证券"这一术语包括州和地方政府债务，日用品期货交易合同，受规制投资公司、不动产投资信托以及构成《1940 年投资公司法》所规定意义范围内的证券的其他投资的份额。

　　（3）第 3 段：与标题 11 以及类似情况相关的额外规则

　　为本部分规定之目的，"标题 11 以及类似情况"这一术语是指《美国法典》标题 11 所规定的情况，或者在联邦或者州法院中的破产诉讼、丧失抵押品赎回权或者类似程序。

　　只有满足下列条件，公司资产的转让才能被视为在标题 11 或者类似情况下所作出的：重组的任何主体都是处于在该情况法院的管辖权之下，并且转让是按照经过法院批准的重组计划进行的。

2. 第 b 分节：重组的一方主体

为本部分规定之目的，"重组的一方主体"这一术语包括：① 重组所产生的公司；② 对于导致一个公司获得另一个公司的股票或者财产的重组而言，该两个公司，对于符合第 a 分节中的第 1 段第 B 分段或者第 1 段第 C 分段所规定条件的重组而言，如果为换取股票或者财产的股票是控制获得公司的公司股票，"重组的一方主体"这一术语也包括控制该获得公司的公司。对于由于第 a 分节中的第 2 段第 C 分段的规定而符合第 a 分节第 1 段第 A 分段、第 1 段第 B 分段、第 1 段第 C 分段或者第 1 段第 G 分段所规定条件的重组而言，"重组的一方主体"这一术语包括控制被获得的资产或者股票被转让公司的公司。对于由于第 a 分节中的第 2 段第 D 分段的规定而导致符合该分节中的第 1 段第 A 分段或者第 1 段第 G 分段所规定条件的重组而言，"重组的一方主体"这一术语包括第 6 分节第 2 段第 D 分段所指的控制公司。对于由于第 a 分节第 2 段第 E 分段的规定而符合第 a 分节第 1 段第 A 分段所规定条件的重组而言，"重组的一方主体"包括第 a 分节第 2 段第 E 分段所指的控制公司。

3. 第 c 分节：控制的定义

为 I 部分（第 304 节除外）、II 部分以及 V 部分规定之目的，"控制"这一术语是指拥有公司所有类型有表决权股票的联合表决权的至少 80％ 以及所有其他种类财产的总股份数的至少 80％ 的股票所有权。

二、基本制度解析

（一）公司重组的基本含义及其税法待遇

关于公司重组，《1939 年国内收入法典》并没有给出一个统一的定义，仅仅列举了公司重组的几种具体方式。一般而言，公司重组是指公司之间通过产权或者资产的流动、整合，以实现企业组织形式、产权结构等的调整，是企业为改善其经营状况，获取对资产的最大利益，对存量资产进行企业间转移，进而实现各种生产要素的优化配置和组合。

公司重组从不同的角度有不同的分类方法。按照重组所带来的资本运作方式进行分类，公司重组可以分为资本扩张、资本收缩和资本重整三种方式。其中，资本扩张一般包括合并、收购、上市扩股、合资等；资本收缩一般包括资产剥离或出售、公司分立、分拆上市、股票回购等；资本重整一般包括改组改制、股权或资产置换、管理层收购、职工持股基金等。

《1939 年国内收入法典》对公司重组规定了税收优惠，即公司重组不确认收益和损失，也就是说，公司重组本身是免税的。由于公司重组有利于企业自身的发展,有利于资源的优化配置,因此,世界各国大多对公司重组持鼓励和支持的态度,因此,也往往采取一些税收优惠政策来鼓励企业进行重组。

(二) 免税公司重组的几种形式

《1939 年国内收入法典》并不是对所有的公司重组都给予免税待遇,仅对满足其规定条件的公司重组给予免税待遇。该法典列举了免税公司重组的 5 种形式。

1. 兼并或者合并

兼并(merger),是指一个企业购买其他企业的产权,使其他企业失去法人资格或改变法人实体的一种行为。合并(consolidation),是指两个或两个以上的企业,依据法律规定或合同约定,合并为一个企业的法律行为。合并可以采取吸收合并和新设合并两种形式。吸收合并,是指两个以上的企业合并时,其中一个企业吸收了其他企业而存续,被吸收的企业解散。新设合并,是指两个以上企业合并为一个新企业,合并各方解散。合并、兼并,一般不须经清算程序。企业合并、兼并时,合并或兼并各方的债权、债务由合并、兼并后的企业或者新设的企业承继。《国内收入法典》没有对兼并和合并给出具体的定义和条件限制,但强调是"法定"(statutory)兼并和合并,也就是说,企业的兼并和合并应当是按照相关公司法的规定所进行的符合法律规定条件和标准的兼并和合并。

2. 股权重组

股权重组,是指股份制企业的股东(投资者)或股东持有的股份发生变更。股权重组主要包括股权转让和增资扩股两种形式。股权转让,是指企业的股东将其拥有的股权或股份,部分或全部转让给他人。增资扩股,是指企业向社会募集股份、发行股票、新股东投资入股或原股东增加投资扩大股权,从而增加企业的资本金。股权重组一般不须经清算程序,其债权、债务关系,在股权重组后继续有效。

《1939 年国内收入法典》对免税的股权重组给出了限定条件:"一个公司至少获得另一个公司 80% 的有表决权的股票或者所有其他种类股票总份额的 80%;或者另一个公司实质上所有财产的 80%。"这里所规定的股权重组仅包括股权转让一种方式,而且股权转让必须达到一定的比例,即有表决权股票(voting stock)的 80%,或者所有种类股票的 80%,或者所有财产的 80%。

3. 资产转让

资产转让,是指企业有偿转让本企业的部分或全部资产。与之相对的是资产受让,资产受让是指企业有偿接受另一企业部分或全部资产。

《1939 年国内收入法典》对资产转让也规定了具体的条件:"一个公司的所有或者部分资产向另一个公司的转移,如果在该转移以后,让与公司或者其股东或者两者控制了接收转让资产的公司。"也就是说,在资产转让以后,转让公司或者转让公司的股东或者两者联合企业控制了被转让公司。《1939 年国内收入法典》第 112

节第 h 分节界定了控制(control)的含义:"该公司有表决权的所有种类股票的联合表决权的至少 80％以及所有其他种类股票的总份额的至少 80％的股票所有权。"

4. 资本重组

资本重组(recapitalization)也称为资产重组,是指通过不同法人主体的法人财产权、出资人所有权以及债权人债权进行符合资本最大增值目的的相互调整和改变,对实物资本、无形资本等资本的重新组合。《1939 年国内收入法典》并未对资本重组给出具体的界定。

5. 其他

除以上典型的公司重组以外,《1939 年国内收入法典》还规定了其他形式的公司重组,即"仅仅身份、形式或者组织地点的改变,不论具有什么效果"。这一规定比较宽泛,也比较模糊,没有给出具体的界定或者条件,这也是在现实经济生活中容易导致纠纷的规定。

(三) 股息及其税收待遇

1. 股息的界定

股息(dividend),是指股票持有者依据股东权从公司分取的盈利。股息的来源一般是公司的税后净利润,但它的具体表现形式有现金股息、股票股息、财产股息、负债股息和建业股息等多种。《1939 年国内收入法典》第 115 节第 a 分节将股息界定为"由一个公司向其股东所作出的任何分配",同时强调"无论是采取货币的形式,还是其他财产的形式"。关于股息的来源,该法也作了明确规定:"该分配是从其在 1913 年 2 月 28 日以后累积的收益或者利润中,或者从纳税年度的收益或者利润(截至该纳税年度结束之时计算,不扣除在该纳税年度中任何分配的数额)中进行的,不考虑在分配之时收益和利润的数额。"

2. 股息的税收待遇

股息本身是需要同其他所得一样缴纳所得税的。根据《1939 年国内收入法典》第 22 节第 a 分节对"毛所得"的界定,"股息"属于特别列举应当征税的所得。当然,由于对股息所得会产生经济性重复征税,因此,有些国家也会对股息给予一定的税收优惠。例如,中国《企业所得税法》第 26 条就明确规定,符合条件的居民企业之间的股息、红利等权益性投资收益属于免税收入。

三、案情简介

在某家族公司中,纳税人和他的妻子拥有全部的股份,但是其中一个人只拥有该公司千分之一的股份,这些股份的价值是 100 美元。1993 年,该家族公司制定了重组计划。根据该重组计划,纳税人、他的妻子以及额外股份的持有者交出他们的旧股份,作为交换,每一个旧股份收到 5 个没有票面价值的新股份,但是所规定的价值是 60 美元,以及新的债券——其票面价值为 400 000 美元,在 10 年内予以支付,但是随时可以请求支付。因此,纳税人因其 798 个旧股份而获得了 3 990 个新股份以及票面数额为 319 200 美元的债券。在这些交易之时,该公司挣得的盈余是 855 783.82 美元。

在另外一个案件中,纳税人拥有被鉴定的 6 000 股股票中的 5 914 股,每股价值为 100 美元。通过一个重组计划,被鉴定的资本减少了一半,变成 295 700 美元,分配到 5 914 股股份中,没有每股价值,但是拥有所谓的每股 50 美元的价值。该5 914 股的旧股票被取消,该公司发行了用于交换该 5 914 股旧股票的新的不标明每股面值的普通股票以及利率为 6% 的 20 年债券,其本金为 295 700 美元。该交换的基础是一个新的股份加上 50 美元的债券交换一个旧的股份。旧的资本账户被记入借方,总额为 591 400 美元,新的没有每股面值的资本账户被记入贷方,其数额为 295 700 美元,余额 295 700 美元被记入"应付债券"的贷方账户。此时已经累积了可用于分配的总额至少为 164 514.82 美元的收益,该账户没有发生变化。在交换之时,该债券拥有不少于 164 208.82 美元的价值。

在第一个案件中,纳税人认为,该家族公司的行为属于"资本重组",是免税的"重组"交易并且该债券是"公司中的证券,是重组的一方主体",该债券没有实现任何收益,因此不需要缴纳所得税。税务局认为该家族公司的行为不属于免税的"资本重组",应当将该债券的全部价值作为纳税人的所得。在第二个案件中,纳税人也认为该公司的重组属于免税重组,不需要缴纳所得税。税务局认为应当将债券视为公司累积收益的分配,应当征收所得税。

两个案件中的纳税人都不服税务局的认定,向税务法院提起诉讼。税务法院支持了税务局的观点。纳税人不服税务法院的判决,提起上诉。第三巡回区上诉法院维持了税务法院的判决。纳税人不服上诉法院的判决,向联邦最高法院提起上诉。联邦最高法院受理了该案。1947 年 6 月 16 日,联邦最高法院作出终审判决,维持上诉法院的判决。

四、正反方观点

(一) 正方(纳税人)观点

两个案件中公司的行为都属于公司重组,而且符合《1939 年国内收入法典》第 112 节关于免税重组的界定。两个公司都发行了新股,以完全取代旧股。这种行为显然属于《1939 年国内收入法典》第 112 节第 g 分节第 1 段所提到的"资本重组"。因此,也就属于该节所规定的免税的"公司重组",不需要缴纳所得税。

（二）反方（税务局、税务法院、上诉法院、联邦最高法院）观点

该两个公司的资本重组"没有立法所规定的公司商业目的"，因此不是法律所规定意义范围内的"重组"。在公司资本重组中债券的发行是一种伪装的分配股息的行为。法律没有规定"资本重组"的具体含义。因此，"资本重组"必须参照第112节第g分节的假设和目的来解释。重组规定的目的不是为了将那些实际上实现了所得的行为免除纳税义务。税法规定资本重组免税是为了解决以下情形：公司进行了一种形式上的分配，直接或者通过证券的交换，仅仅代表了以前主体参与一个企业的新形式，对于相关主体互相之间的关系以及与公司资产的关系以及权利都没有发生实质的变化。对于这种情况，国会认为不宜征收所得税。

公司重组享受免税待遇的关键是重组安排在本质上具备国会对于重组免税所暗含的要素，而不是仅仅有重组的形式，实质上却实现了收益的分配。本案中两个公司的资本重组行为仅仅是一种工具，其实质是向股东分配公司累积收益。根据第112节的规定，从累积收益中向股东分配收益不是重组，应当按照股息所得征税。

五、案件评析

从《1939年国内收入法典》第112节的规定来看，的确没有将免税的公司重组界定清楚。纳税人利用不完善的法律规定进行避税行为的确是很正常的现象。从表面形式来看，两个案件中的公司的确都进行了重组，但它们的重组似乎都没有什么合理的商业目的，它们的重组从经济效果来看，与分配股息没有实质的差别。两个重组似乎主要是为了获得免税的利益。由于美国税法中并没有一般反避税条款，法院不能依据一般反避税条款来判决。

法院判断本案所依据的主要原则是立法目的原则。法院首先探寻了税法对公司重组免税的目的，然后判断两个公司的重组是否满足了税法所设定的目的，由于该重组并不满足税法所设定的目的，因此，不能享受免税待遇。目的检验法是对付避税的重要手段之一，其所考察的核心是纳税人的行为是否符合税法的目的或者宗旨。适用目的检验法的一个前提是纳税人的行为不具有合理的商业目的，如果纳税人的行为具有合理的商业目的，从维护交易稳定以及税收法定原则出发，不应当轻易否定纳税人所采取的交易形式。税法的目的和宗旨往往并没有直接表述出来，因此，只能从相关文字表述或者制度设计中推导出来，而不同主体所推导出的税法目的又是不同的，因此，税法目的本身又具有一定的不确定性。如果允许法院任意运用税法的目的来否定纳税人所采取的交易形式，就会对交易的稳定产生较大影响，同时也对税收法定原则有较大冲击。因此，只有当纳税人的交易形式不具有合理的商业目的的情况下才能采取目的检验法来否定纳税人的交易形式。

在法院否定了纳税人的交易形式以后,法院又采取了经济观察法或者实质课税原则来解决如何对纳税人的交易行为征税的问题。既然本案中的两个公司的重组行为都不满足免税公司重组的条件,不能免税,那么,应当按照什么方式进行征税呢?此时就需要运用经济观察法或实质课税原则来征税,也就是说,按照纳税人所采取交易形式的经济实质来课税。纳税人所采取的重组行为,从经济实质来看,就是公司向股东分配利润的行为,因此,应当按照税法对股息征税的方式对纳税人征税。

美国现行的《国内收入法典》对于本案中的家族公司的资本重组问题作出了明确规定。《国内收入法典》第 354 节第 a 分节第 2 段明确规定,家庭拥有公司的资本重组不属于税法规定的免税资本重组。这一规定就解决了第一个案例中的家族公司资本重组的问题。《国内收入法典》第 354 节第 a 分节第 2 段明确规定,如果"所收到的任何该证券的本金数额超过了所放弃的任何该证券的本金数额",则不属于税法规定的免税资本重组。这一规定就解决了第二个案例中的公司资本重组的问题。现行《国内收入法典》第 368 节对于"重组"进行了非常详细的界定,在该制度下,通过资本重组进行避税的空间已经非常小了。

六、美国联邦最高法院关于本案的判决书

美国联邦最高法院

贝雷诉国内税收服务局局长,331 U.S. 737(1947)

贝雷诉国内税收服务局局长

亚当斯诉同一主体

第 287 号和第 209 号

辩论于 1947 年 1 月 9 日、10 日

判决于 1947 年 6 月 16 日

法兰克福特法官发表了法院的观点。

这些案件都涉及对于《国内收入法典》关于公司重组的规定的适当解释。它们对于财政部和公司企业的重要性使得我们发布了诉讼文件移送命令,329 U.S. 695;329 U.S. 701。尽管在细节上我们应当提及一些差异,这两个案例可以按照同一种观点被处理。在巴兹雷案件中,第 287 页,国内税收服务局针对纳税人核定了 1939 年的所得税欠税。其合法性取决于在那一年中家族公司的资本结构改变的重要性,在该家族公司中,纳税人和他的妻子拥有全部的股份,但是其中一个人只拥有该公司千分之一的股份。这些股份的价值是 100 美元。根据该重组计划,纳

税人、他的妻子以及额外股份的持有者交出他们的旧股份,作为交换,每一个旧股份收到 5 个没有票面价值的新股份,但是所规定的价值是 60 美元,以及新的债券——其票面价值为 400 000 美元,在 10 年内予以支付,但是随时可以请求支付。因此,纳税人因其 798 个旧股份而获得了 3 990 个新股份以及票面数额为 319 200 美元的债券。在这些交易之时,该公司挣得的盈余是 855 783.82 美元。

局长将该债券的全部价值作为纳税人的所得。税务法院支持了局长的决定,否定了纳税人的主张,该"资本结构调整"是免税的"重组"交易并且该债券是"公司中的证券,重组的一方主体","仅仅为交换在该公司中的股票或者证券","按照重组计划",关于所得税目的,没有实现任何收益。根据《国内收入法典》第 112 节第 g 分节第 1 段第 E 分段和第 112 节第 b 分节第 3 段,税务法院认为,该资本重组"没有立法所规定的公司商业目的",因此不是法律所规定意义范围内的"重组"。它认为,债券的发行是一种伪装的股息,根据第 22 节第 a 分节和第 115 节第 a 和第 g 分节的规定,应当作为劳动所得予以征税。4 T. C. 897。第三巡回区上诉法院支持了税务法院的判决,两名法官反对。155 F. 2d237。除非一个交易是第 112 节第 g 分节所预期的重组,与该交易相关的"股票或者证券"的任何交换,不应当是第 112 节第 b 分节第 3 段所规定的"按照重组计划所进行的"。虽然第 112 节第 g 分节告诉我们"重组"是指,除其他事情以外,"资本重组",它并没有告诉我们"资本重组"是什么意思。从 1921 年起,"资本重组"就与所得税相联系成为税法的一部分。42 Stat. 227,230,202(c)(2)。国会从来没有定义它,财政部规章仅仅进行了有限的解释。Treas. Reg. 103,19.112(g)。有一件事情是确定的:国会没有将一些专业术语,无论是会计师的还是其他专家的,纳入第 112 节第 g 分节。国会假设在专家之间,关于资本重组的含义存在一致意见。因此,第 112 节第 g 分节中所使用的资本重组必须从其在该节中的作用中得出其含义。正是重组的形式之一获得了第 112 节第 g 分节所授予的特权。因此,"资本重组"必须参照第 112 节第 g 分节的假设和目的来解释。重组规定的目的不是为了将那些实际上实现了所得的行为免除纳税义务。一般来讲,公司所进行的分配,无论采取什么形式,都是确定的和相当明确的事件。它对于确定收益和对收益征税提供了适当的机会。但是,也存在这样的情形,一种形式上的分配,直接或者通过证券的交换,仅仅代表了以前参与一个企业的新形式,对于相关主体互相之间的关系以及与公司资产的关系以及权利都没有发生实质的变化。关于这些,国会已经说了,它们不认为这是确定应税收益的重要机会。这些考虑都暗含在第 112 节第 g 分节中,它们应当支配这些条款所涉及的领域,所有这些都指向一个共同的目的。该税法规定的语言的适用不是在形成抽象的定义。在一系列的案例中,本院都在下列情况下拒绝了重组规定的利益:该情况有可能满足了将该节视为无活力的语言的规定,因为它们本身的目的和细节不是第 112 节所规定的那种类型的重组。参见 *Pinellas Ice & Cold Storage Co. v. Commissioner*,287 U. S. 462;*Gregory v. Helvering*,293 U. S. 465,97 A. L. R. 1355;*Le Tulle v. Scefield*,308 U. S. 415。

国会没有尝试定义什么是资本重组,我们也遵循这一范例。寻找相关的意义不仅常常可以通过在抽象的定义中进行琐细的尝试来获得,也可以通过在具体的适用中划一"天线"来获得。含义常常通过下列方法来确立:确定公认的某些与其内容相反的内容不包括在该概念中。既然在第 112 节所规定范围内的资本重组是重组的一个方面,关于这一目的,任何形式都不能被认为是资本重组,除非它具有暗含着国会推迟纳税义务目的的重组的性质。

毫无疑问,在代表其资本的符号已经变化的意义上,巴兹雷公司的确存在资本重组,因此,其公司的财务基础在其账簿上将会非常不同。但是通过正确的公司会计所反映的交易形式,关于税法的适当适用开启了问题;它没有关闭问题。公司会计可以表现资本重组与事实上在根本上一致之间的对应关系,而这正是作为重组被免除纳税义务的交易的本质所在。这里关键的是一个新的安排必须在本质上具备国会对于重组免税所暗含的要素,而不是仅仅有重组的形式,实质上却实现了收益的分配。对于没有分配收益的公司而言,被转移给股东的,关于它们以前财产的新公司义务的产生,为所有实际的目的,产生了与分配相当价值的现金收益相同的结果,该公司不能因为采取了资本结构改变——重组的形式而获得免税待遇。占支配地位的法律规则几乎不可能被表述得再狭窄了。为了实现这一目标,只需要挑战为了逃避它的精明设计。因此,很难逃出这样一个结论:是否在特定的情形下一个纸面上的资本重组不再是可允许的避免倾向于公司事务细节的收益的全部分配结果的企图,关于这些的判断必须留给税务法院。参见 *Dobson v. Commissioner*,320 U. S. 489。

到这里我们得到了什么? 毫无疑问,如果巴兹雷公司已经向巴兹雷以及他的妻子发行了债券,而没有进行任何资本重组,它就是作出了一个应当纳税的分配。相反,发行这些债券只是家族安排的一部分,唯一增加的因素是资本账户的不相关的修改。这些债券被发现至少值它们的本金数额,并且它们实质上是现金,因为它们可以根据公司的意志随时被支取,在这种情况下,就是根据纳税人的意志。一个人不必去探寻隐藏在这些行为中的动机,即使在更加可以确定的目的形式中,正如税务法院已经发现的那样,整个安排采取这种形式而不是完全的现金或者债券的分配方式,是因为后者毫无疑问拥有应税所得,然而,出于伪装的动机,作出了资本结构改变——重组的免税形式来提出权利主张。

税务局长、税务法院以及巡回区上诉法院同意什么都没有实现,本来应当通过完全的债券股息来实现。由于我们没有发现税务法院以及巡回区上诉法院误解法律的情形,无论它们如何选择措词,它们将法律适用于本案的事实必须被支持。仅仅是工具的"重组",无论多么精心制作或者精致,根据第 112 节的规定,从累积收益中向股东传输收益不是重组。这就是作为法律事实对本案的处理,因为事实已经被税务法院予以发现。即使该交易被视为重组,仍然可以根据第 112 节第 c 分节第 1 段和第 2 段的规定对该债券征税。*Commissioner v. Estate of Bedford* ,325 U. S. 283。

对于亚当斯案件(No. 209)而言,纳税人拥有被鉴定的 6 000 股股票中的 5 914 股,每股价值为 100 美元。通过一个重组计划,被鉴定的资本减少了一半,变成 295 700 美元,分配到 5 914 股股份中,没有每股价值,但是拥有所谓的每股 50 美元的价值。该 5 914 股的旧股票被取消,该公司发行了用于交换该 5 914 股旧股票的新的不标明每股面值的普通股票以及利率为 6% 的 20 年债券,其本金为 295 700 美元。该交换的基础是一个新的股份加上 50 美元的债券交换一个旧的股份。旧的资本账户被记入借方,总额为 591 400 美元,新的没有每股面值的资本账户被记入贷方,其数额为 295 700 美元,余额 295 700 美元被记入"应付债券"的贷方账户。此时已经累积了可用于分配的总额至少为 164 514.82 美元的收益,该账户没有发生变化。在交换之时,该债券拥有不少于 164 208.82 美元的价值。

税务局长通过将债券视为公司累积收益的分配而确定了所得税欠税。税务法院支持了税务局长的确定(5 T. C. 351),巡回区上诉法院维持了税务法院的判决。155 F. 2d 246。本案受我们对待巴兹雷一案的原则支配。税务法院认定,该重组没有其他目的,只是为了获得收益的分配,这一认定不受盈余账户未受影响的会计账簿记录细节所影响。参见第 115 节第 b 分节以及 *Commissioner v. Wheeler* ,324 U. S. 542,546,801。

纳税人所提出的其他权利主张已经被考虑了,但是它们的拒绝没有申请讨论。

维持原判决。

道格拉斯法官和伯顿法官在两个案件中都持不同意见,其原因是在下列案件中由玛丽斯和古德里奇法官所联合表述的不同意见: *Bazley v. Commissioner* , 3 Cir. ,155 F. 2d 237,244。

第二章 美国联邦承租人被歧视案(1960)

一、基本法律规定

(一)《得克萨斯修正民法》第7173条的相关规定

根据期限为3年或者更长的租约所持有的财产,或者根据具有买卖条款的合同所持有的财产,该财产属于本州,或者在所有者手中时被法律免税的财产,为所有的税收之目的,应当被作为拥有同类财产的个人所拥有的财产对待,除非法律有特别规定。

(二)《得克萨斯修正民法》第5248条的相关规定

进一步假设,前述的被任何个人、企业、个人的联合或者公司在其私人领域使用或者占用,或者在任何私人经营或企业中所使用或占用的土地和改进的任何部分,都应当承担本州及其政治分支机构的纳税义务。

(三)《1955年住房改善法》第408节以及《1956年住房法》第511节的相关规定

在1955年8月11日之前生效的《全国住房供给法》第Ⅷ标题中的任何条款,或者任何相关法律条款,都不能被解释为免除联邦政府承租人的,根据第Ⅷ标题条款被抵押担保所保障的任何财产所应当承担的州或者地方税或者核定税款:假如为该承租人的利益所征收的该税款或者核定税款没有超过对其他类似价值的类似财产所征收的税款或者核定的税款……

(四)《华盛顿修正法典》第84.40.080节的相关规定

估价员……应当详细地登录和核定在任何以前年度没有被列入核定名单的任何财产,按照该年度的价值,或者,如果在当年没有被估价,按照估价员所确定的以前年度的该价值……当作出了这样一个被忽略的核定以后,其所应当承担的税款应当在作出核定的年度纳税期限截止之日的1年以内缴纳,不附加任何利息或者罚款。

（五）《美国宪法》第十四修正案第一款的规定

凡在合众国出生或归化合众国并受其管辖的人，均为合众国的和他们居住州的公民。任何一州，都不得制定或实施限制合众国公民的特权或豁免权的任何法律；不经正当法律程序，不得剥夺任何人的生命、自由或财产；对于在其管辖下的任何人，亦不得拒绝给予平等法律保护。

二、基本制度解析

（一）租赁

租赁，是指出租人将租赁物交付承租人使用、收益，承租人支付租金的经营形式。租赁包括经营租赁和融资租赁。

经营租赁就是指一般的租赁。根据《国内收入法典》第168节的规定，"租赁"这一术语包括对于财产使用权的任何授予。

融资租赁是指出租人根据承租人对出卖人、租赁物的选择，向出卖人购买租赁物，提供给承租人使用，承租人支付租金的经营形式。它是在实质上转移与一项资产所有权有关的全部风险和报酬的一种租赁。根据中国现行的企业所得税制度，符合下列条件之一的租赁为融资租赁：① 在租赁期满时，租赁资产的所有权转让给承租方；② 租赁期为资产使用年限的大部分（75％或以上）；③ 租赁期内租赁最低付款额大于或基本等于租赁开始日资产的公允价值。

（二）免税收入

免税收入，是指属于企业的应税所得，但按照税法规定免予征收企业所得税的收入。它是根据所得税法的基本原理和原则，具备可税性，但是根据税法的明确规定，免予征税的所得。免税收入属于应税收入。《国内收入法典》有很多关于免税收入的条款，这些免税条款主要是从主体和活动两个方面来规范的。关于免税主体的规定主要是《国内收入法典》第501节，该节规定了28类免税组织，主要包括属于政府机关的附属机构的公司以及非营利性公益组织。关于免税活动的规范则分布在很多章节，主要包括来自政府的收益以及来自非营利性公益活动的收益。中国税法中也有免税收入制度，《企业所得税法》第26条规定：企业的下列收入为免税收入：① 国债利息收入；② 符合条件的居民企业之间的股息、红利等权益性投资收益；③ 在中国境内设立机构、场所的非居民企业从居民企业取得与该机构、场所有实际联系的股息、红利等权益性投资收益；④ 符合条件的非营利组织的收入。

（三）非歧视原则

《国内收入法典》非常强调非歧视原则，该法中的任何税收优惠政策都要求纳税人不能有歧视行为。如第 45F 节规定,只有该服务的提供并不(或者使用该服务的资格)偏向于该纳税人的具有较高报酬的雇员,才能属于税法规定的符合条件的服务。第 79 节规定,只有当作为关键雇员的参与者所能获得的利益同时也能为其他所有参与者所获得,这样的计划才能属于该节所规定的符合条件的计划。第 105 节规定:"一项自我保险的医疗返还计划只有满足下列条件,才能认为符合本段所规定的条件:(A)该计划并不偏向于高度返还个人,也不歧视其他符合条件的参与者;并且(B)根据该计划所提供的利益并不偏向于高度返还个人。"

非歧视原则来源于《美国宪法》上的"平等法律保护原则",1868 年通过的《美国宪法第十四修正案》第一款规定:"凡在合众国出生或归化合众国并受其管辖的人,均为合众国的和他们居住州的公民。任何一州,都不得制定或实施限制合众国公民的特权或豁免权的任何法律;不经正当法律程序,不得剥夺任何人的生命、自由或财产;对于在其管辖下的任何人,亦不得拒绝给予平等法律保护。"

三、案情简介

(一)菲利普斯公司诉大仲马学区案情简介

上诉人——菲利普斯化学公司——在一个有价值的工业财产中从事氨水制造生产,该财产是从联邦政府位于得克萨斯州摩尔县的财产租赁而来的。该租约是在 1948 年按照《1947 年军事租赁法》而开始执行的,最初的期限是 15 年,每年租金超过 1 000 000 美元。然而,它将以下权利保留给政府:在全国紧急状况下,提前 30 天通知承租人即可解除租约,或者在销售该不动产的情况下,提前 90 天通知承租人即可解除租约。

1954 年,被上诉人大仲马独立学区核定了菲利普斯公司 1949—1954 年的税款。该税款是按照估计的租赁物的全部价值来计算的,是按照该学区通常的价格计算税款的程序来核定的。

当学区核定税款的时候,菲利普斯公司在州法院提起诉讼禁止该征收。菲利普斯对于学区的征税权以及作为计算税款的价值数额提出了质疑。后一个问题被审判法院以将来判决为由而拒绝审理,在本次上诉中并未涉及。该州的低级法院拒绝为在 1950 年对第 5248 条修正后的生效之日以后的年度提供救济,得克萨斯最高法院以错误为由发布了案件移送命令,该法院的一个分院维持了该判决。菲利普斯公司对该判决提起上诉,联邦最高法院受理了该案件。

(二)摩西·莱克·霍姆斯诉格兰特县案件简介

空军部长代表美国与摩西·莱克·霍姆斯有限公司、拉森纳尔·霍姆斯有限公司以及拉尔森·黑特斯有限公司分别签订了独立的租约,在每种情况下,都让渡了一块特定描述的土地——位于华盛顿格兰特县的拉森空军基地,期限是75年,除非被政府提前终止,租约的内容是作为住房供给项目予以使用,名义租金是每年100美元。

1954年6月,格兰特县估价员将摩西·莱克的租赁物列入了1955年征税估价名单,但是并没有对它征收任何税。摩西·莱克立即起诉,并且从州高级法院获得了判决,禁止该县在1955年及其以后对于其租赁物征收任何税。根据该县的上诉,华盛顿最高法院于1957年11月14日推翻了该判决。

1957年12月,该县基于该建筑物及其改进的全部价值评估了这些租赁物的价值,并且,根据《华盛顿修正法典》第84.40.080节的规定,溯及既往地核定了1955—1958年摩西·莱克租赁物的价值,1956—1958年拉森纳尔租赁物的价值以及1957年和1958年拉尔森·黑特斯租赁物的价值,作为该节所授权的"被忽略的财产"。后来,该县基于同样的理由,核定了该租赁物在1959年的价值并且对其征税。

1958年1月21日,该县发布了扣押命令,并且发布通知,将在1958年3月4日销售这些被扣押的租赁物及其改建物以满足其税收权利主张。随后不久,美国在华盛顿东部地区的美国地区法院启动了针对承租人和格兰特县的谴责诉讼,在1958年3月1日,美国发布声明,收回这些租赁物上的不动产,按照其估价向法院提交了253 000美元的保证金,随后,根据美国的动议,该法院禁止格兰特县根据该案未生效的最终判决继续征税。

四、正反方观点

(一) 菲利普斯公司诉大仲马学区案正反方观点

1. 正方(得克萨斯州税务局、州最高法院)观点

《得克萨斯修正民法》对所有公共财产的承租人都征税,并没有歧视联邦政府及其承租人。

虽然在事实上,对于联邦财产的承租人征收了比其他免税公共财产的承租人更重的税收,但这种差异具有合理性基础。首先,该州可以在租金上弥补其在自己的承租人的税收上的损失——当然,它们不能对联邦政府的承租人这样做。其次,该州可以合法地培育自己的利益,通过采取措施鼓励其财产的租赁。最后,联邦免税土地的租赁数量较大,对于地方政府的财政和运转的影响要远大于该州自己的租赁活动。

2. 反方(纳税人、联邦最高法院)观点

由于得克萨斯州税法授权对联邦财产的承租人征税,但却不对该州及其政治

分支机构财产的承租人征税,在租约是根据出租人的选择而终止的情况下,该税法歧视了美国及其承租人。

这种对联邦财产的承租人和州财产的承租人之间的差别对待并没有被它们之间的任何重要差异证明为合理。首先,说该州可以通过提高租金的方式来弥补在其承租人那里损失的税款也是没有充分理由的。该州的政治分支机构对于该州的承租人在税款上所遭受的损失就不能通过这种方式予以弥补。按照这一原则,该州的政治分支机构的财产也应当被征税,但事实上没有征税。其次,作为一个一般性的论断,以下说法无疑是正确的:州可以自由地采取合理的措施来促进其自己土地的租赁。但是如果它所提供的这种激励是采取减税的形式并且歧视了联邦政府的承租人,就不能被允许了。最后,部分联邦免税土地的租赁规模的确比较大,但由第5248条所创立的这种分类并不是基于该因素的。第5248条对于联邦财产的所有承租人都施加了税收负担,并不是仅对规模较大的承租人才征税。

(二)摩西·莱克·霍姆斯诉格兰特县案正反方观点

1. 正方(格兰特县、华盛顿上诉法院、华盛顿最高法院、第九巡回区上诉法院)观点

可以根据《住房发展租赁威立法》对在联邦所有的空军基地的私人所有的建筑物及其改进的全部价值征税,因为该法对其他的租赁物也征税,包括私人所有的免税的州土地的租赁物。

格兰特县对联邦租赁物的承租人征收税额较高这一事实本身并不能使该税收全部无效,只是要求所征收的数额减少到有效的数额。

该租赁物可以被合法地如此征税这一点并不是已决事项,关于格兰特县针对这里所涉及的租赁物在1955年和1956年的税收权利主张,因为在作出这一判决时,尚没有针对该租赁物征收或者核定任何税收,因此,在那个案件中不应当提出和判决任何歧视的问题。

2. 反方(纳税人、美国联邦最高法院)观点

华盛顿对于《住房发展租赁威立法》租赁物征收了比其他类似租赁物更高的税。该税收是歧视性的,而歧视性的核定征税违反了《1956年住房供给法》第511节并且违反了美国宪法。一项税收即使没有针对美国,如果它的执行导致歧视政府或者与政府进行交易的主体,它仍有可能是无效的。违宪的税收核定是无效的,不能被强制执行。

五、案件评析

本章所涉及的两个案例都是关于州立法歧视联邦政府财产的承租人的,法院

判决的理论基础是平等保护原则。平等保护原则也可以称为非歧视原则。该原则适用于所有的法律领域，同样也适用于税法领域。在税法领域，平等保护原则一般涉及纳税人之间的税法待遇问题，但在特殊情况下，也会涉及对联邦政府的间接税法待遇问题。本章的两个案例都是涉及对联邦政府的间接歧视问题。得克萨斯州和格兰特县对于联邦政府的承租人征税，而对本州政府的承租人免税，这是一种明显的差别性待遇。在平等保护原则下，差别性待遇必须由受不同对待的主体之间的本质差异来进行合理性论证，否则，该差别性待遇就构成了歧视性待遇，也就违反了平等保护原则。

菲利普斯公司诉大仲马学区一案中构成差别性待遇是比较明显的，被告也承认这一点，同时，被告提出了不同主体之间的三点差异，作为该差异性待遇的合理性论证。第一点，该州可以通过提高租金的方式来弥补在其承租人那里损失的税款。这一点并没有指出联邦政府承租人和州承租人的本质差异，该州是否提高租金完全取决于该州，联邦承租人无法左右，而对联邦政府承租人和州承租人差别对待必须以该州提高对州承租人的租金为前提，否则，无法保证联邦政府承租人获得平等保护。第二点，各州可以自由地采取合理的措施来促进其自己土地的租赁。这一点作为一般性论点是正确的，但它仍然没有指出联邦承租人和州承租人之间的本质差异，而且，它也不是州政府可以对两类承租人采取差别对待的合理性论证，即州政府不能用违反平等保护原则为代价来促进其自己土地的租赁。第三点，联邦免税土地的租赁数量较大，对于地方政府的财政和运转的影响要远大于该州自己的租赁活动。这一点同样没有指出联邦政府承租人和州政府承租人的本质区别。联邦承租人并非都是承租大规模财产的主体，而州政府承租人也并非没有承租大规模财产的主体，因此，这个标准也不是两类承租人的本质区别。既然被告没有提出差异性待遇的合理性论证，该差异性待遇就构成了歧视性待遇，也就违反了平等保护原则。

摩西·莱克·霍姆斯诉格兰特县一案构成差别性待遇也比较明显。被告也没有提出有针对性的辩驳意见，例如，被告所提出的该法对其他的租赁物也征税，包括私人所有的免税的州土地的租赁物，因此，可以对联邦承租人征税。但实际上，该县对联邦承租人征收了比其他承租人更高的税，也就是说，构成了差别性待遇。被告对事实性问题提出辩驳意见是没有说服力的。又如，被告提出，格兰特县对联邦租赁物的承租人征收税额较高这一事实本身并不能使该税收全部无效，只是要求所征收的数额减少到有效的数额。这一辩驳同样没有涉及核心问题，即本案并不是强调对联邦承租人征税数额较高，而是强调为什么对联邦承租人和该县承租人采取差异性待遇，因此，被告应当重点论述两类纳税人之间的本质差异，而不是讨论该税收如何才能有效。一旦一项税收违反了平等保护原则，该税收就是无效的，并不是说对联邦政府承租人征收和其他承租人相同的税收就可以使得该税收有效。那么对联邦承租人征收和其他承租人相同的税，还是完全废除该税收，是立法机关决策的事项，而不是法院决策的事项。因此，法院不能主动采取减税措施，法院的这一措施也不能使该税收有效。

当然，这两个案件也在一定程度上涉及了政府间税收豁免理论，但当事人并没有对这一问题进行争议，因此，法院也没有就这一问题发表意见。本案的本质在于平等保护问题，而不是政府间税收豁免问题。运用政府间税收豁免理论，回答不了本案提出的问题。关于政府间税收豁免问题，我们将在其他的案件中进行深入系统的探讨。

六、美国联邦最高法院关于本案的判决书

（一）菲利普斯公司诉大仲马学区案判决书
美国联邦最高法院

菲利普斯公司诉大仲马学区，361 U. S. 376（1960）

从得克萨斯州最高法院上诉而来

No. 40.

辩论于 1959 年 11 月 17～18 日

判决于 1960 年 2 月 23 日

根据《得克萨斯州修正民法》第 5248 条（1950 年进行了修改）——该条款属于对美国财产的私人使用者征税——的规定，得克萨斯州的一个学区对上诉人的不动产的全部价值征税，该不动产属于美国，但是出租给上诉人在其私人制造经营中使用，依据一个租约，该租约在全国性紧急时刻，根据美国的选择而终止，或者在销售该财产时终止。得克萨斯州最高法院将第 5248 条解释为授权对该上诉人征税；但是它也解释了第 7173 条，该条款规定的是对该州及其政治分支机构所拥有的不动产的私人承租人征税，该法院将该条款解释为并没有授权对于下列租约中的承租人征税：该租约在销售不动产时，根据出租人的选择而终止。

本院认为：根据在本案中的解释和适用，第 5248 条违宪地歧视了美国及其承租人，得克萨斯州对上诉人的征税行为是无效的。第 377～387 页。

第一，由于得克萨斯州税法授权对联邦财产的承租人征税，但却不对该州及其政治分支机构财产的承租人征税，在租约是根据出租人的选择而终止的情况下，该税法歧视了美国及其承租人。第 379～382 页。

第二，这种对联邦财产的承租人和州财产的承租人之间的差别对待并没有被它们之间的任何重要差异证明为合理。这与下列案例不同：*United States v. City of Detroit*, 355 U. S. 466。第 383～387 页。

159 Tex. ＿＿＿, 316 S. W. 2d 382, 被推翻。

首席大法官沃伦发表了本院观点。

在本案中,除了我们不需要涉及的争议以外,我们需要决定,得克萨斯州的税法——《得克萨斯州修正民法》第 5248 条, 1950 年修改——是否违宪地歧视了美国以及与美国进行交易的主体。我们认为,它歧视了。

上诉人——菲利普斯化学公司——在一个有价值的工业财产中从事氨水制造生产,该财产是从联邦政府位于得克萨斯州摩尔县的财产租赁而来的。该租约是在 1948 年按照《1947 年军事租赁法》(61 Stat. 774)而开始执行的,最初的期限是 15 年,每年租金超过 1 000 000 美元。然而,它将以下权利保留给政府:在全国紧急状况下,提前 30 天通知承租人即可解除租约,或者在销售该不动产的情况下,提前 90 天通知承租人即可解决租约。

1954 年,被上诉人大仲马独立学区核定了菲利普斯公司 1949—1954 年的税款。该税款是按照估计的租赁物的全部价值来计算的,是按照该学区通常的价格计算税款的程序来核定的。

当学区核定税款的时候,菲利普斯公司在州法院提起诉讼禁止该征收。菲利普斯对于学区的征税权以及作为计算税款的价值数额提出了质疑。后一个问题被审判法院以将来判决为由而拒绝审理,在本次上诉中并未涉及。该州的低级法院拒绝为在 1950 年对第 5248 条修正后的生效之日以后的年度提供救济,得克萨斯州最高法院以错误为由发布了案件移送命令,该法院的一个分院维持了该判决。159 Tex. ＿＿＿, 316 S. W. 2d 382。菲利普斯公司对该判决提起上诉,我们注意到了可能的司法管辖权。359 U. S. 987。

该学区的征税权被认为存在于修改后的第 5248 条中。在 1950 年之前,第 5248 条对于为公共目的"由美国所持有、拥有、使用和占有"的土地及其改进规定了一般性的免税条款。1950 年,得克萨斯州立法机关对第 5248 条增加了两个规定,其中一个规定要对位于联邦土地上的私人拥有的个人财产征税,另外一个规定是这样的:"进一步假设,前述的被任何个人、企业、个人的联合或者公司在其私人领域使用或者占用,或者在任何私人经营或者企业中所使用或者占用的土地和改进的任何部分,都应当承担本州及其政治分支机构的纳税义务。"

正如得克萨斯州法院的大部分法官所解释的那样,本规定是一个肯定性的授权该州及其政治分支机构对政府不动产的私人使用者征税的条款。尽管征税的对象是对财产的使用权,也就是说,租赁权,但其衡量的标准很明显却是租赁费的价值。因此,该规定解释的合宪性就取决于该法院对一年之前我们在密歇根的若干案件中的判决的解释,在那些案件中,我们认为,一个州可以对政府财产的私人使用征税,税款可以按照财产的全部价值来衡量。*United States v. City of Detroit*,355 U. S. 466;*United States v. Township of Muskegon*,355 U. S. 484;比较 *City of Detroit v. Murray Corp.*,355 U. S. 489。

然而,得克萨斯州法院的 3 位法官(第四位法官赞同复审部分的诉求)持有这样的观点:根据多数人的解释,该法律违宪地歧视了美国及其承租人。他们的结论基于这样一个事实:《得克萨斯修正民法》第 7173 条对于该州及其政治分支机构所拥有的免税财产处于类似地位的承租人施加了明显较轻的纳税义务。我们同意这些反对者的结论。

第 7173 条是得克萨斯州法律中除第 5248 条以外唯一授权对承租人征税的规定。其中部分内容是这样的:"根据期限为 3 年或者更长的租约所持有的财产,或者根据具有买卖条款的合同所持有的财产,该财产属于本州,或者在所有者手中时被法律免税的财产,为所有的税收之目的,应当被作为拥有同类财产的个人所拥有的财产对待,除非法律有特别规定。"

根据得克萨斯州法院的解释,第 7173 条所施加的负担在三个方面比第 5248 条轻。首先,根据第 7173 条的规定,计算税款的标准并不是被出租的免税不动产的全部价值(显然,第 5248 条就是这样规定的),而仅仅是应税租赁权在公平自愿交易中所能够带来的货币价值———租赁权本身的价值。其次,严格按照其规定,第 7173 条对于租赁期限小于 3 年的承租人并不征税。最后,也是这里至关重要的,期限为 3 年或者更长的租约,如果其终止是根据出租人在销售该不动产时的选择权来决定的,如同菲利普斯公司的情形,该租约就不是第 7173 条所规定的"期限为 3 年或者更长"的租约。*Trammell v. Faught*,74 Tex. 557,12 S. W. 317。因此,由于其租约中的终止条款,根据第 7173 条的规定,菲利普斯公司不应当被征税。

尽管按照第 7173 条本身的规定,它适用于所有下列承租人:拥有免税财产,租约的期限是 3 年或者更长,但是好像只有公共财产的承租人才属于得克萨斯州的这一类别。由私人组织———如慈善团体、教会和类似实体———所拥有的免税不动产不会出租给经营性的承租人。对于所有者而言,被租赁财产的全部价值都是可税的,因此,承租人的间接负担就与第 5248 条对于联邦承租人直接施加的负担相同。根据这些情况,看起来好像没有对政府的承租人和私人财产的承租人进行区别对待。

然而,免税公共土地的所有承租人似乎都属于第 7173 条所定义的范围。考虑到这样一个事实:在这种情况下,承租人被征税是因为他们将免税财产用于非免税目的,他们看起来处于类似的状态,因此,也应当征收类似的税。然而,根据第 5248 条的修正,得克萨斯州立法机关将联邦承租人隔离出来,并且对他们施加了比第 7173 条所规定的该种类的其他成员更高的税收负担。在这个案件中,导致菲利普斯公司承担不同税收的最终原因是出租人的身份；该州以及该学区承认，如果其出租人是该州或者其政治分支机构，而不是联邦政府的话，菲利普斯公司根本不需要承担任何税收负担。对于美国联邦及其承租人的区别对待看起来是很明显的。然而，需要讨论的问题是这种歧视是否能够被证明为合理。

菲利普斯公司认为，由于第 5248 条仅仅适用于联邦财产的私人使用者，就该原因而言，它就是无效的。关于这一论断，它所依据的是 *Miller v. Milwaukee*，272 U. S. 713 一案；同时参见 *Macallen Co. v. Massachusetts*，279 U. S. 620。迈克艾伦一案似乎可以支持这一论断，但是就程度而言，它并不支持，因为它已经没有先例的价值。参见 *United States v. City of Detroit*，同上，at 472, n. 2。米勒案是一个更加不同的案例。在米勒一案中，一个州试图间接对来自政府债券的免税所得征税。菲利普斯公司通过合同的方式使用了政府的财产，这是不能被免税的。《美国法典》第 10 标题第 2667 节第 e 分节；前述 *United States v. City of Detroit* 一案。在米勒一案中，该税收的表面征收范围——股东来自公司股息的所得——其本身并不是免税的，但是该税收的计算方法排除了所有不能归于由该公司所拥有的联邦债券的所得；这是该税收的缺陷。参见 *Pacific Co. v. Johnson*，285 U. S. 480，493。因此，在实际运作中，该税收既不是对免税所得的间接税，也不是对作为与政府交易的债券持有者的公司的股东所征收的歧视性税收。因此，如果米勒一案与本案有任何关系的话，它仅限于可以支持这样一种观点：一个州不能将与政府进行交易的主体挑选出来予以征税，而对其他类似状况下的主体不征税。

根据该标准，关于第 5248 条无效的论断不能仅仅基于对该条款的考察。它并不是在真空中运作的。有必要先确定处于类似情况下的其他纳税人是怎样处理的。这样一种判断需要"考察该州的整个税收制度"。比较以下案例：*Tradesmens National Bank v. Oklahoma Tax Comm'n*，309 U. S. 560，568。尽管迈克艾伦一案可能已经在某种程度上偏离了这一规则，但是米勒一案，至少在后来的案例中对其所进行的解释中，应当被理解为并没有表明要求的条件更少。比较以下案例：*Educational Films Corp. v. Ward*，282 U. S. 379；*Pacific Co. v. Johnson*，285 U. S. 480。

因此，我们必须关注由第 5248 和第 7173 条所创造的分类的本质。对于联邦财产的承租人征收比其他免税公共财产的承租人更重的税收必须被两类承租人之间的重要差异证明为合理。该学区在本质上仍将这一问题表述为平等保护，并且认为，我们必须支持这种分类，尽管明显是差别对待，"如果有任何合理的事实可以被接受来支持它"。*Allied Stores v. Bowers*，358 U. S. 522，528。在其上下文中，该论点转向了两类承租人之间的三个假定的差异。首先，该学区和该州认为，该州可以在租金上弥补其在自己的承租人的税收上的损失——当然，它们不能对联邦政府的承租人这样做。其次，它们认为，该州可以合法地培育自己的利益，通过采取措施鼓励其财产的租赁。最后，它们认为，由于其所主张的较大的数量，联邦免税土地的租赁对于地方政府的财政和运转的影响要远大于该州自己的租赁活动。

这些论点都没有给该分类提供坚实的支持。作为一个一般性的论断，以下说法无疑是正确的：州可以自由地采取合理的措施来促进其自己土地的租赁。但是如果它所提供的这种激励是采取减税的形式并且歧视了联邦政府的承租人，摆在我们面前的问题就是，这是可以被允许的吗？类似地，说该州可以通过提高租金的方式来弥补其在其承租人那里损失的税款也是没有充分理由的。该州的政治分支机构对于该州的承租人在税款上所遭受的损失就不能通过这种方式予以弥补。其他的地方纳税人——包括联邦政府的承租人——都应当构成该差异。

这种分类也不能被这里所声称的联邦租赁与州的租赁对地方政府运作的影响所支持。关于这一方面，它声称，该州及其政治分支机构所租赁的财产在大小、价值或者所涉及的雇员数量上不能与菲利普斯公司从联邦政府所租赁的军事工业相比。然而，由第5248条所创立的这种分类并不是基于该因素的。第5248条对于联邦财产的所有承租人都施加了税收负担。必须承认，该州及其政治分支机构与联邦政府一样将其有价值的财产出租给商业或者经营企业。

仓库设备就是一个例子。但是免税出租人的身份和特定的出租活动对于地方政府的影响没有任何关系。而且，根据第7173条的规定以及根据第5248条的规定，对于承租人的不同税收结果存在重大差异。

以下论断是正确的：尽善尽美绝不要求对于被许可的分类予以同等保护。但是我们已经明确指出，在平等保护的案例中，我们在那个领域的判决并不必然规范涉及政府间税收豁免的问题。例如，在前面所提到的 *Allied Stores v. Bowers* 一案中，我们注意到，该州"处理的是适当的内部问题，并没有损害全国政府的特权"。358 U. S. , at 526。在这类案例中，州进行分类的权力是相当广泛的，该自由裁量权仅仅受到宪法权利以及禁止明显可见的任意武断分类原则的限制。同上，第526～528页。但是，当涉及政府财产的私人使用时，政府利益必须予以衡量。相应地，它要求州按照其对待与它自己进行交易的主体的方式来对待与联邦政府进行交易的主体。比较以下案例：*Esso Standard Oil Co. v. Evans*，345 U. S. 495,500。

然而，据说这里所进行的分类是被我们在前面所述的 *United States v. City of Detroit* 一案中的判决所支持的，由于本案与那个案件中所涉及的法律所创造的分类的本质据说是类似的。密歇根州的法律，尽管一般性地适用于免税财产的承租人，但是由该州所拥有的财产例外——支持教育机构。实质上，被告的论点是来自密歇根法律的学校拥有财产的承租人的免税支持了对于联邦承租人征收比其他免税公共财产的承租人较重税收的制度。

这一论断误解了密歇根一案判决的范围。在这些案例中,我们并没有判决——事实上,我们也没有被要求判决——对学校拥有财产的免税是否导致了该法律具有歧视性。该法律所适用的政府及其承租人都没有主张该法律的歧视性。由于这个问题没有被提出,由学校所拥有财产的单独分类的基础也没有进行考察。因此,密歇根州系列案例对这里的问题没有任何帮助。

这些论断——被要求支持得克萨斯州的分类——没有一个看起来足以证明如此实质和明显地歧视政府及其承租人的合理性。这里,根据第5248条的规定,菲利普斯公司应当就其从联邦政府租赁的不动产的全部价值纳税,而在类似的租赁经营中,使用该州及其政治分支机构所拥有的免税财产的承租人则根本不需要承担纳税义务。该两类承租人之间的差异,至少当政府的利益被衡量时,看起来根本不足以证明该差异的合理性。由此可以认为,第5248条适用于本案时,违宪地歧视了美国及其承租人。正如我们曾经时常声明的,就在最近,目前看来仍然是正确的,它来源于 *M'Culloch v. Maryland*,4 Wheat. 316,州的税收不能歧视联邦政府或者与它们进行交易的主体。参见前面所提到的 *United States v. City of Detroit* 一案,第473页。因此,该税收不应当被征收。

推翻下级法院的判决。

(二) 摩西·莱克·霍姆斯诉格兰特县案判决书
美国联邦最高法院

摩西·莱克·霍姆斯诉格兰特县,365 U. S. 744(1961)

摩西·莱克·霍姆斯有限公司等诉格兰特县

通过诉讼文件移送命令从第九巡回区上诉法院移送

No. 212.

辩论于 1961 年 3 月 23 日

判决于 1961 年 4 月 17 日

第一,作为被告的县试图依据《住房发展租赁威立法》对在联邦所有的空军基地的私人所有的建筑物及其改进的全部价值征税,尽管它对其他的租赁物也征税,包括私人所有的免税的州土地的租赁物,但是税额较低。本院认为:该税收是违宪和无效的,因为它歧视了美国及其承租人。*Phillips Co. v. Dumas School District*,361 U. S. 376;*Offutt Housing Co. v. Sarpy County*,351 U. S. 253。

第二,上诉法院错误地认为,税额较高这一事实本身并不能使它们全部无效,只是要求所征收的数额减少到有效的数额,并且指令地区法院为州试图需要的无效的税额确定一个有效的税额。这种歧视性的税收是完全无效的,联邦法院无权代表州或者它们的县去核定或者征收税款。

第三,华盛顿最高法院的判决认为,该租赁物可以被合法地如此征税这一点并不是已决事项,关于该县针对这里所涉及的租赁物在 1955 年和 1956 年的税收权利主张,因为在作出这一判决时,尚没有针对该租赁物征收或者核定任何税收,因此,在那个案件中不应当提出和判决任何歧视的问题。

276F. 2d 836,被推翻。

魏特克法官发表了本院观点。

在他们的各种争论中,起诉人根据下列理由请求我们发布诉讼文件移送命令,尽管华盛顿州歧视性地,因此也是违宪地对他们的联邦《住房发展租赁威立法》租赁物进行了估价和征税,第九巡回区上诉法院,却维持和强制执行该税收。276F. 2d 836。我们发布了诉讼文件移送命令,但仅限于该问题。364 U. S. 814。理解我们的判决需要简要回顾一下本案的相关事实。

按照《全国住房供给法》第Ⅷ标题第 801～809 节(《美国法典》第 12 标题(1958 年修改)第 1748、1748a 到 1748h-1 节)采取行动,空军部长代表美国与摩西·莱克·霍姆斯有限公司、拉森纳尔·霍姆斯有限公司以及拉尔森·黑特斯有限公司——华盛顿的公司——分别签订了独立的租约,在每种情况下,都让渡了一块特定描述的土地——位于华盛顿格兰特县的拉森空军基地,期限是 75 年,除非被政府提前终止,租约的内容是作为住房供给项目予以使用,名义租金是每年 100 美元。

这些租约都采取相同的格式,每一个租约都要求承租人在其租赁物上建立所描述的住房项目,并且在整个租赁期间维持和运营该项目。每一个租约都预期和规定承租人可以通过在其租赁物和改进上进行联邦住房管理局保险抵押贷款来筹集建设该项目的必要资金,由承租人从住房单位的租金中来提供服务和偿还分期贷款,该住宅单位将按照该空军基地的指挥官指定的租金出租给其指定的军事人员或者平民。该租约进一步规定,该建筑物及其改进"完全"变成美国的财产并由美国持有,不考虑该租约的任何终止,也不对承租人提供进一步的补偿。

在它们各自租赁物及其改进之上的联邦住房管理局保险抵押贷款收益累计超过了 6 000 000 美元,承租人按照该租约的规定建立了相应的住房项目并且承担了它们的管理和营运职责。

1954 年 6 月,格兰特县估价员将摩西·莱克的租赁物列入了 1955 年征税估价名单,但是并没有对它征收任何税。摩西·莱克立即起诉并且从州高级法院获得了判决,禁止该县在 1955 年及其以后对于其租赁物征收任何税。根据该县的上诉,华盛顿最高法院于 1957 年 11 月 14 日推翻了该判决,认为该租赁物可以被该县征税,并且进一步认为,根据它对于我们在 *Offutt Housing Co. v. Sarpy County*,351 U. S. 253 一案中观点的理解,为该目的,以"该建筑物及其改进的全部价值"来对该租赁物进行核定征税是适当的。*Moses Lake Homes, Inc., v. Grant County*, 51 Wash. 2d 285, 287, 317P. 2d 1069, 1070。

随后, 在 1957 年 12 月, 该县基于该建筑物及其改进的全部价值评估了这些《住房发展租赁威立法》租赁物的价值, 并且, 根据《华盛顿修正法典》第 84. 40. 080 节的规定, 溯及既往地核定了 1955—1958 年摩西·莱克租赁物的价值, 1956—1958年拉森纳尔租赁物的价值以及 1957 年和 1958 年拉尔森·黑特斯租赁物的价值, 作为该节所授权的"被忽略的财产"。后来, 该县基于同样的理由, 核定了该租赁物在 1959 年的价值并且对其征税。

1958 年 1 月 21 日, 该县发布了扣押命令, 并且发布通知, 将在 1958 年 3 月 4 日销售这些被扣押的租赁物及其改进以满足其税收权利主张。随后不久, 美国在华盛顿东部地区的美国地区法院启动了针对承租人和格兰特县的谴责诉讼, 1958 年 3 月 1 日, 美国发布声明, 收回这些租赁物上的不动产, 按照其估价向法院提交了 253 000 美元的保证金, 随后, 根据美国的动议, 该法院禁止格兰特县根据该案未生效的最终判决继续征税。

通过它的答辩, 该法院主张, 并且要求法院授权它将该保证金的大部分用于满足其税收权利主张。承租人对该县的主张提出了异议, 它们主张, 除了其他因素以外, 所主张的税收是无效的, 因为歧视性的核定征税违反了《1956 年住房供给法》第 511 节 (70 Stat. 1091, c. 1029, 《美国法典》(1958 年修改)第 42 标题第 1594 节, 注释), 并且违反了美国宪法。该问题, 与其他的问题一起, 在这些作为相反的共同被告的当事主体之间提起诉讼。

尽管地区法院认定, 华盛顿州"对于《住房发展租赁威立法》住房租赁物所征税收及其所核定的税额所依据的本金不同于并且高于其他的租赁物", 然而, 它仍然主张, 如果不是州法院的禁令, 针对摩西·莱克租赁物的 1955 年和 1956 年税收本来会在《1956 年住房供给法》第 511 节生效之日 (1956 年 6 月 15 日)之前予以合法有效的核定和征收, 并且它支持了该县的这些权利主张; 但是它拒绝了其他所有的权利主张。在上诉以后, 第九巡回区上诉法院"维持了地区法院的这一认定, 即核定摩西·莱克租赁物价值的过程中所使用的方法导致了在非《住房发展租赁威立法》租赁物核定中征收较高的税", 276F. 2d, at 847, 但是, 它认为"税款较高这一事实并不能使整个税收无效。它仅要求所征收的税款减少到如果对非《住房发展租赁威立法》租赁物征税本来应当征收的数额", 276 F. 2d, at 847, 并且支持该县针对摩西·莱克租赁物在 1955 年、1956 年和 1957 年进行征税, 它将案件发回地区法院以对于所征税款数额进行适当的减少, 并且对于所涉及的其他纳税人以及纳税年度均予以征税, 例外之处是, 它认为, 1959 年税收是无效的, 因为这是在美国获得它们以后对它们所进行的征税。

两个下级法院都认为华盛顿对于《住房发展租赁威立法》租赁物征收了比其他类似租赁物更高的税,这当然是非常明显的结论。《华盛顿修正法典》第84.40.030节规定,所有的财产都应当按照其公平市场价值的50%被征税,并且"应税租赁不动产应当按照它们公平、自愿的现金销售价格来估价"。与该制定法相一致,华盛顿最高法院始终如一地认为,除关于《住房发展租赁威立法》租赁物以外,所有的租赁物,包括州自己的免税土地租赁物,为征税之目的,都应当按照它们的公平市场价值进行估价,同时考虑到它们的负担和利益。*Metropolitan Building Co. v. King County*,72 Wash. 47,129P. 883;*Metropolitan Building Co. v. King County*,64 Wash. 615,117P. 495;*Metropolitan Building Co. v. King County*,62 Wash. 409,113P. 1114。同时参见以下案例:*Bellingham Community Hotel Co. v. Whatcom County*,190 Wash. 609,612-613,70P. 2d 301,303 以及 *Dexter Horton Bldg. Co. v. King County*,10 Wash. 2d 186,116P. 2d 507。

即使 *Metropolitan Building Co. v. King County* 案件的事实与这里的事实非常类似。在那里,该公司获得了州拥有土地的50年的租赁。根据该租约的要求,承租人在该土地上进行了实质的改进——通过大量发行抵押债券的方式为它们的成本融资——该改进,在完成以后,就变成了州的财产。在这些案例中的第一个——62 Wash. 409,113P. 1114——中,法院认为,该租赁物不应当按照"投机的"价值来核定,而是按照其"实际的……货币……价值",按照改进的价值来核定它是错误的。在较晚的两个 *Metropolitan Building Co. v. King County* 案例——64 Wash. 615,117P. 495;72 Wash. 47,129P. 883——中,法院强调,在确定该租赁物的公平市场价值时,必须考虑到它们的负担,包括其上的抵押以及它的利益。

然而,在没有否定或者离开这些关于州建立的租赁物的案例的同时,华盛顿最高法院在 *Moses Lake Homes , Inc. , v. Grant County*,51Wash. 2d 285,317P. 2d 1069 一案中却认为,《住房发展租赁威立法》租赁物应当按照"该建筑物及其改进的全部价值"来征税。正如它所说的,它认为其必须将这个特殊的估价原则适用于《住房发展租赁威立法》租赁物是由于我们在 *Offutt Housing Co. v. Sarpy County*,351 U.S. 253 一案中的观点。在本案中,华盛顿最高法院错误地理解并且错误地适用了 *Offutt Housing Co. v. Sarpy County* 一案。那个案件中的任何观点都没有要求州根据改进的价值来核定《住房发展租赁威立法》租赁物。在这方面,它仅仅认为,这样的核定本身是不违宪的。那个案件没有涉及任何歧视问题或者争议。它涉及内布拉斯加州要求所有在免税财产上的租赁物都按照该建筑物及其改进的全部价值来征税,并且 *Offutt Housing Co. v. Sarpy County* 案例认为,可以合理合宪地这样做。它没有认为,正如华盛顿最高法院在摩西·莱克案例中所解释的,州可以合宪地歧视联邦拥有的土地的租赁物,而同时偏向于州拥有的土地的租赁物。

如果有什么规则是固定在法律中的话,那就是,州不应当歧视联邦政府或者它的承租人。参见以下案例:*Phillips Co. v. Dumas School District*,361 U. S. 376;*United States v. City of Detroit*,355 U. S. 466,473;*City of Detroit v. Murray Corp.*,355 U. S. 489。在 *United States v. City of Detroit* 一案中,我们认为:"这一点仍然是正确的,正如它从一开始就是正确的,一项税收有可能是无效的,即使它没有针对美国,如果它的执行导致歧视政府或者与政府进行交易的主体。"355 U. S. ,at 473。

前述的 *Phillips Co. v. Dumas School District* 案例,在论点和有效性上是接近的。在那里,得克萨斯州按照"租赁财产的全部价值"对政府承租人的租赁不动产征税(361 U. S. ,at 378),然而,它对于"州及其政治分支机构所拥有的免税财产的类似状况的承租人施加了显然较小的税收负担"。361 U. S. ,at 379。我们在那里认为,"作出以下要求看起来并不过分:州应当按照其对于那些与州进行交易的主体的相同方式来对待与政府进行交易的主体",361 U. S. ,at 385,并且,我们认为该税收是无效的,因为它"违宪地歧视了联邦及其承租人"。361 U. S. ,at 379。那个案子与本案在这一点上是没有区别的。

上诉法院持有下列观点也是错误的:"税款较高这一事实并不能使整个税收无效。它仅要求所征收的税款减少到如果对非《住房发展租赁威立法》租赁物征税本来应当征收的数额"(276F. 2d,at 847),将案件发回地区法院进行必要的调整也是错误的。我们在上面的 *Phillips Co. v. Dumas School District* 案件中认为,歧视性税收是无效的并且"不可能被实施"。361 U. S. ,at 387。法院发回的效果是指令地区法院为州所追求实施的无效的税收裁定一个有效的税款。地区法院无权进行这样的裁定。联邦法院不可能核定或者征收税收。只有格兰特县的适当的征税官员可以对这些租赁物核定或者征收税款,地区法院只有权在其职权范围内确定这些官员所征收的税收是有效的还是无效的。当税收是无效的时候,正如这里的情况,它"不可能被执行"。*Phillips Co. v. Dumas School District*,361 U. S. ,at 387。

回答华盛顿最高法院在上面所提到的摩西·莱克案件中的观点和判决——该县针对摩西·莱克租赁物在 1955 年和 1956 年的税收权利主张是已决事项——也是没有任何价值的。这是因为在那时还没有针对摩西·莱克租赁物核定和征收任何税收,因此,在那个案件中不能提出和判决关于歧视的问题。

就当前所核定和征收的税收而言,它们是违宪歧视美国及其承租人的,它们是无效的,因此也是不能执行的。

推翻该判决。

第三章 公司经营性坏账判断标准争议案(1963)

一、基本法律规定

(一) 1939 年《国内收入法典》(1942 年修改)第 23 节第 k 分节的规定

除经营性坏账以外,被确认为无价值并且可归于该纳税年度的债务(或者,根据局长的判断,为保存坏账所额外花费的合理费用),当满足一个债务只能部分实现时,局长可以允许扣除该债务,扣除的数额不超过可以归于该纳税年度的部分。本段不应当适用于下列纳税人:除第 104 节所定义的银行以外,该纳税人拥有下列债务:被本分节第 3 段所定义的债券所证明的债务。

除在纳税人的商业或者经营中变成无价值而导致损失的债务以外的债务,非经营性坏账与短期资本资产销售损失享受相同待遇。

(二) 现行《国内收入法典》第 166 节第 a 分节的规定

对于在该纳税年度变得无价值的债务应当允许扣除。

如果可以证明债务只有一部分可以收回,部长可以允许该债务中不超过在该纳税年度作为损失部分的数额予以扣除。

(三) 现行《国内收入法典》第 166 节第 b 分节的规定

确定任何坏账扣除数额的基础应当是第 1011 节为确定来自财产销售或者其他处置的损失时所规定的调整后本金。

(四) 现行《国内收入法典》第 166 节第 d 分节的规定

对于除公司以外的纳税人而言,第 166 节第 a 分节不应当适用于任何非商业债务;并且在任何非商业债务在该纳税年度变得无价值之时,由此所导致的损失应当视为在该纳税年度,来自持有不超过 1 年的资本资产的销售或者交易的损失。

上述"非商业债务"是指除下列债务以外的任何债务:与纳税人的商业或者经营相关而产生或者获得(根据具体情况而定)的债务;或者这样的债务,其变得无价值所遭受的损失来自纳税人的商业或者经营活动。

(五) 现行《国内收入法典》第 166 节第 e 分节的规定

本节规定不应当适用于由第 165 节第 g 分节第 2 段第 C 分段所定义的证券所证明的债务。

(六) 现行《国内收入法典》第 166 节第 f 分节的规定

关于政党或者类似团体所持有债务变得无价值损失扣除禁止的规定,参照第 271 节。

关于银行的无价值证券的特殊规定,参照第 582 节。

(七) 现行《国内收入法典》第 165 节第 g 分节第 2 段第 C 分段的规定

由公司、政府或者其中的政治分支机构所发行的具备票息或者采取登记形式的公债、债券、票据、证书或者其他债务凭证。

(八) 现行《国内收入法典》第 271 节第 a 分节的规定

对于纳税人(第 581 节所定义的银行除外)而言,由于由政党所拥有的任何债务的无价值,禁止根据第 166 节(关于坏账)或者第 165 节第 g 分节(关于债券无价值)的规定给予任何扣除。

(九) 现行《国内收入法典》第 271 节第 b 分节的规定

为第 271 节第 a 分节规定之目的,"政党"这一术语是指:① 政治性党派;② 政治性党派的全国、州或者地方委员会;③ 这样一个委员会、协会或者组织,其接受捐赠或者进行开支,为了影响或者试图影响总统或者副总统选举人的选举或者任何这样的个人的选举:该个人的名字被任何联邦、州或者地方选举公共官员提名参加选举,无论该个人是否被选举。

为上述③规定之目的,"捐赠"这一术语包括对于货币或者任何具有价值的赠品、捐献、贷款、预付款或者保证金,也包括作出捐赠的合同、承诺或者协议,无论它们在法律上是否具备可执行性。

为上述③规定之目的,"开支"这一术语包括对于货币或者具有价值的任何付款、分配、贷款、预付款、存款或者赠品,也包括作出开支的合同、承诺或者协议,无论它们在法律上是否具有可执行性。

(十) 现行《国内收入法典》第 271 节第 c 分节的规定

对于采用实现制会计方法的纳税人,第 271 节第 a 分节不应当适用于在纳税人的商业或者贸易的通常程序中作为可接受的真实销售货物或者商品而发生的债务,如果满足以下条件:① 在该可接受的交易发生的纳税年度,在纳税人的商业或者贸易的通常程序中所发生的可接受交易的 30% 以上来自政党;② 纳税人作出了实质性的持续努力来催收债务。

二、基本制度解析

(一) 坏账

根据美国《国内收入法典》第 166 节的规定,坏账(bad debt)就是"无价值(worthless)的债务"。至于哪些债务是无价值的,该法律没有作出明确规定。美国《联邦规章法典》(26CFR1.166-1)对债务作出了一定的限定,可以成为坏账的债务必须是"真实的债务"(bona fide debt),所谓真实的债务就是基于支付固定的或者可确定的数额的有效的和可执行的义务(obligation)的债务人—债权人关系所产生的债务。为前面一句规定之目的,来自采取收付实现制纳税人的债务只有满足下列条件才能被视为真实的债务:该债务所代表的所得已经包括在主张坏账扣除的年度或者以前年度的纳税申报中。例如,一项债务来自根据州或者地方法律可以强制执行的赌博债务,一个采取收付实现制的纳税人根据第 61 节的规定将该债务包括在其所得之中,那么,该债务就是可强制执行的债务。赠与或者对资本的出资不应当被视为第 166 节规定意义内的债务。

(二) 坏账的税务处理

根据美国《国内收入法典》第 166 节的规定,坏账中可归于该纳税年度的部分可以扣除,部分坏账中可归于该纳税年度的也可以扣除。确定任何坏账扣除数额的基础应当是第 1011 节为确定来自财产销售或者其他处置的损失时所规定的调整后本金。

根据美国《联邦规章法典》(26CFR1.166-1)的规定,坏账可以作为全部或者部分变成无价值的债务予以扣除,也可以作为保存坏账而额外增加的支出予以扣除。纳税人在为其有权利享有坏账扣除的第一个纳税年度所提交的纳税申报中,可以选择上述两种方法之一来处理坏账,但是这种选择应当经过对该纳税申报承担检查职责的地区税务主管的批准。如果纳税人所选择的方法被批准,在以后的纳税申报中应当一直使用该方法,除非税务局长批准使用其他方法。证明所主张的坏账扣除的事实声明应当附在每次纳税申报之后。债务尚未到期这一事实本身并不能阻碍一个债务可以根据第 166 节的规定予以扣除。

三、案情简介

1941 年之前,原告是建筑管理者以及木材公司的评估者,但是在那一年以及接下来的几年中,他是一系列从事建筑或者建筑供给经营的合伙企业的成员。在 1949 年和 1950 年,他是其他公司的最初创始人,该公司中的一些人是该合伙企业的继任者,在 1951 年,他销售了他在该公司中的权益,连同他在其他 5 个公司中的租金和建设经营中的资产,销售的权益作为长期资本收益予以报告。在 1951 年和 1952 年,他组建了 8 个新的公司,其中一个是拉伯克有限责任公司的蜜申橙汁装瓶公司,购买了一个被称为梅森鲁特啤酒的公司的股票,并且获得了在相关投资及其经营中的权益。从 1951—1953 年,他也购买和销售土地,获得和处理餐馆以及参与若干石油投资。

1951 年 4 月 25 日,原告从蜜申干燥公司获得了一个特权,使得他能够在得克萨斯州的多个县生产、装瓶、分配以及销售蜜申公司的饮料。两天以后,他购买了在装瓶子经营中的一个单独所有权的资产并且按照他作为单独所有权的特权来开展该经营。1951 年 7 月 1 日,通过以他自己的名义保留该特权,他将该装瓶子的设备销售给了拉伯克有限责任公司的蜜申橙汁装瓶公司,这是一家由原告组建的公司,他拥有公开发行股份的接近 80% 的份额。在 1952 年,他在拉伯克购买了土地并且在上面以 43 601 美元的成本建造了一个装瓶子车间,然后将该车间以固定的租金出租给了蜜申橙汁公司 10 年。在原告 1952 年和 1953 年的个人所得税纳税申报中,新装瓶车间进行了折旧。

原告在 1952 年和 1953 年向蜜申橙汁公司预先支付了 1953 年 12 月 1 日欠他的余额,包括在 1951 年 7 月仍然欠他的销售装瓶资产的 25 502.50 美元,总额是 79 489.76 美元。1953 年 12 月 15 日,原告向蜜申橙汁公司又预先支付了 48 000 美元以支付一般债权人,并且在同一天,收到了公司资产的转让,其账面价值是 70 414.66 美元。欠原告的净数额最终是 56 975.10 美元,该债务在 1953 年变成无价值并且成为这里所讨论的问题。在 1951 年、1952 年和 1953 年,蜜申橙汁公司没有向请求者支付任何利息、租金或者工资,尽管他从他的其他公司收到了这些所得。

原告在计算他的 1953 年应税所得时将蜜申橙汁公司欠他的 56 975.10 美元债务作为经营坏账予以扣除。税务局长认为该债务是非经营性坏账,并且核定了欠税。税务法院在确定原告在 1953 年不是在进行组织、促进、管理或者为公司融资的经营,或者将软饮料装瓶子或者一般性融资和货币借贷的经营以后,维持了该欠税核定。上诉法院维持了税务法院的判决,根据上诉法院相互冲突的权利主张,联邦最高法院发布了诉讼文件移送命令。

四、正反方观点

(一) 正方(纳税人)观点

为了获得报酬——该报酬与在这些公司中流向投资者的报酬没有什么不

同——而向公司提供组织的、促进的和管理的服务属于商业和经营。在提供该服务中所发生的坏账属于经营性坏账。

(二) 反方(税务局、税务法院、上诉法院)观点

对于税法而言,从事商业或者经营的概念不同于追求利润的其他活动。请求者没有参与货币借贷、为公司融资、将软饮料装瓶子或者任何联合的经营,请求者不是在进行组建、促进、管理或者筹资公司的经营,因此,不是经营性损失。

(三) 联邦最高法院的观点

纳税人投资和管理他的不动产的活动是商业或者经营。检验一个债务是否是在商业或者经营中所发生的"实质上是与为下列目的所采取的检验方式相同的:确定第23节第e分节所规范的交易种类所产生的损失是否是该节第1段中的'商业或者经营'中所发生的损失"。商业或者经营这个概念并不覆盖每一个获得所得或者利润的活动。请求者必须证明他在从事商业或者经营。

将一个人的时间和精力投入一个公司的事务中,而该事务其本身并不是该个人所从事的商业或者经营。尽管该活动有可能产生所得、利润或者收益,以股息的形式体现,或者提高投资的价值,这一回报的特色是投资的过程并且是通过与纳税人自己的商业或者经营所不同的该公司的经营的成功运作来产生的。仅仅证明回报是投资者的回报,纳税人没有完成他的证明责任,即证明他从事商业或者经营,因为投资不是商业或者经营并且给予纳税人的回报,尽管实质上是其劳务的产物,从法律上来讲不是产生于他自己的商业或者经营,必须注意区分产生于他自己的商业或者经营的坏账以及产生于一个投资者的特殊活动的坏账,该投资者关心并且参与公司经营的过程。下面这一论断是错误的:一个为了通过其自己公司的事业产生更多所得而积极为其自己的公司提供劳务的人是在从事商业或者经营。

然而,这些损失可以归于原告作为该不动产和装瓶子设备——该公司在其中进行经营——的所有者和出租人的地位。下级法院没有就这一问题进行审理,联邦最高法院对此不发表观点。

五、案件评析

本案所争议的焦点是商业或者经营的范围。起因是对于一项损失如何进行税务处理。对于在商业或者经营中所产生的经营性坏账而言,可以在当期直接扣除,而对于非经营性坏账而言,则应当按照短期资本资产销售损失税务处理的方式进行处理,即分期摊销,不能在当期直接扣除。而经营性损失和非经营性损失区分的

核心标准是该损失是否是在经营中发生的,因此,本案的焦点是确定经营(business)的本质特征。就本案所涉及的情形而言,原告为了获得一定的报酬或者利润而向一个公司提供一些服务是否属于经营是争议的焦点。原告认为,只要是为了获得报酬或者利润而向其他主体提供服务就属于经营,在该经营中产生的损失就是经营性损失。税务局、税务法院和上诉法院认为为了获得报酬和利润而向其他公司提供服务并不一定就是经营。构成经营必须具有实质性的对该公司进行组建、促进、管理或者筹资的行为。

由此可见,双方争论的焦点在于经营是否需要对该利润的取得进行实质性的生产经营。按照原告的观点,只要是一种服务和利润的交换就是一种经营,取得利润本身就证明了经营行为的存在,因为不进行经营怎么能获得利润呢?将这一观点推论下去,获得利息、股息、特许权使用费等消极所得同样是一种经营行为。而按照税务局、税务法院和上诉法院的观点,仅仅取得利润本身还不足以证明经营行为的存在,取得利润者还必须举出证据证明其对于该利润的最初泉源的获得也作出了贡献。将这一观点推论下去,获得利息、股息、特许权使用费等消极所得本身并不是经营行为,只有其对于产生该利息、股息、特许权使用费所得的源泉所得的产生作出了实质性的贡献才能被认定为经营行为。应当说,原告所提出的经营概念是广义的经营、形式上的经营,而税务局所提出的经营概念是狭义的经营、实质上的经营。从税法的宗旨来讲,立法者是为了对狭义的经营和实质上的经营坏账给予直接扣除的税收政策,而对其他坏账则给予摊销的税收政策。

美国联邦最高法院在整体上赞同税务局、税务法院和上诉法院的观点,即仅有取得利润的结果并不足以证明进行了经营,必须有进一步的实质性证据。但最高法院同时也提出了一个新的需要思考的问题,即该损失是否可以归于请求者的所有者和出租人的身份,如果是由于请求者是所有者或者出租人才导致了该损失,那么,该损失应当被确认为经营性损失,如果不是,则不能确认,对于这个问题,税务法院和上诉法院均未进行审理,由于这个涉及事实问题,应当由税务法院重新审理,因此,最高法院对此没有发表意见,留给税务法院去处理。

在本案中还有一个值得注意的问题,就是证明纳税人的坏账是否属于经营性坏账的举证责任在哪一方。关于这一问题,《国内收入法典》没有给出明确的答案。从美国联邦最高法院的判决书来看,该举证责任在纳税人一方。最高法院持这一观点主要是考虑到关于事实问题的资料都掌握在纳税人手中,如果由税务局负举证责任,税务局将无法完成举证责任。纳税人承担举证责任并不会过分加重纳税人的负担,而且,纳税人为了享受该税收待遇也应当负相应的举证责任。

如果从纳税人权利保护的角度来看,联邦最高法院的观点值得商榷。税务局否认纳税人的税务处理并且核定了应纳税额,对此行政行为,税务局应当承担举证责任,即税务局有证据表明纳税人的坏账不是经营性坏账。只有在税务局承担了这一最初的举证责任以后,纳税人才有义务负担推翻税务局观点的举证责任。同时,在纳税人举出的证据优越于税务局的证据以后,税务局又要重新承担举证责任,证明纳税人不符合经营性坏账的条件。不能将所有的举证责任都推到纳税人身上,让纳税人来证明自己的坏账属于经营性坏账,而税务局却不承担任何举证责任。

在中国,坏账本身并没有进一步的分类,只要是坏账损失都可以在发生时据实扣除,因此,本案的争议是不会在中国发生的。就目前中国税收法律制度的现状以及税务机关的执法水平来看,中国目前似乎还不具备对坏账进行更具体区分的条件。当然,从整体上来讲,对坏账进行具体化并分别采取不同的税收处理方法对国家的利益并不是很大,中国没有必要耗费制度成本和执法成本来采纳这一制度。

六、美国联邦最高法院关于本案的判决书

美国联邦最高法院

惠普尔诉国内税收服务局局长,373 U. S. 193(1963)

通过诉讼文件移送命令从第五巡回区上诉法院移送而来

No. 305.

辩论于 1963 年 3 月 26～27 日

判决于 1963 年 5 月 13 日

原告组建了若干经营公司,拥有其控制性的权益并且经营它们。其中一个是装瓶子公司,他以信贷的方式将他个人拥有的一个装瓶子设备销售给该公司,该公司租用了一个车间,该车间是由他在他自己拥有的土地上建造的,该公司还进行了贷款以偿还其他债权人的债务。该公司对于他的债务在 1953 年变得没有价值,他在计算他的 1953 年应税所得时将这些作为经营坏账予以扣除。税务局长认为,该债务是 1939 年《国内收入法典》(1942 年修改)第 23 节第 k 分节第 4 段所规定意义范围内的非经营性坏账,并且核定了欠税。税务法院认为,原告不是在进行组建、促进、管理或者筹资公司的经营,也不是在进行将软饮料装瓶子或者一般融资和货币借贷的经营,它支持了该欠税决定。上诉法院维持了税务法院的判决。

本院认为：

第一，1942年修改的第23节第k分节旨在对于被该税法确认为"商业或者经营"——这个概念很接近于每一个产生所得或者利润的活动——的活动相关的坏账进行完全扣除。

第二，在缺少实质的额外证据的情况下，为报酬——该报酬与在这些公司中流向投资者的报酬没有什么不同——而向公司提供组织的、促进的和管理的服务不是在第23节第k分节第4段规定意义范围内的"商业或者经营"。

第三，税务法院的判决——被上诉法院维持——是原告没有参与货币借贷、为公司融资、将软饮料装瓶子或者任何联合的经营，这一点并没有明显的错误，本院对此不予审理。

第四，这些损失可以归于原告作为该不动产和装瓶子设备——该公司在其中进行经营的所有者和出租人的地位。既然两个下级法院都没有排除这个可能性，该案件被发回税务法院就该问题进行再次审理。

301F.2d 108，判决空缺，发回重审。

怀特法官发表了法院观点。

1939年《国内收入法典》第23节第k分节第1段规定，除经营性坏账以外，无价值的债务可以全部扣除，然而，第23节第k分节第4段则将非经营性坏账限定为与短期资本资产销售损失享受相同待遇。《国内收入法典》部分定义了非经营性坏账："除在纳税人的商业或者经营中变成无价值而导致损失的债务以外的债务。"第23节第k分节第4段。我们所面临的问题是原告与若干公司——他在该公司中拥有控制权益——相关的活动，其本身是否能够被确认为具有商业或者经营的特征以至于允许由该公司中的一个对于他所拥有的债务被视为在第23节第k分节第1段所规定意义范围内的"经营"坏账，而非"非经营性"债务。

在1941年之前，原告是建筑管理者以及木材公司的评估者，但是在那一年以及接下来的几年中，他是一系列从事建筑或者建筑供给经营的合伙企业的成员。在1949年和1950年，他是其他公司的最初创始人，该公司中的一些人是该合伙企业的继任者，在1951年，他销售了他在该公司中的权益，连同他在其他5个公司中的租金和建设经营中的资产，销售的权益作为长期资本收益予以报告。在1951年和1952年，他组建了8个新的公司，其中一个是拉伯克有限责任公司的蜜申橙汁装瓶公司，购买了一个被称为梅森鲁特啤酒的公司的股票，并且获得了在相关投资及其经营中的权益。从1951—1953年，他也购买和销售土地，获得和处理餐馆以及参与若干石油投资。

1951年4月25日，原告从蜜申干燥公司获得了一个特权，使得他能够在得克萨斯州的多个县生产、装瓶、分配以及销售蜜申公司的饮料。两天以后，他购买了在装瓶子经营中的一个单独所有权的资产并且按照他作为单独所有权的特权来开展该经营。1951 年 7 月 1 日,通过以他自己的名义保留该特权,他将该装瓶子的设备销售给了拉伯克有限责任公司的蜜申橙汁装瓶公司,这是一家由原告组建的公司,他拥有公开发行股份的接近 80%。在 1952 年,他在拉伯克购买了土地并且在上面以 43 601 美元的成本建造了一个装瓶子车间,然后将该车间以固定的租金出租给了蜜申橙汁公司 10 年。在原告 1952 年和 1953 年的个人所得税纳税申报中,新装瓶车间进行了折旧。

原告在 1952 年和 1953 年向蜜申橙汁公司预先支付了 1953 年 12 月 1 日欠他的余额,包括在 1951 年 7 月仍然欠他的销售装瓶资产的 25 502.50 美元,总额是 79 489.76 美元。1953 年 12 月 15 日,原告向蜜申橙汁公司又预先支付了 48 000 美元以支付一般债权人,并且在同一天,收到了公司资产的转让,其账面价值是 70 414.66 美元。欠原告的净数额最终是 56 975.10 美元,该债务在 1953 年变成无价值并且成为这里所讨论的问题。在 1951 年、1952 年和 1953 年,蜜申橙汁公司没有向原告支付任何利息、租金或者工资,尽管他从他的其他公司收到了这些所得。

原告在计算他的 1953 年应税所得时将蜜申橙汁公司欠他的 56 975.10 美元债务作为经营坏账予以扣除。税务局长认为该债务是非经营性坏账,并且核定了欠税。税务法院在确定原告在 1953 年不是在进行组织、促进、管理或者为公司融资的经营,或者将软饮料装瓶子或者一般性融资和货币借贷的经营以后,维持了该欠税核定。上诉法院维持了税务法院的判决,301F. 2d108,根据上诉法院相互冲突的权利主张,我们发布了诉讼文件移送命令。

I

从事商业或者经营的概念不同于追求利润的其他活动,对于税法而言,这已经不是什么新东西。早在 1916 年,国会就通过法律规定在商业或者经营中所发生的损失不同于在追求利润的其他活动中所遭受的损失,《1916 年收入法》第 5 节,c. 463,39 Stat. 756,将广义的产生所得或者利润的活动与满足狭义的商业或者经营的活动相区分。参见第 23 节第 a 分节第 1 段和第 2 段(通常和必要费用);第 23 节第 e 分节第 1 段和第 2 段(损失);第 23 节第 l 分节第 1 段和第 2 段(折旧);第 122 节第 d 分节第 5 段(净经营损失扣除)。因此,我们通过确定无疑的法律规定来适用这一术语并解决这一问题并不令人感到惊讶。

在 *Burnet v. Clark*,287 U. S. 410(1932)一案中,一个从事捕捞经营的公司的长期总经理和主要股东为该公司签署了一个他被迫去支付的票据。这些数额根据当时有效的法律可以由他在当前年度予以扣除,但是将该损失结转到以后的年度是必要的,因为它是来自纳税人通常所进行的商业或者经营。税收复议委员会拒绝了该结转，但是哥伦比亚特区上诉法院却基于下列原因推翻了该决定：纳税人将其所有的时间和精力都投入到捕捞经营中，并且他是被环境所迫来签署公司的票据，为了提供经营资金。本院推翻了上诉法院的判决，维持了税收复议委员会的决定，因为，"应诉人是该公司所雇佣的管理人员；他进行该经营并不是为他自己。……该不幸的签署并不是他的通常经营中的一部分，而是旨在保护他在资本股份中的投资价值的临时性交易。……公司及其股东通常被视为独立的实体。"类似的案例，*Dalton v. Bowers*, 287 U. S. 404, 在同一天被判决，适用了相同的原则。

　　几年以后，相同的问题在另一个环境中产生。一个具有大量和分散的投资财产——包括在度普特公司中的实质性但并非控制性权益——的纳税人从该公司获得了一批股票，该股票是公司分配给它们的经理的，为了提高他们工作的效率。结果，纳税人变得有义务去返还其上年度的股息和税款，并且他将这些数额作为在进行商业或者经营中所支付或者发生的必要费用予以扣除，按照《1928 年税收法》第 23 节第 a 分节的规定。本院在 *Deputy v. du Pont*, 308 U. S. 488(1940) 一案中假定，纳税人的投资和管理他的不动产的活动是商业或者经营，然而，却拒绝了该扣除，因为该交易"在最初具有该公司所追求的提高其经理的工作效率的效果"，并且"来自旨在保护其在该公司中的投资的交易。……本院已经确立了判决不能允许任何这样的公司经营与其股东经营的混合。"308 U. S. , at494。判决依赖于前面提到的 *Burnet v. Clark* 和 *Dalton v. Bowers* 案件。

　　在 Deputy v. du Pont 一案中假设的问题被 *Higgins v. Commissioner*, 312 U. S. 212(1941) 一案的判决所支持。这里纳税人将其时间和精力投入相当大小的证券投资组合的经营之中，并且企图将其中所发生的费用作为在第 23 节第 a 分节所规定意义范围内的商业或者经营中所发生的费用予以扣除。税收复议委员会、第二巡回区上诉法院以及本院都认为，这些证据不足以证明纳税人的活动是进行商业或者经营。"请求者仅仅保留了记录并且从其证券中收取利息和股息，通过为他的投资投入管理注意力。无论该不动产有多大，无论该公司要求多么连续或者广泛，该事实都不足以成为法律所要求的允许本院推翻税收复议委员会决定的事实。"312 U. S. , at 218。

　　这就是在本院中的案例的情形，当国会在 1942 年修改《国内收入法典》中关于与本案至关重要的问题的时候。为了回应 *Higgins v. Commissioner* 一案以及给予 *Higgins v. Commissioner* 类型的纳税人以救济，参见 H. R. Rep. No. 2333, 77th Cong. , 2d Sess. 46, 第 23 节第 a 分节被修改了，但是并没有妨碍本院对于"商业或者经营"的定义，而是遵循了自从 1916 年以来就已经确立的这一模式，即"使得参照所得分配的费用可以被扣除"，*McDonald v. Commissioner*, 323 U. S. 57, 62;

United States v. Gilmore, 372 U. S. 39, 45, 将在生产所得中所发生的费用包括在内。

同时, 为了补救看起来是滥用允许任何无价值债务予以扣除的制度, 正如以前的案例所表明的那样, 参见 H. R. Rep. No. 2333, 77th Cong. , 2d Sess. 45, 国会将第 23 节第 k 分节所允许的全部扣除限定于在纳税人的商业或者经营中所发生的坏账, 并且规定, "非经营性"坏账将作为短期资本损失予以扣除。国会有意使用了"商业或者经营"这个词, 这是一个对于税法来讲比较熟悉的术语, 各自的委员会阐明了其含义, 检验一个债务是否是在商业或者经营中所发生的"实质上是与为下列目的所采取的检验方式相同的: 确定第 23 节第 e 分节所规范的种类的交易所产生的损失是否是该节第 1 段中的'商业或者经营'中所发生的损失"。H. R. Rep. No. 2333, 77th Cong. , 2d Sess. 76-77; S. Rep. No. 1631, 77th Cong. , 2d Sess. 90。当然, 第 23 节第 e 分节第 1 段是《1916 年税收法》第 5 节的继承者, 根据那里的规定, 区分商业或者经营活动与盈利的其他活动是长期遵循的规则。其结果是, 国会将第 23 节第 a 分节扩充到不等于商业或者经营的产生所得的活动, 同时, 相反地, 缩小了第 23 节第 k 分节的适用范围, 将来自这些相同过程中的坏账予以排除。

因此, 1942 年对于第 23 节第 k 分节的修正, 正如本院在 *Putnam v. Commissioner*, 352 U. S. 82, 90-92 一案中已经指出的, 它所意图实现的目的远超过了拒绝全部扣除家庭和朋友的无价值债务。它被设计来完全扣除在与税法所确认的商业或者经营——这个概念并不覆盖每一个获得所得或者利润的活动——过程相联系而产生的坏账。

II

因此, 原告必须证明他在从事商业或者经营, 其权利主张的核心是这样一个问题, 该问题被下级法院给分开了, 并且在本案中予以提出: 在纳税人向一个或者多个公司提供了通常的劳务之时, 纳税人的独立的商业或者经营已经被证明。但是, 与 1942 年的修正背景以及本院在 *Dalton v. Bowers*、*Burnet v. Clark*、*Deputy v. du Pont* 以及 *Higgins v. Commissioner* 案例中的判决相背, 原告的权利主张必须被拒绝。

将一个人的时间和精力投入到一个公司的事务中, 而该事务其本身并不是该个人所从事的商业或者经营。尽管该活动有可能产生所得、利润或者收益, 以股息的形式体现, 或者提高投资的价值, 这一回报的特色是投资的过程并且是通过与纳税人自己的商业或者经营所不同的该公司的经营的成功运作来产生的。仅仅证明回报是一个投资者的回报, 纳税人没有完成他的证明责任, 即证明他从事商业或者经营, 因为投资不是商业或者经营并且给予纳税人的回报, 尽管实质上是其劳务的产物, 从法律上来讲不是产生于他自己的商业或者经营, 必须注意区分产生于他自己的商业或者经营的坏账以及产生于一个投资者的特殊活动的坏账, 该投资者关心并且参与公司经营的过程。

如果对于一个公司所提供的全职服务——该服务本身并不是商业或者经营——其本身并不能等同于商业或者经营，很难理解对于很多公司的相同服务能够构成商业或者经营。显然，超过一个公司的出现只能支持这样一个观点，一方面，纳税人为了酬金或者佣金而经常从事促进公司的活动，参见 Ballantine, Corporations(re v. ed. 1946)，102，关于它们销售的利润，参见 Giblin v. Commissioner，227 F. 2d 692(C. A. 5th Cir.)，但是在这些案例中除通常的投资回报以外还存在补偿，这是直接从其劳务中所获得的所得，而不是直接通过公司的投资，因此，Burnet v. Clark、Dalton v. Bowers、Deputy v. du Pont 和 Higgins v. Commissioner 案例中的原则并没有被违反。另一方面，由于税务法院发现，原告对此并没有提出疑问，其不存在推动公司发展在其通常过程中向消费者进行销售的经营目的，我们面前的案例无情地依赖于这样一个权利主张，即一个为了通过其自己公司的事业产生更多所得而积极为其自己的公司提供劳务的人是在从事商业或者经营。从 Burnet v. Clark、Dalton v. Bowers、Deputy v. duPont 和 Higgins v. Commissioner 案例来看，这一论断是站不住脚的，因此，我们拒绝了这一论断。如果没有额外的实质证据，为了酬金——与在这些公司中流向投资者的酬金没有区别——向公司提供管理和其他服务并不是第23节第 k 分节第4段所规定意义范围内的商业或者经营。因此，在这一方面，我们完全同意下级法院的判决。

Ⅲ

关于原告的其他权利主张，我们不希望打扰税务法院的下列判决，该判决已经被上诉法院予以维持：原告没有从事货币借贷、为公司融资、将软饮料装瓶子的经营，或者这些经营的任何结合，因为我们不能说它们很明显是错误的。参见 Commissioner v. Duberstein，363 U. S. 278,289-291。我们也没有必要去考虑或者涉及这些案例，它们认为，作为公司的执行官为了薪金而工作可以是商业或者经营。例如，Trent v. Commissioner，291 F. 2d 669(C. A. 2dCir.)。原告在税务法院和上诉法院都没有提出这样的权利主张，在任何情况下，根据这些记录的主张都是没有理由的，因为并没有证明他已经从蜜申橙汁公司领取了薪金，或者他有权利领取薪金。而且，没有证据(在纳税人是唯一或者控制股东的情况下，可能也很难提供)表明提供该贷款是维持他的工作所必需的或者与维持他作为雇员的商业或者经营具有密切关系的。比较上面所提到的 Trent v. Commissioner 一案。

然而，我们更加关心关于原告作为不动产以及装瓶子车间——蜜申橙汁公司在其中进行经营——的所有者和出租人的身份。美国并没有就下面这一事实提出异议：在这一方面，原告从事了商业或者经营，而是认为，来自无价值债务的损失不是与原告的不动产经营具有密切关系。尽管税务法院和上诉法院分别处理了关于原告案件中的其他阶段的主张，我们没有发现任何一个法院排除了这样一个可能，即向蜜申橙汁公司——原告的承租人——的贷款是发生在原告作为地主的经营中的。关于这一点，我们没有任何观点，但是将该案件发回税务法院进行进一步审理。

　　判决空位，发回重审。

　　道格拉斯法官持不同意见。

第四章 非法所得征税违反禁止自证其罪案(1968)

一、基本法律规定

(一)《国内收入法典》第 4401 节第 a 分节第 1 段的规定

对于经过州法律授权的任何赌博,应当征收等于该赌注总额的 0.25% 的消费税。

(二)《国内收入法典》第 4401 节第 a 分节第 2 段的规定

对于第 4401 节第 a 分节第 1 段描述以外的任何赌博,应当征收等于该赌注数额的 2% 的消费税。

(三)《国内收入法典》第 4402 节的部分规定

本分章对下列项目不征税:① 赛马赌金计算器赌博企业;② 投入硬币式的设备;③ 州控制的赌金独得赛马。

(四)《国内收入法典》第 4403 节的规定

根据本分章规定,除了第 6001 节第 a 分节所要求的所有其他记录以外,承担纳税义务的每一个主体应当保留表明其所有应税赌博的毛收入的日常记录。

(五)《国内收入法典》第 4411 节第 a 分节的规定

对于根据第 4401 节的规定应承担纳税义务的每个主体以及代表该主体从事赌博行为的主体,应当每年征收 500 美元的特别税。

(六)《国内收入法典》第 4411 节第 b 分节的规定

对于下列主体而言,第 4411 节第 a 分节中的"500 美元"应当替换为"50 美元":① 仅仅根据第 4401 节第 a 分节中的第 1 段的规定而承担纳税义务的任何主体;② 仅仅代表上述①所描述的主体从事赌博行为的任何主体。

(七)《国内收入法典》第 4422 节的规定

本章关于任何行为所征收的任何税款并不免除任何主体的由联邦或者任何州

法对于该同一行为所规定的任何处罚，任何该税款也不免除任何州对同一行为再次征收税款。

（八）《国内收入法典》第 4423 节的规定

尽管有第 7605 节 b 分节的规定，根据本章规定，承担纳税义务的任何主体的账簿应当接受调查和检查，只要该调查或者检查是为执行本章规定所必需的。

（九）《国内收入法典》第 6107 节第 a 分节的规定

任何纳税申报或者退税权利主张的所得税纳税申报准备者必须在将该纳税申报或者权利主张提交给纳税人签字之前向纳税人提供一份该纳税申报或者权利主张的复印件。

（十）《国内收入法典》第 6107 节第 b 分节的规定

任何纳税申报或者退税权利主张的所得税纳税申报准备者应当在该纳税申报期间结束以后的 3 年期间内为该纳税申报或者权利主张所涉及的纳税人保留一份该纳税申报的完整复印件或者保留一个纳税人名称和纳税人身份号码的名单，并且在部长要求的情况下，将该复印件或者名单提供给检查人员。

（十一）《美国宪法》第五修正案

无论何人，除非根据大陪审团的报告或起诉，不得受判处死罪或其他不名誉罪行之审判，唯发生在陆、海军中或发生在战时或出现公共危险时服现役的民兵中的案件，不在此限。任何人不得因同一犯罪行为而两次遭受生命或身体的危害；不得在任何刑事案件中被迫自证其罪；不经正当法律程序，不得被剥夺生命、自由或财产。不给予公平赔偿，私有财产不得充作公用。

二、基本制度解析

（一）可税性

国家征税首先要选择征税对象，即对哪些人、事、物可以征税，这被称为可税性。具备可税性的事物才可以征税，不具备可税性的事物就不能征税。可税性可以分为经济上的可税性、法律上的可税性和政治上的可税性等。

国家对某一事物征税，该事物必须先具备经济上的可税性，否则，国家可能根本征不到税，或者要花费很大成本才能征到税，最终得不偿失。比如，英国曾经征收一种"窗户税"，实际是对纳税人的财产征税。因为一般来讲，富人拥有较大的房子，房子大，窗户就比较多，因此，国家根据窗户的数量和大小征税。后来很多人都把窗户堵上了，导致国家根本征不到税，这一税种也很快被废除了。这就是典型的不具备经济上可税性的例子。在不同时代，由于经济发展水平的不同，事物的可税性也可能不同。古代具备可税性的，现代可能不具备。比如古代对国内货物通过关口所征收的过关税,现代社会就不可能征收。同样,古代不具备可税性的,现代可能具备。比如现代社会可以对商品的增值额征税,古代社会就做不到。

法律上的可税性是指对某事物征税必须具备法律依据或者可以具备法律依据。现代社会强调税收法定原则,没有法律依据,不能对任何事物征税,这样,如果法律没有规定对某事物征税,或者不可能通过制定法律对某事物征税,某事物就不具备法律上的可税性。比如,中国税法没有规定对遗产征税,因此,遗产目前不具备法律上的可税性,但国家完全可以制定对遗产征税的法律,因此,遗产可以具备法律上的可税性,很多国家征收遗产税就是证明。

政治上的可税性是指对某事物征税虽然具备经济上的可税性,也可以具备法律上的可税性,但是由于社会、历史、宗教以及其他政治因素使得对该事物征税会影响政权的稳定及其合法性而不能对其征税。比如对教会的财产或者寺院的财产,完全具备经济上的可税性,也可以制定法律对其征税,但是由于宗教因素的影响,使得人们不愿意对其征税,如果国家对其征税,一方面难以获得法律的通过,另一方面也会引起民愤,影响政权的稳定。

所得的可税性一般考虑该所得的盈利性和公益性,所得的盈利色彩越浓,可税性就越大,所得的公益性色彩越浓,可税性就越小。在税法上,不具备可税性的所得一般被称为"不征税收入",而具备可税性但是国家对其采取免税政策的所得一般被称为"免税收入"。例如,中国《企业所得税法》第7条规定:收入总额中的下列收入为不征税收入:① 财政拨款;② 依法收取并纳入财政管理的行政事业性收费、政府性基金;③ 国务院规定的其他不征税收入。这里所规定的收入就是不具备可税性的所得。《企业所得税法》第26条规定:企业的下列收入为免税收入:① 国债利息收入;② 符合条件的居民企业之间的股息、红利等权益性投资收益;③ 在中国境内设立机构、场所的非居民企业从居民企业取得与该机构、场所有实际联系的股息、红利等权益性投资收益;④ 符合条件的非营利组织的收入。这里所规定的收入就是具备可税性但是国家出于各种政策的考虑对其免税的收入。①

(二) 非法所得的可税性

关于非法所得的可税性在理论界和实务界有不同的观点和制度。一种观点认为,对非法所得只能采取没收的处理方式,不能征税;另一种观点认为,对非法所得同样可以征税,至于其他法律对其是否采取没收的处罚,那是其他法律的问题,和税法无关。在美国,对非法所得可以征税,这是理论界和实务界都认同的,基本上

---

① 翟继光主编:《〈中华人民共和国企业所得税法〉释义》,立信会计出版社2007年版,第210页。

没有什么争论。

在中国,争论还是比较大的。认为对非法所得不应当征税的观点的论据主要包括:① 对非法所得课税违背了税收的依据;② 对非法所得课税违背了税法的正义性和社会道德观念;③ 税收原则并不要求对非法所得课税。认为对非法所得应当征税的观点的主要论据包括:① 根据量能课税原则,应当对非法所得同样课税;② 对非法所得课税并不等于承认其合法性,并不违背社会道德观念;③ 仅对合法所得课税不具有可操作性。

对于非法所得是否应当征税这个问题,应当从不同的时间点来讨论。在征税之时,对于非法所得,如果给予没收的处罚,则当事人已经没有所得,也就无所谓是否纳税的问题。如果给予罚款的处罚,并且罚款的数额等于或者大于当事人的违法所得,由于当事人实际上已经没有所得,也不需要纳税。如果罚款的数额小于纳税人的非法所得,或者,国家虽然确认当事人的所得为非法,但是没有采取任何措施,当事人仍然保留该所得,则对于剩下的非法所得仍应当同合法所得一样承担纳税义务。理由主要如下:① 非法所得与合法所得具有相同的税收负担能力,根据量能课税原则或者税收公平原则,应当同等纳税;② 如果对非法所得不课税,相当于鼓励或者纵容了违法行为,违背社会道德。① 对于其他所得,即没有被有权机关的终局决定宣布为非法所得的所得,税务机关显然没有权力判断其所得的合法性,当然,也没有必要去判断其合法性或者等待有关机关的终局判断。因为税务机关所面对的是日常的、大量的所得,根本没有能力去判断其合法性,也不需要等待相关机关宣布该所得是否合法,因为法律早已假定,凡是没有被有权机关的终局决定宣布为非法的所得,均为合法所得。因此,税务机关可以放心地对这些所得征税,因为在征税之时,这些所得都是合法所得。对于那些正处于有权机关认定过程中的所得,原则上,应当先缴税,因为此时并没有一个终局决定宣布该所得为非法所得,该所得在法律上就仍然是合法所得。但从实践来看,也可以暂时不征税,因为非法所得(如贪污所得、受贿所得等)在被有权机关认定的过程中,往往已经被采取了保全措施,一旦终局决定宣布该所得为非法,该所得将被国家所没收,如果被宣布为合法所得,国家仍然可以要求当事人补缴税款,并不会影响国家的利益。这种方式可以避免税务局跟在公安局或者反贪局的后面去对那些刚被检查出的"待判断所得"进行征税。②

---

① 其实,国家对于非法所得不采取措施或者罚款的数额小于非法所得本身就是一种放纵或者宽容违法的行为。这种情况本身就是一种不正常的现象,在一个公平、公正的社会中,这种现象应当是极个别的现象。

② 翟继光:《也论非法所得的可税性》,载《河南省政法管理干部学院学报》2007 年第 3 期。

（三）禁止自证其罪

禁止自证其罪规则（privilege against self-incrimination）也可以称为沉默权规则（the right to silence），指的是在刑事案件中，犯罪嫌疑人、被告人不能被强迫自己证明自己有罪，不能被迫成为反对自己的证人。美国联邦最高法院通过一系列判例，对这一宪法修正案进行了解释，它的主要内容包括如下五个方面：① 这一特权仅适用于刑事案件，它不仅包括实质上的导致自我归罪的陈述，而且包括所有可能导致自我归罪的其他证据；② 这一特权不仅能为犯罪嫌疑人、被告人所主张，而且能为证人所主张；③ 这一特权不仅可在侦查程序中主张，而且可在审判过程中主张；④ 这一特权限于为本人利益而主张，不能扩大适用于他人利益；⑤这一特权只适用于自然人，不适用于法人等。①

三、案情简介

上诉人在康涅狄格地区被美国地区法院认定有罪，公诉方针对上诉人提出了两个违反联邦赌博税法令的控告。第一个控告认为，上诉人以及其他同谋者逃避《美国法典》第 26 标题第 4411 节所征收的年度职业税。第二个控告包括两个方面：第一个方面主张故意不缴纳职业税；第二个方面主张在从事被认可的赌博业务之前故意不登记——这是《美国法典》第 26 标题第 4411 节所要求的。

《美国法典》第 26 标题第 4411 节要求有义务缴纳职业税的人每年到国内税收服务局进行登记并且提供一个特殊的表格所规定的详细信息。根据对赌博征税的相关法令制度的其他规定，登记者必须在他们的营业场地"显著地"悬挂或者保存表明缴纳了职业税的印花税票，保留日常的赌博记录；保留他们的账簿以便检查。职业税的缴纳没有向被公然禁止赌博的联邦或者州法令所豁免的主体宣布，《美国法典》第 26 标题第 6107 节要求联邦税收主管机关向起诉官员提供已经缴纳职业税的名单。上诉人——他所声称的赌博活动使得他可能受到州或者联邦的起诉——主张登记以及缴纳职业税的法定要求侵犯了他不自证其罪的特权。

在判决以后，上诉人不服逮捕判决，部分基于进行登记和缴纳职业税的法定义务违反了他的禁止自证其罪的第五修正案特权。第二巡回区上诉法院根据 *United States v. Kahriger*，345 U. S. 22 以及 *Lewis v. United States*，348 U. S. 419 两个案件的判决维持了下级法院的判决，352F. 2d 848。联邦最高法院发布了案卷移送命令以便根据第五修正案重新审查赌博税法令的相关规定的合宪性，并且特别考虑

---

① 房保国：《你有权保持沉默吗？ ——论不被强迫自证其罪规则》，http://article. china-lawinfo. com/article/user/article_display. asp？ ArticleID＝37 240。

United States v. Kahriger 和 *Lewis v. United States* 案件是否仍然有效。

四、正反方观点

（一）正方(地区法院、上诉法院以及以前的部分案例)观点

被控告故意不进行第 4412 节所要求的登记的被告不能根据第五修正案挑战这些登记要求的合宪性。登记和职业税的要求没有侵犯宪法特权，因为它们没有强迫自证其罪，但是仅仅给赌徒施加了一个最初的选择，他是否愿意以他的宪法特权为代价去进行赌博行为。即使被要求的披露有可能自证其罪，赌徒也不必进行登记或者缴纳职业税，如果他们选择停止或者从来不进行赌博。也就是说，对于赌博而言，没有宪法权利。

登记和职业税要求在它们的适用过程中完全是预期的，该宪法特权由于仅仅对过去和当前行为提供保护，因此是不能获得的。

宪法的程序要求法院对于征税权给予充分的尊重。政府有权获得公共信息，公共信息的保管者不能主张关于该信息的特权。

（二）反方(请求者、联邦最高法院)观点

这里的问题不是上诉人是否拥有违反制定法的"权力"，而是，如果选择这样做，他将被强迫提供对他自己不利的证据。宪法特权旨在既保护那些无辜者和深思熟虑者，也同样保护那些有罪者和轻率者。

正方的推论在两个方面存在缺陷：第一，它忽视了关于过去和当前行为在这里自证其罪的危险；第二，它对于宪法特权的范围施加了相当狭窄的限制。关于过去和当前行为自证其罪的现实危险显然可以从进行登记和缴纳职业税的要求中产生。满足这些要求增加了任何过去或者当前的赌博犯罪行为被发现和被成功起诉的可能性。它们都使得主管机关将登记者作为赌徒予以关注，并且强迫"有害的揭露"，而这些有可能在起诉过去或者当前的犯罪行为中被用于提供或者协助搜集证据。这些犯罪活动不必包括事实上的赌博；它们可能仅仅包括保管或者运输赌博工具，或者其他为将来赌博进行准备的行为。而且，获得联邦赌博税印花税票，要求宣布进行赌博行为的当前意图，会强迫一个将来的赌徒来指控自己预谋违反州赌博禁令或者违反禁止为赌博目的使用州际设备的联邦法律。关于该特权完全不适用于预期的行为，对于宪法特权进行如此严厉的限制，我们看不出任何正当的理由。

该特权适用的核心标准是上诉人是否面临着自证其罪的实质的和"现实的"危险，而不仅仅是不重要的或者想象的危险。没有理由假定宪法禁止的强制力仅仅由于在行为——随后运用证据被证实——之前承认犯罪目的就被削弱。然而，如果可以主张该特权的事实状况被按照年代排序的规则所明确界定，该宪法特权旨

在服务的政策可以被很容易地规避。而且，尽管预期的行为毫无疑问通常只涉及投机的和不实在的自证其罪的风险，但这并不总被证明是正确的。法律必须关注的不仅仅是时间，而且包括自证其罪的现实风险。

由第 4411 和第 4412 节所产生的关于预期行为的自证其罪的风险并不是不重要的或者想象的。预期登记者可以合理地预期，登记和缴纳职业税将显著增加他们的预期行为在将来被起诉的可能性，并且，它将很容易提供有助于证明他们有罪的证据。事实上，他们可以合理地害怕该登记以及随后的获得赌博税印花税票的行为会被用来作为证明他们在事实上在随后违反了州赌博禁令的决定性证据。

政府希望获得的是私人不愿意公开提供的信息；如果这样的话，就没有适用宪法特权的空间了。政府通过制定法所命令的印花税票信息也不具有公共性质；如果仅仅这一点就足够了，宪法特权将被国会的任何立法予以完全取消。美国的主要利益很明显是征收税收，而不是惩罚赌博。因此，"必须记录"原则在这里不适用。

我们非常了解美国各种各样的财政信息和具有调整作用的及时和准确信息的重要性，但是国会可以通过完全与宪法限制相协调的其他方法来获得该信息。因此，我们不能阻止国会对于被州和联邦法律确定为违法的行为进行征税或者规制。然而，我们只能得出这样的结论，根据目前的赌博税制度，上诉人适当地主张了禁止自证其罪的特权，并且该主张将提供针对该起诉的完全抗辩。这一抗辩应当包括没有登记、没有缴纳职业税以及共谋逃避缴纳税款。我们强调，我们并不认为这些赌博税规定在宪法上是不可行的；我们仅仅主张那些适当主张关于这些规定的宪法特权的人不应当因为没有遵守它们的要求而遭受刑事处罚。如果，在不同的环境下，纳税人不面对自证其罪的实质危险，或者，如果他处于特权保护之外，我们今天不会保护他不受赌博税法所规定的各种处罚。

五、案件评析

本案所争议的核心问题是国家对非法所得的征税权与纳税人禁止自证其罪特权的协调，更进一步讲，是国家在对非法所得征税过程中的信息获取权与纳税人禁止自证其罪特权的协调。在美国，联邦和州对非法所得征税是公认的权力，无论是纳税人，还是法院都承认这一权力。但是，当国家对非法所得征税的权力与纳税人的禁止自证其罪的宪法特权发生冲突以后如何处理就是一个需要探讨的问题。

关于这一冲突并不是在本案中才第一次产生，在之前的案件中已经发生了这种冲突，而且联邦最高法院已经两次拒绝对纳税人的特权予以保护。其基本理由主要包括两个：第一，禁止自证其罪的宪法特权针对过去的、特定的犯罪行为，而不是针对将来的、不确定的犯罪行为。对于将来可能发生的、不确定的犯罪行为而言,纳税人完全可以选择不从事这种行为,一旦他选择了从事这一行为,就意味着他自己主动放弃了宪法特权的保护,纳税人也就不能再主张宪法特权了。第二,信息是现代社会的基础,国家有权获得纳税人的信息,纳税人必须按照国家的规定保留和提供相关信息,对于该信息而言,纳税人不能主张宪法特权的保护。

关于第一个理由,首先,显然缩小了宪法特权所保护的范围,宪法并没有规定禁止自证其罪的特权仅适用于过去的特定犯罪行为,而不适用于将来的不确定行为。其次,公诉机关通过纳税人提供的纳税申报信息往往可以找到其他证据并将该信息作为在法庭上证明纳税人有罪的直接证据,这显然是对纳税人宪法特权的侵犯。关于第二个理由,国家要求纳税人在纳税申报中所提交的信息并不是典型的公共信息,而主要是私人信息,对于私人信息,应当给予宪法特权的保护,国家要求纳税人提供该信息的主要目的应当是征税,而不应当是惩罚犯罪,因此,如果直接将这些信息用于对纳税人的犯罪调查,那就相当于让纳税人自证其罪,也就侵犯了纳税人的宪法特权。

联邦最高法院在本案中将之前类似案件的判决推翻了,国家无疑享有对非法所得征税的权力,但该权力只能用于征税之目的(而不能用于惩罚纳税人之目的),而且该权力的行使应当尽量采取不侵犯纳税人其他权利,特别是宪法权利的方式。既然国家可以在保护纳税人的宪法特权的前提下行使对非法所得征税的权力,那么,国家就不能采取侵犯纳税人宪法特权的方式来行使征税权。

解决国家征税权和纳税人禁止自证其罪特权之间矛盾的根本方法是阻断纳税申报信息从税务机关向公诉机关的流动。只要保证纳税人纳税申报的信息仅用于征税目的,纳税人就不会被其自己提供的纳税申报信息证明为有罪,也就在根本上解决了国家对非法所得征税与纳税人禁止自证其罪特权之间的矛盾。当然,这一解决的方案,法院并没有给出,而是留给立法机关去解决,因为这一矛盾是由立法机关造成的,立法机关有义务也有能力解决。

六、美国联邦最高法院关于本案的判决书

美国联邦最高法院

马凯特诉美国,390 U.S.39(1968)

通过诉讼文件移送命令从第二巡回区上诉法院移送

No.2.

辩论于 1967 年 1 月 17～18 日

再辩论于 1967 年 10 月 10 日

判决于 1968 年 1 月 29 日

请求者被宣告犯了以下罪:共谋逃避缴纳《美国法典》第 26 标题第 4411 节所

征收的与赌博相关的职业税,逃避该缴纳以及没有遵守第 4411 节,该节要求有义务缴纳职业税的人每年到国内税收服务局进行登记并且提供一个特殊的表格所规定的详细信息。根据对赌博征税的相关法令制度的其他规定,登记者必须在他们的营业场地"显著地"悬挂或者保存表明缴纳了职业税的印花税票;保留日常的赌博记录;保留他们的账簿以便检查。职业税的缴纳没有向被公然禁止赌博的联邦或者州法令所豁免的主体宣布,第 6107 节要求联邦税收主管机关向起诉官员提供已经缴纳职业税的名单。上诉人——他所声称的赌博活动使得他可能受到州或者联邦的起诉——主张登记以及缴纳职业税的法定要求侵犯了他不自证其罪的特权。上诉法院根据 *United States v. Kahriger*,345 U. S. 22 以及 *Lewis v. United States*,348 U. S. 419 维持了下级法院的判决,该法院认为在这里所涉及的情况下无法获得这一特权。

本院认为:

第一,可以对非法行为征税的公认的原则不是这里所争论的问题。

第二,上诉人主张,他的第五修正案的特权——禁止自证其罪——禁止对其违反联邦赌博税法令的行为进行起诉。① 登记以及缴纳职业税的所有要求都会直接并且明确无误地导致上诉人自证其罪;② 在纳税义务到期之时,上诉人不能通过不主张它而放弃他的宪法特权;③ 前述的 *United States v. Kahriger* 以及 *Lewis v. United States* 案件都被如此驳回了;④ 支持 *Shapiro v. United States*,335 U. S. 1 一案的前提(即这些记录类似于公共文件以及受规制政党通常所保留的记录,法律的要求在本质上是调整性的,而不是旨在怀疑特定团体的犯罪活动),不适用于本案的事实,因此,*Shapiro v. United States* 一案的"必须记录"原则对本案不具有强制力的;⑤ 允许持续执行登记和职业税规定——通过对于起诉主管机关对于其中所获得信息的使用施加限制——有可能不适当地违反国会采取赌博税的目的并且阻止了州的赌博法律的执行。

352 F. 2d 848,推翻法院判决。

哈兰法官发表了本院的观点。

上诉人在康涅狄格地区被美国地区法院认定有罪,根据两个违反了联邦赌博税法令的控告。第一个控告主张,上诉人以及其他同谋者逃避《美国法典》第 26 标题第 4411 节所征收的年度职业税的缴纳。第二个控告包括两个方面:第一个主张故意不缴纳职业税;第二个主张在从事被认可的赌博业务之前故意不登记——这是《美国法典》第 26 标题第 4411 节所要求的。

在判决以后,上诉人不服逮捕判决,部分基于进行登记和缴纳职业税的法定义务违反了他的禁止自证其罪的第五修正案特权。第二巡回区上诉法院根据 *United States v. Kahriger*,345 U. S. 22 以及 *Lewis v. United States*,348 U. S. 419 两个案件的判决维持了下级法院的判决,352 F. 2d 848。

我们发布了案卷移送命令以便根据第五修正案重新审查赌博税法令的相关规定的合宪性,并且特别考虑 United States v. Kahriger 和 Lewis v. United States 案件是否仍然有效。因为以下的原因,我们认为这些规定不能被用来对那些适当主张禁止自证其罪的特权来为其不遵守他们的要求的行为进行辩护的主体进行刑事处罚。下面的判决因此被推翻。

I

处于争议中的规定是对赌博征收的相关法律制度的一部分。该制度大体来讲如下。《美国法典》第26标题第4401节对于那些从事被许可的赌博行为的主体征收等于它们所接受的赌注——包括在盈利的抽彩给奖中所购买的可能性的价值——的毛数额的10%的消费税。赛马赌金计算器赌博企业、投入硬币式的设备以及州控制的赌金独得赛马被明确排除在征税对象以外。《美国法典》第26标题第4402节。第4411节还额外征收了每年50美元的职业税,这些都是针对那些根据第4401节的规定应当纳税的主体以及代表他们自己获得了赌注的主体。

这些税收还伴随着确保它们能够被征收的附属性规定。特别是,第4412节要求那些承担职业税纳税义务的主体每年向当地的国内税收地区服务局局长进行登记。登记者必须提交国内税收服务局表格11-C,在上面必须提供它们的住址和经营场所,必须表明它们是否从事了被允许的赌博业务,并且必须列出它们的代理商和雇员的姓名和住址。登记和缴纳职业税的法定义务是单独的登记程序本身所必备的不可缺少的因素;因此,表格11-C既构成了登记申请,也构成了职业税的纳税申报。

而且,登记者有义务在它们的主要经营场所"显著地"张贴表明缴纳了职业税的印花税票,或者,如果它们缺少该场所,则亲自保存该印花税票并且在要求之时向任何财政部官员进行展示。《美国法典》第26标题第6806节第c分节。他们被要求保留表明赌博的毛收入——关于该毛收入,他们承担纳税义务——的日常记录,并且应当允许对他们的会计账簿进行调查。《美国法典》第26标题第4403、第4423节。而且,每一个主要的国内税收官员被指示对已经缴纳职业税的所有主体进行公开检查,并且应要求,向任何州或者地方检察官员提供被鉴定名单的复印件。《美国法典》第26标题第6107节。缴纳赌博税被宣布没有"免除任何主体的由联邦或者任何州法对于该同一行为所规定的任何处罚"。《美国法典》第26标题第4422节。

II

摆在我们面前的问题不是美国是否可以对州或者国会已经宣布为违法的行为征税。法院已经再三指出,行为的非法性并不阻碍其可税性,随后的任何判决都没有限制或者降低这些案例的有效性。参见 *License Tax Cases*, 5 Wall. 462。这里的问题是,国会在联邦赌博税法律中所采取的方法,在这种情况下,是否与第五修正案所授予的禁止自证其罪的特权所产生的限制相一致。为此目的,我们必须首先检验一下这些法律规定的含义。

　　赌博以及其附属的活动被联邦和州法律予以广泛禁止。联邦法律对于在州际传播赌博信息的行为处以刑事处罚,《美国法典》第 18 标题第 1084 节;对于通过诈骗企业进行州际以及外国传播或者运输——被定义为包括赌博——施加了刑事处罚,《美国法典》第 18 标题第 1952 节;对于通过邮件或者广播来进行抽彩给奖活动施加了刑事处罚,《美国法典》第 18 标题第 1301～1304 节;对于赌博工具的州际运输施加了刑事处罚,《美国法典》第 18 标题第 1953 节。

　　州和地方制定的法律更加广泛。除内华达州以外,每个州的法律都包括广泛禁止赌博、赌注以及联合活动。每个州都禁止,本质上针对未成年人并且谨慎地限制例外,如抽彩给奖活动。即使是内华达州——它允许很多形式的赌博——也对根据这些法律应当征税的抽彩给奖活动以及某些其他赌博保留刑事处罚。Ne v. Rev. Stat. 293.603, 462.010-462.080, 465.010(1957)。

　　康涅狄格州——上诉人被认为在该州进行了他的活动——以及采取了各种措施来惩罚赌博和赌注行为。它惩罚"任何主体,无论是主犯、代理人或者仆人,只要他拥有、占有、保持、管理、控制或者占据"用来赌博或者联合销售的资金。Conn. Gen. Stat. Rev. 53-295(1958)。它对于占用、保管或者维持发生了赌博或者进行了抽彩给奖活动的资金的任何主体以及保管用于赌博的账簿、财产、工具或者器械的任何主体施加了刑事处罚。Conn. Gen. Stat. Rev. 53-298(1958)。同时参见 53-273、53-290、53-293。它还对那些共谋组织或者进行非法赌博活动的人施加了额外处罚。Conn. Gen. Stat. Rev. 54-197(1958)。因此,上诉人赌博行为的每一个方面都使得他有可能遭受州或者联邦的起诉。无论用什么标准,在康涅狄格州以及整个美国,赌博"都是一个通过刑事法律予以禁止的领域",并且那些从事赌博的团体"在本质上就具有被怀疑进行了刑事犯罪活动的性质"。*Albertson v. SACB*, 382 U. S. 70, 79。

　　作为联邦赌博税法律的结果所获得的信息很容易被用来协助州和联邦主管机关来执行这些刑罚。《美国法典》第 26 标题第 6107 节要求国内税收服务局向起诉官员提交一份已经缴纳了职业税的主要的纳税人的名单。第 6806 节第 c 分节要求纳税人或者在他们的主要营业场地"显著地"张贴印花税票,或者亲自保管这些印花税票,并且应财政部官员的要求向他们提供。拥有联邦赌博印花税票或者支付了赌博税这一证据常常在州和联邦起诉赌博犯罪地审判中被确认;这些证据毫无疑问被证明是有用的,而且经常可以给起诉机关引导出其他证据,根据这些证据,常常能够获得有罪的判决。最后,我们不得不注意到,前任国内税收服务局局长已经承认,国内税收服务局向法律执行机构"提供了"缴纳赌博税的纳税人的姓名和地址,并且,它"完全配合"美国司法部长镇压有组织赌博的努力。Caplin,The Gambling Business and Federal Taxes,8 Crime & Delin. 371,372,377。

　　在这些情况下,几乎不能否认要求登记和缴纳职业税的义务给上诉人带来了"现实的和可感知的"——而非"想象的和不实际的"——自证其罪的危险。*Reg. v. Boyes*,1 B. & S. 311,330;*Brown v. Walker*,161 U. S. 591,599-600;*Rogers v. United States*,340 U. S. 367,374。上诉人面对着禁止赌博行为的联邦和州的广泛法律制度;他在面临刑事犯罪起诉的痛苦中被要求提供他可以合理假设被提供给起诉机关的信息,而且这些信息显然会被证明为有意义的"证据链条",这些证据将确立他的罪名。与 *United States v. Sullivan*,274 U. S. 259 一案中所争议的所得税纳税申报不同,这些要求的每一个部分都会直接并且毫无异议地导致指控上诉人犯罪的结果;在这种情况下,将宪法特权适用于整个登记程序既不是"极端的",也不是"过分的"。参见第 263 页。看起来,上诉人主张这一特权作为这一起诉的抗辩是完全适当的,因此,应当足以阻止他被定罪。

　　然而,本法院曾经两次主张禁止自证其罪的特权不可能被处于上诉人地位的主体予以适当地主张。*United States v. Kahriger*,同上;*Lewis v. United States*,同上。因此,我们必须考虑在参照我们最近所作出的更多判决的基础上,这些案例是否还有效。而且,我们也必须考虑某些主管机关的间接线索的相关性;特别地,我们必须确定或者是 *Shapiro v. United States*,335 U. S. 1 一案中的"必须记录"原则,或者是对于起诉主管机关使用作为赌博税结果所获得信息的限制,*Murphy v. Waterfront Commission*,378 U. S. 52,应当在这种情况下被用来排除对于宪法特权的主张。我们回到这些问题上。

Ⅲ

　　本院在 *United States v. Kahriger* 一案中的观点表明,被控告故意不进行第4412节所要求的登记的被告不能根据第五修正案挑战这些登记要求的合宪性。关于这一点,本院完全赞同霍姆斯法官在前述的 *United States v. Sullivan* 一案中为本院所阐明的观点。在 *United States v. Sullivan* 一案中,纳税人被控告故意不提交所得税纳税申报,尽管他辩论说该纳税申报将迫使他承认违反了《全国禁酒令》。法院作出了有罪判决并且拒绝了纳税人关于特权的权利主张。法院认为,纳税申报的大部分问题都不会强迫纳税人自我揭露犯罪行为,并且允许他不提交整个纳税申报是对特权的"极端的使用,如果不是过分地使用的话"。274 U. S. ,at 263。

　　在 *United States v. Sullivan* 一案中,很明显,法院所关注的是,首先,在它前面的权利主张是一个对于特权范围的毫无根据的扩张;其次,接受不是在纳税申报到期之时所主张的特权将"使得纳税人,而不是法院成为该权利主张优点的最终裁判者"。*Albertson v. SACB*,382 U. S. 70,79。上述两个理由都不足以阻止上诉人主张该特权。第一个,正如我们所指出的,是不适用的。我们认为在这种情况下,第二个是没有说服力的。这些要求中的每一个要素都有助于指控上诉人的罪行;要求他向财政部官员提出他的权利主张将会导致他"证实拒绝承认它是有罪的"。*United States v. Kahriger*,同上,第34页。在这些情况下,我们不能得出这样的结论:在纳税义务到期之时,他不向财政部官员主张该特权将不可挽回地放弃他的宪法保护。上诉人被判决违反了制定法的要求,而他一贯主张并且在审判以后仍然主张该制定法是违宪的;这里不能要求更多的东西。

法院在 *Lewis v. United States* 一案中主张,登记和职业税的要求没有侵犯宪法特权,因为它们没有强迫自证其罪,但是仅仅给赌徒施加了一个最初的选择,他是否愿意以他的宪法特权为代价去进行赌博行为。法院这样推理,即使被要求的披露有可能自证其罪,赌徒也不必进行登记或者缴纳职业税,如果他们选择停止或者从来不进行赌博。也就是说,法院认为,"对于赌博而言,没有宪法权利"。348 U. S. ,at 423。

我们认为这些推理不再具有说服力。这里的问题不是上诉人是否拥有违反制定法的"权力",而是,如果选择这样做,他将被强迫提供对他自己不利的证据。宪法特权旨在既保护那些无辜者和深思熟虑者,也同样保护那些有罪者和轻率者。如果先前选择的这样一个推论就足以废除该特权的保护,它将从历史上已经保护的情形中被排除出去,并且从我们必须要求它的情形中撤回。该推论,以通常被认为是虚构的东西为基础,恰恰具有法院在其他情形中——在这些情形中,暗含的或者统一地放弃特权据说已经发生——所发现的缺点。参见 *Car* 甲公司 *ey v. Cochran*,369 U. S. 506。比较 *Johnson v. Zerbst*,304 U. S. 458 和 *Glasser v. United States*,315 U. S. 60。不对它们周围的环境进行深思熟虑的考察就信任该"弃权"最终将会许可通过"贤明绘制的立法"来广泛地侵犯该特权。Morgan, The Privilege against Self-Incrimination,34 Minn. L. Rev. 1,37。我们不能同意该宪法特权仅仅因为这些已经进行了"被固有的怀疑为犯罪的行为"的人或者停止赌博或者提供有可能自证其罪的信息或者选择什么也不做而被永久地放弃。

法院在 *United States v. Kahriger* 和 *Lewis v. United States* 案件中都主张,登记和职业税要求在它们的适用过程中完全是预期的,该宪法特权由于仅仅对过去和当前行为提供保护,因此是不能获得的。在我们看来,这一推论在两个方面存在缺陷:第一,它忽视了关于过去和当前行为在这里自证其罪的危险;第二,它对于宪法特权的范围施加了相当狭窄的眼光。

关于过去和当前行为自证其罪的现实危险显然可以从进行登记和缴纳职业税

的要求中产生。首先,满足这些要求增加了任何过去或者当前的赌博犯罪行为被发现和被成功起诉的可能性。它们都使得主管机关将登记者作为赌徒予以关注,并且强迫"有害的揭露",而这些有可能在起诉过去或者当前的犯罪行为中被用于提供或者协助搜集证据。这些犯罪活动不必包括事实上的赌博;它们可能仅仅包括保管或者运输赌博工具,或者其他为将来赌博进行准备的行为。其次,获得联邦赌博税印花税票,要求宣布进行赌博行为的当前意图,会强迫一个将来的赌徒来指控自己预谋违反州赌博禁令或者违反禁止为赌博目的使用州际设备的联邦法律。参见 *Acklen v. State*,196 Tenn. 314,267 S. W. 2d 101。

在 *United States v. Kahriger* 和 *Lewis v. United States* 案件中具有第二个更根本的缺陷。它的关键显然是这样一个前提,即该特权完全不适用于预期的行为;关于这一点,法院在 *United States v. Kahriger* 一案中的观点只能确保在 Wigmore,Evidence 2259c(3d ed. 1940)案件中具有一般性的权威。对于宪法特权进行如此严厉的限制,我们看不出任何正当的理由。当然,历史并没有提供关于该特权可以适用于预期行为的现成的阐释,但是可以适当提出该权利主张的情形必定是相当稀少的。我们在任何场合都将宪法命令视为"有组织的活的制度",其重要性是"有生命活力的,而非形式的"。*Gompers v. United States*,233 U. S. 604,610。

该特权适用的核心标准是上诉人是否面临着自证其罪的实质的和"现实的"危险,而不仅仅是不重要的或者想象的危险。*Rogers v. United States*,340 U. S. 367,374;*Brown v. Walker*,161 U. S. 591,600。这一原则并不允许 *United States v. Kahriger* 和 *Lewis v. United States* 案件中所采纳的严格地按年代排序的区分。我们认为,没有理由假定宪法禁止的强制力仅仅由于在行为——随后运用证据被证实——之前承认犯罪目的就被削弱。然而,如果可以主张该特权的事实状况被按照年代排序的规则所明确界定,该宪法特权旨在服务的政策可以被很容易地规避。而且,尽管预期的行为毫无疑问通常只涉及投机的和不实在的自证其罪的风险,但这并不总是被证明是正确的。正如我们已经表明的那样,在这里就是不正确的。我们得出结论认为,法律必须关注的不仅仅是时间,而且包括自证其罪的现实风险。

由第4411和第4412节所产生的关于预期行为的自证其罪的风险并不是不重要的或者想象的。预期登记者可以合理地预期,登记和缴纳职业税将显著增加他们的预期行为在将来被起诉的可能性,并且,它将很容易提供有助于证明他们有罪的证据。事实上,他们可以合理地害怕该登记以及随后的获得赌博税印花税票的行为会被用来作为证明他们在事实上在随后违反了州赌博禁令的决定性证据。比较 Ala. Code, Tit. 14,302(8)-(10)(1958);Ga. Code Ann. 26-6413(Supp. 1967)。关于完全是预期的行为所主张的非现实的特权主张当然可以被宣称,但是,这里的权利主张并不是如此,它们仅仅需要被考虑诉讼主体在什么时候拥有追求它们的鲁莽。

我们得出结论认为,法院在 *United States v. Kahriger* 和 *Lewis v. United States* 案件中的任何观点都不足以排除上诉人主张宪法特权作为他被指控有罪的辩护。在此范围内,*United States v. Kahriger* 和 *Lewis v. United States* 案件被推翻。

IV

接下来我们必须考虑在这种情况下,*Shapiro v. United States*,335 U. S. 1 一案中"必须记录"原则的相关性。有必要先总结一下 *Shapiro v. United States* 一案的环境。上诉人——水果和农产品批发商——被根据《紧急情况价格控制法》的授权所制定的规章要求记录和"为检查而保留"各种"他通常记录的相同种类的"记录。《最大价格规章》426,14,8 Fed. Reg. 9546,9548-9549(1943)。随后,他被一个行政传票指示向价格行政办公室的律师提供某些这些记录。上诉人遵照执行了,但同时主张了他的宪法特权。在违反《紧急情况价格控制法》的起诉中,上诉人主张这些记录已经帮助搜集了对他不利的证据,并且根据该法第 202 节第 g 分节,56 Stat. 30,主张免予起诉。然而,上诉人仍然被确认有罪,而且它的有罪判决被上级法院维持了。159F. 2d 890。

根据诉讼文件移送命令,关于第一个问题,本院认为,第 202 节第 g 分节并没有授予上诉人免予起诉的特权,关于行政规章要求他保存的记录,他不能适当地主张特权保护。关于第二个问题,本院依赖于这些案例,该案例主张,公共记录的保管者不能主张关于这些记录的特权,并且重申 *Wilson v. United States*,221 U. S. 361,380 一案中的法官附带意见,表明:"关于私人信件所存在的特权不能向被法律要求保存的记录而主张,该要求是为了有可能存在作为政府规章以及所建立的有效限制的强制执行的适当主题的恰当信息传递。"335 U. S.,at 33。本院认为,"毫无疑问",所涉及的记录具有"公共性的一面",因此认为,上诉人作为它们的保管人,不能主张关于它们的特权。同上,第 34 页。

我们认为,无论是 *Shapiro v. United States* 一案,还是它所依赖的这些案例,在这里都是不适用的。一般性地比较 Note,Required Information and the Privilege against Self-Incrimination,65 Col. L. Rev. 681,以及 McKay,Self-Incrimination and the New Privacy,1967 Sup. Ct. Rev. 193,214-21。而且,我们认为关于当前的目的,没有必要去追问在 *Shapiro v. United States* 一案中所没有回答的问题的细节,即什么"约束……政府不能在要求保存记录中超越宪法的界限……"335 U. S.,at 32。指出这里的情况与 *Shapiro v. United States* 一案的情况有重大差异就足够了,该案在这种情况下被排除,根据任何明确表达的规则,"必须记录"原则在这里不适用。

该原则的三个主要因素中的每一个——在 *Shapiro v. United States* 一案中的描述——在本案情况下都不能适用。首先,上诉人马凯特,根据当前所涉及的规定,没有义务记录和保存"他通常记录的相同种类的"记录;他只是简单地被要求提供关于他的赌博活动的信息,与他已经保存的任何记录无关。这一要求与命令他提供口头的证词没有重要的区别。比较 McKay, Self-Incrimination and the New Privacy, 1967 Sup. Ct. Rev. 193, 221。其次,凡是 *Shapiro v. United States* 一案中所涉及记录的"公共性的一面",都与从马凯特那里所要求的信息无关。政府所希望获得的是私人不愿意公开提供的信息;如果这样的话,就没有适用宪法特权的空间了。政府通过制定法所命令的印花税票信息也不具有公共性质;如果仅仅这一点就足够了,宪法特权将被国会的任何立法予以完全取消。再次,在 *Shapiro v. United States* 一案中所涉及的要求是在"本质上非刑事、规章领域的调查"的领域而施加的,然而,这里直接指向"有选择团体固有的被怀疑从事刑事犯罪活动的领域"。比较 *Albertson v. SACB*, 382 U. S. 70, 79。美国的主要利益很明显是征收税收,而不是惩罚赌博,参照 *United States v. Calamaro*, 354 U. S. 351 358;但是这里所追求的信息所涉及的活动性质以及被进行调查的团体的构成要素很容易将这里的情形与 *Shapiro v. United States* 一案的情形相区分。没有必要去进一步研讨 *Shapiro v. United States* 一案以及涉及公共文件的案例的要素和限制;这些差异点结合起来足以将所有这些案例排除在适用范围之外。

V

最后,我们已经被美国政府敦促允许继续执行登记和职业税的规定,尽管有宪法特权的要求,通过对于联邦和州的信息主管机关作为遵从赌博税要求的结果所获得的信息的使用进行限制来维护特权主张者的权利。它暗示,这些限制有可能类似于在 *Murphy v. Waterfront Commission*, 378 U. S. 52 一案中法院所施加的限制。

宪法的程序要求本院对于征税权给予充分的尊重,并且合理地测量征税权行使的伴随结果。但是,我们同样被要求努力关注宪法对于行使这些权力的限制。我们没有,正如我们所说的那样,怀疑国会对于那些全部或者部分不合法的行为征税的权力。我们也不怀疑,禁止自证其罪的特权不应当被适当地主张,如其他的已经授予的保护"是如此广泛,以至于与该特权本身具有相同的范围和效果"。*Counselman v. Hitchcock*, 142 U. S. 547 585。因此,政府的建议就是一个原则上具有吸引力的,但是在我们面前明显是一个执行难题。禁止自证其罪特权与政府对于信息的需要之间的冲突,1966 Sup. Ct. Rev. 103 159,以及 McKay, Self-Incrimination and the New Privacy, 1967 Sup. Ct. Rev. 193 232。然而,我们认为,在当前的环境下,让法院去施加这些限制是完全不适当的。

赌博税制度的条款使得下面一点非常明显:国会意图将作为登记和缴纳职业税结果所获得的信息提供于相关的起诉主管机关。参照《美国法典》第26标题第6107节。这也明显是符合国内税收服务局的实践的。因此,我们必须假定对于使用施加限制将会直接导致排除国会在采纳赌博税时的目的中的一个重要部分的执行。而且,该限制的施加必然会要求州起诉机关在每一个案件中都证明,他们的证据与作为赌博税的结果所获得的信息没有关系;因此,联邦要求被保护的代价是阻碍,或许严重影响州禁止赌博的法律的执行。我们不知道国会是怎样衡量联邦财政与州禁止赌博的禁令的相互冲突的要求的。然而,我们完全确信,宪法已经将适当平衡该价值的重任授权国会,而非法院。因此,我们必须决定,法院制订美国政府所敦促的这类限制是不适当的。

VI

我们非常了解美国各种各样的财政信息和具有调整作用的及时和准确信息的重要性;但是国会可以通过完全与宪法限制相协调的其他方法来获得该信息。一般性地参照 *Counselman v. Hitchcock*,同上,第585页;比较 *Murphy v. Waterfront Commission*,同上。因此,我们今天无论做什么也不能阻止国会对于被州和联邦法律确定为违法的行为进行征税或者规制。

然而,我们只能得出这样的结论,根据目前的赌博税制度,上诉人适当地主张了禁止自证其罪的特权,并且该主张将提供针对该起诉的完全抗辩。这一抗辩应当包括没有登记、没有缴纳职业税以及共谋逃避缴纳税款。我们强调,我们并不认为这些赌博税规定在宪法上是不可行的;我们仅仅主张那些适当主张关于这些规定的宪法特权的人不应当因为没有遵守它们的要求而遭受刑事处罚。如果,在不同的环境下,纳税人不面对自证其罪的实质危险,或者,如果他处于特权保护之外,我们今天不会保护他不受赌博税法所规定的各种处罚。

上诉法院的判决被推翻。

马歇尔法官没有参与本案的审理和判决。

第五章 公司股票赎回视为股息分配案(1970)

一、基本法律规定

(一)《国内收入法典》第 301 节第 a 分节的规定

除非本章有其他规定,公司向股东所作出的关于其股份的财产分配(根据第 317 节第 a 分节的定义)应当按照第 301 节第 c 分节所规定的方式予以处理。

(二)《国内收入法典》第 301 节第 b 分节的规定

1. 第 1 段的规定

为本节规定之目的,任何分配的数额应当是所收到的货币数额加上所收到的其他财产的公平市场价值。

2. 第 2 段的规定

第 1 段所确定的任何分配的数额应当减去下列数额(但是不能低于 0):① 由该股东所承担的与该分配相关的公司的任何债务的数额;② 在该分配之前与之后,该股东所收到的财产所负担的任何债务的数额。

3. 第 3 段的规定

为本节规定之目的,公平市场价值应当截至分配之日来确定。

(三)《国内收入法典》第 301 节第 c 分节的规定

1. 第 1 段的规定

对于第 301 节第 a 分节所适用的分配而言,该分配中属于股息(根据第 316 节的定义)的部分应当包括在毛收入中。

2. 第 2 段的规定

对于第 301 节第 a 分节所适用的分配而言,该分配中不属于股息的部分不予考虑并且应当在减去该股票的调整后本金以后予以适用。

3. 第 3 段的规定

除下面分段的规定以外,该分配中不属于股息的部分,限于其超过该股票的调整后本金的部分,应当视为来自财产的销售或者交换的收益。

该分配中不属于股息的部分,限于其超过该股票的调整后本金并且来自在1913 年 3 月 1 日之前所实现的价值增加的部分,应当免税。

(四)《国内收入法典》第 301 节第 d 分节的规定

在第 301 节第 a 分节所适用的分配中所收到的财产的本金应当是该财产的公平市场价值。

(五)《国内收入法典》第 301 节第 e 分节的规定

1. 第 1 段的规定

除规章另有规定以外,仅仅为确定任何 20％公司股东的应税所得(及其在分配公司的股票中的调整后本金)之目的,第 312 节在适用于该分配公司时,不应当考虑其中第 k 分节和第 n 分节的规定。

2. 第 2 段的规定

为本分节规定之目的,关于任何分配,"20％公司股东"这一术语是指任何公司,其拥有(直接或者通过第 318 节的适用)分配公司的所有类型的有表决权的股票的至少 20％的联合表决权的股票,或者分配公司的所有股票(关于股息属于有限的和优先的无表决权的股票除外)的总价值的至少 20％的股票,但是必须满足这样一个条件:如果不是本分节的规定的话,分配公司本来应当有权利享受关于该分配的第 243、第 244 节或者第 245 节所规定的扣除。

3. 第 3 段的规定

第 1 段所指的第 312 节中的第 n 分节应当视为不包括该分节中的第 7 段的规定。

4. 第 4 段的规定

部长可以制定为执行本节规定之目的所必要或者适当的规章。

(六)《国内收入法典》第 301 节第 f 分节的规定

关于赎回股票的分配,参照第 302 节。

关于全部清理的分配,参照第 Ⅱ 部分(第 331 节及以下)。

关于公司组织和重组的分配,参照第 Ⅲ 部分(第 351 节及以下)。

关于个人以资本收益率所收到的股息的税收,参照第 1 节第 h 分节第 11 段。

(七)《国内收入法典》第 302 节第 a 分节的规定

如果一个公司赎回其股票(在第 317 节第 b 分节所规定的意义范围内),并且如果第 b 分节中的第 1、第 2、第 3 或者第 4 段予以适用,该赎回应当被视为用于交换该股票的全额或者部分数额的分配。

(八)《国内收入法典》第 302 节第 b 分节的规定

1. 第 1 段的规定

如果赎回与股息在实质上不具有等价性,第 302 节第 a 分节应当予以适用。

2. 第 2 段的规定

如果该分配与股东具有实质上的不成比例,第 302 节第 a 分节应当予以适用。

如果在赎回之后,该股东拥有所有种类的有表决权股票的联合表决权的 50%以上,本段不应当予以适用。

为本段规定之目的,如果满足下列条件,分配就是实质上不成比例:在赎回以后该股东所拥有的该公司有表决权股票与该时刻该公司所有有表决权股票之比小于下列比例的 80%:在赎回之前该股东所拥有的该公司有表决权股票与该时刻该公司所有有表决权股票之比。为本段规定之目的,任何分配都不应当被视为实质上不成比例,除非该股东在该赎回前后对于该公司的普通股票(无论是否具有表决权)的所有权也满足前面一句所规定的 80%的要求。为前面一句规定之目的,如果存在一种以上的普通股票,上述确定应当参照公平市场价值来作出。

本段不应当适用于任何这样的赎回,该赎回是按照一个计划进行的,该计划的目的或者效果是一系列赎回,该系列赎回导致了一个分配,该分配(合计)与股东并不是实质上不成比例。

3. 第 3 段的规定

如果该赎回是将股东在该公司中所拥有的全部股份予以赎回,第 302 节第 a 分节应当予以适用。

4. 第 4 段的规定

第 302 节第 a 分节应当适用于满足下列条件的分配:该赎回是由非公司股东所持有的股票的赎回,以及该赎回是分配公司的部分清算中的赎回。

5. 第 5 段的规定

在判断一个赎回是否符合第 1 段所规定的条件时,下面的事实不应当予以考虑:该赎回不满足第 2、第 3 或者第 4 段所规定的条件。如果一个赎回满足第 3 段所规定的条件,也满足第 1、第 2 或者第 4 段所规定的条件,那么,第 c 分节第 2 段中本来应当适用于(如果不是本句规定的话)在分配之日起 10 年内进行的该公司利益的获得的部分不应当适用。

(九)《国内收入法典》第 302 节第 c 分节的规定

1. 第 1 段的规定

除本分节中的第 2 段的规定以外,为本节规定之目的,在确定股票的所有权时,第 318 节第 a 分节应当予以适用。

2. 第 2 段的规定

(1) 第 A 分段的规定

对于第 b 分节第 3 段所描述的分配而言,第 318 节第 a 分节第 1 段不应当予以适用,如果:① 在分配以后,分配受益人在该公司中没有利益(包括作为经理、董事或者雇员的利益),作为债权人的利益除外;② 在该分配以后的 10 年内,分配受益人没有获得任何该利益(通过赠与或者继承所获得的股票除外);③ 分配受益人按照部长通过规章所规定的时间和方式提交一份协议,将②条款所描述的任何获得通知部长,并且保留适用本段所必需的记录。如果分配受益人在分配以后的 10 年内获得了该公司的利益(通过赠与或者继承的除外),那么,第 6501 节和第 6502 节所规定的进行核定、强制执行以及法院程序的法定期间,关于该获得所导致的欠税(包括税收利益以及额外利益),应当包括分配受益人将该获得通知部长(按照部长制定的规章的规定)之日起的 1 年的期间;尽管有本来应当阻止该核定或者征收进行的任何其他法律规定,该核定和征收仍然可以进行。

(2) 第 B 分段的规定

本段中的第 A 分段不应当予以适用,如果:① 在分配以后的 10 年内,分配受益人从一个主体手中,直接或者间接,获得了被赎回股票的任何部分,该主体的股票所有权(在分配之时)根据第 318 节第 a 分节的规定可以被归于分配受益人;② 任何主体(在分配之时)拥有这样的股票,该股票的所有权根据第 318 节第 a 分节的规定可以归于分配受益人,并且该主体在分配以后的 10 年内从分配受益人手中,直接或者间接,获得了该公司的任何股票,除非从分配受益人手中如此获得的股票在同一个交易中被赎回。如果分配受益人的获得(或者,在②条款的情况下,处置)并不具有逃避联邦所得税的目的,前面一句不应当予以适用。

(3) 第 C 分段的规定

第 A 分段不应当适用于向任何实体的分配,除非:① 该实体以及每一个关联主体都符合第 A 分段中的①、②和③条款所规定的条件;② 每一个关联主体都同意联合或者分别承担由第 A 分段中的②条款所描述的获得所导致的任何欠税(包括税收利益和额外利益)。在前面一句所适用的任何情况下,第 A 分段的第二句以及第 B 分段中的②条款在适用时,应当将其中的"分配受益人"替换为"分配受益人或者任何关联主体"。

为本分段规定之目的,① "实体"这一术语是指合伙企业、遗产、信托、或者公司;② "关联主体"这一术语是指任何这样的主体,该主体在该公司中的股票所有权可以根据第 318 节第 a 分节第 1 段的规定被归因,如果该股票根据第 318 节第 a 分节第 3 段的规定被进一步归因于该实体。

(十)《国内收入法典》第 302 节第 d 分节的规定

除本分章另有规定以外,如果一个公司赎回其股票(在第 317 节第 b 分节所规定的意义范围内),并且,如果本节中的第 a 分节不予适用,该赎回应当被视为第 301 节所适用的财产的分配。

(十一)《国内收入法典》第 302 节第 e 分节的规定

1. 第 1 段的规定

为第 b 分节第 4 段规定之目的,一个分配应当被视为公司的部分清算,如果:① 该分配并不是在实质上相当于股息(在公司的层面,而非在股东的层面上确定);② 该分配是按照一个计划进行的并且在采纳该计划的纳税年度或者在随后的一个纳税年度内发生的。

2. 第 2 段的规定

符合第 1 段①规定条件的分配应当包括(但不限于)符合本段中的①和②所规定条件的分配:① 该分配可以归于分配公司停止进行符合条件的商业或者经营,或者不再构成符合条件的商业或者经营的资产;② 在该分配以后,分配公司积极从事于符合条件的商业或者经营。

3. 第 3 段的规定

为本段规定之目的,"符合条件的商业或者经营"这一术语是指任何这样的商业或者经营:① 在赎回之日之前的 5 年期间内被积极经营;② 不是由该公司在该期间通过这样的交易而获得的,在该交易中,全部或者部分确认了收益或者损失。

4. 第 4 段的规定

一个赎回是否符合第 2 段中的①和②所规定的条件可以在不考虑下列条件的情况下确定:该赎回关于该公司的所有股东是否是按比例的。

5. 第 5 段的规定

为根据第 b 分节第 4 段的规定确定任何股票是否被一个非公司股东所持有之目的,被合伙企业、遗产或者信托所持有的任何股票都应当被视为仿佛它在事实上是由其合伙人或者受益人所持有的。

(十二)《国内收入法典》第 302 节第 f 分节的规定

关于下列股票的赎回的特殊规定:① 死亡税收,支付死亡税收的股票的赎回,参见第 303 节;② 第 306 节股票,第 306 节所规定股票的赎回,参见第 306 节;③ 清算,完全清算中股票的赎回,参见第 331 节。

(十三)《国内收入法典》第 316 节第 a 分节的规定

为本分标题规定之目的,"股息"这一术语是指由公司向其股东所进行的任何财产分配:① 从其在 1913 年 2 月 28 日以后积累的收入和利润中,或者②从其在该纳税年度的收入和利润(截至该纳税年度结束之时来计算,不减去由于在该纳税年度所进行的任何分配)中,不考虑在分配作出之时的收入和利润的数额。除非本分标题有其他规定,每一次分配仅限于从最近所积累的收入和利润中作出。限于,根据本分章的任何规定,任何分配被视为第 301 节所适用的财产的分配,为本分节规定之目的,该分配应当被视为财产的分配。

（十四）《国内收入法典》第 316 节第 b 分节的规定

1. 第 1 段的规定

第 a 分节所规定的定义不应当适用于第 L 分节所适用的"股息"这一术语，在那里，所指的是保险公司如此支付给保险客户的红利。

2. 第 2 段的规定

（1）第 A 分段的规定

对于下列公司而言：① 根据可适用于作出分配所在纳税年度的法律的规定，属于个人控股公司（根据第 542 节的定义）；② 对于这样的纳税年度而言，在该纳税年度，根据第 563 节第 b 分节（关于在该纳税年度结束以后所支付的股息）或者第 547 节（关于赤字股息）或者以前法律的相关规定进行了分配，根据可适用于该纳税年度的法律的规定，是一个个人控股公司，"股息"这一术语也指由该公司向其股东所进行的任何财产的分配（无论是否属于第 a 分节所定义的股息），限于该年度其未分配的个人控股公司所得（根据第 545 节的规定确定，不考虑本段所规定的分配）。

（2）第 B 分段的规定

为第 A 分段规定之目的，"财产的分配"这一术语包括在一个清算计划被采纳以后的 24 个月内所进行的全部清算的分配，但是：① 仅限于分配给除公司股东以外的被分配人的数额；② 仅限于公司根据部长制定的规章的规定将该数额指定为股息分配并且适时地将该指定通知了该被分配人；③ 不应当超过该被分配人所应当分配的该年度的未分配个人控股公司所得，在不考虑本分段或者第 562 节第 b 分节规定的情况下计算。

3. 第 3 段的规定

受规制投资公司或者不动产投资公司所进行的赤字股息分配："股息"这一术语也包括构成第 860 节第 f 分节所定义的"赤字股息"的任何财产的分配（无论是否属于第 a 分节所定义的股息）。

（十五）《国内收入法典》第 318 节第 a 分节的规定

1. 第 1 段的规定：家庭成员

（1）第 A 分段的规定

任何个人应当被视为拥有该股票，直接或者间接，由或者为下列主体所持有的股票：① 他的配偶（根据离婚判断或者分居赡养费判决合法分离的配偶除外）；② 他的子女、孙子女以及父母。

（2）第 B 分段的规定

为第 A 分段②规定之目的，一个人合法收养的子女应当视为该个人亲生的子女。

2. 第 2 段的规定：来自合伙企业、遗产、信托以及公司的归因

来自合伙企业和遗产：直接或者间接由或者为合伙企业或者遗产所拥有的股票应当被视为由其合伙人或者受益人按比例拥有。

来自信托：① 直接或者间接由或者为信托(第 401 节第 a 分节所描述的根据第 501 节第 a 分节的规定免税的雇员信托除外)所拥有的股票应当被视为由其受益人按照该受益人在该信托中的保险精算利益的比例拥有；② 直接或者间接由或者为一个信托中一个主体根据第 J 分章第 I 部分第 E 分部分(关于授予人以及其他被视为实质所有人)的规定被视为所有人的部分所拥有的股票应当被视为由该主体所拥有。

来自公司：如果一个公司股票价值的 50％或者以上由或者为任何主体所直接或者间接拥有，该主体应当被视为拥有由或者为该公司所直接或者间接持有的股票，其持有的比例是该主体所拥有的该公司股票的价值与该公司所有股票价值之比。

3. 第 3 段的规定：向合伙企业、遗产、信托和公司的归因

向合伙企业和遗产：直接或者间接由或者为合伙人或者遗产受益人所拥有的股票，应当视为由该合伙企业或者遗产所拥有。

向信托：① 直接或者间接由或者为信托(第 401 节第 a 分节所描述的根据第 501 节第 a 分节的规定免税的雇员信托除外)的受益人所拥有的股票，应当视为由该信托所拥有，除非该受益人在该信托中的利益是遥远的附随的利益。为本条款规定之目的，受益人在信托中的附随利益应当被视为遥远的，如果，根据托管人为该受益人的利益所行使的最大限度的判断力，根据保险精算师的计算，该利益的价值是该信托财产价值的 5％或者更少；② 直接或者间接由或者为根据第 J 分章第 I 部分第 E 分部分(关于授予人以及其他被视为的所有人)的规定被认为是一个信托人或一部分的所有者的主体所拥有的股票，应当被视为由该信托所拥有。

向公司：如果一个公司股票价值的 50％或者以上由或者为任何主体所直接或者间接拥有，该公司应当被视为拥有由或者为该主体所直接或者间接拥有的股票。

4. 第 4 段的规定：选择权

如果任何主体拥有获得股票的选择权，该股票应当被视为由该主体所拥有。为本段规定之目的，获得该选择权的选择权以及该选择权系列中的每一个，都应当被视为获得该股票的选择权。

5. 第 5 段的规定：运行规则

(1) 第 A 分段：一般规定

除第 B 和第 C 分段的规定以外，由于第 1、第 2、第 3 或者第 4 段的适用而由一个主体建设性拥有的股票，为适用第 1、第 2、第 3 和第 4 段规定之目的，应当被视

为事实上由该主体所拥有。

(2) 第 B 分段:家庭成员

由于第 1 段的适用而由任何个人所建设性拥有的股票,为作出该股票的另外一个建设性所有者而再次适用第 1 段规定之目的,不应当视为由他所拥有。

(3) 第 C 分段:合伙企业、遗产、信托以及公司

由于第 3 段的适用而由合伙企业、遗产、信托或者公司建设性拥有的股票,为了作出该股票的另外一个建设性所有者而适用第 2 段规定之目的,不应当视为由它所拥有。

(4) 第 D 分段:代替家庭规则的选择权规则

为本段规定之目的,如果根据第 1 段或者第 4 段的规定,股票可以被视为由某个人所拥有,该股票应当根据第 4 段的规定被视为由他所拥有。

(5) 第 E 分段:视为合伙企业的 S 公司

为本分节规定之目的,① S 公司应当被视为合伙企业;② S 公司的任何股东应当被视为该合伙企业的合伙人。为确定 S 公司的股票是否被任何主体建设性的持有之目的,前面一句规定不应当予以适用。

(十六)《国内收入法典》第 318 节第 b 分节的规定

关于包含在第 a 分节中的规则的适用,参照:① 第 302 节(关于股票的赎回);② 第 304 节(关于关联公司的赎回);③ 第 306 节第 b 分节第 1 段第 A 分段(关于第 306 节股票的处置);④ 第 338 节第 h 分节第 3 段(定义购买);⑤ 第 382 节第 l 分节第 3 段(关于净经营损失结转的特别限制);⑥ 第 856 节第 d 分节(关于在不动产信托投资公司的情况下,来自不动产租赁的定义);⑦ 第 958 节第 b 分节(关于受控外国公司的建设性所有权规则);⑧ 第 6038 节第 d 分节第 2 段(关于某些外国公司的信息)。

二、基本制度解析

(一) 股息及其税务处理

股息一般是股东定期按一定的比率从上市公司分取的盈利,即因持有公司股票而获得的收益。股息属于权益性投资所得。根据《国内收入法典》第 316 节的规定,"股息"这一术语是指由公司向其股东所进行的任何财产分配。这一定义强调的是股息的实质,而非具体表现形式。无论企业采取什么形式,只要在实质上构成了公司向股东分配财产,即可认定为股息。中国现行企业所得税法并没有对股息的含义进行界定,《个人所得税法实施条例》第 8 条规定:利息、股息、红利所得,是指个人拥有债权、股权而取得的利息、股息、红利所得。这里实际上也没有将股息

的含义界定清楚。

根据《国内收入法典》第 243 节的规定，对于公司所获得的股息所得可以根据具体情况的不同而分别给予 100％、80％或者 70％的扣除。一般的企业可以享受 70％的扣除。可以享受 100％扣除的企业包括两类：一类是根据《1958 年小型商业投资法》（《美国法典》第 15 标题第 661 节及其以下）的规定运营的小型商业投资公司；一类是"符合条件的股息"。"符合条件的股息"这一术语是指公司所收到的下列任何股息：如果在收到该股息之日结束之时，该公司与分配该股息的公司同属于一个企业集团，并且如果：① 该股息是从分配公司在 1963 年 12 月 31 日以后结束的纳税年度的所得和利润中分配的，对于该分配，第 1562 节所规定的选择不生效，并且在分配股息的每一天，分配公司和收到股息的公司都是该企业集团的成员；② 该股息是由这样一个公司所支付的，关于该公司，在支付该股息的纳税年度中第 936 节所规定的选择生效。对于从 20％拥有的公司所收到的任何股息，可以扣除的比例为 80％。"20％拥有的公司"这一术语是指任何公司，如果该公司股票的 20％或者更多（根据表决权或者价值）被纳税人所拥有。

根据中国《企业所得税法》第 6 条的规定，股息、红利等权益性投资收益属于企业的应税收入，应当和其他收入一样缴纳企业所得税。根据该法第 26 条的规定，符合条件的居民企业之间的股息、红利等权益性投资收益属于免税收入，不需要缴纳企业所得税。也就是说，对部分股息所得免税，以减轻经济性双重征税。根据《企业所得税法实施条例》第 83 条的规定，符合条件的居民企业之间的股息、红利等权益性投资收益，是指居民企业直接投资于其他居民企业取得的投资收益。股息、红利等权益性投资收益，不包括连续持有居民企业公开发行并上市流通的股票不足 12 个月取得的投资收益。根据中国现行个人所得税制度，个人所获得的上市公司的股息应当按照"利息、股息、红利所得"项目，按照 20％的税率减半征收个人所得税，即实际税率为 10％。个人获得的非上市公司的股息，按照 20％的税率征收个人所得税。

（二）资本收益及其税务处理

资本收益（capital gain）一般指人们卖出股票（或其他资产）时所获得的超过原来为它支付价格的那一部分。资本收益属于财产转让所得，是伴随着财产的转让所获得的收入。对于股票而言，就是股票买卖的差价收入。

根据所得税法的一般原理，财产转让必须有增值才需要缴纳所得税。根据《国内收入法典》第 311 节的规定，公司分配股票或者财产，不应当确认任何收益或者损失，但是，如果该分配股票或者财产的公平市场价值超过了它的调整后本金（在分配公司手中之时），那么，分配公司应当确认收入，该财产是按照其公平市场价值销售给被分配人。

根据中国《企业所得税法》第6条的规定,转让财产收入属于应税收入,应当和其他收入一起缴纳企业所得税。根据该法第16条的规定,企业转让资产,该项资产的净值,准予在计算应纳税所得额时扣除。根据《企业所得税法实施条例》第74条的规定,资产的净值,是指有关资产、财产的计税基础减除已经按照规定扣除的折旧、折耗、摊销、准备金等后的余额。因此,企业转让股票所获得的增值收入应当缴纳企业所得税。但是个人转让上市公司股票所获得的财产转让所得,按照中国现行的个人所得税制度,可以免缴个人所得税。

三、案情简介

1945年,纳税人和布拉德利组建了一个公司。为了交换转移给新公司的财产,布拉德利收到了500股普通股票,纳税人和他的妻子每人收到250股该股票。随后不久,纳税人向该公司又进行了额外出资,以每股25美元的价格购买了1 000股优先股票。

后一个交易的目的是增加该公司的运作资本,并且因此符合以前通过改造融资公司协商的贷款条件。按照协议,当改造融资公司贷款被偿还以后,该公司将赎回该优先股票。尽管在这期间内,纳税人购买了布拉德利的500股股票并且分给了他的儿子和女儿,但该公司的资本总额保持不变,直到1963年。在那一年,在该贷款被全部偿还以后,按照最初的协议,该公司赎回了纳税人的优先股。

在纳税人1963年个人所得税纳税申报中,纳税人并没有将他的优先股被赎回所获得的25 000美元作为所得。相反,纳税人将该赎回视为将他的优先股销售给该公司,根据《1954年国内收入法典》第302节的规定,这一交易是资本收益交易,由于纳税人在该股票中的本金等于他为该股票所收到的数额,因此,不会导致任何税收。然而,国内税收服务局局长并不同意这种处理方法。按照局长的观点,纳税人股票的赎回在实质上相当于股息,因此,应当根据《国内收入法典》第301节和第316节的规定作为通常所得予以征税。纳税人支付了由此所导致的欠税并且提起了返还之诉。地区法院支持了纳税人的观点,上诉以后,上诉法院维持了地区法院的判决。税务局提起上诉,联邦最高法院受理了该案。

四、正反方观点

(一)正方(纳税人、地区法院、上诉法院)观点
纳税人所获得的25 000美元是具有合法商业目的的一系列行为的最终步骤,

因此,"并非实质上等于该法典第 302 节第 b 分节第 1 段规定意义范围内的股息",它符合作为"为了交换股票而进行的付款"的分配,并且有权利根据法典第 302 节第 a 分节的规定被作为资本收益而非通常所得予以处理。

为《国内收入法典》第 302 节第 b 分节第 1 段规定之目的,该归因规则并不适用;他应当被视为仅仅拥有该公司的普通股票的 25％;该分配符合法典第 302 节第 b 分节第 1 段所规定的条件,因为它与他的股票利益不成比例,符合基本的股息等价测验。

将这里所涉及的赎回视为实质等同于股息是运用了形式重于实质的原则。假设纳税人没有购买布拉德利的股份或者假设他向该公司作出了附属性贷款而不是购买优先股票,他就能够获得 25 000 美元的税收优惠待遇。

(二) 反方(税务局、联邦最高法院)观点

《国内收入法典》第 318 节第 a 分节的归因规则适用于整个第 302 节,为确定这里的分配是否"在本质上不等于第 302 节第 b 分节第 1 段所规定的股息"之目的,纳税人必须被视为该公司普通股票的所有 1 000 股的所有者。在第 302 节中的第 c 分节中,归因规则明确适用于"为本节规定之目的,在确定股票的所有权中"。适用这一语言,两个下级法院都认为,第 318 节第 a 分节适用于整个第 302 节,包括第 302 节第 b 分节第 1 段——这种观点也是符合其他上诉法院的判决、长期实行的财政部规章以及具有指导性的评论员的观点的。归因规则适用于第 302 节第 b 分节第 1 段是必要的,除非关于第 302 节第 b 分节第 2 段和第 3 段,它们也被明确排除在考虑之外。因为,如果一项交易仅仅因为归因规则没有满足这些节中的一个,它就应当按照纳税人的论点,虽然符合第 302 节第 b 分节第 1 段所规定的条件。我们不能同意国会的意图是这样的,以至于将其明确的指示无效。因此,我们得出结论认为,第 318 节第 a 分节的归因规则应当予以适用;并且,为了确定一项分配是否是第 302 节第 b 分节第 1 段所规定的"非实质等于股息",纳税人必须被视为该公司普通股份的所有 1 000 股的所有者。

不考虑商业目的,赎回总是"在实质上等同于股息",在《国内收入法典》第 302 节第 b 分节第 1 段所规定的意义范围内,如果它没有改变股东在该公司中按比例所分享的利益。由于这里的纳税人(在适用归因规则以后)在赎回前后是该公司的唯一股东,根据该测验,他不符合资本收益处理的条件。

国会在制定《国内收入法典》第 302 节第 b 分节第 1 段时认为,如果一个公司通过分配财产作为简单的股息,其效果是从公司向其股东转移财产,不改变股东的相关经济利益或者权利。当赎回具有相同的效果时,不能说已经满足了第 302 节第 b 分节第 1 段所规定的"非实质等同于股息"的要求。相反,为了根据该节的规定满足优先处理的条件,赎回必须导致股东在该公司中按比例的利益的实质性减少。很显然,本案的纳税人——他(在适用归因规则以后)在该赎回之前和之后都是该公司的唯一股东——并不满足这一测验。

五、案件评析

本案所争议的焦点是纳税人购买股票并在随后由公司赎回的行为性质是分配股息还是股票分配。如果是分配股息,则应当按照股息所得缴纳企业所得税,如果是股票分配,则应当按照资本收益缴纳企业所得税。由于纳税人在该股票交易中获得了利益,因此,如果将其定性为分配股息行为,则应当缴纳企业所得税,如果将其定性为股票分配,由于该分配活动没有产生任何收益,因此,没有资本收益,也就不需要缴纳企业所得税。

回答上述行为的性质有两个关键的问题:第一,《国内收入法典》第318节第a分节的归因规则是否适用于整个第302节;第二,股票赎回行为是否等同于分配股息。

根据《国内收入法典》第318节第a分节的归因规则,纳税人的家庭成员所拥有的股份应当视为由纳税人所拥有。如果这一归因规则予以适用的话,那么,纳税人在公司成立之时就拥有该公司50%的股份,后来通过购买行为,实际上持有了该公司100%的股份。如果这一归因规则不予适用,则纳税人自始至终仅仅拥有该公司25%的股份。两种不同的结果将直接导致股票赎回行为是否能够被认定为分配股息的行为。因此,这一归因规则的适用范围就成了争议的焦点问题。《国内收入法典》第318节明确规定本节规定适用于第302节,因此,应当首先适用归因规则,然后再适用第302节。

在适用《国内收入法典》第318节的归因规则以后,纳税人在分配之前和分配之后都是该公司的唯一股东,纳税人从股票赎回中所获得的利益就在实质上相等于分配股息。因此,纳税人所获得的利益不能适用第302节第b分节第1段的规定,而只能作为股息所得(通常所得)予以征税。.

纳税人主张,将这里所涉及的赎回视为实质等同于股息是运用了形式重于实质的原则。而按照联邦最高法院的审理原则,应当遵循实质重于形式的原则。因此,纳税人主张,假设他没有购买布拉德利的股份或者假设他向该公司作出了附属性贷款而不是购买优先股票,他就能够获得25 000美元的税收优惠待遇。既然在实质上纳税人可以获得该税收优惠,法院就不应当仅仅依据纳税人所采取的形式来否定其本来应当享受的税收优惠。当然,这实际上并不是本案所要讨论的问题,而是一个新的诉讼请求,即纳税人的行为被视为分配股息的情况下,纳税人能否依据实质重于形式的原则享受税收优惠待遇,由于这个问题没有经过下级法院的审理,联邦最高法院无权对这一问题作出判决,只能发回下级法院就这一新的诉讼请求重新审理。

六、美国联邦最高法院关于本案的判决书

美国联邦最高法院

美国诉戴维斯,397 U. S. 301(1970)

美国诉戴维斯携夫人

通过诉讼文件移送命令从第六巡回区上诉法院移送

No. 282.

辩论于1970年1月12日

判决于1970年3月23日

　　纳税人与一个叫做布拉德利的人组织了一个公司,布拉德利获得了普通股票中的500股(后来销售给了纳税人,并且在他的两个孩子之间进行分配),纳税人及其妻子每人获得了250股。为了增加公司的运作资本并且符合改造融资公司贷款的条件,纳税人购买了1000股优先股,每股价格为25美元,在支付该贷款之时,该公司将赎回该股票(按照最初的理解)。为所得税之目的,纳税人将该交易视为优先股的销售,对他而言没有产生任何收益,因为该股票的本金是25000美元。国内税收服务局局长确定,该数额的分配在实质上等同于股息,应当根据《1954年国内收入法典》第301和第316节的规定作为通常所得予以申报。这一确定的前提是局长的下列裁定:由于该规则可归于该法典第318节第a分节(根据该条款,纳税人被视为拥有由他的配偶和孩子所拥有的股票),这里,在该赎回之前和之后,纳税人必须被视为该公司所有股票的所有者。纳税人缴纳了由此所导致的欠税,并且提出了退还之诉。地区法院支持了纳税人的主张。上诉法院维持了地区法院的判决,认为,纳税人所获得的25000美元是具有合法商业目的的一系列行为的最终步骤,因此,"并非实质上等于该法典第302节第b分节第1段规定意义范围内的股息",它符合作为"为了交换股票而进行的付款"的分配,并且有权利根据第302节第a分节的规定被作为资本收益而非通常所得予以处理。纳税人主张,为第302节第b分节第1段规定之目的,该归因规则并不适用;他应当被视为仅仅拥有该公司的普通股票的25％;该分配符合第302节第b分节第1段所规定的条件,因为它与他的股票利益不成比例,符合基本的股息等价测验。

　　本院认为:

　　第一,第318节第a分节的归因规则适用于整个第302节,为确定这里的分配是否"在本质上不等于第302节第b分节第1段所规定的股息"之目的,纳税人必须被视为该公司普通股票的所有1000股的所有者。

　　第二,不考虑商业目的,赎回总是"在实质上等同于股息",在第302节第b分

节第 1 段所规定的意义范围内,如果它没有改变股东在该公司中按比例所分享的利益。由于这里的纳税人(在适用归因规则以后)在赎回前后是该公司的唯一股东,根据该测验,他不符合资本收益处理的条件。

408F. 2d 1139,该法院判决被推翻并且发回重审。

马歇尔法官发表了本院观点。

在 1945 年,纳税人和布拉德利组建了一个公司。为了交换转移给新公司的财产,布拉德利收到了 500 股普通股票,纳税人和他的妻子每人收到 250 股该股票。随后不久,纳税人向该公司又进行了额外出资,以每股 25 美元的价格购买了 1 000 股优先股票。

后一个交易的目的是增加该公司的运作资本,并且因此符合以前通过改造融资公司协商的贷款条件。按照协议,当改造融资公司贷款被偿还以后,该公司将赎回该优先股票。尽管在这期间内,纳税人购买了布拉德利的 500 股股票并且分给了他的儿子和女儿,但该公司的资本总额保持不变,直到 1963 年。在那一年,在该贷款被全部偿还以后,按照最初的协议,该公司赎回了纳税人的优先股。

在他的 1963 年个人所得税纳税申报中,纳税人并没有将他的优先股被赎回所获得的 25 000 美元作为所得。相反,纳税人将该赎回视为将他的优先股销售给该公司,根据《1954 年国内收入法典》第 302 节的规定,这一交易是资本收益交易,由于纳税人在该股票中的本金等于他为该股票所收到的数额,因此,不会导致任何税收。然而,国内税收服务局局长并不同意这种处理方法。按照局长的观点,纳税人股票的赎回在实质上相当于股息,因此,应当根据法典第 301 节和第 316 节的规定作为通常所得予以征税。纳税人支付了所导致的欠税并且提起了返还之诉。地区法院支持了纳税人的观点,274F. Supp. 466(D. C. M. D. Tenn. 1967),上诉以后,上诉法院维持了地区法院的判决。408F. 2d 1139(C. A. 6th Cir. 1969)。

上诉法院认为,纳税人所收到的 25 000 美元"并非实质上等于该法典第 302 节第 b 分节第 1 段规定意义范围内的股息",因为赎回是具有合法商业目的(与税收逃避相对)的一系列行为的最终步骤。这一观点仅仅代表了各种巡回区上诉法院根据第 302 节第 b 分节第 1 段的规定对于类似交易的各种处理方法的一种。我们发布了诉讼文件移送命令,396 U. S. 815(1969),为了解决这个重复出现的涉及紧密持有公司股票赎回的税收问题。我们持相反意见。

《1954 年国内收入法典》第 301 节和第 316 节一般性地规定了公司向其股东分配的税收处理;根据这些规定,分配作为来自收益和利润的股息被包括在纳税人的毛收入中,但仅限于该收益存在。然而,关于这些一般性规定的适用存在一些例外,其中就包括第 302 节,涉及赎回股票的某些分配。本案中的基本问题是该公司向纳税人分配的 25 000 美元是否落在该节的适用范围内,更具体地说,其合法商业动机是否满足该法典第 302 节第 b 分节第 1 段所规定的条件。然而,我们必须首先考虑第 302 节第 b 分节第 1 段与在该法典第 318 节第 a 分节所发现的涉及股票所有权归因规则的关系。

根据第 302 节中的第 a 分节的规定,分配被视为"用于交换股票的付款",因此符合资本收益处理的条件而不是通常所得处理的条件,如果包含在第 b 分节中的四段中的任何一个所规定的条件都被满足。除了第 1 段中的"非实质等于股息"的测验以外,在下列情况下也可以作为资本收益处理:第 2 段是纳税人的投票能力被实质削弱,第 3 段是他在该公司中的利益完全消失,或者第 4 段:某些铁路股票被赎回。第 4 段在这里是不相关的,并且纳税人承认第 2 和第 3 段都不适用。而且,纳税人同意,为第 302 节第 b 分节第 2 段和第 3 段规定之目的,第 318 节第 a 分节的归因规则可以适用并且他被认为拥有由他的妻子和孩子所拥有的 750 股普通股票,除了以他自己的名义拥有的 250 股以外。

然而,纳税人主张,在考虑一项分配是否在本质上等同于第 302 节第 b 分节第 1 段所规定的股息时,归因规则不应当予以适用。根据纳税人的观点,他应当被视为仅仅拥有该公司 25% 的普通股票,因此,该分配就满足了第 302 节第 b 分节第 1 段所规定的条件,因为它与其股票利益是不成比例的,这符合股息等价的基本测验。参见 Treas. Reg. 1. 302-2(b)。然而,法律清晰地拒绝这种辩解。在第 302 节中的第 c 分节中,归因规则明确适用于"为本节规定之目的,在确定股票的所有权中"。适用这一语言,两个下级法院都认为,第 318 节第 a 分节适用于整个第 302 节,包括第 302 节第 b 分节第 1 段——这种观点也是符合其他上诉法院的判决、长期实行的财政部规章以及具有指导性的评论员的观点的。

针对该主管机关的观点,纳税人辩论说,根据第 1 段的规定所导致的结果应当是不同的,因为没有明确参照股票所有权,正如第 2 段和第 3 段所规定的。然而,无论是事实,还是第 302 节第 b 分节第 1 段的目的和历史都不能支持纳税人的论点。归因规则——被设计用来为"什么是不同的税收问题"这一问题提供清晰的答案——形成了税收法案的部分内容,该内容随后被制定入 1954 年法典。正如进一步讨论所表明的,由众议院所通过的法案没有包括等同于第 302 节第 b 分节第 1 段的规定。当该规定被参议院加上去时,没有证据表明其目的是限制第 318 节第 a 分节的适用。相反,归因规则继续被明确规定适用于整个节,我们认为国会的意图是无论股票的所有权是否相关,它们都应当予以考虑。

事实上,归因规则适用于第 302 节第 b 分节第 1 段是必要的,除非关于第 302 节第 b 分节第 2 段和第 3 段,它们也被明确排除在考虑之外。因为,如果一项交易仅仅因为归因规则没有满足这些节中的一个,它就应当按照纳税人的论点,虽然符合第 302 节第 b 分节第 1 段所规定的条件。我们不能同意国会的意图是这样的,以至于其明确的指示为无效。因此,我们得出结论认为,第318节第a分节的归因规则应当予以适用;并且,为了确定一项分配是否是第302节第b分节第1段所规定的"非实质等于股息",纳税人必须被视为该公司普通股份的所有1000股的所有者。

在适用股票所有权归因规则以后,本案被视为仅仅涉及单一股票持有者,该所有者导致了他的部分股份被该公司赎回。我们得出结论认为,该赎回总是"实质上等同于股息",在第302节第b分节第1段所规定的意义范围内,因此,没有达到政府的可选择论点,即在任何情况下,该分配基于本案的事实不应当符合资本收益处理的条件。

以前的第302节第b分节第1段变成了法律,作为《1921年税收法》的第201节第d分节,42 Stat. 228:"股票股息不应当被课税,但是如果在任何该股息分配以后,该公司继续取消或者赎回其股票,在该时间,按照作出分配的方式,并且取消或者赎回实质上等同于应税股息的分配,在该股票的赎回或者取消时所获得的数额应当被视为应税股息……"

回应本院的判决:按比例的股票股息不构成应税所得,*Eisner v. Macomber*,252 U. S. 189(1920),制定了法律,该规定明显具有下列目的:防止公司通过在两个交易——后面伴随着按比例赎回的按比例分配股票股息,该交易与简单的分配股息具有相同的经济效果——中向其股东分配收益避免股息税收处理。然而,国会随后就确认,不存在以前股票股息但是具有实质相同结果的事件应当予以课税,当任何公司,"特别是仅仅拥有几个股东的公司,有可能向其股东进行其与应税股息具有相同效果的分配"。H. R. Rep. No. 1, 69th Cong., 1st Sess., 5。为了包含这种情况,该法律被修改并且予以适用(无论该股票是否作为股票股息被发行),当在赎回股票的过程中进行了分配,"在该时间,按照该方式",其实质等同于应税股息。《1926年税收法》第201节第g分节,44 Stat. 11。

1926年法律的规定在随后的每一个税收法案中都被继承下来并且最终变成了《1939年国内收入法典》的第115节第g分节第1段。然而,不幸的是,该政策被包含在第115节第g分节第1段的一般性语言之中,并且其所取代的规定也不是很清晰,由此导致了税法的更大混乱。法院假设该规定的目的是防止税收规避安排,并且仅仅试图确定该安排是否存在。参见 *Commissioner v. Quackenbos*,78F. 2d 156(C. A. 2d Cir. 1935)。尽管后来该重点改变了,并且将焦点放在了分配的效果上,但很多法院继续认为,本来就像股息的分配不是"实质等同于",例如,它们是由充分强大的非税收商业目的所推动的。参见上面所提到的案例。然而,关于什么能够构成该目的却没有公认的观点,其结果就是通过个案来确定,"基于所涉及交易的特定的事实"。*Bains v. United States*,153 Ct. Cl. 599, 603, 289 F. 2d

644,646(1961)。

等到该一般性规定导致《1954年国内收入法典》的条款时,起草者面临着被适当描述为"判决所创造的沼泽"。*Ballenger v. United States*,301 F.2d 192,196 (C. A. 4th Cir. 1962)。为了努力消除"存在于该领域中的相当的混淆"并且因此推动税收筹划,H. R. Rep. No. 1337,83d Cong.,2d Sess.,35,新法典的作者试图规定规范股票赎回的税收结果的客观测验。因此,众议院通过的税收法案没有包含任何"实质等同于"的语言。相反,它规定了"安全港",在这种情况下,资本收益处理将符合满足在该法典第302节第b分节第2段和第3段所规定条件的公司赎回。

第302节第b分节第1段是在参议院财政委员会审计该税收法案的过程中被添加上去的,因此国会规定,资本收益处理应当被适用,"如果该赎回不是实质上等同于股息"。纳税人认为该目的是继续"现存的法律",并且在立法历史中存在支持性证据,第302节第b分节第1段"部分"或者"一般性"地回复了1939年法典中第115节第g分节第1段的规定。根据政府的观点,即使根据旧法律的规定,上诉法院依赖于"赎回的商业目的"以及"缺少规定的税收规避目的,即用优惠税率来分配股息"也是不适当的。参见*Northup v. United States*,240F.2d 304,307(C. A. 2d Cir. 1957);*Smith v. United States*,121 F.2d 692,695(C. A. 3d Cir. 1941);比较*Commissioner v. Estate of Bedford*,325 U. S. 283(1945)。然而,我们没有必要去决定这个问题,因为我们从1954年修订的历史以及第302节第b分节第1段的目的中发现,国会的目的远远不是仅仅重新制定以前的法律。

在解释增加"实质等同于"测验的原因时,参议院委员会认为,众议院的规定"看起来未必是限制性的,特别是,在优先股赎回的情况下,该股票有可能被没有股东拥有控制权——在该赎回可以发生之时——的公司予以赎回"。S. Rep. No. 1 622,83d Cong.,2d Sess.,44。这一解释没有给出任何这样的暗示,即隐藏在赎回之后的目的应当影响其结果。相反,在其对第302节第b分节第1段的更加详细的技术性评价中,参议院委员会的报告如下:"该测验——其目的是被包括在第1段的解释之中——是根据1939年法典第115节第g分节第1段的规定当前被采用的一个规定。你们的委员会进一步指出,在将来适用该测验时,……该调查应当仅仅关注这样一个问题,即该交易从本质上来看是否可以被适当地确认为通过向公司的赎回股东销售股票。为这一目的,该公司的收益和利润出现或者不出现并不是实质性的。例如,X,一个没有任何收益或者利润的公司的唯一股东,导致该公司赎回其一半的股票。第1段规定不应当适用于该赎回,尽管没有出现收益和利润。"S. Rep. No. 1 622,supra,at 234。

被该立法历史所反映的第302节第b分节第1段的范围很显然并不是毫无争议的。然而,我们同意政府的下列观点,即通过进行唯一相关的调查来进一步缩小该赎回是否能够被定性为销售,国会很显然拒绝了过去法院作的、也考虑表明是否存在税收规避动机的因素的判决。至少这是所给出的例子的暗示。国会清楚地授权规定,按比例分配应当根据包含在第 301 节和第 316 节,而非包含在第 302 节中的规则来处理,并且没有任何规定可以表明如果关于该赎回存在一个"商业目的"就应当导致不同的结果。事实上,必须推出相反的结论,因为在不存在收益或者利润的情况下,不可能存在税收规避的目的。我们得出结论认为,上诉法院在寻求商业目的并且在确定该赎回是否等同于股息时予以考虑是错误的。相反,我们同意第二巡回区上诉法院的观点,即在根据第 302 节第 b 分节第 1 段的规定"确定股息等价时,交易的商业目的是不相关的"。*Hasbrook v. United States*,343 F. 2d 811,814(1965)。

纳税人强烈主张,将这里所涉及的赎回视为实质等同于股息是运用了形式重于实质的原则。因此,纳税人主张,假设他没有购买布拉德利的股份或者假设他向该公司作出了附属性贷款而不是购买优先股票,他就能够获得 25 000 美元的税收优惠待遇。然而,税法中的形式和实质的差异是一个相当大的问题,并且纳税人的诉讼请求与根据第 302 节第 b 分节第 1 段的规定商业目的是否是相关的并没有任何关系。很明显,国会的下列处理方式是适当的:将分配一般性地视为应税股息,当从收益和利润中进行分配,并且为了防止规避这一结果,在分配是用于交换被赎回股票时,不考虑动机。

我们得出结论认为,这就是国会在制定第 302 节第 b 分节第 1 段时所做的。如果一个公司分配财产作为简单的股息,其效果是从公司向其股东转移财产,不改变股东的相关经济利益或者权利。当赎回具有相同的效果时,不能说已经满足了第 302 节第 b 分节第 1 段所规定的"非实质等同于股息"的要求。相反,为了根据该节的规定满足优先处理的条件,赎回必将导致股东在该公司中按比例的利益的实质性减少。很显然,这里的纳税人——他(在适用归因规则以后)在该赎回之前和之后都是该公司的唯一股东——并不满足这一测验。因此,上诉法院的判决必须被推翻,关于未予考虑的诉讼请求发回地区法院重新审理。

如此判决。

一、基本法律规定

(一)《国内收入法典》第 170 节第 a 分节的相关规定

对于在该纳税年度内作出的任何慈善捐赠(根据第 c 分节的定义)付款应当允许扣除。慈善捐赠只有根据部长制定的规章的规定进行验证以后才能予以扣除。

(二)《国内收入法典》第 170 节第 c 分节的相关规定

1. 第 1 段的规定

为本节规定之目的,"慈善捐赠"这一术语是指对下列主体或者为下列主体的使用而进行的捐赠和馈赠:州、美国领地、前述主体的任何政治分支机构、美国或者哥伦比亚特区,但是必须满足这样一个条件:该捐赠和馈赠是专门为公共目的所作出的。

2. 第 2 段的规定

为本节规定之目的,"慈善捐赠"这一术语是指对下列主体或者为下列主体的使用而进行的捐赠和馈赠:下列公司、信托、社区福利基金、资金、基金:① 在美国或者其中的任何领地被创立或者组织,或者根据美国、任何州、哥伦比亚特区或者美国的任何领地的法律被创立或者组织;② 专门为宗教、慈善、科学、文学或者教育目的被创立或者组织,或者为了培养全国或者国际的业余体育比赛爱好者(但是必须满足这样一个条件:其活动的任何部分都不涉及体育设施或者设备的提供),或者为了防止残酷对待孩子和动物而被创立或者组织;③ 其净收益的任何部分都不是为了任何私人股东或者个人的利益;④ 没有因试图影响立法而没有资格享受第 501 节第 c 分节第 3 段所规定的免税待遇,并且,其没有参加或者干预(包括出版或者发放声明)代表(或者反对)任何公共职位的候选人的政治运动。由于本段的规定,由公司、信托、社区福利基金、资金、基金所作出的捐赠或者馈赠应当允许扣除,但是必须满足这样一个条件:在美国或者美国领地境内专门为第 2 分段所详细列明的目的而使用。为本段规定之目的,与第 501 节第 j 分节所规定的规则相似的规则应当予以适用。

3. 第 3 段的规定

为本节规定之目的,"慈善捐赠"是指对下列主体或者为下列主体的使用而进行的捐赠和馈赠:战争退伍军人的下列岗位或者组织,或者其中的任何附属单位或者社团,或者为任何该岗位或者组织的信托、基金:① 在美国或者美国领地内组织;② 其净收益的任何部分都不是为了任何私人股东或者个人的利益。

(三)《国内收入法典》第 501 节第 a 分节的相关规定

第 c 或者第 d 分节或者第 401 节第 a 分节所描述的组织应当免除本分标题所征收的税收,除非该免税被第 502 或者第 503 节所禁止。

(四)《国内收入法典》第 501 节第 c 分节的相关规定

1. 第 3 段的规定

下列属于第 a 分节所指的组织:专门为下列目的组织和运营的公司以及任何社团、资金、基金:宗教、慈善、科学、公共安全测验、文学或者教育目的,或者为了鼓励国家或者国际业余体育竞赛(但是必须满足其活动中的任何部分都不包括体育器材和设备的供应),或者为了预防残忍地对待孩子或者动物,其中净收益的任何部分都不是为了任何私人股东或者个人的利益,其所从事活动的任何实质部分都不是为了宣传或者试图影响立法(除非第 h 分节另有规定),并且,其没有参与或者干涉支持(或者反对)公共职务候选人的任何政治运动。

2. 第 4 段的规定

下列属于第 a 分节所指的组织:不以盈利为目的,但是专门为了推动社会福利而运营的市民社团或者组织,或者雇员的地方协会,其中的会员限于被指定主体的雇员或者在特定市政当局中的主体雇员,其中的净收入全部用于慈善、教育或者修养之目的。上述规定不应当适用于任何实体,除非该实体中的净收益的任何部分都不是为了任何私人股东或者个人的利益。

3. 第 19 段的规定

下列属于第 a 分节所指的组织:满足下列条件的美国陆海空三军的过去或者现在成员的团体或者组织,或者任何该团体或者组织的附属单位、社团、信托或者基金:① 该团体或者社团在美国或者美国的领地组建;② 其中至少有 75％ 的成员是美国陆海空三军的过去或者现在成员,并且实质上,所有其他成员都是美国陆海空三军或者军官学校的过去或者现在成员的学生、配偶、寡妇、鳏夫、祖先或者直系后代;③ 其净收益的任何部分都不是为了任何私人股东或者个人的利益。

(五)《美国宪法》第一修正案(1791)的规定

国会不得制定关于下列事项的法律:确立国教或禁止宗教活动自由;限制言论自由或出版自由;剥夺人民和平集会和向政府请愿申冤的权利。

(六)《美国宪法》第五修正案(1791)的规定

无论何人,除非根据大陪审团的报告或起诉,不得受判处死罪或其他不名誉罪行之审判,唯发生在陆、海军中或发生在战时或出现公共危险时服现役的民兵中的案件,不在此限。任何人不得因同一罪行为而两次遭受生命或身体的危害;不得在任何刑事案件中被迫自证其罪;不经正当法律程序,不得被剥夺生命、自由或财产。不给予公平赔偿,私有财产不得充作公用。

二、基本制度解析

(一) 税收优惠

税收优惠一般指国家运用税收政策在税收法律、行政法规中规定对某一部分特定纳税人和课税对象给予减轻或免除税收负担的一种措施。税收优惠的方式很多,包括免税、减税、加计扣除、加速折旧、减计收入及税额抵免等。判断税收优惠的标准是纳税人的纳税能力或者税收负担能力。根据量能课税原则,纳税人应当按照自己的纳税能力负担税收。如果国家对纳税人按照自己的税收负担能力本来应当承担的纳税义务给予减轻或者免除的待遇,这就是税收优惠。基于纳税人的税收负担能力较弱而减轻纳税人的纳税义务不是税收优惠,只是量能课税原则的基本要求而已。例如,中国的《企业所得税法》对小型微利企业的低税率制度,对一般企业的亏损弥补制度等就是典型的遵循量能课税原则的制度,并非税收优惠制度。对于那些营利能力较强的高科技企业仍然采取低税率制度,这就是典型的税收优惠制度。将纳税人规定为免税组织是一种税收优惠制度,允许企业向免税组织的捐赠进行税前扣除也是一种税收优惠制度。

(二) 言论自由权

言论自由权一般是指社会主体所享有的获得、持有和传播思想的权利。言论自由权以言论为基本的表现方式,除此以外,还可以包括书面形式,如出版自由等。言论自由包括获得思想、持有思想和传播思想三个方面。言论自由是现代国家宪法所确立的基本人权,由于其对人的生存需要以及社会进步所具有的不可替代的重要作用,一般均作为基本人权中最重要的一项权利予以保护。言论自由权的行使需要很多内在和外在的条件,国家有义务积极促进能够增进社会主体行使言论自由权能力的内在和外在条件。在没有重大的社会公共利益和他人利益需要保护的情况下,国家一般不能对言论自由主动施加限制条件。言论自由根据其自身特点及其重要程度往往可以分为不同的类型,如公言论(public speech)和私言论(private speech),国家对不同类型的言论自由往往采取程度不同的保护,例如,对于公言论应当给予较高程度的保护,而对于私言论则可以给予相对较低程度的保护。

(三) 平等保护权

平等保护权是指社会主体所享有的在实质相同情况下受到相同待遇的权利。由于任何社会主体都不可能完全相同,因此,平等保护权实质是一种对同类型的社会主体的相同对待权。分类标准不同,所造成的类型就不同,因此,平等保护权实质上就是对分类标准的限制。美国联邦最高法院对于政府立法或行政行为所作的分类是否违背宪法平等权保障进行审查时,通常使用以下三种审查标准:① 严格审查(strict scrutiny)标准。在这一标准下,特定立法或行政行为所欲达成的利益若不是具有迫切重要性(compelling)的利益,或者政府为达成该立法或措施所设定之目的而选择的手段,与该迫切重要性的利益之间不具有充分严格关联性(sufficiently narrowly tailored),则通常该立法或行政行为会被认定为违宪。根据宪法惯例,凡接受严格审查者,通常被判违宪。这一审查标准普遍适用于有关"种族"、"民族血统"(以及某些时候外侨身份)等在社会长久处于不利地位的弱势群体案件的审查。② 中度严格审查(heightened standard)标准。在这一标准下,该立法或政府行政行为所要达成的目的虽然不是迫切重要的利益,但至少必须是重要的利益,而该立法或行政行为所选择的手段,则必须和该利益之间具有充分的关联(substantially related)。③ 合理基础审查(rational-basis test)标准。在这一标准下,只要立法或政府行政行为没有把任何弱势群体作为分类标准,同时也不违背任何宪法基本权利(fundamental rights)的保障,则只要其具有合理正当的立法目的,且其所选择的手段与该目的间具有合理的关联,则该立法或行政行为通常会通过合宪的审查。① 在对税法分类的审查中,通常使用合理基础审查标准,法院一般对于立法机关的分类给予充分尊重。

三、案情简介

第 170 节第 c 分节第 2 段允许向第 501 节第 c 分节第 3 段组织捐赠的纳税人在其联邦所得税纳税申报中扣除它们捐赠的数额。第 501 节第 c 分节第 4 段授予某些非营利组织免税地位,但是向该组织的捐赠是不能扣除的。华盛顿纳税人代

---

① 航平:《试论宪法平等权保护》,http://www. worldpublaw. sdu. edu. cn/zhuanti/index. php? modules=show&id=1。

表组织是旨在联邦税收领域推动"公共利益"的非营利组织；它的成立是为了接管另外两个非营利组织，其中一个，纳税人代表基金，是为了通过出版杂志和参与诉讼来实现华盛顿纳税人代表组织目标而组建的；它根据第501节第c分节第3段的规定拥有免税地位。另外一个，纳税人代表，试图通过影响立法而实现该相同的目的；它根据第501节第c分节第4段的规定拥有免税地位。国内税收服务局拒绝了华盛顿纳税人代表组织根据第501节第c分节第3段的规定关于免税待遇的申请，因为在它看来，华盛顿纳税人代表组织的活动中的实质部分构成了试图影响立法。华盛顿纳税人代表组织随即在联邦地区法院对国内税收服务局局长、财政部长以及美国提起了诉讼，主张第501节第c分节第3段禁止实质游说活动的规定是违宪的。地区法院作出了支持被告的判决，但是上诉法院推翻了该判决，认为第501节第c分节第3段没有违反第一修正案，但是违反了第五修正案。

四、正反方观点

(一) 正方(纳税人、地区法院、上诉法院)观点

第501节第c分节第3段禁止实质游说活动的规定是违宪的，通过对收到可以在税法上扣除的捐赠活动施加"违宪的负担"而违反了第一修正案，根据 *Speiser v. Randall*，357 U. S. 513(1958)案，通过第501节第c分节第3段组织禁止实质游说活动对于可税前扣除的捐赠的获得施加了"违宪的条件"，政府不应当因为他行使了一项宪法权利就拒绝给予某人一项利益。而且，根据第五修正案的正当法律程序条款的平等保护要件也是违宪的，因为《法典》允许纳税人向符合第501节第c分节第19段所规定的退伍军人组织的捐赠予以扣除。第170节第c分节第3段允许纳税人扣除向退伍军人组织——该组织满足第501节第c分节第19段所规定的税收豁免条件——的捐赠。符合条件的退伍军人组织被允许进行游说，只要它们希望促进它们的免税目的。由于国会选择补贴退伍军人组织的实质游说活动，它就必须也补贴第501节第c分节第3段组织的游说活动。当国会补贴了一些言论，而不是全部言论时，就应当进行严格审查。

(二) 反方(税务局、联邦最高法院)观点

华盛顿纳税人代表组织的活动中的实质部分构成试图影响立法。税收豁免以及税收扣除是通过税收制度来执行的补贴形式。税收豁免与授予该组织等于它本来应当对其所得所缴纳的税款数额的现金具有大体相同的效果。可扣除捐赠类似于授予等于该个人的捐赠的一部分数额的现金。国会制定的制度为非营利的市民福利组织普遍提供了这种类型的补贴，并且对于那些不从事实质游说活动的慈善组织提供了额外的补贴。简言之，国会选择补贴的游说活动没有它选择补贴的非

营利组织所从事的促进公共福利的其他活动的范围那么广泛。

法典没有拒绝华盛顿纳税人代表组织获得可扣除的捐赠来支持其非游说活动的权利，也没有拒绝华盛顿纳税人代表组织由于其意图游说的任何独立的利益。国会仅仅拒绝从公共资金中为游说活动付款。联邦最高法院从来没有认为，国会必须向希望行使宪法权利的人授予如华盛顿纳税人代表组织在这里所主张的利益。第一修正案并没有要求国会补贴游说活动。国会并没有侵犯任何第一修正案权利或者规制任何第一修正案活动。国会仅仅选择了不为华盛顿纳税人代表组织的游说活动付款。我们再次拒绝这样的观念："第一修正案权利在某种程度上没有完全实现，除非它们被国家所资助。"

立法机关在税收立法中创立分类和区分具有特别广阔的范围。立法机关在税收领域的广泛的自由裁量权很久以来就被确认了，时间的经过只是有助于强调立法机关在制定合理的税收政策时所享有的广泛的自由裁量权的智慧。传统上，分类是将税收计划适用于地方需要和使用以便获得对税收负担的公平分配的手段。正因为如此，他们已经指出，立法机关在税收领域，比在其他领域拥有更大的分类自由。由于立法机关的成员必然对地方状况更加熟悉，对此，联邦最高法院不能仅仅通过最外在的示范就假定某一分类是敌视或者压迫某些特定的人或者社会等级的。攻击立法安排的人有否定每一个可以想象的支持它的论据的举证责任。

国会拒绝补贴华盛顿纳税人代表组织的第一修正案的活动并没有侵犯其第一修正案权利。但是，如果国会在其补贴中进行了不公平的区别对待以至于"旨在压制危险思想"，情况就不同了。但是，满足第 501 节第 c 分节第 19 段所规定条件的退伍军人组织有资格获得可税前扣除的捐赠，不考虑它们可能使用的任何言论的内容，包括游说。我们没有发现关于立法的意图是压制任何思想的迹象或者其具有这种效果的实证。《国内收入法典》的这些被涉及的节并没有使用任何令人怀疑的分类。退伍军人组织与其他慈善组织之间的区别根本不同于基于种族或者民族出身的区别。国会选择特定的实体或者人授予其这种慷慨的权利，这很明显是不受司法审查的政策和自由裁量权问题，除非在我们这里所没有能力发现的环境中。尽管政府不应该在行使言论自由权的过程中施加障碍，它也没有必要去清除这些不是它自己的创造物的障碍。当政府提供补贴不是"旨在压制危险的思想"时，它鼓励被认为是公共利益的行为的权力当然是非常广泛的。国会——而非华盛顿纳税人代表组织或者联邦最高法院——有权决定公众从慈善团体的额外游说活动中所获得的利益是否值得它们为资助该游说活动所支付的货币，以及其他的不利是否会伴随着该游说。国会作出下面的决定也不是没有理由的，即使其不一般性地资助慈善组织进行的游说活动，但是它将资助退伍军人组织所进行的游说活动。

五、案件评析

本案所争议的焦点问题是税收优惠制度中所设计的条件是否违反了宪法的言论自由权和平等保护权。税收优惠制度的设计属于立法机关的立法权,言论自由和平等保护是社会主体(包括自然人和法人以及其他组织)所享有的宪法权利,立法权的行使不能侵犯社会主体的宪法权利,否则就是违宪无效的立法。

回答本案的争议问题先要明确税收优惠的本质。简单地讲,税收优惠是对纳税人本来应当承担的纳税义务的减轻或者免除。换句话说,税收优惠是国家从财政资金中额外给予纳税人的利益,相当于财政补贴。对于那些没有享受税收优惠的主体而言,并不是对他们纳税义务的增加,也不是对他们的惩罚,只是他们没有享受到国家所给予的财政补贴而已。国家选择哪些主体给予财政补贴,这是立法机关的自由裁量权,与纳税人本来所享有的权利关系不大。

言论自由权强调国家不能对纳税人因为行使了自己的宪法权利而对其给予惩罚利益。本案中的纳税人就认为,国家因为自己行使了言论自由权而拒绝给予自己税收优惠就是对自己言论自由权的限制。联邦最高法院认为,这个问题应当这样来表述,国家不对纳税人行使言论自由权的行为给予财政补贴是否损害了纳税人的言论自由权。显然,答案是否定的。因为纳税人行使言论自由权的能力并不是立法机关造成的,因此,立法机关没有义务对其行使言论自由权的行为给予财政补贴。立法机关有是否对特定纳税人行使言论自由权的行为给予财政补贴的自由裁量权,无论是给予,还是拒绝给予,都不涉及对言论自由权的限制或者侵犯的问题。

虽然立法机关有选择纳税人并给予财政补贴的自由裁量权,但该财政补贴权的行使仍然不能违反对纳税人的平等保护原则。本案中的纳税人认为,立法机关对与自己处于相同状态下的退伍军人组织给予税收优惠,而不给自己税收优惠,就是违反平等保护的违宪行为。这一争议的焦点实际上是纳税人是否与退伍军人组织在本质上是相同的。虽然他们都是非营利性公益组织,虽然他们都可以行使游说议会的言论自由权,但仅凭这两点就证明他们在本质上是相同的恐怕还不是很充分。由于本案所涉及的税收优惠制度并不是对绝大部分纳税人都给予优惠,仅对个别纳税人不给予优惠,而是对绝大部分纳税人都不给予优惠,仅对个别纳税人给予优惠,因此,这里的平等问题就变成了是否可以平等享受国家给予的额外优惠的问题,而不是歧视问题。如果是歧视问题,立法机关应当给出足够充分的理由,证明被歧视的主体与其他主体存在实质差异,才能给予差别对待。如果是享受额外优惠问题,那么,提出请求的纳税人必须证明自己和被给予额外优惠的主体在实质上是相同的。也就是说,不同的问题所要求的举证责任的主体是不同的。由于本案中的纳税人与退伍军人组织在具体目的上存在较大差异,很难证明其与该组织在本质上是相同的。既然两者存在差异,立法机关选择退伍军人组织给予税收优惠,而不对纳税人给予税收优惠就没有问题,至于立法机关的选择是否科学合理,那是立法机关的自由裁量权问题,法院无权干涉,法院也没有能力审查。同时,本案中的纳税人也可以将自己的两类活动分别核算,这样,其中一个活动就可以享受税收优惠。在这个意义上,立法机关并没有给予纳税人差别对待。

从法律解释以及具体制度来看,联邦最高法院的推理是正确的,但从更深层次来看,国家有义务保证和不断提高社会主体行使宪法权利的能力,例如,对于言论自由权,应当给社会主体提供足够的行使条件。国家对部分主体给予税收优惠,实际上就是对其他主体的差别对待,因为国家的财政开支是一定的,一部分纳税人的纳税义务减轻了,其他纳税人的纳税义务必然增加,国家很难证明在减轻部分纳税人负担的同时,没有相应增加其他纳税人的负担,因此,本案仍然有可能构成对平等保护原则的违反。

六、美国联邦最高法院关于本案的判决书

美国联邦最高法院

里根诉华盛顿纳税人代表,461 U. S. 540(1983)

里根,财政部长,以及其他人诉华盛顿纳税人代表

哥伦比亚特区美国上诉法院上诉案

No. 81-2338.

辩论于 1983 年 3 月 22 日

判决于 1983 年 5 月 23 日

《1954 年国内收入法典》(以下简称"《法典》")第 501 节第 c 分节第 3 段授予"其任何实质部分的活动都不是进行宣传,或者试图影响立法"的非营利组织以免税待遇。第 170 节第 c 分节第 2 段允许向第 501 节第 c 分节第 3 段组织捐赠的纳税人在其联邦所得税纳税申报中扣除它们捐赠的数额。第 501 节第 c 分节第 4 段授予某些非营利组织免税地位,但是向该组织的捐赠是不能扣除的。华盛顿纳税人代表组织是旨在联邦税收领域推动"公共利益"的非营利组织;它的成立是为了接管另外两个非营利组织,其中一个根据第 501 节第 c 分节第 3 段的规定被授予免税待遇,另外一个根据第 501 节第 c 分节第 4 段的规定被授予免税待遇。国内税收服务局拒绝了华盛顿纳税人代表组织根据第 501 节第 c 分节第 3 段的规定关于免税待遇的申请,因为在它看来,华盛顿纳税人代表组织的活动中的实质部分构成了试图影响立法。华盛顿纳税人代表组织随即在联邦地区法院对国内税收服务局局长、财政部长以及美

国提起了诉讼,主张第501节第c分节第3段禁止实质游说活动的规定是违宪的,通过对收到可以在税法上扣除的捐赠活动施加"违宪的负担"而违反了第一修正案,并且,根据第五修正案的正当法律程序条款的平等保护要件也是违宪的,因为《法典》允许纳税人向符合第501节第c分节第19段所规定的退伍军人组织的捐赠予以扣除。地区法院作出了支持被告的判决,但是上诉法院推翻了该判决,认为第501节第c分节第3段没有违反第一修正案,但是违反了第五修正案。

本院认为:

第一,第501节第c分节第3段没有违反第一修正案。国会没有侵犯任何第一修正案权利或者规制任何第一修正案活动,只是简单地选择不对华盛顿纳税人代表组织的游说活动从公共资金中给予补贴。*Cammarano v. United States*,358 U. S. 498。

第二,第501节第c分节第3段也没有违反第五修正案的平等保护要件。所涉及的《法典》中的若干节并没有使用任何令人怀疑的分类。立法机关的决定没有资助一个基本权利的行使,这一点并没有侵犯这一权利,因此,也不应该受到严格的审查。国会作出下列决定并不是没有道理的:免税组织,如华盛顿纳税人代表组织,不应当通过因其游说活动获得进一步的补贴或者以一般纳税人为代价而进一步获益。国会作出下列决定也不是没有道理的:即使它不通过一般性的慈善来资助游说活动,它也将通过退伍军人组织资助游说活动。

219 U. S. App. D. C. 117,676 F.2d 715,判决被推翻。

李坤斯特法官发表了法院的一致意见。布莱克姆法官同时提交了自己的意见,布伦南和马歇尔法官支持该意见。

李坤斯特法官发表了本院的观点。

被上诉人华盛顿纳税人代表组织是一个非营利组织,组建该组织是为了推动它认为是联邦税收领域的"公共利益"的活动。它在国会、行政机关以及司法机关面前提倡它的观点。本案始于华盛顿纳税人代表组织根据《国内收入法典》第501节第c分节第3段(《美国法典》第26标题中的第501节第c分节第3段)申请其免税地位。国内税收服务局拒绝了其申请,因为它认为,华盛顿纳税人代表组织活动的实质部分构成了试图影响立法,而这是被第501节第c分节第3段所禁止的。

华盛顿纳税人代表组织随后在地区法院向上诉人——国内税收服务局局长、财政部长以及美国——提起诉讼,请求法院判决其符合第501节第c分节第3段所规定的免税条件。它主张,根据第一修正案以及第五修正案的正当法律程序条款的平等保护要件,禁止实质游说活动是违宪的。地区法院作出了支持上诉人的判决。在上诉时,哥伦比亚特区巡回区上诉法院推翻了这一判决,认为第501节第c分节第3段没有违反第一修正案,但是违反了第五修正案。219 U. S. App. D. C. 117,

676F.2d 715(1982)。上诉人根据《美国法典》第 28 标题第 1252 节提起上诉,华盛顿纳税人代表组织提起反诉。

　　华盛顿纳税人代表组织是为了接管其他两个非营利组织而组建的。其中一个,纳税人代表基金,是为了通过出版杂志和参与诉讼来实现华盛顿纳税人代表组织目标而组建的;它根据第 501 节第 c 分节第 3 段的规定拥有免税地位。另外一个,纳税人代表,试图通过影响立法而实现该相同的目的;它根据第 501 节第 c 分节第 4 段的规定拥有免税地位。为我们的分析之目的,在第 501 节第 c 分节第 3 段组织与第 501 节第 c 分节第 4 段组织之间存在两个主要的差异。向第 501 节第 c 分节第 3 段组织捐赠的纳税人,根据第 170 节第 c 分节第 2 段的规定,被允许在他们的联邦所得税纳税申报中扣除他们抵扣的数额,然而,向第 501 节第 c 分节第 4 段组织的捐赠是不允许扣除的。第 501 节第 c 分节第 4 段组织,而非第 501 节第 c 分节第 3 段组织,被允许从事实质性的游说活动来提升其免税目的。

　　在这些案件中,华盛顿纳税人代表组织在攻击第 501 节第 c 分节第 3 段中的禁止实质游说规定,因为它想使用可税前扣除的捐赠来支持实质游说活动。为了评价华盛顿纳税人代表组织的权利主张,有必要去理解国会制定的税收豁免制度的影响。

　　税收豁免以及税收扣除是通过税收制度来执行的补贴形式。税收豁免与授予该组织等于它本来应当对其所得所缴纳的税款数额的现金具有大体相同的效果。可扣除捐赠类似于授予等于该个人的捐赠的一部分数额的现金。国会制定的制度为非营利的市民福利组织普遍提供了这种类型的补贴,并且对于那些不从事实质游说活动的慈善组织提供了额外的补贴。简言之,国会选择补贴的游说活动没有它选择补贴的非营利组织所从事的促进公共福利的其他活动的范围那么广泛。

　　看起来,华盛顿纳税人代表组织仍然符合第 501 节第 c 分节第 4 段所规定的免税条件。看起来,华盛顿纳税人代表组织也能够通过返回其原先的双重结构——第 501 节第 c 分节第 3 段组织从事非游说活动,第 501 节第 c 分节第 4 段组织从事游说活动——来为其非游说活动获得可税前扣除的捐赠。当然,华盛顿纳税人代表组织必须保证第 501 节第 c 分节第 3 段组织没有补贴第 501 节第 c 分节第 4 段组织;否则,公共资金有可能被用于国会选择不予资助的活动。

　　华盛顿纳税人代表组织主张国会不资助其游说活动违反了第一修正案。它提出,根据 *Speiser v. Randall*,357 U. S. 513(1958)案,通过第 501 节第 c 分节第 3 段组织禁止实质游说活动对于可税前扣除的捐赠的获得施加了"违宪的条件"。在 *Speiser v. Randall* 一案中,加利福尼亚制定了一项规则,要求任何想获得财产税豁免的人签署一个声明,表明他不会提倡武力推翻美国政府。本法院认为:"对于从事了某种形式的言论的原告拒绝给予豁免具有因为该言论而处罚他们的效果。"

同上，第 518 页。

华盛顿纳税人代表组织当然是正确的，当他说，我们认为，政府不应当因为他行使了一项宪法权利就拒绝给予某人一项利益。参见 *Perry v. Sindermann*, 408 U. S. 593, 597(1972)。华盛顿纳税人代表组织当然也是对的，当它主张，本案符合 Speiser-Perry 的模式。法典没有拒绝华盛顿纳税人代表组织获得可扣除的捐赠来支持其非游说活动的权利，也没有拒绝华盛顿纳税人代表组织由于其意图游说的任何独立的利益。国会仅仅拒绝从公共资金中为游说活动付款。本院从来没有认为，国会必须向希望行使宪法权利的人授予如华盛顿纳税人代表组织在这里所主张的利益。

这些案件的这一方面受到 *Cammarano v. United States*, 358 U. S. 498(1959) 一案的约束，在该案中，我们支持了一项拒绝为游说活动提供营业费用扣除的财政部规章。我们认为，第一修正案并没有要求国会补贴游说活动。同上，第 513 页。在这些案件中，如同在 *Cammarano v. United States* 案件中，国会并没有侵犯任何第一修正案权利或者规制任何第一修正案活动。国会仅仅选择了不为华盛顿纳税人代表组织的游说活动付款。我们再次拒绝这样的观念："第一修正案权利在某种程度上没有完全实现，除非它们被国家所资助。"同上，第 515 页（道格拉斯法官同时提出自己的观点）。

华盛顿纳税人代表组织也主张，第五修正案的平等包含要件使得禁止实质游说无效。华盛顿纳税人代表组织指出，第 170 节第 c 分节第 3 段允许纳税人扣除向退伍军人组织——该组织满足第 501 节第 c 分节第 19 段所规定的税收豁免条件——的捐赠。符合条件的退伍军人组织被允许进行游说，只要它们希望促进它们的免税目的。华盛顿纳税人代表组织主张，由于国会选择补贴退伍军人组织的实质游说活动，它就必须也补贴第 501 节第 c 分节第 3 段组织的游说活动。

一般来讲，立法分类是有效的，如果它们与合法的政府目的具有合理的联系。法律将受到更高水平的严格审查，如果它们干预了基本权利，如言论自由的行使，或者使用了令人怀疑的分类，如种族。例如，*Harris v. McRae*, 448 U. S. 297, 322 (1980)。立法机关在税收立法中创立分类和区分具有特别广阔的权限。40 年前，我们就曾对于向税收立法提出平等保护的挑战发表这样的评论："立法机关在税收领域的广泛的自由裁量权很久以来就被确认了……时间的经过只是有助于强调立法机关在制定合理的税收政策时所享有的广泛的自由裁量权的智慧。传统上，分类是将税收计划适用于地方需要和使用以便获得对税收负担的公平分配的手段。正因为如此，我们已经指出，立法机关在税收领域，比在其他领域拥有更大的分类自由。由于立法机关的成员必然对地方状况更加熟悉，对此，本院不能仅仅通过最外在的示范就假定某一分类是敌视或者压迫某些特定的人或者社会等级的。攻击立法安排的人有否定每一个可以想象的支持它的论据的举证责任。"*Madden v. Kentucky*,309 U. S. 83,87-88(1940)。

同时参见 *San Antonio Independent School District v. Rodriguez*,411 U. S. 1,40-41(1973);*Lehnhausen v. Lake Shore Auto Parts Co.*,410 U. S. 356,359-360(1973)。

我们已经解释了为什么会得出这样的结论:国会拒绝补贴华盛顿纳税人代表组织的第一修正案的活动并没有侵犯其第一修正案权利。但是,如果国会在其补贴中进行了不公平的区别对待以至于"旨在压制危险思想",情况就不同了。但是,满足第501节第c分节第19段所规定条件的退伍军人组织有资格获得可税前扣除的捐赠,不考虑它们可能使用的任何言论的内容,包括游说。我们没有发现关于立法的意图是压制任何思想的迹象或者其具有这种效果的实证。《国内收入法典》的这些被涉及的节并没有使用任何令人怀疑的分类。退伍军人组织与其他慈善组织之间的区别根本不同于基于种族或者民族出身的区别。

虽然如此,上诉法院认为需要进行"严格审查",因为该法令"基于有差别的基础影响了第一修正案权利"。219 U. S. App. D. C.,at130,676 F. 2d,at 728。其观点表明,当国会补贴了一些言论,而不是全部言论时,就应当进行严格审查。这不是法律。例如,国会可以向投身于与十几岁的未成年人滥用药物进行斗争的组织授予资助,但是授予的条件是:从国会所收到的所有货币都不能用于游说州立法机关。根据 *Cammarano v. United States* 一案,这样的法令是有效的。国会也可以制定这样的法令,为投身于与十几岁的未成年人滥用药物进行斗争的组织提供公共资金,但是对于从国会获得的资金用于游说不施加任何限制。第二个法令的存在不能使得第一个法令受到严格审查的约束。

国会选择特定的实体或者人授予其这种慷慨的权利,"这很明显是不受司法审查的政策和自由裁量权问题,除非在我们这里所没有能力发现的环境中。*United States v. Realty Co.*,[163 U. S. 427]444[(1896)]"。*Cincinnati Soap Co. v. United States*,301 U. S. 308,317(1937)。同时参见,第313页;*Alabama v. Texas*,347 U. S. 272(1954)。为这些案件之目的,拨款相当于税收豁免和扣除,这也是"一个锦上添花的问题,国会当然可以根据其选择……予以拒绝"。*Commissioner v. Sullivan*,356 U. S. 27,28(1958)。

这些是几乎没有例外的原则。我们已经在若干上下文中认为,立法机关不补贴一项基本权利的行使的决定并没有侵犯该权利,因此,也不受严格审查。*Buckley v. Valeo*,424 U. S. 1(1976)一案肯定了这样一个法令,该法令为进入初级竞选运动的公共职务候选人提供联邦资金,但是没有为没有在政党初级竞选运动中竞选的候选人提供资金。我们拒绝了对该条款的第一修正案和平等保护挑战,没有适用严格审查。同上,第93~108页。*Harris v. McRae* 和 *Maher v. Roe*,432

U. S. 464(1977)两个案件的判决尊重了立法机关没有资助堕胎的决定,即使资助了其他医疗程序。我们拒绝适用严格审查,也拒绝对该法令的平等保护挑战。

这些决定的推理是很简单的:"尽管政府不应该在行使……言论自由权的过程中施加障碍,它也没有必要去清除这些不是它自己的创造物的障碍。"*Harris*,448 U. S. ,at 316。尽管华盛顿纳税人代表组织没有它所希望的能力,因此,不能按照其希望来行使其言论自由权,国会"没有给该基金授予为实现该自由的利益所必要的权利"。同上,第318页。正如我们 *Maher* 案中所说的:"当州试图通过法律的力量来推行其意志时,宪法的利益是最大的……"432 U. S. ,at 476。当政府提供补贴不是"旨在压制危险的思想"时,*Cammarano*,358 U. S. ,at 513,它"鼓励被认为是公共利益的行为的权力当然是非常广泛的。"*Maher v. Roe*,432 U. S. 476。

我们没有怀疑这个法令处于国会的广泛权力的领域内。华盛顿纳税人代表组织主张,第501节第c分节第3段能够更好地实现它们的慈善目的,如果它们被允许从事实质性游说活动。这当然是正确的。但是,国会———而非华盛顿纳税人代表组织或者本院———有权决定公众从慈善团体的额外游说活动中所获得的利益是否值得它们为资助该游说活动所支付的货币,以及其他的不利是否会伴随着该游说。看起来,国会所关注的是,免税组织有可能使用可税前扣除的捐赠来游说,而游说的内容是实现它们成员的私人利益。参见 78 Cong. Rec. 5861(1934);同上,第5959页。国会决定免税慈善组织,例如,华盛顿纳税人代表组织,不应当以一般纳税人为代价通过其游说活动获得进一步的补贴而进一步获益,这并不是没有道理的。

国会作出下面的决定也不是没有理由的,即使其不一般性地资助慈善组织进行的游说活动,但是它将资助退伍军人组织所进行的游说活动。退伍军人"被迫放下他们自己的事情而承担起了民族的重任",*Boone v. Lightner*,319 U. S. 561,575(1943),"他们使自己处于精神和身体上的危险之中,同时也遭受了在军事服役中所特有的、在通常的市民生活中所没有的经济和家庭损害。"*Johnson v. Robinson*,415 U. S. 361,380(1974)。我们的国家长久以来就存在这样一个政策,通过为退伍军人提供无数的利益来补偿他们过去的贡献。这些政策"总是被认为是合法的"。*Personnel Administrator of Mass. v. Feeney*,442 U. S. 256,279,n. 25(1979)。

这些案件中的问题不是华盛顿纳税人代表组织是否必须被允许进行游说,而是国会是否被要求用公共资金资助其游说活动。由于前面所述原因,我们认为国会不应当被要求这样。因此,上诉法院的判决被推翻。

如此判决。

第七章 股东代理人公司的税收待遇案 (1988)

一、基本制度解析

(一) 代理及其税务处理

代理一般是指代理人根据代理权,以被代理人的名义与第三人实施法律行为,而法律行为的后果由被代理人承担的一项制度。代理是民法所确立的一种常见的实施法律行为的制度。在所得税制度下,代理人所作的一切行为所涉及的税收原则上都应当由被代理人承担。当然,代理人在代理活动中所取得的代理费收入应当属于代理人自己的应税收入,应当按照相关规定缴纳所得税。在其他税收制度下,代理人的代理行为可能要承担单独的纳税义务。例如,代理人从事代理义务,取得代理费收入应当缴纳营业税。被代理人将货物交付代理人由其代销货物,也要缴纳增值税,代理人在代销货物时,也应当缴纳增值税。

(二) 法律的规避

法律规避,也被称为法律欺诈,一般是指法律主体利用法律的漏洞,通过对法律条文的选择适用或者通过某种形式的改变以达到法律所要求的要件从而实现按照相关法律制度的规定本不应实现的利益。简单地讲,法律规避就是利用合法的形式来避开法律所规定的不利后果,使得法律制度达不到其本欲实现的目的。凡是有法律的地方,就有法律规避的存在。对于法律规避现象,各国均采取一定的对策予以解决。如通过法律解释的方式或者通过一些基本的原则来否认法律规避的效力。在税法领域,法律规避被称为避税。避税是指在纳税义务产生之前所进行的能够减轻纳税义务或者避免纳税义务产生的一系列行为。避税的构成要件包括三个:① 纳税义务尚未产生;② 通过不为法律所明确禁止的行为对其交易进行安排;③ 导致纳税义务不产生或者减轻纳税义务。各国对待避税的方法是采取特别反避税制度和一般反避税制度来解决。① 其理论基础包括实质重于形式、经济观察法以及实质课税等。

二、案情简介

被告耶西·鲍玲格或者单独或者与其他一些或者所有被告组成合伙企业一起在肯德基州的列克星敦开发了八个公寓联合体(为简化起见,我们将所有的投资都称为"合伙企业")。鲍玲格在 1968 年最先开发了第一个公寓联合体——湖岸北部公寓。马萨诸塞州互助人寿保险公司同意提供永久的资助,通过向"耶西·鲍玲格的公司任命者"贷款 1 075 000 美元,贷款年利率为 8%,通过财产抵押以及鲍玲格的个人保证来担保。该贷款协议被构造成这种方式是因为那时肯德基州的高利贷法律将非公司借款人的最高年度利率限定为 7%。Ky. Re v. Stat. 360.010,360.025(1972)。贷款人只愿意在更高的利率上提供资金,这就要求名义贷款人和抵押财产的登记权利持有人必须是真正所有者和借款人的被任命公司。1968 年 10 月 14 日,鲍玲格根据肯德基州的法律成立了湖岸有限公司;他是唯一的股东。第二天,鲍玲格和湖岸有限公司签订了一个书面协议,该协议规定,该公司仅仅为担保融资之目的作为鲍玲格的代理人拥有该公寓联合体的权利,只有在鲍玲格的指令下,才能转让、分配或者保留该财产以及支付其中的收益;湖岸有限公司没有义务去维修该财产或者由于执行票据质押或者其他方式而承担任何责任;鲍玲格应当赔偿和持有该公司作为他的代理人和被任命者所可能遭受的来自任何责任的损害。

在确保永久资助协议以后,鲍玲格通过湖岸有限公司进行申请,从市民忠诚银行和信托公司为该公寓联合体借贷了建设资金。湖岸有限公司执行了所有必要的贷款协议,包括质押票据以及抵押,并且将所有的贷款收益转移给鲍玲格的个人建设账户。鲍玲格作为该建筑合同的总订约人,雇佣了必要的雇员,并且从该建筑账户中支付了费用。当建设完成以后,鲍玲格再次通过湖岸有限公司,按照以前的贷款协议,从马萨诸塞州互助人寿保险公司获得了永久融资。这些贷款收益被用于支付市民忠诚银行的建筑贷款。鲍玲格雇佣了一位居民经理来租赁该公寓,执行与承租人之间的租约,收集和存放租金,并且保存经营的记录。该经理将所有租金收益都存入一个经营账户中,并且从该账户中支付所有的经营费用。该账户第一次是以湖岸有限公司的名义开立的,但是后来变成"湖岸公寓,合伙企业"的名义。湖岸北部公寓的经营在 1969、1971、1972、1973 年和 1974 年产生了损失,在 1970、

---

① 翟继光:《企业纳税筹划》,法律出版社 2007 年版,第 10 页。

1975、1976 年和 1977 年产生了通常所得。在整个过程中,这些所得和损失都由鲍玲格在其个人所得税纳税申报中进行了申报。

遵循实质上相同的方式,其他七个公寓联合体也由被告通过七个单独的合伙企业予以发展起来。在每种投资下,合伙企业都与湖岸有限公司执行了一个被任命者协议,以便获得融资。该公司将建筑贷款收益转移到合伙企业的建筑账户中,该合伙企业雇佣了一个建筑监督员来监督该建筑。在建筑完成以后,每一个合伙企业都积极参与了其公寓联合体的经营,将收到的所有租金都存入每一个公寓联合体的单独的合伙企业账户,并且从该账户中支付所有的费用。该公司没有任何资产、债务、雇员或者银行账户。在每个案件中,贷款人都将该合伙企业视为该公寓的所有者并且知道该公司作为该合伙企业的代理人持有登记权利。该合伙企业在它们的合伙企业纳税申报中报告了该公寓联合体所产生的所得和损失,应诉人也在他们的个人所得税纳税申报中报告了他们在该合伙企业所得和损失中的分配份额。

国内税收服务局局长基于在 *National Carbide Corp. v. Commissioner*,336 U.S. 422(1949)一案中所列出的标准没有被满足,拒绝了由被告所报告的损失。税务法院认为,该公司是该合伙企业的代理人,因此,为税收之目的,应当不予考虑,上诉法院维持了该判决。税务局不服判决,提起上诉,联邦最高法院受理了该案。

三、正反方观点

(一) 正方(税务局)观点

National Carbide Corp. v. Commissioner 一案要求一个公司在它被确认为其股东的代理人之前必须与其股东具有公平交易关系。合伙企业支付的用于支付费用的资金应当被视为向公司资本的出资,因此,所有的股东都是建设性股东。因为该公司不是其股东拥有该不动产,该投资所遭受的任何损失都应当归于该公司而不是股东。

为税收之目的,正常的代理形式是不充分的,正如这里的情况那样,所声称的本人是该代理公司的控制股东时,这将破坏 *Moline Properties v. Commissioner* 一案的原则,该案主张,一个公司,即使它仅仅有一个对其事务行使全部控制权的股东,它也是一个独立的纳税实体。税务局没有资源去审计很多其代理地位被认为是有疑义的案件,并对其提起诉讼。因此,在这种股东关系中,税务局可以合理的要求纳税人符合事先预防疾病式的清晰的代理关系测验。

该公司的经营目的,关于所涉及的财产,并不是"履行代理人的名义职责",因

为,为肯德基州高利贷法规定之目的,它不是作为代理人而是作为该财产的所有者
而行为的。

(二) 反方(纳税人、税务法院、上诉法院、最高法院)观点

作为公司股东的代理人的公司对于不动产持有登记权利的公司,为联邦所得税之目的,不是该财产的所有者。该公司是该合伙企业的代理人,因此为税收之目的,应当不予考虑。

为联邦所得税之目的,来自财产的销售或者使用的收益或者损失可归于该财产的所有者。在相关主体之间都普遍认为,如果一个公司作为合伙企业的代理人持有财产的权利,那么,为税收之目的,该合伙企业而非该公司应当是所有者。如果同意这一前提,我们也应当同意这一结论。对于每一个应诉人的公寓联合体而言,代理协议明确规定,该公司应当作为该合伙企业的"被任命者和代理人持有该财产",并且,该合伙企业应当对于该公寓联合体具有单独的控制权并独立承担责任。在每种情况下,在融资、建造和运营过程中,合伙企业都被视为该财产的本人和所有者。贷款人、订约人、经理、雇员以及承租人——与该发展相关的所有人——都知道该公司仅仅是该合伙企业的代理人,如果他们知道该公司的任何信息的话。在每种情况下,该公司和该合伙企业之间的关系,无论在形式上还是在实质上,都是代理人和本人——合伙企业为本人——的关系。为联邦所得税之目的,该合伙企业是该联合体的所有者,因为在每一种情况下,在它们和公司之间的关系,在形式和实质方面都是代理人和本人的关系。税务局长为了防止避税而要求在公司和股东的关系中提供关于代理关系真实存在的明确证据是合理的。在这里,代理关系的真实性是被充分保证的,关于特定资产,该公司以其股东的代理人的身份行为的事实明确规定在获得该财产之时签订的书面协议之中,为所有目的,关于该资产,该公司的作用是作为代理人而不是本人,该公司在与第三人所进行的关于该资产的所有交易中是作为代理人而不是作为本人而行为的。法律将真实的代理人所持有的财产的税收效果归结于本人。

该公司是本人,不能为明显的规避肯德基州高利贷法而施加联邦税收的惩罚。美国从来没有通过剥夺高利贷受害人本来应当享受的税收利益来维护肯德基州的法律。

四、案件评析

本案所争议的焦点问题是纳税人规避其他法律的行为是否影响纳税人在税法上的待遇。本案中的纳税人为了规避高利贷法,而设置了一个公司作为自己

的代理人,代理自己从事一切贷款事项。代理公司的一切收入和支持全部由纳税人负责。代理公司实际上是一个空壳公司,与该代理公司进行交易的所有主体均了解纳税人的这一做法,也知道实际的交易对象是纳税人。因此,从民法的角度来看,这是一个典型的代理行为,代理公司的一切法律行为的后果都应当由纳税人承担。从高利贷法的角度来看,这是一个典型的法律规避行为,纳税人是为了规避高利贷法的限制才设置了一个空壳公司作为代理人。高利贷法对这种行为是否应承担其效力,或者是否应当对相关当事人进行处罚,这不是本案关注的问题。本案所关注的问题是,纳税人的这种安排是否影响纳税人在税法上的地位和待遇。

如果纳税人没有采取这种曲折的方式,而直接以自己的名义从事各项活动,收入和支出均进入自己的账户,那么,就不存在本案所争议的问题了,纳税人自身就是纳税主体。但是,纳税人为了规避其他法律的限制条件,而设置了一个空壳公司,代理自己从事各项活动,实际的收入和支出均进入纳税人的账户。此时,所得税法应当以纳税人还是以代理公司作为纳税主体就是一个容易产生争议的问题。我们这里所面临的问题是两个不同的纳税人可以被合理地确认为所有者。无论是《国内收入法典》还是财政部长发布的规章都没有对于谁应当被选择为所有者提供有意义的指导。如果采取形式主义的方法,则应当以代理公司作为纳税主体,如果采取实质主义的方法,则应当以纳税人作为纳税主体。

税务局和法院经常采取实质重于形式的原则来对付纳税人规避税法的行为,而在本案中,纳税人并没有规避税法的意图,纳税人的这种安排也无法实现规避税法的目的。因此,税务局不能,也没有必要以纳税人具有规避税法的意图而采取实质重于形式的原则。但是,实质重于形式的原则是否仅仅在纳税人有规避税法的情况下才能适用呢? 在适用实质重于形式的原则有利于纳税人的情况下,税务局是否应当适用这一原则呢? 本案实际上所要回答的就是这个问题。对此,联邦最高法院的观点是,实质重于形式是法律解释和适用的一般性原则,并非专门为了对付避税行为而特别设计的原则,因此,无论该原则是否对纳税人有利,在法律的解释和适用中都应当予以适用。

除此以外,本案还涉及一个问题,那就是纳税人规避其他法律的行为,在税法上是否应当予以考虑,或者说,税法是否应当惩罚纳税人规避其他法律的行为。既然纳税人为了规避高利贷法而设计了一个形式上的交易,税务局能否"将计就计",直接按照纳税人所设计的这个形式交易来征税呢? 联邦最高法院的回答是否定的。纳税人规避其他法律的行为应当由其他法律予以解决,税法并没有惩罚纳税人规避其他法律的行为的义务。

五、美国联邦最高法院关于本案的判决书

美国联邦最高法院

局长诉鲍玲格,485 U.S. 340(1988)

国内税收服务局局长诉鲍玲格等人

从第六巡回区美国上诉法院移送诉讼文件

No. 86-1672.

辩论于 1988 年 1 月 13 日

判决于 1988 年 3 月 22 日

由于肯德基州高利贷法律限制非公司借款人的年度利率,贷款人希望以较高的利率来提供资金,它要求该借款人使用一个公司被任命者作为名义上的借款人,并且登记为抵押财产的权利持有者。相应地,被告——它组成了一系列合伙企业去发展肯德基州的公寓联合体,在每种情况下,它都与被告鲍玲格全部拥有的公司签订协议,该协议规定,该公司将作为该合伙企业的被任命者和代理商拥有对该财产的权利单独担保融资,这样,该合伙企业将单独控制并且对该联合体承担责任,并且该合伙企业在该融资、建造和运营期间是该财产的负责人和所有者。如果它们对于该公司有所了解的话,与该联合体接触的所有主体,包括贷款人、订约人、经理、雇员以及承租人,都认为该合伙企业是所有者并且知道该公司仅仅是该合伙企业的代理人。来自该联合体的所得和损失都在该合伙企业的纳税申报中报告,被告在他们的个人纳税申报中报告了他们在该所得和损失中所分配的份额。尽管国内税收服务局局长基于它们被归于作为该财产的所有者的公司,而拒绝扣除被告的损失,税务法院认为,该公司是该合伙企业的代理人,因此,为税收之目的,应当不予考虑,上诉法院维持了该判决。

本院认为:

为联邦所得税之目的,该合伙企业是该联合体的所有者,因为在每一种情况下,在它们和公司之间的关系中,在形式和实质方面都是代理人和本人的关系。税务局长为了防止避税而要求在公司和股东的关系中提供关于代理关系真实存在的明确证据是合理的。然而,税务局长的下列论点是没有价值的:*National Carbide Corp. v. Commissioner*,336 U.S. 422 一案要求该证据包括在本人和代理人之间的交易以及所支付的代理费都符合公平交易原则的证据。在这里,代理关系的真实性是被充分保证的,关于特定资产,该公司以其股东的代理人的身份行为的事实明确规定在获得该财产之时签订的书面协议之中,为所有目的,关于该资产,该公司的作用是作为代理人而不是本人,该公司在与第三人所进行的关于该资产的所

有交易中是作为代理人而不是作为本人而行为的。

807 F. 2d 65,维持原判。

斯卡拉法官发表了法院的观点。

原告,国内税收服务局局长,向第六巡回区美国上诉法院的判决提出了挑战,该法院认为,作为公司股东的代理人的公司对于不动产持有登记权利的公司,为联邦所得税之目的,不是该财产的所有者。807 F. 2d 65(1986)。我们发布了诉讼文件移送命令,482 U. S. 913(1987),去解决上诉法院在下列事项上的冲突:声称作为它们股东的代理人公司的税收待遇。比较下列案例:*George v. Commis-sioner*,803 F. 2d 144,148-149(CA5 1986),cert. pending, No. 86-1152; *Frink v. Commissioner*,798 F. 2d 106,109-110(CA4 1986),cert. pending,No. 86-1151。

I

被告耶西·鲍玲格,单独或者与其他一些或者所有被告组成合伙企业一起在肯德基州的列克星敦开发了八个公寓联合体(为简化起见,我们将所有的投资都称为"合伙企业")。鲍玲格在 1968 年最先开发了第一个公寓联合体——湖岸北部公寓。马萨诸塞州互助人寿保险公司同意提供永久的资助,通过向"耶西·鲍玲格的公司任命者"贷款 1 075 000 美元,贷款年利率为 8%,通过财产抵押以及鲍玲格的个人保证来担保。该贷款协议被构造成这种方式是因为那时肯德基州的高利贷法律将非公司借款人的最高年度利率限定为 7%。Ky. Rev. Stat. 360. 010, 360. 025 (1972)。贷款人只愿意在更高的利率上提供资金,这就要求名义贷款人和抵押财产的登记权利持有人必须是真正所有者和借款人的被任命公司。在 1968 年 10 月 14 日,鲍玲格根据肯德基州的法律成立了湖岸有限公司;他是唯一的股东。第二天,鲍玲格和湖岸有限公司签订了一个书面协议,该协议规定,该公司仅仅为担保融资之目的作为鲍玲格的代理人拥有该公寓联合体的权利,只有在鲍玲格的指令下,才能转让、分配或者保留该财产以及支付其中的收益;湖岸有限公司没有义务去维修该财产或者由于执行票据质押或者其他方式而承担任何责任;鲍玲格应当赔偿和持有该公司作为他的代理人和被任命者所可能遭受的来自任何责任的损害。

在确保永久资助协议以后,鲍玲格通过湖岸有限公司行为,从市民忠诚银行和信托公司为该公寓联合体借贷了建设资金。湖岸有限公司执行了所有必要的贷款协议,包括质押票据以及抵押,并且将所有的贷款收益转移给鲍玲格的个人建设账户。鲍玲格作为该建筑合同的总订约人,雇佣了必要的雇员,并且从该建筑账户中支付了费用。当建设完成以后,鲍玲格再次通过湖岸有限公司,按照以前的贷款协议,从马萨诸塞州互助人寿保险公司获得了永久融资。这些贷款收益被用于支付市民忠诚银行的建筑贷款。鲍玲格雇佣了一位居民经理来租赁该公寓,执行与承

租人之间的租约,收集和存放租金,并且保存经营的记录。该经理将所有租金收益
都存入一个经营账户中,并且从该账户中支付所有的经营费用。该账户第一次是
以湖岸有限公司的名义开立的,但是后来变成"湖岸公寓,合伙企业"的名义。湖岸
北部公寓的经营在 1969、1971、1972、1973 年和 1974 年产生了损失,在 1970、1975、
1976 年和 1977 年产生了通常所得。在整个过程中,这些所得和损失都由鲍玲格
在其个人所得税纳税申报中进行了申报。

　　遵循实质上相同的方式,其他七个公寓联合体也由被告通过七个单独的合伙
企业予以发展起来。在每种投资下,合伙企业都与湖岸有限公司执行了一个被任
命者协议,以便获得融资(其中有一个不同的肯德基州公司——修道院有限公司,
鲍玲格拥有其中 50% 的利益,它作为借款人和权利持有者而行为。为方便起见,
我们将湖岸有限公司和修道院有限公司都称为"公司")。该公司将建筑贷款收益
转移到合伙企业的建筑账户中,该合伙企业雇佣了一个建筑监督员来监督该建筑。
在建筑完成以后,每一个合伙企业都积极参与了其公寓联合体的经营,将收到的所
有租金都存入每一个公寓联合体的单独的合伙企业账户,并且从该账户中支付所
有的费用。该公司没有任何资产、债务、雇员或者银行账户。在每个案件中,贷款
人都将该合伙企业视为该公寓的所有者并且知道该公司作为该合伙企业的代理人
持有登记权利。该合伙企业在它们的合伙企业纳税申报中报告了该公寓联合体所
产生的所得和损失,被告也在他们的个人所得税纳税申报中报告了他们在该合伙
企业所得和损失中的分配份额。

　　国内税收服务局局长基于在 *National Carbide Corp. v. Commissioner*, 336
U. S. 422(1949)一案中所列出的标准没有被满足,而拒绝了由被告所报告的损失。
局长认为,*National Carbide Corp. v. Commissioner* 一案要求一个公司在它被确
认为其股东的代理人之前必须与其股东具有公平交易关系。尽管并不是所有的被
告都是该公司的股东,但局长坚持这样的立场:合伙企业支付的用于支付费用的资
金应当被视为向公司资本的出资,因此,所有的被告都是建设性股东。因为在局长
看来,该公司而不是其股东拥有该不动产,该投资所遭受的任何损失都应当归于该
公司而不是被告。被告在美国税务法院请求重新确定。税务法院认为,该公司是
该合伙企业的代理人,因此为税收之目的,应当不予考虑。48 TCM 1443(1984),
¶ 84,560P-H Memo TC。上诉以后,第六巡回区美国上诉法院维持了地区法院的
判决。807 F. 2d 65(1986)。我们同意了税务局长申请诉讼文件移送命令的请求。

II

　　为联邦所得税之目的,来自财产销售或者使用的收益或者损失可归于该财产
的所有者。参见 *Helvering v. Horst*, 311 U. S. 112, 116-117(1940);*Blair
v. Commissioner*, 300 U. S. 5, 12(1937);也参见 *Commissioner v. Sunnen*, 333

U.S. 591, 604(1948)。我们这里所面临的问题是两个不同的纳税人可以被合理地确认为所有者。无论是《国内收入法典》还是财政部长发布的规章都没有对于谁应当被选择为所有者提供有意义的指导。然而,在相关主体之间都普遍认为,如果一个公司作为合伙企业的代理人持有财产的权利,那么,为税收之目的,该合伙企业而非该公司应当是所有者。如果同意这一前提,我们也应当同意这一结论。对于每一个被告的公寓联合体而言,代理协议明确规定,该公司应当作为该合伙企业的"被任命者和代理人持有该财产",App. to Pet. for Cert. 21a, n. 4,并且,该合伙企业应当对于该公寓联合体具有单独的控制权和独立承担责任。在每种情况下,在融资、建造和运营过程中,合伙企业都被视为该财产的本人和所有者。贷款人、订约人、经理、雇员以及承租人——与该发展相关的所有人——都知道该公司仅仅是该合伙企业的代理人,如果他们知道该公司的任何信息的话。在每种情况下,该公司和该合伙企业之间的关系,无论在形式上还是在实质上,都是代理人和本人——合伙企业为本人——的关系。

然而,局长认为,为税收之目的,正常的代理形式是不充分的,正如这里的情况那样,所声称的本人是所声称的代理公司的控制股东时。它主张,这将破坏 *Moline Properties v. Commissioner*, 319 U.S. 436(1943)一案的原则,该案主张,一个公司是一个独立的纳税实体,即使它仅仅有一个对其事务行使全部控制权的股东。显然,*Moline Properties v. Commissioner* 案例的单独实体原则将是一个重要的妥协,如果紧密持有公司的股东——通过给该公司穿上具有代理特色的衣服,关于特定的财产——能够在纳税年度结束之时使他们自己免于作出关于代理人或者所有者地位的权利主张——取决于哪种选择能够将他们的纳税义务减小到最小,或许即使是善意的权利主张。局长没有资源去审计很多其代理地位被认为是有疑义的案件,并对其提起诉讼。因此,局长认为,在这种股东关系中,他可以合理地要求纳税人符合事先预防疾病式的清晰的代理关系测验。

我们同意那个原则,但是仍然有这样一个问题,即局长所提议的测验是否适当。各方主体已经长时间地辩论了我们在上面所提到的 *National Carbide Corp. v. Commissioner* 一案中观点的重要意义。在那个案例中,三个公司——它们是另外一个公司全部拥有的附属机构——同意作为它们母公司的"代理人"经营它们生产的产品,并且将所有的利润转移给母公司,除了名义上的数额以外。这些附属机构仅仅将这些数额报告为毛收入,但是局长认为,它们应当按照全部利益被征税,因为它们不是真正的代理人。

我们支持上述结论,推理如下:首先,仅仅有母公司控制附属机构这一事实并不能确立代理关系的存在,因为这种控制是典型的所有股东—公司关系的特征,同上,第429~434页;其次,向母公司支付超过名义数额的所有利润这一协议并不是决定性的,因为必须向实际获得所得的主体征税,不考虑当事人所设想的分配,同上,第435~436页。然而,我们承认存在这样一个事物,"作为所有者——本人的……真正的公司代理人",同上,第437页,并且进一步列出了该状况的四个要件和两个要求,其总和已经在联邦所得税法的知识中作为"六个全国代理制度因素"被大家所熟知:"① 该公司是否以本人的名义和为了本人而经营;② 是否通过其行为来约束本人;③ 是否将所收到的货币转移给本人;④ 收到的所得是否归于本人雇员的服务以及属于本人的资产是在确定该真实的代理关系是否存在的一些相关考虑因素;⑤ 如果该公司是一个真实的代理人,它与本人的关系一定不能取决于这样一个事实:即它被本人所拥有,如果是这种情形的话;⑥ 其经营目的必须是履行代理人的名义职责。"同上。

我们很容易看出,这些因素导致了在 National Carbide Corp. v. Commissioner 一案中得出不存在代理关系的结论。在那里,每一个附属机构都向其消费者表明它(而非其母公司)是制造和销售其产品的公司;每一个附属机构都试图将该母公司从法律程序服务中予以掩盖;并且该经营已经使用了成千上万个附属机构的雇员以及接近2 000万美元的财产和设备,这些财产和设备都是列在附属机构的账簿上的资产。同上,第425、第434、第438页和注释21。

局长认为,National Carbide Corp. v. Commissioner 一案中最后两个因素在当前的案件中是不满足的。先考虑最后一个:局长认为,该公司的经营目的,关于所涉及的财产,并不是"履行代理人的名义职责",因为,为肯德基州高利贷法规定之目的,它不是作为代理人而是作为该财产的所有者而行为的。我们并不同意。事实上,可以确信它不是作为所有者而行为的,因为被告向该贷款所涉及的所有主体都表明了自己作为本人的身份。事实上,正是贷款人自己要求使用被任命公司。采取与事实相反的下列法律界定是没有任何意义的:该公司是本人,为明显的规避肯德基州高利贷法而施加联邦税收的惩罚。在一开始,局长就没有证明这些交易是规避行为。

被告主张以下观点是没有矛盾的:为了允许较高的利率而使用代理安排是通常的惯例,并且,没有任何方式能够表明该惯例违反了肯德基州法律的精神,更不用说其文字了。该法律应当被视为,在足够复杂的以至于雇佣公司代理人的交易中,借款人一般不需要高利贷保护——可以确信不是放高利贷者的通常形式操作。法律支持被任命公司这一事实可以通过下列规定予以表明:禁止向"这样的公司,其主要的资产应当是一个或者两个家庭住房的所有权"收取较高的公司利率。Ky. Re v. Stat. 360.025(2)(1987)——这似乎是在防止使用名义设计来进行通常的住房抵押贷款。在任何情况下,即使该交易并没有违反高利贷法,肯德基州和大部分州一样,仅仅将贷款人视为高利贷者,而将借款人视为受害者。参照 Ky.

Rev. Stat. 360.020(1987)(贷款人向借款人承担民事罚款责任),360.990(贷款人被认为犯有轻罪)。由于肯德基州法律没有对于借款人自愿成为受害人的行为施加任何处罚,也没有将其视为对等过错,相反,使他不附带任何利息地返还本金,并且可以起诉请求双倍返还已经支付的利息(加上律师费),参见 Ky. Rev. Stat. 360.020(1972),美国从来没有通过剥夺高利贷受害人本来应当享受的税收利益来维护肯德基州的法律。总之,我们没有看出下列主张有任何事实或者政策依据:因为该公司参与了该贷款的本质,该公司就是本人。

更重要的是局长主张这里的安排违反了全国代理制度因素的第五个因素——该公司"与其本人的代理关系一定不能取决于这样一个事实:即它被本人所拥有"。局长主张这一点不可能被满足,除非该公司代理人与其股东本人具有"公平交易关系"——包括为代理服务所支付的费用。全国代理制度因素的第五个因素的含义具有未陈述的风险,不是完全清晰。在根本上,公司代理人及其所有者—本人之间的关系总是取决于所有权的事实,也就是说,所有者可以在任何时候导致该关系发生变化或者终止。很明白,那不是其含义,因为在那个阐释中,所有附属机构—母公司代理关系,为税收之目的,都是无效的,这是全国代理制度因素明确否定的立场。我们认为,代理制度因素的第五个因素——比其他的都更抽象——不过就是利害关系的一般化表述,在我们自己的讨论中以前曾经表述过,那就是,*Moline Properties v. Commissioner* 一案中的单独实体原则不应当被推翻。

在任何案件中,我们都拒绝阐释全国代理制度因素的原文,尽管它本身就是治理的法律。正如以前所指出的,下面这一点是没有异议的:法律将真实的代理人所持有的财产的税收效果归结于本人;我们也同意,局长在公司—股东关系中要求清晰的真实证据以防止逃避 *Moline Properties v. Commissioner* 一案的原则也是合理的。

然而,我们认为持有以下观点是没有理由的:清晰的证据只能由局长所建议的严格的要求(公平交易加上公平的代理费)所组成。这些要求中的任何一个都没有被代理法律所要求,该法律允许代理商是不支付报酬的家庭成员、朋友或者合作人。参照《代理法重述(第二次)》16,21,22(1958)。在我们看来,真实的代理关系是充分确实的,避税操作可以被完全排除,当以下事实存在时:关于特定的资产,该公司作为其股东的代理人而行为被明确列在书面的协议之中,在获得该资产之时,该公司关于该资产的所有目的都是作为代理人而非本人在起作用,该公司作为代理人而非本人与第三人进行涉及该资产的所有交易。既然这些要求都是满足的,上诉法院的判决被维持。

肯尼迪法官没有参加本案的审理和判决。

第八章 公司重组补价性质争议案(1989)

一、基本法律规定

(一)《国内收入法典》第 302 节第 a 分节的规定

如果一个公司赎回其股票(在第 317 节第 b 分节所规定的意义范围内),并且如果第 b 分节中的第 1、第 2、第 3 或者第 4 段予以适用,该赎回应当被视为用于交换该股票的全额或者部分数额的分配。

(二)《国内收入法典》第 302 节第 b 分节第 2 段的规定:实质不成比例地赎回股票

1. 第 A 分段的规定

如果该分配与股东具有实质上的不成比例,第 a 分节应当予以适用。

2. 第 B 分段的规定

本段不应当予以适用,除非在赎回之后,该股东拥有所有种类的有表决权股票的联合表决权的 50% 以下。

3. 第 C 分段的规定

为本段规定之目的,如果满足下列条件,分配就是实质上不成比例:在赎回以后该股东所拥有的该公司有表决权股票与该时刻该公司所有有表决权股票之比小于下列比例的 80%:在赎回之前该股东所拥有的该公司有表决权股票与该时刻该公司所拥有的有表决权股票之比。为本段规定之目的,任何分配都不应当被视为实质上不成比例,除非该股东在该赎回前后对于该公司的普通股票(无论是否具有表决权)的所有权也满足前面一句所规定的 80% 的要求。为前面一句规定之目的,如果存在一种以上的普通股票,上述确定应当参照公平市场价值来作出。

4. 第 D 分段的规定

本段不应当适用于任何这样的赎回,该赎回是按照一个计划进行的,该计划的目的或者效果是一系列赎回,该系列赎回导致了一个分配,该分配(合计)与股东并不是实质上不成比例。

(三)《国内收入法典》第 354 节第 a 分节的规定

1. 第 1 段的规定

如果作为重组一方的公司的股票或证券,按照重组计划,专门为该公司或另外一个属于重组一方的公司的股票或证券而进行交易,则禁止确认任何收益或损失。

2. 第 2 段的规定

(1) 第 A 分段的规定

关于超额本金数额,第 1 段规定不应当予以适用,如果①所收到的任何该证券的本金数额超过了所放弃的任何该证券的本金数额,或者②任何该证券被收到,但没有该证券被放弃。

(2) 第 B 分段的规定

关于可归于应付利息的财产,第 1 段以及第 356 节中与第 1 段相关的部分都应当予以适用,限于任何股票(包括不符合条件的优先股,根据第 351 节第 g 分节第 2 段的定义)、证券或者所收到的其他财产中可归于在持有人持有期间开始或者以后证券所发生的利息的部分。

(3) 第 C 分段的规定

关于不符合条件的优先股,① 在与除不符合条件的优先股(根据第 351 节第 g 分节第 2 段的定义)以外的股票进行交换所收到的不符合条件的优先股(根据上述定义),不应当被视为股票或者证券;② 关于家庭拥有公司的资本结构的改变。① 条款不应当适用于根据第 368 节第 a 分节第 1 段第 E 分段的规定,家庭拥有公司的资本结构的改变的情况。

为本条款规定之目的,除非规章另有规定,"家庭拥有公司"这一术语是指在资本结构变化之日 5 年以前的当天开始的 8 年期间的整个过程中都属于第 447 节第 d 分节第 2 段第 C 分段中的第 i 款所描述情况的任何公司。为前面一句规定之目的,在第 355 节第 d 分节第 6 段第 B 分段所描述的任何期间内,股票不应当被视为由家庭成员所拥有。

可归于不再属于家庭所有公司的任何欠税的法定核定期间,在该公司通知(按照部长所规定的方式)部长存在该欠税情况之日起的 3 年期间未届满之前不能届满,并且该缴纳不足可以在该 3 年期间届满之前予以核定和征税,尽管有任何法律的、有可能阻止该核定与征收的规定。

3. 第 3 段的规定

(1) 第 A 分段的规定

关于任何这样的财产交换,所收到的财产(包括不符合条件的优先股以及所收到的证券的本金数额超过放弃的证券的部分,但是不包括第 2 段第 B 分段所适用的财产),根据本分节的规定禁止被收到,参照第 356 节。

（2）第 B 分段的规定

关于在第 2 段第 B 分段所描述的交换的情况下应付利息的处理,参照第 61 节。

(四)《国内收入法典》第 354 节第 b 分节的规定

1. 第 1 段的规定

第 a 分节不应当适用于根据在第 368 节第 a 分节第 1 段中的第 D 或者第 G 分段所规定意义范围内的重组计划所进行的交易,除非①接收该被转让的资产的公司实质上获得了该资产的让与人的全部资产；② 该让与人所收到的股票、证券以及该让与人的其他财产,都是按照重组计划进行分配的。

2. 第 2 段的规定

关于根据在第 368 节第 a 分节第 1 段中的第 D 或者第 G 分段所规定意义范围内的重组计划所进行的某些交易的特殊规定,参照第 355 节。

(五)《国内收入法典》第 354 节第 c 分节的规定

尽管有本分章的任何其他规定,第 a 分节第 1 段(以及第 356 节中与本节相关的部分)应当适用于根据《美国法典》第 11 标题第 1173 节所确认的、符合公众利益的铁路重组计划(无论是否在第 368 节第 a 分节所规定的意义范围内)。

(六)《国内收入法典》第 356 节第 a 分节的规定

1. 第 1 段的规定

如果第 354 节或者第 355 节本来应当适用于一个交换,但是由于下列事实而没有适用:该交换中所收到的财产不仅由第 354 节或者第 355 节所允许收到、不确认收益的财产所组成,而且由其他财产或者货币所组成,那么,接收者的收益,如果有的话,应当予以确认,但是所确认的数额不超过下列数额之和:该货币以及该其他财产的公平市场价值。

2. 第 2 段的规定

如果一项交换是第 1 段所描述的交换,但是具有分配股息的效果,那么,应当对于每一个被分配者将根据第 1 段规定所实现的收益的数额确认为股息,不超过它在该公司的 1913 年 2 月 28 日以后所累积的未分配收益和利润中所享有的份额。根据第 1 段的规定所实现收益中的剩余部分,如果有的话,应当被视为来自财产交换的收益。

(七)《国内收入法典》第 356 节第 b 分节的规定

如果第 355 节本来应当适用于某项分配,只是由于下列事实而没有适用:在该分配中所收到的财产不仅由第 355 节所允许收到的不确认收益的财产组成,而且由其他财产或者货币组成，那么，等于该货币以及该其他财产的公平市场价值之和的数额应当被视为第 301 节所适用的财产的分配。

(八)《国内收入法典》第 356 节第 c 分节的规定

如果第 354 节本来应当适用于一项交换，或者第 355 节本来应当适用于一项交换或者分配，但是由于下列事实而没有适用：在该交换或者分配中所收到的财产不仅由第 354 节或者第 355 节允许收到并不确认收益和损失的财产组成，也由其他财产或者货币所组成，那么，来自该交换或者分配的任何损失都不允许确认。

(九)《国内收入法典》第 356 节第 d 分节的规定

1. 第 1 段的规定

为本节规定之目的，除第 2 段的规定以外，"其他财产"这一术语包括证券。

2. 第 2 段的规定

(1) 第 A 分段的规定

"其他财产"这一术语不包括这样的证券，根据第 354 节或者第 355 节的规定，该证券本来应当被允许收到，并且不确认收益。

(2) 第 B 分段的规定

如果①在第 354 节（其中第 c 分节的规定除外）所描述的交换中，属于重组一方的公司的证券被交出，属于重组另一方的任何公司的证券被收到；② 所收到的该证券的本金数额超过了所交出的该证券的本金数额，那么，关于该收到的证券，"其他财产"这一术语仅仅是指该超额部分的公平市场价值。为本分段以及第 C 分段规定之目的，如果没有交出证券，该超额部分应当是所收到证券的全部本金数额。

(3) 第 C 分段的规定

如果在第 355 节所描述的交换或者分配中，所收到的被控制公司的证券的本金数额超过了所交出的分配公司的证券的本金数额，那么，关于该收到的证券，"其他财产"这一术语仅仅是指该超额部分的公平市场价值。

(十)《国内收入法典》第 356 节第 e 分节的规定

1. 第 1 段的规定

为本节规定之目的，除第 2 段的规定以外，"其他财产"这一术语包括不符合条件的优先股（根据第 351 节第 g 分节第 2 段的定义）。

2. 第 2 段的规定

"其他财产"这一术语不包括这样的不符合条件的优先股（根据上述定义），根据第 354 节或者第 355 节的规定，该优先股本来应当被允许收到，并且不确认收益。

(十一)《国内收入法典》第 356 节第 f 分节的规定

尽管有本节的任何其他规定,限于对第 306 节股票的交换中所收到的任何其他财产(或者货币),等于该其他财产的公平市场价值的数额(或者该货币的数额)应当视为第 301 节所适用的财产的分配。

(十二)《国内收入法典》第 356 节第 g 分节的规定

关于第 354、第 355 节或者本节所描述交易的特殊规定,但是却①导致了赠与,参照第 2501 节及其以下;②具有支付赔偿的效果,参照第 61 节第 a 分节第 1 段。

二、案情简介

1979 年 4 月之前,大约有 15 年的时间,纳税人是盆地公司的总裁。1978 年 1 月,他成了盆地公司的唯一股东,他在该公司中的投资数额大约是 85 000 美元。该公司经营着一个成功的买卖,给石油工业提供各种各样的技术服务。1978 年,甲公司,一个公众持股的从事制造和提供石油设备和服务的公司,开始与纳税人谈判关于获得盆地公司的可能性。1979 年 4 月 3 日,在经过了几个月的谈判以后,纳税人和甲公司签订了一个合同。

该协议规定了一种"三角合并",盆地公司并入甲公司的一个全资子公司。为了将盆地公司的所有公开发行的股份转让给甲公司的子公司,纳税人选择了甲公司的 300 000 个普通股以及 3 250 000 美元的现金补价,没有选择甲公司的 425 000 个普通股。纳税人所获得的甲公司的 300 000 个普通股大约相当于甲公司公开发行股份的 0.92%。如果纳税人选择另外一种纯粹的股票换股票的出价,他将拥有甲公司公开发行股份的大约 1.3%。税务局局长和纳税人都赞同,该合并最初符合第 368 节第 a 分节第 1 段第 A 分段和第 a 分节第 2 段第 D 分段所规定的重组条件。

应诉人联合提交了 1979 年的联邦所得税纳税申报表。根据第 356 节第 a 分节第 1 段的要求,他们将该现金补价作为应税收益予以申报。在计算应纳税额时,应诉人将该付款定性为长期资本收益。税务局长在审计中不同意这种定性。按照他的观点,该付款具有"分配股息的效果",因此,应当作为通常所得予以征税,数额是 2 319 611 美元,即在合并之时,盆地公司所累积的收益和利润的数额。税务局长核定了 972 504.74 美元的欠税额。

应诉人请求税务法院予以审查,税务法院的审查判决支持了应诉人。税务局不服判决,提起上诉,第四巡回区上诉法院维持了税务法院的判决。税务局不服判决,再次提起上诉。第五巡回区上诉法院在 *Shimberg v. United States*,577 F. 2d 283(1978)一案中作出了与第四巡回区上诉法院相反的判决。为解决不同上诉法院在这一问题上的分歧,联邦最高法院受理了该案。

三、正反方观点

(一) 正方(税务局)的观点

税务局长所提议的并且在 *Shimberg v. United States* 一案中使用的测验方法,该补价付款被视为仿佛它是在该重组之前由被获得公司(盆地公司)在一个假设的赎回中所支付的。根据这一测验,纳税人所获得的现金付款毫无疑问地将被视为股息。

上诉法院在形式上遵守体现在第 302 节中的原则迫使法院转向"寻找一个赎回来适用它们,因为由各方主体所进行的合并交易并不涉及赎回"。

(二) 反方(纳税人、税务法院、上诉法院、最高法院)的观点

第 356 节第 a 分节的语言和历史,连同对于该具有争议的交易的经济实质的通常理解,足以使人相信甲公司向纳税人的补价支付应当按照资本收益对待,而非通常所得。

第 356 节第 a 分节的语言强有力地支持这样的观点,即是否满足"该交换……具有分配股息的效果"的问题应当通过将该交换作为一个整体予以考察以后来回答。在提到"交换"时,第 356 节第 a 分节第 2 段和第 356 节第 a 分节第 1 段都明显地考虑的是一个整体的交易并且明确具有这样的意思,即交换的性质应当作为一个整体予以考察,而不是简单地考察其中一个组成部分。而且,这样一个事实——第 356 节明确将其范围限于补价可以按照实现的收益数额被征税——表明国会的意图是,补价不应当与整个重组相分离予以对待。

将本案中的交换作为一个不可分割的整体予以考察,重组前的类推是不能接受的,因为从重组的前后关系来看,它切断了补价的支付,并且因为它采取了一个对于第 356 节第 a 分节第 2 段的过分扩展的解读,该解读是与本院解释法律的标准方法相违背的,只有为了保护一般规定的初级运作才能有所例外。

重组后的方法是更可取的,也是被我们采纳的,因为它做了一件较好的工作,它将补价的支付视为整个交换的一个组成部分。根据这个方法,甲公司的假定的赎回很容易满足第 302 节第 b 分节第 2 段所规定的条件:如果纳税人通过赎回放弃了其公司控制权的 20%,并且因此保留少于 50% 的有表决权的股份,该赎回不应当被视为股息分配。

税务局长反对这种对于"合并交易的重新塑造"的理由——它迫使法院发现一个根本不存在的赎回——夸大了该赎回被想象的范围。因为一个免税的重组交易在理论上仅仅是根据修改后的公司形式,在继续存在的企业中的所有者利益的持

续,补价换股票的交易可以被视为由继续存在的公司企业所进行的股票的部分购买,即赎回。尽管重组前和重组后的类推都"重组了该交易",后一种观点至少承认发生了重组。

即使重组后的类推以及第302节原则在有利于对于该交易的较少人为理解的情况下被放弃,其结果仍然是相同的。第356节第a分节第2段的立法历史表明国会所关注的主要是防止公司通过重组的诡计以资本收益的比率"吸收"累积收益和利润来避税。这一目的反过来也表明,国会并不想在重组的情况下,对于非关联主体之间的真实的、符合公平交易原则的交易所发生的补价征收通常所得税。在直接的交易中,没有表明该重组被用于诡计。因此,该补价被视为应当按照资本收益处理的股票销售收益的一部分比被视为股息的代替者更加合适。

四、案件评析

本案所争议的焦点问题是在公司重组中,股东用其股票的一部分换取的现金付款的性质,是被作为股息予以征税还是作为资本收益予以征税。在前面的两个案件——Commissioner v. Estate of Bedford, 325 U. S. 283(1945)和 United States v. Davis,397 U. S. 301(1970)中,联邦最高法院赞同政府的观点主要是因为该交易涉及由一个公司所进行的股票赎回,该赎回没有"导致该公司中股东所持股份比例的实质减少"。本案的问题就是在纳税人与获得公司之间的交换是否具有第356节第a分节第2段所规定意义范围内的"分配股息的效果"。税务法院和上诉法院所采取的重组之后的方法优于税务局长的方法。更重要的是,这个方法在将补价的付款作为整个交换的不可分割的组成部分方面做得更好。与重组之前的观点不同,这一方法承认如果没有交换,则不会有现金付款,并且通过接受该现金付款,纳税人也实质性地减少了其潜在的所有者利益。

当然,无论是重组之前的类推还是重组之后的类推在某种意义上都是虚构的,因为它们都设想赎回是在真实的重组界限之外所进行的。然而,如果被迫在这两个类推之间进行选择,重组之后的类推的虚构成分更少一些。尽管两个类推都"重塑了合并交易",但是重组之后的类推承认发生了重组,而重组之前的方法则将该交易重塑成排除了整个交易。

在判断公司重组中所支付的补价性质时,关键在于考察股东在获得该补价的同时是否导致其本来所能够获得的股份显著减少。如果导致其本来能够获得股份显著减少,就表明该补价是所减少股份的对价,该补价的性质显然就是一种资本收益。但如果并没有导致股东本来能够获得股份的显著减少,就表明该补价是股东所获得的额外利益,相当于公司的分配股息。当然,如果股东所获得的补价既具有股息的成分,也具有资本收益的成分,就难以作出具体的区分了。法律对于"显著减少"所规定的标准表明,在某一标准下,补价中资本收益的成分大于股息的成分,应当被作为资本收益予以征税。税法的这一制度实际上也无法确保真正的公平,也难以发现客观的真实。但从实际操作的角度来看,税法似乎只能作出这种制度选择。

五、美国联邦最高法院关于本案的判决书

美国联邦最高法院

税务局长诉克拉克,489 U. S. 726(1989)

国内税收服务局诉克拉克偕夫人

通过诉讼文件移送命令从第九巡回区上诉法院移送

No. 87-1168.

辩论于 1988 年 11 月 7 日

判决于 1989 年 3 月 22 日

根据《1954 年国内收入法典》的规定,来自财产销售或者交换的收益一般被视为资本收益。尽管该法典对于某些股票换股票的交换不征税,第 356 节第 a 分节第 1 段规定,如果这样一个按照公司重组计划的交换伴随着现金支付或者其他财产——通常被称为"补价"——接受者从该交换中所收到的任何收益都被视为在当前纳税年度中的资本收益,最高达到补价的价值。然而,第 356 节第 a 分节第 2 段规定了一个例外,明确规定如果"该交换……具有分配股息的效果",该补价必须被视为股息并且因此应当按照通常所得予以征税,限于所实现的收益。1979 年,应诉人的丈夫(以下称为纳税人),盆地测量有限公司(以下称为盆地公司)的唯一股东,与甲工业有限公司(以下称为甲公司)签订了一个"三角合并"协议,其中规定,他把自己所拥有的盆地公司的所有公开发行的股份转移给甲公司全资拥有的子公司,用以交换 300 000 股甲公司股票——占甲公司公开发行股份的 0.92% 以及实质性的现金补价。在他们的 1979 年联合联邦所得税纳税申报中,应诉人按照第 356 节第 a 分节第 1 段的规定将该补价作为资本收益予以申报。尽管国内税收服务局局长同意该具有争议的合并为该节规定之目的符合重组的条件,但是局长仍然针对应诉人核定了欠税,裁定认为,根据第 356 节第 a 分节第 2 段的规定,补价支付具有"分配股息的效果"。经过审理,税务法院支持了应诉人的主张,上诉法院维持了税务法院的判决。两个法院都拒绝了局长提出的确定补价支付是否满足第 356 节第 a 分节第 2 段所规定条件的测验,根据该测验,该支付应当被视为仿佛它是由被获得公司(盆地公司)在重组之前通过假定赎回的方式来进行的。相反,两

个法院都接受和运用了纳税人所提出的重组后测验,该测验要求首先设想一个纯粹的股票换股票的交换,紧接着是纳税人在获得公司(甲公司)的股票的一部分被赎回,用以交换等于补价的支付。法院裁定,甲公司从纳税人手中赎回其股票中的125 000股,用于交换补价,根据该法典第302节的规定——其中限定了对于公司从其股东那里赎回股票的税收处理——应当被视为资本收益。

本院认为:

第356节第a分节的语言和历史,连同对于该具有争议的交易的经济实质的通常理解,足以使人相信甲公司向纳税人的补价支付应当按照资本收益对待,而非通常所得。

第一,第356节第a分节的语言强有力地支持这样的观点,即是否满足"该交换……具有分配股息的效果"的问题应当通过将该交换作为一个整体予以考察以后来回答。在提到"交换"时,第356节第a分节第2段和第356节第a分节第1段都明显地考虑的是一个整体的交易并且明确具有这样的意思,即交换的性质应当作为一个整体予以考察,而不是简单地考察其中一个组成部分。而且,这样一个事实——第356节明确将其范围限于补价,可以按照实现的收益数额被征税——表明国会的意图是,补价不应当与整个重组相分离予以对待。

第二,将本案中的交换作为一个不可分割的整体予以考察,重组前的类推是不能接受的,因为从重组的前后关系来看,它切断了补价的支付,并且因为它采取了一个对于第356节第a分节第2段的过分扩展的解读,该解读是与本院解释法律的标准方法相违背的,只有为了保护一般原则的适用才能有所例外。

第三,重组后的方法是更可取的,也是被我们采纳的,因为它做了一件较好的工作,它将补价的支付视为整个交换的一个组成部分。根据这个方法,甲公司假定的赎回很容易满足第302节第b分节第2段所规定的条件:如果纳税人通过赎回放弃了其公司控制权的20%,并且因此保留少于50%的有表决权的股份,该赎回不应当被视为股息分配。

第四,税务局长反对这种对于"合并交易的重新塑造"的理由——它迫使法院发现一个根本不存在的赎回——夸大了该赎回被想象的范围。因为一个免税的重组交易在理论上仅仅是根据修改后的公司形式,在继续存在的企业中的所有者利益的持续,补价换股票的交易可以被视为由继续存在的公司所进行的股票的部分购买,即赎回。尽管重组前和重组后类推都"重组了该交易",后一种观点至少承认发生了重组。

第五,即使重组后的类推以及第302节原则在有利于对于该交易的较少人为理解的情况下被放弃,其结果仍然是相同的。第356节第a分节第2段的立法历史表明国会所关注的主要是防止公司通过重组的诡计以资本收益的比率"吸收"累积收益和利润来避税。这一目的反过来也表明,国会并不想在重组的情况下,对于非关联主体之间的真实的、符合公平交易原则的交易所发生的补价征收通常所得税。在直接的交易中,没有表明该重组被用于诡计。因此,该补价被视为应当按照资本收益处理的股票销售收益的一部分比被视为股息的代替者更加合适。

828 F. 2d 221,被维持。

斯蒂文斯法官发表了法院的观点。

这已经是第三个案子了,在这些案子中,政府要求我们来决定股东用其股票的一部分换取的现金付款应当被作为股息予以征税。在前面的两个案子中,*Commissioner v. Estate of Bedford*,325 U. S. 283(1945)和 *United States v. Davis*,397 U. S. 301(1970),我们赞同政府的观点主要是因为该交易涉及由一个公司所进行的股票赎回,该赎回没有"导致该公司中股东所持股份比例的实质减少"。同上,第313页。然而,在我们今天判决的案子中,纳税人在一个符合公平交易原则的交易中用其在被获得公司中的利益换取了获得公司的1%的股票以及实质性的现金付款。纳税人在该重组之前并不持有获得公司的股份。从整体上来观察该交换,我们认为,该现金付款不能被定性为股息。因此,我们同意税务法院,也同意上诉法院的观点,纳税人有权将该现金付款作为资本收益予以处理。

I

在根据《1954年国内收入法典》来确定纳税义务时,来自财产销售或者交换的收益通常被视为资本收益,而现金股息一般被视为通常所得。然而,该法典对于某些股票换股票的交换并没有征收任何税收。特别的,第354节第a分节第1段规定,在受到各种限制的条件下,用股票或者证券仅仅交换其他股票或者证券所获得的收益不予确认,只要该交换是按照一个公司重组计划而进行的并且该股票或者证券是该重组一方主体的股票或者证券。《美国法典》第26标题第354节第a分节第1段。

根据该法典的第356节第a分节第1段,如果该股票换股票的交换伴随着额外的对价,该对价采取现金付款或者其他财产的形式——这些对价一般被税法执业者称为"补价"——那么,"该收益,如果有的话,接受者应当予以确认,但是确认的数额不能超过该货币以及该其他财产的公平市场价值的总和"。《国内收入法典》第356节第a分节第1段。这就是说,如果股东收到了补价,他或者她就必须以该补价的价值为上限来确认该收益。因此,补价一般被视为来自财产销售或者交换的收益并且应当在当前纳税年度予以确认。

第356节第a分节第2段,它对本案的判决具有支配作用,对于该一般规则规定了一个例外。它在1979年规定:"如果一项交换是第1段所描述的交换,但是具有分配股息的效果,那么,应当对每一个被分配者将根据第1段规定所实现的收益数额确认为股息,确认的数额不超过它在该公司的 1913 年 2 月 28 日以后所累积的未分配收益和利润中所享有的份额。根据第 1 段的规定所实现收益中的剩余部分,如果有的话,应当被视为来自财产交换的收益。"《美国法典》第 26 标题第 356 节第 a 分节第 2 段(1976 修改)。

因此,如果"交换……具有分配股息的效果",补价必须被视为股息,因此,应当按照通常所得予以征税,但限于所实现的收益。相反,如果该交换不具有"分配股息的效果",补价必须被视为用于交换财产的付款,因此,就所实现的收益部分,应当按照资本收益予以对待。因此,本案的问题就是在纳税人与获得公司之间的交换是否具有第 356 节第 a 分节第 2 段所规定意义范围内的"分配股息的效果"。

我们可以很容易总结相关事实。1979 年 4 月之前,大约有 15 年的时间,纳税人是盆地公司的总裁。1978 年 1 月,他成了盆地公司的唯一股东,他在该公司中的投资数额大约是 85 000 美元。该公司经营着一个成功的买卖,给石油工业提供各种各样的技术服务。1978 年,甲公司,一个公众持股的从事制造和提供石油设备和服务的公司,开始与纳税人谈判关于获得盆地公司的可能性。1979 年 4 月 3 日,在经过了几个月的谈判以后,纳税人和甲公司签订了一个合同。

该协议规定了一种"三角合并",盆地公司并入甲公司的一个全资子公司。为了将盆地公司的所有公开发行的股份转让给甲公司的子公司,纳税人选择了甲公司的 300 000 个普通股以及 3 250 000 美元的现金补价,没有选择甲公司的 425 000 个普通股。纳税人所获得的甲公司的 300 000 个普通股大约相当于甲公司公开发行股份的 0.92%。如果纳税人选择另外一种纯粹的股票换股票的出价,他将拥有甲公司公开发行股份的大约 1.3%。税务局局长和纳税人都赞同,该合并最初符合第 368 节第 a 分节第 1 段第 A 分段和第 a 分节第 2 段第 D 分段所规定的重组条件。

应诉人联合提交了 1979 年的联邦所得税纳税申报表。根据第 356 节第 a 分节第 1 段的要求,他们将该现金补价作为应税收益予以申报。在计算应纳税额时,应诉人将该付款定性为长期资本收益。税务局长在审计中不同意这种定性。按照他的观点,该付款具有"分配股息的效果",因此,应当作为通常所得予以征税,数额是 2 319 611 美元,即在合并之时,盆地公司所累积的收益和利润的数额。税务局长核定了 972 504.74 美元的欠税额。

应诉人请求税务法院予以审查,税务法院的审查判决支持了应诉人。86 T. C. 138(1986)。法院从这样一个前提开始,即该补价付款是否具有"分配股息的效果"这个问题转向了"两个司法关节测验"之间的选择。同上,第 140 页。根据税务局长所提议的并且在 *Shimberg v. United States*,577 F. 2d 283(CA5 1978),cert. denied,439 U. S. 1115(1979)一案中使用的测验方法,该补价付款被视为仿佛它是在该重组之前由被获得公司（盆地公司）在一个假设的赎回中所支付的。根据这一测验，纳税人所获得的现金付款毫无疑问地将被视为股息。第二个测验方法是纳税人提出的并且在 *Wright v. United States*，482 F. 2d 600（CA8 1973）一案中找到了支持，该测验提议一种可选择的假设赎回。该方法并不关注纳税人在被获得公司的重组之前的利益，这一测验方法要求人们设想一种纯粹的股票换股票交换，紧接着的是纳税人在获得公司（甲公司）中的部分股份的事后重组赎回，以换取其数额等于补价的付款。根据该法典第 302 节——该条款定义了在什么情况下股票的赎回应当被视为分配股息——的规定，甲公司从纳税人手中赎回其自己的 125 000 股股份用于交换 3 250 000 美元的补价应当被视为资本收益。

税务法院拒绝了税务局长提出的重组之前的测验，因为它认为"将该现金付款视为与重组是完全不相干的"是不适当的。86 T. C.，at 151。事实上，它认为，该测验方法要求法院"将重组想象为根本不存在才能作出相当于股息的判决"。同上，第 150 页。法院接着承认，对于纳税人的观点——该现金付款应当被视为重组之后的赎回——同样可以提出类似的批评。然而，它认为，很明显，如果没有该重组，该现金付款就不会出现，与其将该补价视为"在重组之前发生并且与该重组毫无关系"，还不如将其视为"在实施重组的过程中的赎回的等价物"。同上，第 152 页。

第四巡回区上诉法院维持了该判决。828 F. 2d 221（1987）。与税务法院相似，它认为，尽管"第 302 节没有明确规定适用于重组的情形"，同上，第 223 页，尽管第 302 节在很多重要的方面与第 356 节不同，同上，第 224 页，然而，它却规定了"确定补价是通常所得还是资本收益的适当的测验方法"，同上，第 223 页。因此，正如第 302 节第 b 分节第 2 段所规定的那样，如果纳税人放弃了他对于公司的 20% 的控制权并且在该分配以后保留了少于 50% 的有表决权的股票，该补价应当被视为资本收益。然而，正如上诉法院所承认的那样，"因为第 302 节是被设计用来对付单个公司的股票赎回的，而不是涉及两个公司的重组，该节并没有表明纳税人在哪一个公司中失去了利益"。同上，第 224 页。因此，如同税务法院一样，上诉法院同样要考虑该假设赎回应当被视为来自被获得公司的重组之前的分配还是来自获得公司的重组之后的分配。它的结论是："基于第 356 节的语言和立法语言，第 302 节的所有权改变的规则，以及将该重组视为一个整体的交易进行审查的需要，我们认为，补价应当被定性为由甲公司进行的重组之后的股票赎回，该赎回影响了纳税人在新公司中的利益。因为这个赎回减少了纳税人在甲公司中的控制权的 20% 以上，该补价应当被视为资本收益。"同上，第 224～225 页。

第四巡回区上诉法院的这一判决与第五巡回区上诉法院在 *Shimberg v. United States*，577 F. 2d 283（1978）一案中的判决在两个重要的方面是相冲突的。在 *Shimberg v. United States* 一案中，法院认为，将股票赎回原则"按照整体销售的标准"适用于重组案件是不适当的。同上，第287页；同时参见同上，注释13。而且，该法院采纳了重组之前的测验方法，认为，"第356节第a分节第2段要求确定，如果在重组之前作出是否应当被作为股息予以征税，或者如果重组没有发生是否应当被作为股息予以征税"。同上，第288页。

为了解决对于联邦税法管理方面的重要问题的冲突，我们发布了诉讼文件移送命令。485 U. S. 933(1988)。

Ⅱ

我们同意税务法院以及第四巡回区上诉法院的观点：第356节第a分节第2段中的"交换"是否"具有分配的效果"的问题应当通过将该交换作为一个整体予以考察来回答。我们认为，该法律的语言和历史，以及该交易最初的通常理解和经济实质都支持这一方法。

第356节第a分节的语言强有力地支持我们的理解：该交易应当被视为一个不可分割的整体。第356节第a分节第2段提出了这样的问题："第1段所描述的交换"是否"具有分配股息的效果"。该法律并没有规定补价应当被视为股息，如果它的付款具有分配股息的效果。相反，该调查转向了该"交换"是否具有效果。而且，第1段规定反过来，看起来好像是"在交换中所收到的财产是否不仅由第354节或者第355节允许不予确认收益的财产所组成，而且由其他财产或者货币组成"。很明显，该法律再一次提到了不可分割的整体交易，而且很明显，我们将要考察该交换作为一个整体的性质，而不是简单地考察其中一个组成部分的性质。最后，重要的事情是第356节明确将补价可以被征税的范围限于在重组中实现的收益数额。这一限制表明国会的意图是补价不应当被与整个的重组相隔离予以对待。参见 Levin, Adess, & McGaffey, Boot Distributions in Corporate Reorganizations-Determination of Dividend Equivalency, 30 Tax Lawyer 287, 303(1977)。

我们将法律理解为要求该交易必须被作为一个统一的整体予以对待也被一个已经确立的"步骤交易"原则所加强，政府在相关的情况下已经开始适用这样一个原则，参见 Re v. Rul. 75-447, 1975-2 Cum. Bull. 113, 我们也明确地支持这一原则，参见 *Minnesota Tea Co. v. Helvering*, 302 U. S. 609, 613(1938); *Commissioner v. Court Holding Co.*, 324 U. S. 331, 334(1945)。根据这一原则，一个整体的交易中的相关的但是形式上不同的步骤不可能被独立于整个交易予以考虑。因此，通过"将所有的具有法律或者商业重要性的相互依赖的步骤联系在一起，而不是将它们隔离起来予以考虑"，联邦税收债务可以基于"整个交易的现实的观点"。B. Bittker, *Federal Taxation of Income, Estates and Gifts* ¶ 4. 3. 5, p. 4-52(1981)。

按照整体的观点来看待本案中的交换，我们不能接受税务局长的重组之前的类推。这种类推将补价的付款与重组的大背景割裂开来了。事实上,仅仅通过将补价的付款从整个交易的大背景中抽象出来,并且因此设想盆地公司向纳税人进行了一次独立于甲公司的有计划的获得行为的分配,我们就能得出税务局长所提出的更加违反直觉的结论:纳税人接到该现金付款却没有实质减少其所有者利益。我们认为,这种对于该交易的狭隘的观点明显违背法律的指示:我们探寻整个交易的效果。

重组之前的类推的另外一个缺陷是它对于第356节第a分节第2段采取了一种过分宽泛的理解。正如上诉法院所承认的,采取重组之前的方法将会"导致在大部分重组中都给予通常所得待遇,因为公司补价通常都是按照比例分配给目标公司的股东的。"828 F. 2d, at 227;同时参见 Golub, "Boot" in Reorganizations-The Dividend Equivalency Testof Section 356(a)(2), 58 Taxes 904, 911(1980); Note, 20 Boston College L. Rev. 601, 612(1979)。这种对于法律的解读不仅简单地回到了曾经遭到广泛批评的"自动股息规则"(至少关于涉及向被获得公司的股票公平付款的案件),而且也会违背我们解释该规定的标准方法。第356节第a分节第2段所规定的在某些情况下补价被视为股息的必要条件是将补价作为资本收益对待的一般原则的例外。在解释相关规定时,例如,第356节——其中,对于政策的一般性陈述被证明符合例外的条件,为了保护该规定的正常运用,我们通常对例外采取狭义解释方法。参见 Phillips, Inc. v. Walling, 324 U. S. 490, 493(1945)("对于那些清楚和明白表达其条件和精神的规定的例外进行扩大解释就是滥用解释程序以及违背人民所宣布的意愿")。考虑到国会已经制定了一个一般性规定将补价视为资本收益,我们不应当通过对某些含糊的例外规定的扩大解释来放弃立法的判断。

根据我们的观点,税务法院和上诉法院所采取的重组之后的方法优于税务局长的方法。更重要的是,这个方法在将补价的付款作为整个交换的不可分割的组成部分方面做得更好。与重组之前的观点不同,这一方法承认如果没有交换,则不会有现金付款,并且通过接受该现金付款,纳税人也实质性地减少了其潜在的所有者利益。

一旦我们采纳重组之后的方法,本案的结果就非常清楚了。该法典的第302节第a分节规定,如果赎回符合第302节第b分节所列出的四类情形之一,该赎回"应当被部分或者全部视为用于交换股票的付款",因此,也就不被视为股息。如同税务法院和上诉法院所正确判决的那样,甲公司所进行的纳税人的部分股份的设想的重组之后的赎回至少满足第302节第b分节中的一个。特别是,第b分节第2段中的安全港条款规定,如果赎回减少了纳税人在该公司中有表决权的股票份额的20%以上并且在该赎回以后仅仅保留50%以下的有表决权的股票份额,那么,该赎回就不应当被视为股息分配。这里,我们这样来看待这次交易,仿佛甲公司赎回了其125 000股的普通股(也就是为了获得该补价而放弃的甲公司的普通股的数量),用于交换的是向纳税人支付3 250 000美元(也就是补价的数额)的现金付款。作为这次赎回的结果,纳税人在甲公司中的利益从公开发行股份的1.3%减少到0.9%。参见86T.C.,第153页。因此,纳税人放弃了其在甲公司中的利益的大约29%并且在该交易以后在该公司中保留了少于1%的有表决权的利益,很容易满足第302节第b分节第2段所规定的"实质不成比例"标准。因此,我们认为,该补价付款并不具有分配股息的效果,因此,该付款应当被适当地视为资本收益。

Ⅲ

　　税务局长反对这种"将合并交易重新塑造成了与当事人所采取的方式具有不同形式的交易",请求者的观点摘要,第11页,并且争辩说,上诉法院在形式上遵守体现在第302节中的原则迫使法院转向"寻找一个赎回来适用它们,因为由各方主体所进行的合并交易并不涉及赎回",同上,第28页。对于这一论辩,有很多充分的回答。我们认为,首先有必要强调,税务局长夸大了赎回被设想的范围。正如第五巡回区上诉法院在 *Shimberg v. United States* 一案中所强调的,"隐藏在免税公司重组之下的理论是该交易仅仅是在修正后的公司形式下续存公司中的所有者利益的继续。*Lewis v. Commissioner of Internal Revenue*,176 F.2d 646,648(CA1 1949);Treas. Reg. 1.368-1(b)。一般性地参考 Cohen,*Conglomerate Mergers and Taxation*,55 A.B.A.J.40(1969)。"577 F.2d,at 288。结果,该补价换股票的交易可以被部分视为由续存公司购买股票——作为赎回。当然,无论是重组之前的类推还是重组之后的类推在某种意义上都是虚构的,因为它们都设想赎回是在真实的重组界限之外所进行的。然而,如果被迫在这两个类推之间进行选择,重组之后的类推的虚构成分更少一些。尽管两个类推都"重塑了合并交易",但是重组之后的类推承认发生了重组,而重组之前的方法则将该交易重塑成排除了整个交换。

　　而且,我们也怀疑,放弃重组之前和重组之后的类推以及第302节的原则,而采取更少虚构成分对该交易的理解方法能够导致与上诉法院所得到的不同的观点。尽管该法律被公认为是模糊的,并且立法历史也是很稀少的,我们仍然被说服了,我们认为,即使不依赖于第302节,国会的意思也并不是让这里所涉及的在发行之时的重组被排除在将现金补价作为资本收益处理的一般原则的适用范围之外。《美国法典》第26标题第356节第a分节第1段。第356节第a分节第2段的立法历史,尽管或许一般而言"不具有启发性",*Estate of Bedford*,325 U.S.,at 290也表明,国会主要关心的是防止公司通过重组的诡计,以资本收益率来"吸收"累积收益和利润进行避税。参见 Golub,58 *Taxes*,at 905。这一目的是不能通过下列方法来实现的:在这样一个案例——纳税人与一个他在其中没有任何优先利益的公司进行了一个符合公平交易原则的交易,将其在被获得公司中的股票换成获得公司的少于1%的利益以及实质性的现金补价——中拒绝给予资本收益待遇。

第356节第a分节第2段在《1924年税法》第203节第d分节第2段中找到了自己的起源。参见43 Stat. 257。尽管在这些年中经过了略微的修改,该条款在实质上是相同的。与之相伴的国会众议院报告声称,第203节第d分节第2段是被用来"防止避税"的。H. R. Rep. No. 179, 68th Cong., 1st Sess., 15(1924)。没有进一步的说明,众议院和参议院的报告都仅仅依赖一个例子来进行解释,它们所使用的语言都是:"制定本条款的必要性。"同上;S. Rep. No. 398, 68th Cong., 1st Sess., 16(1924)。值得注意的是,该例子描述了这样一种状况,其中股东的相对所有者利益没有发生任何变化,而仅仅是创造了一个全资拥有的子公司,将该子公司作为向股东分配现金的工具:

"A公司拥有100 000美元的资本股票,以及自1913年3月1日以来累积的收益和利润50 000美元。如果它将该50 000美元作为股息分配给它的股东,该数额将按照全额附加税税率予以征税。"

"另一方面,A公司可以组建一个B公司,它将其所有的资产都转移给B公司,作为转让的对价,B公司将其所发行的所有股票以及50 000美元的现金支付给A公司的股东,以交换A公司的股票。根据现行的法律,B公司分配的该50 000美元应当按照资本收益予以征税,而不是股息,其税率仅仅是12.5%。该分配的效果显然与如果该公司宣布将其50 000美元的收益和利润作为股息予以分配相同。如果股息要按照全额附加税税率予以征税的话,该被分配的数额也应当按照全额附加税税率予以征税,而不是按照资本收益的12.5%的税率征税。"同上;H. R. Rep. No. 179, at 15。

本例子中交易的"效果"是在不改变股东在续存企业中的相对所有者利益的前提下将这些累积的收益和利润转移给股东。

当然,这个例子不能被理解为没有遗漏地包括了适当适用第356节第a分节第2段规定的所有情形。但是,值得注意的是,无论是这个例子,还是任何其他立法原始资料都没有表明国会意图对伴随着这样一个交易——该交易是在无关联的主体之间进行的真实交易,该交易涉及的是重组——的补价进行这样的征税,即将该付款视为事实上的股息。相反,防止避税的目的表明国会并无意将这种情况下的补价作为通常所得予以征税。而且,第302节的立法历史也支持我们对于第356节第a分节第2段规定的解读。在解释第302节第b分节第1段中的"实质等于股息"——这一语言当然类似于第356节第a分节第2段中的"具有……股息的效果"这一语言——时,参议院财政委员会明确指出,相关调查是"该交易是否在本质上可以被适当地定性为股票销售……"S. Rep. No. 1622,83d Cong. ,2d Sess. ,234 (1954);比较 *United States v. Davis*,397 U. S. ,at 311。

按照第356节第a分节第2段的目的来考察这样一个直接的交易,这个案件中的补价换股票的交易"可以被适当地定性为股票的销售"。值得注意的是,与传统的单一公司赎回以及涉及普通拥有公司的重组不同,这里根本没有将重组作为分配股息的诡计的危险。相反,该交易在各个方面向我们所表现出来的都是符合公平交易原则的由纳税人向甲公司所进行的销售。而且,这一结论被税务法院的裁定所支持。税务法院发现"没有任何证据可以表明该现金付款是来自盆地公司的被隐藏的分配"。86 T. C. ,at 155。正如税务法院进一步指出的,盆地公司缺乏进行这样一个分配的资金:

"事实上,很难想象这样一种可能性曾经被考虑过,因为该分配的数额不仅远远超过了累积的收益和利润(2 319 611 美元),而且超过了盆地公司的总资产(2 758 069美元)。事实上,只有我们考虑到盆地公司资产的未实现的价值——包括商誉和/或者持续经营的价值——以后,才有可能达到 3 250 000 美元。这样一个分配只能被视为相当于盆地公司的完全清算……"同上。

在这种情形中,即使不依赖第302节以及重组之后的类推,我们也能得出这样的结论:把该补价定性为销售股票的收益的一部分比将其定性为股息的代替者更适当。因此,该付款符合作为资本收益对待的条件。

因此,上诉法院的判决被维持。

斯卡拉法院同意本判决,但本意见的第Ⅲ部分除外。

怀特法官持不同意见。

本案中的问题是甲工业有限公司(简称甲公司)向克拉克所支付的 3 250 000 美元现金——他在 1979 年 4 月 18 日收到以及盆地测量有限公司(简称盆地公司)和甲公司获得公司(简称甲合并公司)的合并,根据《1954 年国内收入法典》,《美国法典》第 26 标题第 356 节第 a 分节第 2 段(1976 年修改)的规定,是否具有分配股息的效果,限于盆地公司的累积未分配收益和利润。原告国内税收局长(简称税务局长)作出了这样一个决定:将全部数额作为通常所得予以征税,并据此核定 1979 年欠税达 972 504.74 美元。上述法院不同意税务局长的决定,它认为,由于该现金付款代表了从甲公司向克拉克所进行的假设的股票赎回,该数额应当作为资本所得予以征税。828 F. 2d 221(CA4 1987)。由于今天大多数法官同意这样一个定性,尽管克拉克明确反对上诉法院和大多数法官所设想的股票换股票的交易,相反,我们面前的交易涉及一个补价分配,根据第 356 节第 a 分节第 2 段的规定,该分配具有"分配股息的效果",因此完全改变了税务局长向克拉克所进行的欠税核定,我不同意。

事实是被规定的,盆地公司、克拉克、甲公司和甲合并公司执行了一个合并的协议和计划,其日期是 1979 年 4 月 3 日,其中规定,1979 年 4 月 18 日,盆地公司将与甲合并公司合并。该法定的合并是按照《国内收入法典》第 368 节第 a 分节第 1 段第 A 分段和第 a 分节第 2 段第 D 分段而进行的,因此,根据第 354 节第 a 分节第 1 段的规定,是符合条件的免税重组,该协议涉及以下条款:甲合并公司股票中已经公开发行的部分保持公开发行状态;盆地公司普通股中已公开发行的部分与 56 034.482 美元的现金和甲公司普通股的 5 172.4137 美元份额相交换;盆地公司所持有的所有盆地公司普通股被取消。甲合并公司公司的名称被修改为盆地测量有限公司。西弗吉尼亚州务卿证实该合并符合西维吉尼亚州的法律。克拉克是盆地公司的所有 58 个公开发行股份的所有人,他收到了 3 250 000 美元的现金和甲公司的 300 000 股股票。他明确拒绝了甲公司的替代性方案,即甲公司的 425 000 股普通股。参见 App. 56-59。

国会制定第 354 节第 a 分节第 1 段是为了对于特定的公司交易(重组),即涉及股票或者证券与其他股票或者证券交换的交易,给予税收优惠待遇。参见 *Paulsen v. Commissioner*, 469 U. S. 131, 136 (1985), citing Treas. Reg. 1. 368-1 (b), 26 CFR 1. 368-1(b)(1984),请注意该重组的与众不同的特征,即利益的连续性)。克拉克的"三方合并",即盆地公司并入甲公司的附属公司甲合并公司,按照第 368 节第 a 分节第 2 段第 D 分段的规定,符合该免税重组的条件。然而,由于该股票换股票的交易附带了现金交易,第 356 节第 a 分节第 1 段要求"接收者所获得的收益,如果有的话,应当予以确认,但是,确认的数额不应当超过该货币的数额以及该其他财产的公平市场价值"。由于本条规定允许纳税人再不宣布分配股息的情况下从公司重组中收回利润,国会制定了第 356 节第 a 分节第 2 段,其中规定,当一个交易"具有分配股息的效果"时,补价应当被视为股息,并且应当作为通常所得予以征税,但限于接收分配的人"在该公司的未分配收益和利润中所占的份额……"同上;同时参见 H. R. Rep. No. 179, 68th Cong. , 1st Sess. , 15(1924)(说明第 356 节第 a 分节第 2 段的目的是为了防止通过公司重组分配来规避股息被征税); S. Rep. No. 398, 68th Cong. , 1st Sess. , 16(1924)(相同)。

因此,今天的问题就是向克拉克所支付的现金是否具有分配股息的效果。我们提出了在 *United States v. Davis*, 397 U. S. 301, 306, 312(1970)一案中的直截了当的回答,其中,我们阐明了,公司按比例赎回股票"实质上类似于"分配股息。按比例分配股票,却不改变基础的股东关系,是股息的特征。而这正好就是克拉克的收益。作为盆地公司的唯一股东,克拉克必然收到了按比例分配的超过盆地公司未分配收益和利润——2 319 611 美元——的现金。由于该合并和现金支付同时发生在 1979 年 4 月 18 日,并且由于这里所批准的法定核定表明克拉克的财产利益在被重组的甲合并公司公司中得以继续存在,按比例支付的补价的确切来源不是实质性的问题,国会所承认的真理仅仅要求该交换具有分配股息的效果。

为了避免这一结论,上诉法院——被今天的大多数法官所支持——重新塑造了一个交易,仿佛相应的分配仅仅涉及一个公司(甲公司)的股票的赎回,其中,股息的等价物按照《国内收入法典》第302节的规定来界定。第302节可以免除分配被征收股息税的义务,如果该现金赎回是伴随着股东在该公司利益中所占份额的实质损失而进行的。上诉法院假设克拉克进行了一次纯粹的股票换股票的重组,获得了425 000股甲公司的股份,随后,又用这些股票中的125 000股兑换了他的3 250 000美元现金收益。该总额全部免除了股息税,因为在理论上,克拉克在甲公司中的利益从1.3%下降到0.92%,足以获得第302节第b分节第2段所给予的保护。然而,将302节的防止股东向他们自己的公司销售资产的目的运用到第356节第a分节第2段的重组活动中是有问题的。本法院的大多数法官和上诉法院都没有解释为什么第302节应当使得股息作为向公司股东的按比例分配的核心性质变得模糊;他们也没有给出关于衡量假设股票转移和资产减少的价值的洞察力;他们也没有回答税务局长的观察,即被获得公司的唯一股东在续存公司中总是拥有较小的利益,当股票交换中伴随着现金支付时。最后,大多数法官和上诉法院重新给市场上发生的事情进行了定性,将其描述为没有现金支付的、严格的股票换股票交易,而这种情况是克拉克在同意合并时所拒绝的。

由于这些主体选择按照第354节第a分节第1段的规定将该交易构建为免税重组,由于根据第356节第a分节第2段的规定,在该重组中向克拉克按比例分配的3 250 000美元现金具有分配股息的效果,我不同意大多数法官的意见。

第九章 歧视待遇违反政府间税收豁免原则案(1989)

一、基本法律规定

(一)《美国法典》(1989)第 4 标题第 111 节的相关规定

美国同意由具有管辖权的合宪征税主体对美国官员或者雇员的个人劳务的薪金或者报酬征税,如果该税收没有因为该薪金或者报酬的来源而歧视该官员或者雇员。

(二) 现行《美国法典》第 4 标题第 111 节的规定

1. 第 a 分节:总则

美国同意由一个适当组成的具有征税权的主体对于美国、其中的地区或者领地或者政治分支机构、哥伦比亚特区政府或者前述一个或者多个的代理人或者机构的官员或者雇员的个人劳务的薪金或者报酬征税,如果该税收没有因为该薪金或者报酬的来源而歧视该官员或者雇员。

2. 第 b 分节:对位于哥伦比亚河的联邦水力电气机构雇佣的某些联邦雇员的处理

由美国为作为美国在下列水力电气机构的雇员所提供的个人劳务所支付的薪金或者报酬:① 由美国所拥有;② 位于哥伦比亚河;③ 其中的部分位于俄勒冈州和华盛顿州,应当缴纳该雇员属于其居民的州或者其中的任何政治分支机构的税收。

3. 第 c 分节:对位于密苏里河的联邦水力电气机构雇佣的某些联邦雇员的处理

由美国为作为美国在下列水力电气机构的雇员所提供的个人劳务所支付的薪金或者报酬:① 由美国所拥有;② 位于密苏里河;③ 其中的部分位于南达科他州和内布拉斯加州,应当缴纳该雇员属于其居民的州或者其中的任何政治分支机构的税收。

二、案情简介

上诉人戴维斯是密歇根州的居民,也是美国政府前雇员。他根据《文职雇员退休法》获得退休利益。从 1979—1984 年,他按照密歇根州法律的规定,就其所获得的联邦退休利益向密歇根州缴纳所得税。该法律是这样定义应税所得的,它将从该州或者其政治分支机构所获得的所有退休利益排除在应税所得以外,但是将大部分其他退休利益包括在内。这种定义的效果是退休州雇员的退休利益可以免除州的纳税义务,而退休的联邦雇员所获得的利益则不能免税。

1984 年,上诉人请求退还其在 1979—1983 年期间就其联邦退休利益所缴纳的州税。在他的请求被拒绝后,上诉人在密歇根权利主张法院提起诉讼。上诉人将其诉讼请求修改为包括 1984 年的税款并且主张他所获得的联邦退休利益"根据密歇根州所得税法的规定在法律上不具有可税性",该州对于州和联邦退休利益的不同对待导致对联邦退休者的歧视,这种歧视违反了《美国法典》第 4 标题第 111 节,该条款保护联邦雇员免受州税收的歧视待遇。然而,权利主张法院拒绝提供救济。密歇根州上诉法院维持了地区法院的判决。密歇根州最高法院拒绝了上诉人申请上诉的请求。

三、正反方观点

(一) 正方(税务局、密歇根权利主张法院、密歇根上诉法院)观点

上诉人根据联邦法律的规定是"领受养老金者"而非雇员。第 111 节"不适用于戴维斯,因为他不能被视为该法律规定意义范围内的雇员"。无论国会在第 111 节的第一部分所同意征税的范围如何,非歧视条款仅仅适用于当前的联邦雇员。

豁免原则的目的是保护政府,而非私人实体或者个人。结果,只要被提出异议的税收没有干预联邦政府履行其政府职责的能力,就没有违反宪法原则。

该州在"吸引和保留……符合条件的雇员"的利益是"合法的州目标,该目标可以通过提供经济激励的退休计划来合理地实现"。它通过对退休利益提供免税的激励在雇佣和保留符合条件的文职雇员方面的利益足以证明其对它自己的退休雇员提供优惠的税收待遇的合理性。该州所提供的退休利益明显小于联邦政府提供的退休利益,在考虑到雇员保留退休金的权利要求、利率以及利益数额的计算等方面以后,两类主体应当被支付的退休利益的价值的差异,可以证明税收差别对待的合理性。

(二) 反方(纳税人、联邦最高法院)观点

《美国法典》第 4 标题第 111 节使得该州对上诉人联邦利益的征税无效。政府间税收豁免原则使得该州对于联邦退休利益的税收待遇违宪。

第 111 节适用于联邦退休人员,如本案上诉人。该州所主张的本节仅限于当前的联邦雇员的论辩可以被该法律的第一条款的明确的语言所反驳。由于文职劳务退休利益的数额是基于个人的工资和工作年限来计算的,它代表着对于政府劳务的延期报酬,因此,构成该条款规定意义范围内的"联邦……雇员的……薪金或者报酬"。该州主张由于被引用的语言没有出现在该法律的禁止歧视条款中,因此,该条款仅适用于当前雇员,这是技术狡辩,没有在整个法律制度的上下文中读懂非歧视条款。在上下文中,后面条款中所提到的"薪金或者报酬"一定是该节第一条款中所定义的"薪金或者报酬",因此,包括退休利益。该州对于该条款的解读是不合理的,因为国会不可能一方面拒绝允许对当前的雇员征税,另一方面却同意对退休的联邦文职雇员的养老金进行征税,法律的语言中或者立法历史始终都没有任何一处可以表明有这样一个结果。

第 111 节的语言、目的以及立法历史都证明其非歧视条款对于联邦雇员的有限税收豁免的授予和维持是与体现在政府间税收豁免的宪法原则中的禁止歧视税收具有相同的适用范围的,而且前者也必须参照后者来确定。

密歇根州的税收制度由于对退休的州和地方政府雇员给予比退休的联邦政府雇员更优的税收待遇而违反了政府间税收豁免的原则。

该州主张上诉人没有权利请求税收豁免原则的保护是没有道理的。尽管该原则是建立在保护主权政府的运作不受其他主权干预的需要的基础之上的,但是,联邦最高法院的先例证明,由于其与主权者的行为而导致遭受歧视性税收待遇的私人实体或者个人可以得到该宪法原则的保护。

在确定该州对于联邦和州的退休人员采取不同的税收待遇是否能够被允许之时,相关的考察是该不同对待是否直接与"两类主体之间的重大差异"相关并且能够被其证明为合理。该州所主张的通过对退休利益给予免税待遇的激励政策而雇佣符合条件的文职雇员的利益与这里的考察是不相关的,因为它仅仅表明该州对两个类似的退休群体区别对待具有合理的理由,但并没有证明这两个群体之间的任何差异。而且,州所主张的退休利益,在涉及雇员保留退休金权利的要求、利益等方面,显然不及联邦利益重要,并且利益的计算并不足以证明在最初给予免税待遇的正当性。真正考虑利益之间的差异的税收减免政策不应当基于这些利益的来源而有所区别,相反,应当根据个人退休者所获得利益的数额不同予以区别对待。

由于州承认在这些情况下,退还税款是适当的,上诉人有权利要求退还其根据已经废止的密歇根州税收制度所缴纳的税款。然而,上诉人还另外要求对于其免

受税收歧视待遇给予预期救济,这一请求应当由州法院来决定,其所拥有的关于该州法律的专家使得它们比联邦最高法院更有能力来提供更加符合宪法关于平等对待的命令的救济。

四、案件评析

密歇根州免除由该州或者它的政治分支机构所支付的退休利益,但是却对所有其他雇员,包括联邦政府,所支付的退休利益征收个人所得税。本案的焦点问题是密歇根州的税法是否违反联邦法律,是否违反政府间税收豁免原则。

根据政府间税收豁免原则,一个主权政府不应当被其他主权政府所征税。该原则起源于 *McCulloch v. Maryland*,4 Wheat. 316(1819),该案件的判决认为,马里兰州不能对美国银行征收歧视性税收。首席大法官马歇尔为该法院所作的推理如下:由于该银行是联邦政府运用政府被授予的权力的手段,因此,州对其征税将干预这些权力的行使,而这是违宪的。曾有一段时间,*McCulloch v. Maryland* 一案被广泛用于禁止一个主权政府对另一个主权政府的雇员征税。例如,*Collector v. Da* 案的判决使得对州法官的薪金征税的联邦所得税法无效,*Dobbins v. Commissioners of Erie County* 案的判决使得对联邦官员征税的州税法无效。这一规则"是建立在这样一个基本原理之上的:对于一个主体根据其与政府的合同而获得的所得征收的任何税收都是对该合同征税,因此,也就是对该政府征税,因为它增加了政府行使签订合同权力的成本"。

后来,政府间税收豁免理论的要求开始放松,在 *Graves v. New York exrel. O'Keefe* 案件以后,政府间税收豁免原则仅仅禁止由一个主权政府直接对其他主权政府征税,禁止对与主权政府进行交易的主体征收歧视性的税收。对于与一个主权政府交易的主体征收比与另一个主权政府交易的主体更重的税收,其合理性必须由两类主体之间的重要差异来论证。本案中密歇根州税务局、权利主张法院和上诉法院都没有提出关于两类主体自身差异的有说服力的理由。虽然上诉法院提出了密歇根州征税的两个理由,但这两个理由顶多说明密歇根州征收歧视性税收有一定的合理性,但并不能证明两类纳税主体之间的本质差异,因此,也就不能否认该税收是歧视性税收,即歧视了联邦雇员,因此,也就违反了政府间税收豁免原则。

上诉人同时还请求对将来的歧视性税收待遇提供救济。然而,关于这一权利主张,联邦最高法院并不是确定适当救济的最佳人选。尽管密歇根州所得税法整体的无效可以明显解决其违反宪法的问题,但宪法并不要求这样剧烈的解决方式。联邦最高法院已经在涉及政府利益分配中的无效分类的案件中承认了这样一个原则,即适当的救济是命令平等对待,这种结果可以通过收回被优待的群体的利益或者通过将相关优待利益延伸至被排除的群体而获得。只要密歇根州法律实现了平等对待两类纳税人就是合宪的,至于其如何实现这一要求,则是其主权范围内的事情,联邦最高法院无权干预。

五、美国联邦最高法院关于本案的判决书

美国联邦最高法院

戴维斯诉密歇根州财政部,489 U. S. 803(1989)

从密歇根州上诉法院上诉而来

No. 87-1020.

辩论于 1989 年 1 月 9 日

判决于 1989 年 3 月 28 日

从 1979—1984 年,一位密歇根州的居民、前任联邦雇员,每年都按照《密歇根州所得税法》的要求就其联邦退休利益缴纳州所得税。根据《密歇根州所得税法》的规定,由该州及其政治附属机构所支付的所有退休利益可以免税,但是由其他雇主,包括联邦政府所支付的退休利益则要征税。在该州拒绝了上诉人要求退还税款的要求以后,他在密歇根州权利主张法院提起了诉讼,主张该州对于退休利益的不同对待违反了《美国法典》第 4 标题第 111 节,该条款授权州"对于联邦官员或者雇员的个人劳务薪金或者报酬征税,……如果该税收没有因为该工资或者报酬的来源而歧视该雇员"。权利主张法院拒绝给予救济,密歇根州上诉法院维持了该判决,裁定上诉人是联邦法律的"领受养老金者",而非第 111 节规定意义范围内的"雇员",因此,该节不适用于他。上诉法院也认为,政府间税收豁免原则并不能导致州的歧视性税收制度违宪,因为歧视可以被下列基于理性的判断证明为合理的:州吸引和保留退休雇员的利益是一个立法目标,该目标可以通过提供经济刺激的退休计划来合理地实现。

本院认为:

第一,第 111 节适用于联邦退休人员,如本案上诉人。该州所主张的本节仅限于当前的联邦雇员的论辩可以被该法律的第一条款的明确的语言所反驳。由于文职劳务退休利益的数额是基于个人的工资和工作年限来计算的,它代表着对于政府劳务的延期报酬,因此,构成该条款规定意义范围内的"联邦……雇员的……薪金或者报酬"。该州主张由于被引用的语言没有出现在该法律的禁止歧视条款中,因此,该条款仅适用于当前雇员,这是技术狡辩,没有在整个法律制度的上下文

读懂非歧视条款。在上下文中,后面条款中所提到的"薪金或者报酬"一定是该节第一条款中所定义的"薪金或者报酬",因此,包括退休利益。该州对于该条款的解读是不合理的,因为国会不可能一方面拒绝允许对当前的雇员征税,另一方面却同意对退休的联邦文职雇员的养老金进行征税,法律的语言中或者立法历史始终都没有任何一处可以表明有这样一个结果。

第二,第111节的语言、目的以及立法历史都证明其非歧视条款对于联邦雇员的有限税收豁免的授予和维持是与体现在政府间税收豁免的宪法原则中的禁止歧视税收具有相同的适用范围的,而且前者也必须参照后者来确定。

第三,密歇根州的税收制度由于对退休的州和地方政府雇员给予比退休的联邦政府雇员更优的税收待遇而违反了政府间税收豁免的原则。

该州主张上诉人没有权利请求税收豁免原则的保护是没有道理的。尽管该原则是建立在保护主权政府的运作不受其他主权干预的需要的基础之上的,但是,该法院的先例证明,由于其与主权者的行为而导致遭受歧视性税收待遇的私人实体或者个人可以得到该宪法原则的保护。例如,参见 *Phillips Chemical Co. v. Dumas Independent School Dist.*, 361 U. S. 376, 387。

在确定该州对于联邦和州的退休人员采取不同的税收待遇是否能够被允许之时,相关的考察是该不同对待是否直接与"两类主体之间的重大差异"相关并且能够被其证明为合理。前面所引用的 *Phillips Chemical Co. v. Dumas Independent School Dist.* 一案,第384～385页。该州所主张的通过对退休利益给予免税待遇的激励政策而雇佣符合条件的文职雇员的利益与这里的考察是不相关的,因为它仅仅表明该州对两个类似的退休群体区别对待具有合理的理由,但并没有证明这两个群体之间的任何差异。而且,州所主张的退休利益,在涉及雇员保留退休金权利的要求、利益等方面,显然不及联邦利益重要,并且利益的计算并不足以证明在最初给予免税待遇的正当性。真正考虑利益之间的差异的税收减免政策不应当基于这些利益的来源而有所区别,相反,应当根据个人退休者所获得利益的数额不同予以区别对待。

第四,由于州承认在这些情况下,退还税款是适当的,上诉人有权利要求退还其根据已经废止的密歇根州税收制度所缴纳的税款。然而,上诉人还另外要求对于其免受税收歧视待遇给予预期救济,这一请求应当由州法院来决定,其所拥有的关于该州法律的专家使得它们比本院更有能力来提供更加符合宪法关于平等对待的命令的救济。

106 Mich. App. 98, 408 N. W. 2d 433,被推翻和发回重审。

肯尼迪法官发表了本院观点。

密歇根州免除由该州或者它的政治分支机构所支付的退休利益,但是却对所有其他雇员,包括联邦政府,所支付的退休利益征收个人所得税。本案所提出的问题是密歇根州的税法是否违反联邦法律。

I

上诉人戴维斯是密歇根州的居民,也是美国政府前雇员。他根据《文职雇员退休法》(《美国法典》第5标题第8331节及其他)获得退休利益。从1979—1984年,他按照密歇根州法律 Mich. Comp. Laws Ann. 206.30节第1段第f款(1988年补充)的规定,就其所获得的联邦退休利益向密歇根州缴纳所得税。该法律是这样定义应税所得的,它将从该州或者其政治分支机构所获得的所有退休利益排除在应税所得以外,但是将大部分其他退休利益包括在内。这种定义的效果是退休州雇员的退休利益可以免除州的纳税义务,而退休的联邦雇员所获得的利益则不能免税。

在1984年,上诉人请求退还其在1979—1983年期间就其联邦退休利益所缴纳的州税。在他的请求被拒绝后,上诉人在密歇根权利主张法院提起诉讼。上诉人将其诉讼请求修改为包括1984年的税款并且主张他所获得的联邦退休利益"根据密歇根所得税法的规定在法律上不具有可税性",该州对于州和联邦退休利益的不同对待导致对联邦退休者的歧视,这种歧视违反了《美国法典》第4标题第111节,该条款保护联邦雇员免受州税收的歧视待遇。参见 Public Salary Tax Act of 1939, ch. 59, 4, 53 Stat. 575, codified, as amended, at 4 U. S. C. 111。然而,权利主张法院拒绝提供救济。No. 84-9451(Oct. 30, 1985), App. to Juris. Statement A10。

密歇根州上诉法院维持了地区法院的判决。160 Mich. App. 98, 408 N. W. 2d 433(1987)。该法院首先拒绝了上诉人的这样一个主张:《美国法典》第4标题第111节使得该州对上诉人联邦利益的征税无效。注意到第111节仅仅适用于联邦"雇员",该法院认为,上诉人根据联邦法律的规定是"领受养老金者"而非雇员。因此,该法院得出结论认为,第111节"不适用于戴维斯,因为他不能被视为该法律规定意义范围内的雇员。"同上,第104页, 408 N. W. 2d, at 435。

密歇根州上诉法院接着拒绝了上诉人的这样一个主张:政府间税收豁免原则使得该州对于联邦退休利益的税收待遇违宪。承认"税收可以被认定为无效……如果他是为了歧视联邦政府以及与其交易的人",同上,第104页, 408 N. W. 2d, 第436页,该法院考察了该州对于根据合理基础测验对歧视所作出的正当性论证。Ibid。该法院认为,该州在"吸引和保留……符合条件的雇员"的利益是"合法的州目标,该目标可以通过提供经济激励的退休计划来合理地实现",它支持了该法律。同上,第105页, 408 N. W. 2d, 第436页。

密歇根州最高法院拒绝了上诉人申请上诉的请求。429 Mich. 854(1987)。我们记录了可能的管辖权。487 U. S. 1217(1988)。

II

上诉人的根据是《美国法典》第 4 标题第 111 节。该节相关部分的规定如下："美国同意由具有管辖权的合宪征税主体对美国官员或者雇员的个人劳务的薪金或者报酬征税,如果该税收没有因为该薪金或者报酬的来源而歧视该官员或者雇员。"

作为一个门槛问题,该州认为,第 111 节仅仅适用于联邦政府的当前雇员,不适用于退休者,例如,本案中的上诉人。然而,按照我们的观点,该法律的清楚的语言表明了相反的结论。按照其术语,第 111 节适用于"对美国官员或者雇员的个人劳务的薪金或者报酬征税"。然而,退休报酬事实上不会在该个人在为政府工作期间支付,退休时所收到的利益的数额是根据该个人的薪金和工作年限而计算的。《美国法典》第 5 标题第 8 339 节第 a 分节。我们可以毫不费力地得出这样的结论:文职工作的退休利益是过去若干年向政府提供的工作的延期报酬。参见 *Zucker v. United States*,758 F. 2d 637,639(CA Fed.),cert. denied,474 U. S. 842(1985);*Kizas v. Webster*,227 U. S. App. D. C. 327,339,707 F. 2d 524,536,(1983),cert. denied,464 U. S. 1042(1984);*Clark v. United States*,691 F. 2d 837,842(CA7 1982)。由于给予雇员的这些利益是根据它们对政府所提供的工作,它们完全符合"美国官员或者雇员"所提供劳务的报酬的范畴。上诉人的联邦退休利益是"作为"联邦雇员所挣的延期报酬,因此,可以适用于第 111 节。

然而,该州指出,第 111 节第一部分所出现的"官员或者雇员的个人劳务的薪金或者报酬"界定了国会同意州征税的范围,该节的后半部分并没有界定该范围,该节的后半部分规定,该同意并不能延伸至联邦雇员的歧视税收。相反,非歧视条款仅仅在下面这个短语中出现:"没有因为该薪金或者报酬的来源而歧视该官员或者雇员。"从这一点出发,该州得出这样的结论,无论国会在第 111 节的第一部分所同意征税的范围如何,非歧视条款仅仅适用于当前的联邦雇员。

尽管该州对于非歧视条款的技术狡辩式解读与孤立考察的该法律的语言并没有不符,但立法语言不能在真空中进行解释。成文法解释的一个基本规则是法律的语言必须在其上下文中进行解读,并且应当考虑到它们在整个法律制度中的位置。参见 *United States v. Morton*,467 U. S. 822,828(1984)。当第 111 节的第一部分与非歧视条款一起解读时,该法律的语言就是:"美国同意对薪金或者报酬征税……如果该税收没有因为该薪金或者报酬的来源而歧视对待它们。"第 111 节中的最后一个条款所提到的"薪金或者报酬",在上下文中,与该节第一部分所界定的"薪金或者报酬"必定具有相同的含义。由于那里的"薪金或者报酬"包括退休利益,非歧视条款必须同时将它们包括在内。

对于非歧视条款的任何其他解释都是令人难以置信的。很难想象国会在"咀嚼"允许对当前雇员征收歧视性税收的同时却同意对退休的联邦文职雇员的养老金征收歧视性税收,而且法律的语言以及立法的历史也没有任何地方表明了这种结果。尽管国会或许可以使用更加精确的语言,第111节的整体意思是很明白的:对于过去和当前的联邦雇员,由于他们与联邦政府的雇佣关系而获得的薪金、退休利益以及其他形式的报酬,它都允许州对其征税,但是如果该税收由于该报酬的来源而歧视该报酬则不能允许。

Ⅲ

第111节是作为1939年《公共薪金税法》的一部分而制定的,该法的主要目的是对所有州和地方政府的雇员的薪金征收联邦所得税。在通过该法之前,大部分政府雇员的薪金,包括州和联邦两个层次,通常被认为,根据政府间税收豁免原则,不应当被其他主权所征税。该原则起源于 *McCulloch v. Maryland*,4 Wheat. 316 (1819),该案件的判决认为,马里兰州不能对美国银行征收歧视性税收。首席大法官马歇尔为该法院所作的推理如下:由于该银行是联邦政府运用政府被授予的权力的手段,因此,州对其征税将干预这些权力的行使,而这是违宪的。同上,第425～437页。

曾有一段时间,*McCulloch v. Maryland* 一案被广泛用于禁止一个主权政府对另一个主权政府的雇员征税。参见 *Collector v. Day*,11 Wall. 113,124-128(1871) (该案判决使得对州法官的薪金征税的联邦所得税法无效);*Dobbins v. Commissioners of Erie County*,16 Pet. 435(1842)(该案判决使得对联邦官员征税的州税法无效)。这一规则"是建立在这样一个基本原理之上的:对于一个主体根据其与政府的合同而获得的所得征收的任何税收都是对该合同征税,因此,也就是对该政府征税,因为它增加了政府行使签订合同权力的成本"。*South Carolina v. Baker*,485 U. S. 505,518(1988)。

然而,在随后的案例中,该法院开始从豁免原则的广泛适用转向其他方向。因此,在 *Helvering v. Gerhardt*,304 U. S. 405(1938)一案中,法院认为,联邦政府可以对大部分州的雇员的所得征收非歧视性的税收。随后一年,在 *Graves v. New York ex rel. O'Keefe*,306 U. S. 466,486-487(1939)一案中,法院否定了从 *Collector v. Day* 到 *Dobbins v. Commissioners of Erie County* 系列案件中禁止对政府雇员征收非歧视性税收的原则。因此,在 *Graves v. New York ex rel. O'Keefe* 案件以后,政府间税收豁免原则仅仅禁止由一个主权政府直接对其他主权政府征税,禁止对与主权政府进行交易的主体征收歧视性的税收。

正是在对豁免原则进行司法改革的中间,国会决定将联邦所得税延伸至州和地方政府雇员的身上。在前面所提到的 *Helvering v. Gerhardt* 一案以后,国会就制定了《公共薪金税法》,支持对州的文职雇员征收联邦所得税,国会以前面案例的判决作为支持其广泛行使联邦征税权的基础。S. Rep. No. 112, 76th Cong. , 1st Sess. , 5-9(1939)；H. R. Rep. No. 26, 76th Cong. , 1st Sess. , 2-3(1939)。然而,该法律却在 Graves v. New York ex rel. O'Keefe 一案的判决宣告以前被委员会所起草和审议并被众议院所通过。前面所提到的 Graves v. New York ex rel. O'Keefe 一案首次允许州对联邦雇员征税。结果,在导致该法律被采纳的大部分立法过程中,下面这个问题仍然不明确:尽管废除了州雇员对联邦税收的豁免特权,但是,联邦雇员是否仍然可以享受政府间税收豁免原则的保护呢?参见 H. R. Rep. No. 26,同上,第 2 页[“在 McCulloch v. Maryland, 4 Wheat. 316(1819)一案中有明确的指示,……在没有经过美国同意的情况下,联邦雇员不受各种各样的州对所得的征税权的约束”]。

　　国会不满足于州事务的不确定性,而且出于公平的考虑也要求对州和联邦雇员给予同等的对待,国会决定在要求州政府雇员必须缴纳联邦所得税时,也放弃了联邦雇员对于州税收的豁免权。参见 S. Rep. No. 112,同上,第 4 页；H. R. Rep. No. 26,同上,第 2 页。相应的,被批准法案的第 4 节(现在的第 111 节)明确放弃了原来保护联邦雇员免受非歧视性州税对待的豁免权。

　　当然,直到该法律制定之时, Graves v. New York ex rel. O'Keefe 案件的判决还没有宣布,因此,宪法豁免原则不再禁止州对联邦雇员征收非歧视性税收。在事实上,第 111 节仅仅是使得 Graves v. New York ex rel. O'Keefe 案件的判决法典化,同时也排除了这样一种可能:该案件在以后的司法重审中有可能被修改以扩大对豁免原则的解释。

　　然而,第 111 节并没有放弃所有方面的政府间税收豁免原则。该节的最后一段包含了对于州征税的一个例外,那就是基于联邦雇员报酬的来源而对他们给予歧视性待遇。这种非歧视性条款非常接近宪法豁免原则的非歧视性构成要素,从 McCulloch v. Maryland 一案开始,就开始禁止这样的税收,“其运行会歧视政府或者与政府交易的人”。 United States v. City of Detroit, 355 U. S. 466, 473(1958)。同时参见前面所引用的 McCulloch v. Maryland 一案,第 436~437 页； Miller v. Milwaukee, 272 U. S. 713, 714-715(1927)； Helvering v. Gerhardt,前面引用的,第 413 页； Phillips Chemical Co. v. Dumas Independent School Dist. , 361 U. S. 376, 385(1960)； Memphis Bank & Trust Co. v. Garner, 459 U. S. 392, 397, and n. 7 (1983)。

　　从非歧视的宪法原则以及制定法的非歧视条款的语言和目的的相似性来看,并且考虑到第 111 节的起草就是为了应对法院的税收豁免权案件的背景,得出下面的结论是合情合理的:国会在界定第 111 节所包含的豁免的范围时,借鉴了宪法的原则。当国会将一个司法界定的概念法典化的时候,除非有明确的相反表述,我们可以假定：国会的意思是采纳法院对该概念所给出的解释。参见 *Midlantic National Bank v. New Jersey Dept. of Environmental Protection*，474 U. S. 494，501（1986）；*Morissette v. United States*，342 U. S. 246，263（1952）。因此，我们可以得出这样一个结论：第 111 节中的豁免的保持力可以扩展到包含在现代宪法中的政府间税收豁免原则所适用的禁止歧视性税收的领域。比较前面所提到的 *Memphis Bank & Trust* 一案，第 396～397 页（解释了《美国法典》第 31 标题第 742 节，其中仅仅允许对联邦债务利息征收"非歧视性"税收，并且"主要作为宪法规则的重述"）。

从表面看来，第 111 节的目的只是表明国会部分同意对联邦雇员征收非歧视性税收。然而，我们也可以从第 111 节所暗示的否定意思中得出这样的结论：它也构成了对歧视性州税收的豁免权的授予规定，并且可以扩展到以前存在的由宪法原则所提供的保护。然而，无论第 111 节是为豁免权提供了独立的基础还是仅仅保留了传统宪法的禁止歧视性税收，其所探讨的核心问题是相同的。在任何一种情况下，非歧视性条款所授予或者保留的豁免权的范围应当参考宪法原则来确定。因此，本案中的决定性问题是对上诉人征税是否为政府间税收豁免原则所禁止。

Ⅳ

毋庸置疑的是，密歇根州的税收制度有利于退休的州雇员，而歧视了退休的联邦雇员。然而，该州却主张上诉人没有资格享受豁免原则的保护，并且在任何情况下，该州对于联邦和州政府退休人员的差别待遇可以被两类主体之间的重要差异证明为合理。

Ⅳ-A

为了支持其第一个论点，该州指出，豁免原则的目的是保护政府，而非私人实体或者个人。结果，只要被提出异议的税收没有干预联邦政府履行其政府职责的能力，就没有违反宪法原则。

作出以下判断是正确的：政府间税收豁免原则是建立在保护每一个主权政府的运作免受其他主权政府的不合理干预的需要的基础之上的。*Graves v. New York ex rel. O'Keefe*，306 U. S. ，at 481；*McCulloch v. Maryland*，4 Wheat. ，at 435-436。但是并不能由此得出这样的结论：由于他们与主权政府的交易而遭受了歧视性税收待遇的私人实体或者个人本身不能获得该宪法原则的保护。事实上，所有的先例都作出了与此相反的判决。例如，在前面所提到的 *Phillips Chemical Co.* 一案中，我们考虑了一个私人公司的权利主张：州的税收制度歧视了联邦土地的私人承租人。我们得出了这样的结论：该税收"歧视了美国和它的承租人，而这是违反宪法规定的"，因此，我们认为该税收不能被征收。同上，第 387 页。同时参见 *Memphis Bank & Trust*，supra；*Moses Lake Homes，Inc. v. Grant County*，365

U. S. 744(1961);*Collector v. Day*,11 Wall. 113(1871);*Dobbins v. Commissioners of Erie County*,16 Pet. 435(1842)。该州没有提出任何不遵守该已经确定的规则的理由,我们拒绝抛弃该规则。

IV-B

根据我们的先例,"对于与一个主权政府交易的主体征收比与另一个主权政府交易的主体更重的税收,其合理性必须由两类主体之间的重要差异来论证"。*Phillips Chemical Co. v. Dumas Independent School Dist.* ,361 U. S. ,at 383。在确定这种合理性论证的标准是否被满足时,仅仅依靠在我们的平等保护的案例中所发展的分析模式是不适当的。我们在以前曾经认识到,"我们在平等保护领域的判决并不必然对涉及政府间税收豁免的问题具有适用效力。"因为"在平衡时,必须考虑政府利益"。同上,第385页。相反,相关的考察是该不一致的税收处理是否直接与"两类主体之间的重要差异"相关并且被该差异证明为合理。同上,第383~385页。

该州指出了联邦和州退休人员的两个重要的差异。第一,该州认为,它通过对退休利益提供免税的激励在雇佣和保留符合条件的文职雇员方面的利益足以证明其对它自己的退休雇员提供优惠的税收待遇的合理性。然而,这一辩论完全没有落在要点上,因为它并没有证明在"两类主体的自身之间存在重要差异";相反,它仅仅指出了该州有合理的理由对两类类似的退休群体进行差别对待。该州在采纳差别税收待遇上的利益无论有多大,都与受到差别对待的两类主体自身性质的调查无关。参见同上,第384页。第二,该州认为,它所提供的退休利益明显小于联邦政府提供的退休利益,在考虑到雇员保留退休金的权利要求、利率以及利益数额的计算等方面以后,按照该州的观点,两类主体应当被支付的退休利益的价值差异可以证明税收差别对待的合理性。

即使假设该州对于州和联邦退休利益价值的估计大体上是正确的,我们也不认为这种差异足以证明本案中所争论的免税档次类型的合理性。尽管平均来讲,联邦文职雇员所收到的养老金大于该州的文职雇员,但是,毫无疑问,很多个人的情况表明相反的情况(即州雇员获得大于联邦雇员的养老金)也是存在的。真正的税收豁免制度应当考虑退休利益的差异,而不能基于这些利益的来源,正如密歇根州的立法那样;相反,它本来可以基于个人退休者所获得的利益数额的不同而给予区别对待。比较 *Phillips Chemical Co.* ,supra, at 384-385(拒绝为州对于联邦财产承租人的不合理税收待遇提供理论基础,因为,公平适用该理论基础将导致州财产的一些承租人也处于不利的类型之中)。

V

从以上推理,我们可以得出这样的结论:《密歇根州所得税法》由于对该州和地方政府的退休雇员提供比联邦政府退休雇员更加优惠的税收待遇而违反了政府间税收豁免原则。该州已经承认在这些情况下，退还税款是适当的，参见被上诉人提交的大纲第 63 页，但限于上诉人根据该无效的税收制度已经缴纳的税款，他有权要求退还。参见 *Iowa-Des Moines National Bank v. Bennett*，284 U. S. 239，247（1931）。

上诉人同时还请求对将来的歧视性税收待遇提供救济。然而，关于这一权利主张，我们并不是确定适当救济的最佳人选。尽管密歇根州所得税法整体的无效可以明显解决其违反宪法的问题，但宪法并不要求这样剧烈的解决方式。我们已经在涉及政府利益分配中的无效分类的案件中承认了这样一个原则，即适当的救济"是命令平等对待，这种结果可以通过收回被优待群体的利益或者通过将相关优待利益延伸至被排除的群体而获得"。*Heckler v. Mathews*，465 U. S. 728，740（1984）。参见 *Iowa-Des Moines National Bank*，supra，at 247；同时参见 *Welsh v. United States*，398 U. S. 333，361（1970）。

在本案中，上诉人的权利主张可以通过以下两种方式予以解决：或者将免税的待遇扩展至退休的联邦雇员（或者所有退休的雇员），或者取消对该州和地方政府退休雇员的免税待遇。当然，后一种方式可以被解释为直接征收了州税款，这种救济方式超越了联邦法院的权力。参见 *Moses Lake Homes，Inc. v. Grant County*，365 U. S.，at 752（"联邦法院不能核定或者征收税款"）。而且，任何一种方法的采纳都部分地依赖于将第 206.30 节第 1 段第 F 分段与《密歇根州所得税法》其他部分的割裂，这个州法律的问题留待密歇根州法院的特别专家来解决更加适合。参见 *Louis K. Liggett Co. v. Lee*，288 U. S. 517，540-541（1933）。由此可以推论出，密歇根州法院最适宜决定如何遵守该平等对待的命令。

上诉法院的判决被推翻，本案被发回重审，重审不应当违反本院的观点。

如此判决。

第十章 预提和代征税款的优先权案（1990）

一、基本法律规定

（一）《国内收入法典》第 3102 节第 a 分节的规定

第 3101 节所征收的税款应当由纳税人的雇主来征收，通过在支付工资时从工资中扣除税款的数额。在任何日历年度向雇员支付第 3121 节第 a 分节中的第 7 段第 B 分段所适用的现金报酬的雇主应当从该报酬的付款中扣除等于该税款的数额，即使在支付之时，由该雇主在该日历年度支付给该雇员的该报酬的总额小于该年度的可适用美元档次（根据第 3121 节第 x 分节定义）；在任何日历年度向雇员支付第 3121 节第 a 分节中的第 7 段第 C 分段或者第 10 段所适用的现金报酬的雇主应当从该报酬的付款中扣除等于该税款的数额，即使在支付之时，由该雇主在该日历年度支付给该雇员的该报酬的总额小于 100 美元；在任何日历年度向雇员支付第 3121 节第 a 分节中的第 8 段第 B 分段所适用的现金报酬的雇主应当从该报酬的付款中扣除等于该税款的数额，即使在支付之时，由该雇主在该日历年度支付给该雇员的该报酬的总额小于 150 美元，并且该雇员在该日历年度为以时间为基础而计算的现金报酬没有为该雇主提供 20 天或者更长时间的农业劳动；按照第3121节第 a 分节中的第 12 段第 B 分段所适用的第 6053 节第 a 分节的规定，可以从雇员那里取得书面小费（在一个日历月中所收到的小费）陈述的雇主应当从在他控制下的该雇员的任何工资（小费除外）中扣除关于该小费的税款，即使在雇员提供该陈述之时，包括在提供给雇主的陈述中的雇员在该日历月中在其工作中从该雇主那里所收到的总数额小于 20 美元。

（二）《国内收入法典》第 3402 节第 a 分节第 1 段的规定

除本节另有规定外，每一个支付工资的雇主都应当对工资扣除和预提根据部长制定的表格或者计算程序所确定的税款。本段所规定的任何表格或者程序都应当：① 适用于部长所规定的在该期间所支付的工资数额；② 应当采取部长认为最适当执行本章规定之目的并且反映第 1 章规定中可适用于该期间的规定的形式以及扣除和预提的数额。

（三）《国内收入法典》第 4291 节的相关规定

除第 4263 节第 a 分节另有规定以外，为设备或者服务而收到任何付款的每一个主体，如果根据本章规定，对于其中的付款人要征税，那么，该主体应当从作出该付款的主体那里征收税款。

（四）《国内收入法典》第 7501 节的规定

1. 第 a 分节：总则

每当任何主体被要求从任何其他主体那里征收或者预提任何国内税收并且将该税款支付给美国，被如此征收或者预提的税款数额应当被视为美国在信托中的特殊基金。该基金中的数额应当按照和产生该基金的税收相同的方式予以核定和征收并且应当遵守相同的规定和期限（包括罚款）。

2. 第 b 分节：罚款

关于适用于违反本节规定的罚款，参见第 6672 节和第 7202 节。

（五）《国内收入法典》第 7512 节的规定

1. 第 a 分节：总则

每当被要求征收、计算和向国家支付第 C 分标题或者第 33 章所征收的任何税款的任何主体 ① 没有按照法律或者规章所规定的时间和方式进行下列事项：征收、真实计算或者向国家支付该税款；或者担保、支付或者返还该税款；② 被送达该主体的通知告知存在上述没有做到的事项，那么，第 b 分节所规定的所有要求都应当予以遵守。对于公司、合伙企业或者信托而言，向经理、合伙人或者托管人送达的通知，为本节规定之目的，应当被视为送达该公司、合伙企业或者信托以及其中的所有经理、合伙人、托管人和雇员。

2. 第 b 分节：要求

被要求征收、计算或者向国家支付任何根据第 C 分标题或者第 33 章的规定所征税款的任何主体，如果按照第 a 分节的规定向其送达了通知，应当征收在该通知被送达以后已经可以征收的由第 C 分标题或者第 33 章所征收的税款，应当（不迟于该税款被征收之时以后的第二个银行工作日）在银行的单独账户（根据第 581 节的规定）中存储该数额，并且应当在该账户中保留该税款直到支付给美国。任何该账户应当被指定为一个为美国而设立的信托的特殊基金，该主体作为托管人应当支付给美国。

3. 第 c 分节：进一步遵守第 b 分节的救济

关于根据第 a 分节的规定所作出的任何通知，如果部长满意地认为，关于第 C

分标题或者第 33 章所征税款的法律和规章的所有要求,视情况而定,在以后将会被遵守,他可以取消该通知。该取消在作出该取消的通知中所明确规定的时间生效。

(六)《美国破产法典》第 541 节的部分规定

1. 第 a 分节的规定

根据本标题中的第 301、第 302 节或者第 303 节的规定而开始的案件创造了破产财产。该破产财产由下列所有的财产组成,无论该财产位于哪里、被谁占有:

第一,除本节中的第 b 分节以及第 c 分节第 2 段的规定以外,截至案件开始之时,债务人在财产中所享有的所有法定利益和平衡法利益。

第二,截至案件开始之时,债务人和债务人的配偶在符合下列条件的共有财产中所拥有的所有利益:处于债务人单独、均等或者联合管理和控制中的;或者对于债务人的可承认权利主张或者对于债务人可承认的权利主张以及债务人的配偶的可承认权利主张都承担责任,限于该利益中承担上述责任的部分。

第三,托管人根据本标题中的第 329 节第 b 分节、第 363 节第 n 分节、第 543 节、第 550 节、第 553 节或者第 723 节的规定所收回的任何财产利益。

第四,根据本标题中的第 510 节第 c 分节或者第 551 节的规定,为破产财产的利益而保存的或者被命令转让给破产财产的任何财产利益。

第五,本来应当是破产财产的任何财产利益,如果该利益在提出请求之日已经是债务人的利益以及债务人在该日期以后的 180 天内获得或者有权获得并满足下列条件:通过遗赠、赠与或者继承;作为与债务人配偶的财产解决协议或者过渡方案或者最终的离婚判决的结果;或者作为人寿保险单或者死亡利益计划的受益人。

第六,来自破产财产的收益、产物、租金或者利益,债务人个人在案件开始以后提供劳务的报酬除外。

第七,在案件开始以后,破产财产所获得的任何财产利益。

2. 第 b 分节的规定

破产财产不应当包括:

第一,债务人仅仅能为债务人以外的实体利益而行使的任何权利。

第二,根据非住宅不动产租赁协议,债务人作为承租人所享有的任何利益,如果该协议所规定期间已经在根据本标题的规定案件开始之前届满,不再包括债务人根据非住宅不动产租赁协议所享有的任何利益,如果该协议所规定的期间已经在案件的过程中届满。

第三,构成债务人销售下列汇票的收益的任何现金利益或者现金等价物利益:在提出申请之日之前的 14 天或者以后所作出的;根据与汇票发行者的协议,禁止将该收益与债务人的财产相混合(尽管违背该协议,该受益可能已经与债务人的财产相混合),除非汇票发行者没有在提出请求之前采取行动要求遵守该禁止规定。

二、基本制度解析

(一)破产与破产财产

破产一般是指企业不能清偿到期债务按法律规定的程序将其全部资产或变卖所得依债权额比例关系公平地分配给全体债权人从而解除其继续清偿债务的义务并消灭破产企业这一法人的全过程。

破产财产也被称为债务人财产,是指企业被宣告破产后,用来清偿债务的财产。一般而言,破产申请受理时属于债务人的全部财产,以及破产申请受理后至破产程序终结前债务人取得的财产,均为债务人财产。根据中国《企业破产法》第31条的规定,人民法院受理破产申请前一年内,涉及债务人财产的下列行为,管理人有权请求人民法院予以撤销:① 无偿转让财产的;② 以明显不合理的价格进行交易的;③ 对没有财产担保的债务提供财产担保的;④ 对未到期的债务提前清偿的;⑤ 放弃债权的。

破产财产的分配有一定的顺序,一般而言,破产财产应当优先清偿破产费用和共益债务。然后按照法律规定的顺序进行偿还。中国《企业破产法》第131条所规定的清偿顺序如下:① 破产人所欠职工的工资和医疗、伤残补助、抚恤费用,所欠的应当划入职工个人账户的基本养老保险、基本医疗保险费用,以及法律、行政法规规定应当支付给职工的补偿金;② 破产人欠缴的除前项规定以外的社会保险费用和破产人所欠税款;③ 普通破产债权。破产财产不足以清偿同一顺序的清偿要求的,按照比例分配。破产企业的董事、监事和高级管理人员的工资按照该企业职工的平均工资计算。

(二)税收优先权

税收优先权通常是指当国家的税收债权与其他债权同时存在时,税款的征收原则上应优先于其他债权。税收债权的优先权,一般来讲,不是针对税收债权自身的,即并不是指国税债权相对于地税债权而言的,而是对其他法律上的权利(主要为私法上的债权)而言的。

中国《税收征收管理法》第45条对税收债权的一般优先权作出了明确的规定:"税务机关征收税款,税收优先于无担保债权,法律另有规定的除外;纳税人欠缴的税款发生在纳税人以其财产设定抵押、质押或者纳税人的财产被留置之前的,税收应当先于抵押权、质权、留置权执行。"根据上述规定,税收优先权实际上是为税收债权提供了一种法定担保。也就是说,税收债权的地位与一般担保物权的地位是相同的,均按照设定时间的先后来确定其优劣顺序。即如果纳税人欠缴的税款发生在纳税人以其财产设定抵押、质押或者纳税人的财产被留置之前的,税收债权优先;反之,其他担保物权优先。

《国内收入法典》第 6321 节规定了税收优先权:"任何具有缴纳任何税收义务的人如果在经过税务机关的要求以后,仍然疏忽或者拒绝缴纳该数额的税款,为了保护美国的利益,该数额(包括任何利息、额外数额、附加税,或者可征收的罚款以及因此所产生的额外成本)对于属于该纳税人的所有财产以及财产权利,无论是不动产还是个人财产都享有留置权。"这里的优先权是采取留置权的形式来设定的。

(三) 信托与信托财产

信托一般是指委托人基于对受托人的信任,将其财产权委托给受托人,由受托人按委托人的意愿以自己的名义,为受益人的利益或者特定目的,进行管理或者处分的行为。受托人因承诺信托而取得的财产是信托财产。受托人因信托财产的管理运用、处分或者其他情形而取得的财产,也归入信托财产。信托财产与委托人未设立信托的其他财产相区别。

设立信托后,委托人死亡或者依法解散、被依法撤销、被宣告破产时,委托人是唯一受益人的,信托终止,信托财产作为其遗产或者清算财产;委托人不是唯一受益人的,信托存续,信托财产不作为其遗产或者清算财产;但作为共同受益人的委托人死亡或者依法解散、被依法撤销、被宣告破产时,其信托受益权作为其遗产或者清算财产。信托财产与属于受托人所有的财产(以下简称固有财产)相区别,不得归入受托人的固有财产或者成为固有财产的一部分。受托人死亡或者依法解散、被依法撤销、被宣告破产而终止,信托财产不属于其遗产或者清算财产。除因下列情形之一外,对信托财产不得强制执行:① 设立信托前债权人已对该信托财产享有优先受偿的权利,并依法行使该权利的;② 受托人处理信托事务所产生债务,债权人要求清偿该债务的;③ 信托财产本身应担负的税款;④ 法律规定的其他情形。

三、案情简介

美国国际航空公司是一个商业航空公司。作为雇主,美国国际航空公司被要求预提联邦所得税并且从其雇员的工资中预提联邦社会保险税。《美国法典》第 26 标题第 3402 节第 a 分节(所得税);第 3102 节第 a 分节(联邦社会保险税)。作为航空公司,它被要求从其消费者那里征收消费税并且支付给国内税收服务局。因为这些税款的数额是"为美国所持有的信托中的特别资金",它们经常被称为"信托基金税"。截至 1984 年初期,美国国际航空公司已经开始拖欠向政府支付的信托基金税。在那一年的 2 月,国内税收服务局命令美国国际航空公司将它随后所征收的所有信托基金税存在一个单独的银行账户中。美国国际航空公司建立了该账户，但是并没有存入足够缴纳其全部信托基金税的资金。然而，它在这些债务上保留了现金，直到1984年6月，从其单独银行账户中向国内税收服务局缴纳了695 000美元，并且从其一般经营资金中缴纳了946 434美元。美国国际航空公司和国内税收服务局同意所有这些付款将被分配给特定的信托基金债务。

1984年7月19日，美国国际航空公司根据《破产法典》第11章（《美国法典》第11标题第1101节及其以下，1982年修改）请求免除其欠债务人的债务。美国国际航空公司作为被接管债务人进行了3个月的经营，但没有成功。因此，在9月19日，破产法院任命原告贝基作为托管人，并且根据第11章的规定批准了清算计划。在托管人的权利中，有一个是根据第547节第b分节的规定所享有的消除某些由债务人所进行的某些付款的权利，该权力"能够使得债权人从债务人那里获得其权利主张比下列情况下更多的份额：如果该转移没有作出并且他已经参与了破产财产的分配"。为了行使他的消除权，贝基以美国为被告提起了诉讼，要求重新获得在申请破产之前的90天内，美国国际航空公司为信托基金税向国内税收服务局所支付的全部数额。

破产法院部分支持了政府，部分支持了托管人。它拒绝允许托管人重新获得美国国际航空公司从该单独账户中所支付的任何数额，基于下面这一理论：美国国际航空公司为国内税收服务局在信托中持有该货币。然而，它允许托管人消除美国国际航空公司从其一般账户中所支付的绝大部分数额。地区法院维持了该判决。政府上诉以后，第四巡回区上诉法院推翻了该判决，认为，信托基金税收的任何预先申请付款是基金——该基金不是债务人的财产——的付款，并且该付款因此不能取消优先权。纳税人提起上诉，联邦最高法院受理了本案。

四、正反方观点

（一）正方（纳税人、破产法院、地区法院）观点

法定信托仅限于"被如此征收或者预提的税款数额"。信托基金税不是被"征收或者预提"的，直到特定的资金或者被送达国内税收服务局，连同相关的纳税申报，或者被放置在单独的资金中。美国国际航空公司既没有将其从一般经营账户中的资金予以支付的数额放置在单独的账户中，也没有在优先权期间开始之前将它们缴纳给国内税收服务局。关于这些资金，从来没有创建任何信托，因此，缴纳给国内税收服务局的资金是债务人的财产。

只有在下列情况下，我们才能得出结论认为该资金不是债务人的破产财产：税

收信托基金被债务人事实上确立,并且税收主管机关能够追索由债务人为了缴纳所涉及的税款而建立的信托账户中所分立的资金。

(二)反方(税务局、上诉法院、最高法院)观点

信托基金税的任何预先支付的付款都是基金的支付,而不是债务人的财产,因此,该付款不是可以被取消的优先付款。

美国国际航空公司从其一般账户中支付的信托基金税是基金持有财产的转移,因此不能作为优先权予以避免。

在债权人之间进行平等分配是《破产法典》的核心政策,该政策被第547节第b分节进一步予以规定,限于它允许托管人取消"债务人财产"的预先申请的优先转让。尽管没有被该法典所定义,"债务人财产"这一术语一般被理解为,如果没有被转移则本来应当是资产的一部分。其含义伴随着后申请的类似物"破产财产"而予以扩展,该术语包括债务人在案件开始之时所有合法或者衡平法上的财产利益。由于债务人并没有在他为另外一个主体在信托中持有的财产中拥有衡平法利益,该利益不是"破产财产",并且,类似地,不是"债务人财产"。

美国国际航空公司在该货币被预提或者征收之时,创造了一个在《美国法典》第26标题第7501节所规定意义范围内的信托。法定信托延伸到"征收或者预提"的税款数额,第4291节、第3102节第a分节以及第3402节第a分节第1段的语言明确规定,征收和预提的行为在付款之时——只是对于消费税而言,接受者为服务付款之时,对于联邦社会保险税以及所得税而言,雇主支付工资之时——发生。美国国际航空公司既没有将该税款放在单独的基金之中,也没有将它们缴纳给国内税收服务局这一事实并不表明美国国际航空公司在最初就从来没有征收或者预提它们。根据第7501节的规定强制性的隔离作为创造信托的先决条件就使得第7512节的要求——资金必须在特别和有限的环境中被隔离——显得多余,这也就意味着,雇员可以通过简单地拒绝隔离来避免创设一个信托。

从美国国际航空公司的一般账户中转移的资金是信托资金。第7501节以及追查信托物件的普通法规则都没有给如何判断该资产是否是信托财产提供指引。*United States v. Randall*,401 U. S. 513 一案的严格规则——该规则禁止国内税收服务局在破产程序的行政费用之前征收预提税——没有幸免于1978年《破产法典》的修改。1978年法典的立法历史表明,国会的意图是,法院允许使用"合理假设"的原则,根据这一原则,国内税收服务局可以证明预提税款的数额在提起诉讼请求之时仍然掌握在债务人的手中。因此,国会希望国内税收服务局必须表明可以适用于债务人信托资产义务的在信托与资产之间的某些联系。尽管《破产法典》没有表明这种联系必须是多么广泛,但是立法历史已经确认了一种合理的假设:任何自愿的预先请求从债务人的资产中支付信托资金税的行为不是债务人财产的转移。其他的规则可能也是合理的,但是目前所出现的证据只能表明国会倾向于这一个。

五、案件评析

本案提出了这样一个问题,即破产中的托管人是否可以从国内税收服务局"消除"(也就是重新获得)债务人在其申请破产程序之前缴纳的某些预提税和消费税。与这一问题相联系的是这样两个问题:第一,预提税款和代征税款是否是纳税人财产,并进而属于破产财产;第二,预提税款和代征税款是否享有特别优先权,即优先于破产费用和其他有担保或者无担保的债权而受偿。从理论上而言,税款的所有权人为国家,纳税人代国家所预扣的税款以及代国家所征收的税款都是国家的财产,不属于纳税人的财产。因此,纳税人在破产时,该税款也不属于破产财产。

根据美国税法的相关规定,当纳税人有不遵守代扣代缴税款义务的情况时,税务局可以要求纳税人设立单独账户,将相应税款足额存入该账户。这一制度显然是为了防止纳税人挪用代扣代收的税款,确保国家税收债权的足额实现。从制度上来看,该账户中现金的所有权人是国家,不是纳税人。因此,在纳税人破产时,也不属于破产财产。

本案中引起争议的部分在于纳税人并没有将代扣代收的税款足额存入该账户,而仅仅存入一部分,对于没有存入该账户的税款的所有权问题就产生了争议。纳税人认为该税款尚未与其他资产相隔离,因此,不能属于信托财产,应当属于纳税人的财产,在破产时,也应当属于破产财产。纳税人的论点是站不住脚的,纳税人没有足额将税款存入该账户是一种不遵守法律规定的行为,如果纳税人当初足额将税款存入该账户,国家税收债权就可以足额实现,该税款就不能属于破产财产。现在纳税人没有遵守法律规定,如果允许纳税人将该财产作为破产财产,实际上就相当于允许纳税人通过自己的违法行为获得利益,这显然是违反公认的法律原理的。因此,从公平的角度出发,纳税人也不能获得该不当利益。纳税人无论是否将税款单独隔离出来,该税款的所有权都属于国家,都应当在理论上将该税款视为一种信托财产,纳税人仅仅是托管人,纳税人对该笔税款并不享有所有权,因此,在纳税人破产时,不能作为破产财产。

纳税人代扣代缴的税款应当享有一种特别优先权,即在纳税人破产时,优先于破产费用和其他债权受偿。因为该笔税款是一种法定的信托财产,所有权人为国家,纳税人只是代为管理而已,纳税人有义务将该笔税款支付给国家。破产费用和其他债权不能用国家的税款来支付和偿还。

六、美国联邦最高法院关于本案的判决书

美国联邦最高法院

贝基诉国内税收服务局，496 U.S.53(1990)

通过诉讼文件移送命令从第三巡回区上诉法院移送

No.89-393.

辩论于 1990 年 3 月 27 日

判决于 1990 年 6 月 4 日

《国内收入法典》规定"为设备或者服务而收到任何付款的每一个主体"都应当缴纳消费税，并且"从作出该付款的主体那里征收该税款"，《美国法典》第 26 标题第 4291 节。它也要求雇主从其雇员那里"征收"联邦保险税，"通过在支付之时从工资中扣除税款的数额"，第 3102 节第 a 分节，并且"从该工资中扣除和预提该雇员的联邦所得税"，第 3402 节第 a 分节第 1 段。"征收或者预提"的税款数额"为美国在特定的基金中被持有"，第 7501 节。因此，这些税经常被称为"信托基金税"。在美国国际航空公司迟延缴纳信托基金税以后，国内税收服务局根据第 7512 节的规定，命令它将所有的预期税款都存在一个单独的银行账户中。美国国际航空公司建立了该账户，但是并没有存入足够缴纳其全部应纳税款的资金。然而，它保留了当前应纳税款的数额，部分从该单独银行账户、部分从其一般经营资金中来缴纳税款。随后，在根据《破产法典》所进行的破产程序中，请求者贝基被任命为美国国际航空公司的托管人。为了寻求行使《破产法典》第 547 节第 b 分节——该条款允许托管人取消在债务人申请破产之前所作出的某些优先付款——所授予他的权利，贝基向政府提出了返还之诉，请求政府返还在提交破产之前的 90 天内美国国际航空公司已经支付的信托基金税的全部数额。破产法院拒绝允许贝基恢复美国国际航空公司从该单独账户中所支付的任何货币，基于美国国际航空公司是为国内税收服务局的信托而持有该货币的。然而，它允许他避免从美国国际航空公司的一般账户中所作出的大部分付款，并且认为，该资金是债务人的财产。地区法院维持了该判决，但是上诉法院推翻了该判决，认为信托基金税的任何预先支付的付款都是基金的支付，而不是债务人的财产，因此，该付款不是可以被取消的优先付款。

本院认为：

美国国际航空公司从其一般账户中支付的信托基金税是基金持有财产的转移，因此不能作为优先权予以避免。

第一，在债权人之间进行平等分配是《破产法典》的核心政策，该政策被第 547

节第 b 分节进一步予以规定,限于它允许托管人取消"债务人财产"的预先申请的优先转让。尽管没有被该法典所定义,"债务人财产"这一术语一般被理解为,如果没有被转移则本来应当是资产的一部分。其含义伴随着后申请的类似物"破产财产"而予以扩展,该术语包括债务人在案件开始之时所有合法或者衡平法上的财产利益。第 541 节第 a 分节第 1 段。由于债务人并没有在他为另外一个主体在信托中持有的财产中拥有衡平法利益,该利益不是"破产财产",并且,不是"债务人财产"。

　　第二,美国国际航空公司在该货币被预提或者征收之时,创设了一个在《美国法典》第 26 标题第 7501 节所规定意义范围内的信托。法定信托延伸到"征收或者预提"的税款数额,第 4291 节、第 3102 节第 a 分节以及第 3402 节第 a 分节第 1 段的语言明确规定,征收和预提的行为在付款之时——对于消费税而言,接受者为服务付款之时,对于联邦社会保险税以及所得税而言,雇主支付工资之时——发生。美国国际航空公司既没有将该税款放在单独的基金之中,也没有将它们缴纳给国内税收服务局这一事实并不表明美国国际航空公司在最初就从来没有征收或者预提它们。根据第 7501 节的规定,强制性的隔离作为创造信托的先决条件就使得第 7512 节的要求——资金必须在特别和有限的环境中被隔离——显得多余,这也就意味着,雇员可以通过简单地拒绝隔离来避免创设一个信托。

　　第三,从美国国际航空公司的一般账户中转移的资金是信托资金。第 7501 节以及追查信托物件的普通法规则都没有给如何判断该资产是否是信托财产提供指引。*United States v. Randall*,401 U. S. 513 一案的严格规则——该规则禁止国内税收服务局在破产程序的行政费用之前征收预提税——没有幸免于 1978 年《破产法典》的修改。1978 年法典的立法历史表明,国会的意图是,法院允许使用"合理假设"的原则,根据这一原则,国内税收服务局可以证明预提税款的数额在提起诉讼请求之时仍然掌握在债务人的手中。因此,国会希望国内税收服务局必须表明可以适用于债务人信托资产义务的在信托与资产之间的某些联系。尽管《破产法典》没有表明这种联系必须是多么广泛,但是立法历史已经确认了一种合理的假设:任何自愿的预先请求从债务人的资产中支付信托资金税均不是债务人财产的转移。其他的规则可能也是合理的,但是目前所出现的证据只能表明国会倾向于这一个。

878 F. 2d 762,维持原判。

马歇尔法官发表了本院的观点。

　　本案提出了这样一个问题,即破产中的托管人是否可以从国内税收服务局"消除"(也就是重新获得)债务人在其申请破产程序之前缴纳的某些预提税和消费税。我们认为,这里所缴纳的资金在支付之前不是债务人的财产;相反,它们是由债务人为国内税收服务局所持有的信托财产。因此，我们得出结论认为，托管人不能重新获得这些资金。

I

美国国际航空公司是一个商业航空公司。作为雇主，美国国际航空公司被要求预提联邦所得税并且从其雇员的工资中预提联邦社会保险税。《美国法典》第26 标题第 3402 节第 a 分节（所得税）；第 3102 节第 a 分节（联邦社会保险税）。作为航空公司，它被要求从其消费者那里征收消费税并且支付给国内税收服务局，第4291 节。因为这些税款的数额是"为美国所持有的信托中的特别资金"，第 7501节，它们经常被称为"信托基金税"。参照 *Slodov v. United States*，436 U. S. 238，241(1978)。截至 1984 年初期，美国国际航空公司已经开始拖欠向政府支付的信托基金税。在那一年的 2 月，国内税收服务局命令美国国际航空公司将它随后所征收的所有信托基金税存在一个单独的银行账户中。美国国际航空公司建立了该账户，但是并没有存入足够缴纳其全部信托基金税的资金。然而，它在这些债务上保留了现金，直到 1984 年 6 月，从其单独银行账户中向国内税收服务局缴纳了695 000美元，并且从其一般经营资金中缴纳了 946 434 美元。美国国际航空公司和国内税收服务局同意所有这些付款将被分配给特定的信托基金债务。

1984 年 7 月 19 日，美国国际航空公司根据《破产法典》第 11 章（《美国法典》第11 标题第 1101 节及其以下，1982 年修改）请求免除其欠债务人的债务。美国国际航空公司作为被接管债务人进行了 3 个月的经营，但没有成功。因此，在 9 月 19日，破产法院任命原告贝基作为托管人，并且根据第 11 章的规定批准了清算计划。在托管人的权利中，有一个是根据第 547 节第 b 分节的规定所享有的消除由债务人所进行的某些付款的权利，该权利"能够使得债权人从债务人那里获得其权利主张比下列情况下更多的份额：如果该转移没有作出并且他已经参与了破产财产的分配"。H. R. Rep. No. 95-595，p. 177(1977)。为了行使他的消除权，贝基以美国为被告提起了诉讼，要求重新获得在申请破产之前的 90 天内，美国国际航空公司为信托基金税向国内税收服务局所支付的全部数额。

破产法院部分支持了政府，部分支持了托管人。83 B. R. 324(ED Pa. 1988)。它拒绝允许托管人重新获得美国国际航空公司从该单独账户中所支付的任何数额，基于这一理论，即美国国际航空公司为国内税收服务局在信托中持有该货币。同上，第 327 页。然而，它允许托管人消除美国国际航空公司从其一般账户中所支付的绝大部分数额，认为"只有在下列情况下，我们才能得出结论认为该资金不是债务人的破产财产：税收信托基金被债务人事实上确立，并且税收主管机关能够追索由债务人为了缴纳所涉及的税款而建立的信托账户中所分立的资金"。同上，第329 页。地区法院维持了该判决。App. to Pet. for Cert. A-22-A-26。政府上诉以后，第四巡回区上诉法院推翻了该判决，认为，信托基金税收的任何预先申请付款均是基金——该基金不是债务人的财产——的付款，并且该付款因此不能取消优先权。878 F. 2d 762(1989)。我们发布了诉讼文件移送命令，493 U. S. 1017(1990)，现在，我们维持该判决。

Ⅱ-A

在债权人之间平等分配是《破产法典》的核心政策。按照该政策，具有相同优先权的债权人应当按比例获得债务人的财产。参照《美国法典》第 11 标题第 726 节第 b 分节(1982ed.)；H. R. Rep. No. 95-595，supra，at 177-178。第 547 节第 b 分节进一步推进了这一政策，通过允许破产中的托管人消除在债务人申请破产之前所作出的某些优先付款。这一机制防止债务人通过在申请破产之前转移财产而偏向于部分债权人。当然，如果债务人转移了在破产程序中本来就不应当由债权人进行分配的财产，隐含在消除权利背后的政策没有被暗示。因此，第 547 节第 b 分节的取消权的范围限于转移"债务人的财产"。

《破产法典》并没有定义"债务人的财产"。因为消除规定的目的是保护应当包括在破产财产——可用于分配给债权人的财产——中的财产，受制于优先转让规定的"债务人的财产"最好被理解为本来应当作为破产财产的一部分的财产，如果它没有在破产程序开始之前被转让。那么，为了找到相应的指导，我们必须转向第541 节，其描绘了"破产财产"的范围，并且被作为后申请的类似于第 547 节第 b 分节的"债务人财产"。

第 541 节第 a 分节第 1 段规定，"破产财产"包括"截至案件开始之时，债务人在财产中的所有法定利益或者衡平法利益"。第 541 节第 d 分节规定："截至案件开始之时，债务人在其中仅仅持有法定利益而不持有衡平法利益的财产……变成本节中的第 a 分节所规定的破产财产，仅限于债务人对该财产所拥有的法定权利，但是不限于债务人在该财产中所不持有的任何衡平法利益。"

由于债务人在他为另一个人在信托中所持有的财产并不享有任何衡平法利益，所以该利益不是"破产财产"。为第 547 节第 b 分节规定之目的，所以该衡平法利益也不是"债务人财产"。那么，根据相关主体的意见，本案中的争议问题是美国国际航空公司从其一般经营账户中转移给国内税收服务局的财产是否是美国国际航空公司为国内税收服务局在信托中所持有的财产。

Ⅱ-B

我们从《美国法典》第 26 标题第 7501 节开始，《国内收入法典》的信托基金税规定："每当任何主体被要求从任何其他主体那里征收或者预提任何国内税收，被如此征收或者预提的税款数额应当被视为美国在信托中的特殊基金。"那么，该法定信托仅限于"被如此征收或者预提的税款数额"。贝基认为，信托基金税不是被

"征收或者预提"的，直到特定的资金被送达国内税收服务局，连同相关的纳税申报，或者被放置在单独的资金账户中。美国国际航空公司既没有将其从一般经营账户中的资金予以支付的数额放置在单独的账户中，也没有在优先权期间开始之前将它们缴纳给国内税收服务局。因此，贝基认为，关于这些资金，从来没有创建任何信托，因此，缴纳给国内税收服务局的资金是债务人的财产。

我们不同意。《国内收入法典》指示"为设备或者服务收到任何付款的每一个主体"应当缴纳消费税，并且应当从"作出该付款的主体那里征收该税款"。第4291节。它也要求雇主从其雇员那里"征收"联邦社会保险税，"通过在支付工资之时从工资中扣除税款的数额"。第3102节第a分节。上述两个规定都明确表明，"征收"的行为发生在付款之时：对于消费税而言，是接受者为服务付款之时，对于联邦社会保险税而言，是雇主支付工资之时。美国国际航空公司既没有将其征收的税款放置在单独的资金账户中，也没有将它们缴纳给国内税收服务局，这些事实本身并不能表明美国国际航空公司在最初就没有征收税款。

相同的分析适用于《国内收入法典》要求雇主"预提"的税款。第3402节第a分节第1段要求："支付工资的每一个雇主应当从该工资中扣除和预提该雇员的联邦所得税。"因此，预提发生在雇主向雇员支付他的净工资之时。S. Rep. No. 95-1106, p.33(1978)（"假设债务人欠雇员100美元的薪水，在该薪水上要求预提20美元的税款。如果该债务人支付该雇员80美元，20美元就被预提了。相反，如果该债务人支付该雇员85美元，则15美元被预提了，这些税款并不是债务人的破产财产"）。参见 Slodov, 436 U.S., at 243（认为，"不存在关于下列事项的一般性要求：预提的数额必须与雇主的一般性资金相隔离"，因此，必然意味着，该数额被"预提了"，无论是否被隔离）。对于"预提"的通常理解支持我们的解释。参见韦伯斯特的第三版《新国内词典》(1981年版)，第2627页（将"预提"定义为"在源泉从所得中扣除税款的行为或者程序"）。

我们对于第7501节的解释被第7512节所加强，该节允许国内税收服务局在发布了适当的通知以后，要求没有及时"征收，真实说明，或者缴纳信托基金税"或者没有及时"存入、缴纳或者申报该税款"——第7512节第a分节第1段——的纳税人"将该数额存入银行中的单独账户，……并且，……在该账户中保持该税款的数额，直到支付给美国"，第7512节第b分节。如果我们将第7501节理解为要求隔离是创立信托的先决条件，第7512节的要求，即该资金在特殊和有限的条件下被隔离，就变得多余了。而且，原告的观点，即我们把隔离要件理解为第7501节的规定，这将意味着，雇主可以通过简单地拒绝隔离的方式来避免创立信托。然而，第7501节的任何规定都没有表明，国会希望国内税收服务局仅仅在债务人反复无常的奇想所指示的范围才被保护。因此，我们得出结论认为，美国国际航空公司在相关付款被支付之时就创建了在第7501节规定意义范围内的信托（关于消费税，从消费者的角度，关于联邦社会保险税和所得税，从其雇员的角度）。

Ⅱ-C

我们的观点，即为国内税收服务局的利益的信托存在，这一点并不足以回答本案所提出的问题：美国国际航空公司从其一般经营账户中向国内税收服务局所支付的每一个特定美元是否都是"债务人的财产"。只有当这些特定的资金是在信托中为国内税收服务局所持有的，它们才能逃脱作为"债务人的财产"的性质。整个第7501节都表明了，美国国际航空公司在此时为国内税收服务局创建了信托；该节没有提供这样的规则，根据该规则，我们可以确定美国国际航空公司用于支付国内税收服务局的资金是否属于该信托的资金。

在缺少明确的制定法指导我们如何确定转移给国内税收服务局的财产是否属于信托财产之时，我们很自然地从普通法规则开始，这些规则就是为了回答关于信托的其他一些各种各样的问题才被创立的。不幸的是，在面对第7501节所创立的这一信托时，这些规则的作用都是有限的。根据普通法的原则，信托是在财产中创立的；因此，直到托管财产者将财产中的某个利益确定为信托财产，信托才成立。G. Bogert, *Law of Trusts and Trustees* 111 (rev. 2d ed. 1984); 1A W. Fratcher, *Scott on Trusts* 76 (4th ed. 1987)。然而，第7501节所创建的信托在根本上是不同于普通法的范例的。该条款规定："征收或者预提的信托基金税款的数额应当被视为在信托中的为美国的持有特殊资金。"与普通法的信托不同，在那里，托管财产者将特定的财产列为信托物件，第7501节创立了一个抽象"数额"——不与任何特定财产相联系的美元数额——的信托，而不是在实际预提的美元数额中。普通法的追寻规则，旨在建立一个将特定财产确认为信托财产的制度，因此，在这个特殊的制度环境中是没有什么用处的。

描绘第7501节信托与优先转让之间关系的本质的联邦法律是有限的。我们所涉及的关于这一主题的唯一案例是 *United States v. Randall*, 401 U. S. 513 (1971)，这是一个涉及事后请求向被免除的信托基金债务——关于该债务，债务人已经产生了预先请求——转让财产。法院命令占用的债务人为其预提的联邦所得税和联邦社会保险税建立一个单独的账户，但是债务人没有遵守。当债务人随后被判决破产时，美国试图在破产程序的费用之前从债务人的一般资产中获得预提税款的数额。政府认为，债务人在信托中为国内税收服务局持有应纳税款的数额，该数额不应当被视为在启动破产程序之时债务人账户中的资金。托管人主张没有建立信托，因为债务人没有隔离该资金。法院拒绝直接回答这些论断。同上，第515页。相反，法院简单地拒绝允许国内税收服务局在行政费用之前征收税款，认为："连接税收与行政管理的成本和费用的制定法政策不会被建立或者执行吃掉破产财产的信托所奴役,为其商品或者服务创造了该资产的债权人和法院官员留下很少或者什么都留不下。"同上,第 517 页。

在 1978 年,国会通过制定新的《破产法典》从根本上改造了破产法律。在这些改革中,国会决定进行的一个改革就是修正本院根据旧的《破产法典》在 United States v. Randall 一案中所阐述的规则。参议院的法案直接攻击了 United States v. Randall 一案,在第 541 节规定,在申请破产之前所预提或者征收的信托基金税不是"破产财产"。参见 S. Rep. No. 95-1106,at 33("这些数额不应当是破产财产,不管该数额是否已经通过特殊的账户、基金或者其他方式与债务人的其他财产相隔离,或者按照可适用的法律的规定被视为在信托中的特殊资金")。众议院法案没有明确涉及信托资金税的问题,但是众议院报告中表明,"破产财产"不应当包括在信托中为另一个主体所持有的财产。参见 H. R. Rep. No. 95-595,at 368。国会不可能举行一个会议,以便参议院和众议院议员能够就两个法案的差异达成妥协。参见 124 Cong. Rec. 32392(1978)(众议员爱德华兹的评论);Klee,Legislative History of the New Bankruptcy Law,28 DePaul L. Rev. 941,953-954(1979)。关于第 541 节相关部分所达成的妥协,适用于事后请求的转让,被包括在最终制定的众议院修正案中,其明确规定:"对于在信托中所持有的财产而言,破产财产包括法定权利,但是不包括在财产中的受益人利益。"124 Cong. Rec. ,at 32417(众议员爱德华兹的评论)。比较,同上,第 32 363 页(众议院修改的文本)。因此,参议院明确规定预提或者征收的信托资金税不是破产财产的一部分的语言被删除了,作为"多余的,因为破产财产不包括债务人作为托管人所持有财产中的受益人利益。根据第 7051 节,预提税款的数额被认为在信托中为美国所持有的特殊资金"。同上,第 32417页。

众议员爱德华兹讨论了众议院对于由 United Statesv. Randall 一案所确定的规则的语言,这就表明众议院修正案将代替该规则:

"当从其他人那里预提的'信托基金税'被认为是破产财产,在预提数额与债务人的其他资产混和在一起时,就会产生严重的问题。法院应当允许使用合理的假设,根据该假设,国内税收服务局以及其他税收主管机关,能够证明在案件开始之时,预提税款的数额仍然在债务人的掌握之中。"同上。

众议员爱德华兹评论的上下文关系清楚地表明,他在讨论信托基金税的事后请求支付是否涉及"破产财产"。这一焦点并不令人惊奇,如果考虑到 United States v. Randall 一案,国会正在陈述的这个案例涉及国内税收服务局事后命令支付。但是众议员爱德华兹的讨论也适用于这样一个问题,即实现付款时从"债务人的财产"中作出的。我们已经解释了,"债务人的财产"是这样的财产,如果它没有在破产程序开始之前被转让就应当是破产财产的一部分。前述,第 58 页。因此,相同的"合理假设"适用于两种上下文关系。

因此,*Randal* 一案的严格标准并不能在采纳新《破产法典》中幸存下来。但是,通过要求国内税收服务局"证明预提的税款数额在案件开始之时——即申请破产之时——仍然处于债务人的控制之下",124 Cong. Rec. ,at 32417(众议员爱德华兹的评论),国会希望国内税收服务局必须表明第 7501 节信托与寻求适用于债务人信托基金税债务的资产之间具有某种联系。参见 *United States v. Whiting Pools,Inc.* ,462 U. S. 198,205,n. 10(1983)(国内税收服务局不能将资金从破产财产中排除,如果它不能将它们描述为第 7501 节信托财产)。本案的问题是,所要求的关系必须是多么广泛。《破产法典》没有提供任何明确的答案,众议员爱德华兹的警告,即法院应当"允许使用合理假设"并没有增加更多的东西。然而,众议院报告关于这些假设却给出了足够的指导,它允许我们得出这样的结论:这里满足了关系的要求。该报告这样说:

"预提税款的支付构成了根据《国内收入法典》第 7501 节第 a 分节的规定,在信托中持有的货币的支付,因此,不应当是优先权财产,因为该信托的受益人是税收主管机关,这些税款是单独的种类,如果适当地持有它们是为了支付,正如它们能够被如此持有,如果债务人能够作出该支付。"

根据对上述段落的字面上的理解,破产托管人不能取消任何自愿的事后请求的信托资金税的付款,不考虑该资金的来源。正如众议院报告所明确阐述的那样,这一限制,即必须满足该资金"已经为支付而被适当地持有","如果债务人能够作出该支付"。因此,债务人自愿支付其信托基金税收债务的行为本身已经足以确立所要求的在信托中所持有的"数额"与支付的资金之间的关系。

我们采纳这种字面含义的解释。在《破产法典》中缺乏关于什么追寻规则应当予以适用的任何暗示之时,我们转向立法历史。法院被指示适用"合理假设"去规制资金的追寻,并且众议院的报告表明,其中一个假设是,任何自愿的从债务人的资产中事后申请信托基金税的支付都不是债务人财产的转让。《破产法典》及其立法历史都没有怀疑这一假设的合理性。其他的规则可能也是合理的,但是,我们所拥有的证据表明国会仅仅偏爱这一个。我们没有理由不理会这些证据。

我们认为,美国国际航空公司从其一般性账户中向国内税收服务局所进行的信托基金税的支付并不是"债务人财产"的转移,相反,而是按照第 7501 节的规定为政府在信托中所持有的财产的转移。因此,该支付不能被作为优先支付予以取消。

上诉法院的判决被维持。

第十章 破产程序中国家税收主权豁免案(1992)

一、基本法律规定

(一)《破产法典》(《美国法典》第 11 标题)第 106 节的规定

1. 第 a 分节的规定

政府单位被视为已经放弃了关于下列事项的主权豁免:针对该政府单位的具有破产财产性质的以及与政府单位的权利主张产生于同一交易或者同时产生的任何权利主张。

2. 第 b 分节的规定

政府单位的被允许权利主张或者利益应当抵销针对该政府单位的具有破产财产性质的任何权利主张。

3. 第 c 分节的规定

除本节中的第 a 分节和第 b 分节的规定以外,尽管有主权豁免的任何主张——① 本标题中包含"债权人"、"实体"或者"政府单位"的规定适用于政府单位;② 法院对于根据该规定所产生的争议所作出的判决约束政府单位。

(二)《破产法典》(《美国法典》第 11 标题)第 549 节第 a 分节的相关规定

除本节中的第 b 分节或者第 c 分节的规定以外,托管人可以避免破产财产的下列转让:① 发生在破产程序开始以后;② 仅仅根据本标题中的第 303 节第 f 分节或者第 542 节第 c 分节的授权,或者没有被本标题授权,或者没有被法院授权。

(三)《破产法典》(《美国法典》第 11 标题)第 550 节第 a 分节的相关规定

除非本节另有规定,限于根据本标题中的第 544、第 545、第 547、第 548、第 549、第 553 节第 b 分节或者第 724 节第 a 分节的规定被避免的转让,托管人可以为破产财产的利益从下列主体那里收回被转让的财产,或者如果有法院的命令,收回该财产的价值:① 该转让的最初受让人或者享受该转让利益的实体;② 该最初受让人的任何直接或者中间受让人。

（四）《美国法典》第 28 标题第 1334 节第 d 分节的相关规定

根据本分节规定所作出的任何放弃或者拒绝放弃的判决（在第 c 分节第 2 段所描述的程序中拒绝放弃的判决除外）不能被上诉或者被上诉法院根据本标题中的第 158 节第 d 分节、第 1291 节或者第 1292 节予以审查，或者由美国联邦最高法院根据本标题的第 1254 节规定予以审查。在该节所适用的影响破产财产的程序中，本分节不应当被解释为限制《美国法典》第 11 标题第 362 节所规定的中止的适用。

二、案情简介

被告北欧村有限公司在 1984 年 3 月根据《破产法典》第 11 章的规定提交了免除债务的请求。大约 4 个月以后，朗先生——北欧村有限公司的一个经理及股东——在该企业的公司账户中签发了一张 26 000 美元的支票，其中的 20 000 美元被用于获得现金支票，以支付给国内税收服务局。朗先生将该支票交给了国内税收服务局并且指示将其用于抵扣其个人税收债务。

1984 年 12 月，为北欧村有限公司任命的托管人在俄亥俄州北部地区的破产法院开始了一个相反的诉讼程序，寻求连同其他的转让一起返还由朗先生向国内税收服务局缴纳的 20 000 美元。破产法院准许了该返还。法院判决，未授权的申请以后的转让，根据《破产法典》第 549 节第 a 分节的规定是无效的，根据《破产法典》第 550 节第 a 分节的规定应当由国内税收服务局予以返还。地区法院发布了针对国内税收服务局的返还 20 000 美元的判决。

第六巡回区美国上诉法院意见有分歧的审判小组维持了判决。它支持下级法院的推理，并且拒绝了主权豁免阻碍对政府下达判决的司法管辖权抗辩。税务局不服判决，提起上诉，联邦最高法院受理了本案。

三、正反方观点

（一）正方（纳税人、破产法院、地区法院、上诉法院、联邦最高法院部分法官）的观点

必要的放弃可以从《美国法典》第 28 标题第 1334 节第 d 分节中找到，它授权地区法院在破产案件中"对于截至该案件开始之时债务人的所有财产，无论位于何处，以及破产财产中的所有财产的排他性管辖权"。这里的语言可以解释为授权破产法院强迫美国或者州返还任何财产，包括货币，该财产在破产程序开始之时应当进入破产财产。根据这种理论,被牵制进诉讼的主权将不受第 106 节的特定语言的规范,而应当被第 1334 节第 d 分节所授予的广泛的管辖权所取消。

破产法院的对物的管辖权超越了主权豁免。

美国是一个"政府单位",因此,《破产法典》中包含第 c 分节第 1 段所列出的一个"触发单词"的任何规定都适用于美国。第 550 节第 a 分节无疑是这样一个规定。因此,"尽管有主权豁免的任何主张",第 c 分节第 1 段规定第 550 节第 a 分节"适用于"美国,并且第 c 分节第 2 段规定,政府受到法院针对根据该规定所产生的纠纷所发布的判决的约束。该法律字面上的上下文关系毫无疑问将主权豁免抗辩排除在外。

要求国会运用更加清晰或者精确的语言来起草其立法的意思并不能证明拒绝我们以诚信的努力来探知已经体现在法典中的语言所努力传达的真实意思的正当性。联邦最高法院顽固地坚持"清晰的表述"给国会增加了不必要的重新制定那些如果按照字面含义来理解已经足够明确的规定的负担。这种类型的法院造法对于诉讼当事人、立法机关以及社会普通公众所造成的成本是很客观的,也是不幸的。它对于那些参与针对主权诉讼的公民而言是悲剧性的。国会有充分的权力来纠正法院的不幸错误的判决的事实并不能证明拒绝遵守其命令的正当性。

(二) 反方(税务局、联邦最高法院)的观点

《破产法典》第 106 节第 c 分节并没有放弃美国在寻求货币返还的破产诉讼中的主权豁免。*Hoffman v. Connecticut Dept. of Income Maintenance* 这一判例并不能支配本案例,因为其中的大多数以及反对者即使在下列问题上仍存在分歧:第 106 节第 c 分节是否授权针对州的货币返还,并且因为,同时发生的判决表明,拒绝相配的服从义务,依据第十一修正案,该修正案仅仅适用于州。然而,多数的推理是相关的,也是我们这里所依赖的。

第 106 节第 c 分节并没有"明确表达"政府放弃了金钱救济诉讼的豁免,而这是该类放弃生效的必要条件。参见 *Irwin v. Department of Veterans Affairs*,与第 106 节第 a 分节和第 b 分节相对应,它们明确免除了关于特定权利主张的金钱救济的豁免,第 106 节第 c 分节至少有两个似是而非的解释并没有授权金钱救济。立法历史并没有在这一点上指出任何方向,因为,放弃的"明确表达"必须在立法的上下文中表述。

应诉人的若干个可选择的支持该判决的论辩——《美国法典》第 28 标题第 1334节第 d 分节的广泛的管辖权授权提供了必要的放弃,破产法院对物的管辖权超过了主权豁免,主权豁免放弃被信托法的原则所支持——是没有说服力的。

国会授予审理诉讼的管辖权的事实并不足以表明国会已经取消了对于该诉讼的所有抗辩。这一结论是非常清楚的。在任何情况下,我们都没有在货币恢复的

案件中针对主权豁免障碍适用任何对物管辖权的例外，而且我们已经暗示这样的例外并不存在。寻求信托法的原则对于应诉人也没有任何帮助。应诉人所引用的大部分信托判决都是不相关的，因为它们所涉及的是私人主体，而非政府。涉及政府的一个案例——*Bull v. United States*——涉及衡平法的赔偿，其中的原则已经被后来的案例予以实质性限制和缩小，因此，在这里也不能适用。

第 106 节第 c 分节以及任何其他法律规定都没有在其原文中明确放弃政府对于破产托管人请求货币救济的权利主张的豁免。因为国会并没有授权破产法院命令从美国取回货币，上诉法院的判决必须被推翻。

四、案件评析

本案所争议的焦点问题是破产公司的经理非法转让破产财产用于缴纳税款，破产公司能否收回该财产。根据破产法的一般原理以及具体制度，破产申请以后财产的转让必须经过法院的授权或者具有明确的法律依据，非法转让的财产不能取得转让的效力，转让的财产应当予以收回。但是本案所涉及的转让财产进入了国库，而不是私人的手中，如果是进入了私人的手中，本案并没有什么可争议之处，破产财产的托管人可以要求收回该财产。但现在该财产进入了国库，破产财产的托管人是否可以收回该财产就受到了国家主权豁免理论的限制。

联邦最高法院的终局判决认为国家主权豁免理论在此是适用的，破产法并没有放弃国家主权豁免，因此，一旦该财产进入了国库，国家主权豁免理论就禁止托管人收回该财产。从法律解释的角度来看，联邦最高法院的判决似乎有道理，但从纳税人和国家整体利益衡量的角度来看，这一判决是值得商榷的。正如，联邦最高法院的部分法官所主张的：破产公司的经理占用了公司资金并且将它们用于免除其个人税收债务。因为联邦政府是盗窃财产的最后接受者，法院就认为破产托管人不能取消该转让。对于主权豁免理论的严格解释的利益超过了对于该公司债务人的一般债权人和股东的衡平法对待的利益。这种结果既是不必要的，也是不公正的。即使允许托管人收回该财产，国家的税收利益也并不一定受到损害。更进一步讲，即使国家允许收回财产将受到一定损害，国家也不能以损害私人的利益为代价来维护自己的利益。

另外，从法律解释的角度来看，也可以作出和最高法院大部分法官所不同的结论。正如部分法官所主张的：它是不必要的，因为《破产法典》的上下文以及立法历史都支持相反的结论。它是不公正的，因为没有什么比遵守陈旧的法官造法所导致的误导的利益更处于危险之中了。尽管有古老的传统，主权豁免原则不过是一个有时被重视，有时不被重视的法官造法而已。

从实践的角度来看,即使允许托管人收回该财产,也不会对国家的税收利益造成明显的损害。正如美国破产法委员会在 1973 年所明确声明的那样:由财政部长提交给本委员会的数据表明,由联邦政府在破产程序中通过留置权以及优先权所征收的税款数额在整个联邦预算中是微不足道的。该委员会的观点是,联邦政府以纳税人的其他债权人的损失为代价来征收税款是不恰当的,关于这一点的唯一的正当理由是为了确保政府的正常运转所必要。正如上面的数据所表明的,这种正当性在事实上完全是没有基础的。

因此,美国联邦最高法院的判决是值得商榷的,对于国家利益的过分维护反而会损害国家以及最高法院的形象,也违反了一般社会公众对法律的公平正义的观念,这一判决应当在以后的判决中予以推翻。

五、美国联邦最高法院关于本案的判决书

美国联邦最高法院

美国诉北欧村有限公司,503 U. S. 30(1992)

美国诉北欧村有限公司

No. 90-1629

辩论于 1991 年 12 月 9 日

判决于 1992 年 2 月 25 日

在应诉人北欧村有限公司根据《破产法典》第 11 章的规定提起免除债务的请求以后,该公司的一个经理从该公司账户中提取了资金。他将该资金的一部分交给了国内税收服务局,指示该笔资金用于其个人的税收债务。在随后的对方提起的诉讼中,破产法院允许北欧村有限公司的托管人收回该转让并且发布了针对国内税收服务局的货币判决。地区法院维持了该判决,上诉法院也维持了该判决,它们拒绝了主权豁免阻碍该判决的管辖权抗辩。

本院认为:

第一,该法典的第 106 节第 c 分节并没有放弃美国在寻求货币返还的破产诉讼中的主权豁免。

Hoffman v. Connecticut Dept. of Income Maintenance,492 U. S. 96 这一判例并不能支配本案件,因为其中的大多数以及反对者即使在下列问题上仍存在分歧:第 106 节第 c 分节是否授权针对州的货币返还,同时发生的判决表明,拒绝相配的服从义务,依据第十一修正案,该修正案仅仅适用于州。然而,多数的推理是相关的,也是我们这里所依赖的。

第 106 节第 c 分节并没有"明确表达"政府放弃了金钱救济诉讼的豁免,而这

是该类放弃生效的必要条件。参见 *Irwin v. Department of Veterans Affairs*，498 U. S. 89, 95，与第 106 节第 a 分节和第 b 分节相对应，它们明确免除了关于特定权利主张的金钱救济的豁免，第 106 节第 c 分节至少有两个似是而非的解释并没有授权金钱救济。立法历史并没有在这一点上指出任何方向，因为，放弃的"明确表达"必须在立法的上下文中表述。*Hoffman*, supra, at 104。

第二，应诉人的若干个可选择的支持该判决的论辩——《美国法典》第 28 标题第 1334 节第 d 分节的广泛的管辖权授权提供了必要的放弃，破产法院对物的管辖权超过了主权豁免，主权豁免放弃被信托法的原则所支持——是没有说服力的。

斯卡拉法官发表了本院的观点。

这个案例提出了一个狭窄的问题：《破产法典》第 106 节第 c 分节是否放弃了美国在寻求货币返还的破产诉讼中的主权豁免？

I

应诉人北欧村有限公司在 1984 年 3 月根据《破产法典》第 11 章的规定提交了免除债务的请求。大约 4 个月以后，朗先生——北欧村有限公司的一个经理及股东——在该企业的公司账户中签发了一张 26 000 美元的支票，其中的 20 000 美元被用于获得现金支票，以支付给国内税收服务局。朗先生将该支票交给了国内税收服务局并且指示将其用于抵扣其个人税收债务。

1984 年 12 月，为北欧村有限公司任命的托管人在俄亥俄州北部地区的破产法院开始了一个相反的诉讼程序，请求连同其他的转让财产一起返还由朗先生向国内税收服务局缴纳的 20 000 美元。破产法院准许了该返还。法院判决，根据《破产法典》第 549 节第 a 分节的规定申请破产以后未授权的转让，是无效的，根据《破产法典》第 550 节第 a 分节的规定应当由国内税收服务局予以返还。地区法院发布了针对国内税收服务局的返还 20 000 美元的判决。

第六巡回区美国上诉法院意见有分歧的审判小组维持了判决。915 F. 2d 1049(1990)。它支持下级法院的推理，并且拒绝了主权豁免禁止对政府下达判决的司法管辖权抗辩。我们发布了诉讼文件移送命令。501 U. S. 1216(1991)。

II

《破产法典》第 106 节规定：

"(a)政府单位被视为已经放弃了关于下列事项的主权豁免：针对该政府单位的具有破产财产性质的以及与政府单位的权利主张产生于同一交易或者同时产生的任何权利主张。

(b) 政府单位的被允许的权利主张或者利益应当抵销针对该政府单位的具有破产财产性质的任何权利主张。

(c) 除本节中的第 a 分节和第 b 分节的规定以外，尽管有主权豁免的任何主张：① 本标题中包含'债权人'、'实体'或者'政府单位'的规定适用于政府单位；以及 ② 法院对于根据该规定所产生的争议所作出的判决约束政府单位。"《美国法典》第 11 标题第 106 节。

一年半以前，我们在 *Hoffman v. Connecticut Dept. of Income Maintenance*，492 U. S. 96(1989)一案中阐述了本规定的含义。那里的争议是第 106 节第 c 分节是否授权针对州的货币性返还。我们认为它没有，尽管支持该判决的法官们同意其原因。法院的大部分法官认为，第 106 节第 c 分节并没有允许破产法院发布针对州的货币救济。同上，第 102 页(怀特法官，首席法官李坤斯特、奥克奴法官和肯尼迪法官同意其观点)。大部分法官说，该结论是被下列事项强迫得出的：第 106 节第 c 分节的语言、该分节与该法律的其他部分的关系以及这样一个要求，即国会取消州的第十一修正案豁免应当被明确地表述。同时发现没有必要解释立法，结论是国会没有根据破产条款授权取消州在货币损害诉讼中的豁免。同上，第 105 页(斯卡拉法官在判决中附议)。如同这里的上诉法院一样，持相反意见者认为，第 106 节第 c 分节的语言，特别是其中的第 c 分节第 1 段支持了必要的放弃。同上，第 106 页(马歇尔法官的观点，布伦南、布莱克姆和斯蒂文斯法官赞同)。

与政府的建议相反，*Hoffman v. Connecticut Dept. of Income Maintenance* 一案并不能支配今天的案件。事实是，并且我们确信，国会在第 106 节明确规定(在国会的权力范围内)为豁免之目的，州和联邦主权机关应当受到相同待遇。参见《美国法典》第 11 标题第 101 节(27)(1982 ed.，Supp. II)("'政府单位'是指美国和州")。然而，由于在 *Hoffman v. Connecticut Dept. of Income Maintenance* 一案中法院在关于如何处理州这一问题上平均分成了两派；并且由于同时存在的判决表决否决了服从相配的义务，依据(第十一修正案)仅仅适用于州，而不适用于联邦政府，参见 *FHA v. Burr*，309 U. S. 242，244(1940)；*Hoffman v. Connecticut Dept. of Income Maintenance* 一案的观点在这里没有约束力。然而，关于立法问题的分裂的观点是相关的；事实上，我们应当依赖于多数人的推理。

III

为了使放弃政府主权豁免生效，相关规定必须是"明确表达的"。*Irwin v. Department of Veterans Affairs*，498 U. S. 89，95(1990)[引用了下列案例：*United States v. Mitchell*，445 U. S. 535，538(1980)以及 *United States v. King*，395 U. S. 1，4(1969)]。而且，与应诉人的建议相反，他们通常不是被"不受限制地解释的"。我们时常限缩性地解释对于主权豁免的例外，在这样的解释是与国会的清楚意图相一致的情况下，例如，对于《联邦民事侵权权利主张法》中"彻底的语言"的上下文的解释，*United States v. Yellow Cab Co.*，340 U. S. 543，547；参见同上，第 554～555 页；*Block v. Neal*，460 U. S. 289，298(1983)；*United States v. Aetna Casualty*

& *Surety Co.* ,338 U. S. 366,383(1949),或者对于具有同样宽范性的"控告和被控告"条款的解释,参见 *Franchise Tax Board of California v. United States Postal Service*,467 U. S. 512,517-519(1984),*FHA v. Burr*,supra,245。然而,这些案例并没有废除这样一个传统的原则,即政府同意被起诉"必须被""按照有利于主权的方法严格解释",*McMahon v. United States*,342 U. S. 25,27(1951),并且不能"扩大到······超越语言所要求的范围",*Ruckelshaus v. Sierra Club*,463 U. S. 680,685(1983)[引用了下列案例:*Eastern Transp. Co. v. United States*,272 U. S. 675,686(1927)],在本年度,我们曾经不时地重申了这样一个解释的规则,参见 *Ardestani v. INS*,502 U. S. 129,137(1991)。

关于货币责任,第106节中的第a分节和第b分节符合"明确表述"的要求。被《美国法典》第11标题第101节第4段第A分段定义为"对于付款的权利"的"权利主张"在下列两种背景下明确放弃了关于货币救济的主权豁免:对于政府权力主张的被迫反诉,《美国法典》第11标题第106节第a分节;对于具有抵销局限的政府权力主张的被许可的反诉,《美国法典》第11标题第106节第b分节。与这些明确的模型相邻的是第c分节。尽管它也放弃了主权豁免,但是它没有明确将该放弃延伸至货币性权利主张。它至少容许两种不授权货币救济的解释。

根据其中一个解释,第106节第c分节允许破产法院针对政府发布"宣言性的和命令性的"救济——尽管不是货币性的。*Hoffman*,492 U. S. , at 102。这种结论是通过将第c分节中的两个段理解成补充性的,而非独立性的所得出的:第1段界定了法院根据本分节可以受理的争议的主题,第2段则详细说明了法院在该类争议中所能采取的救济手段。也就是说,第2段详细说明了第1段所界定的规定可以适用于政府单位的方式,即允许宣言性的或者命令性的救济,但是没有肯定货币性的恢复。

有几个因素可以支持这个结论。我们所熟悉的一个是它在货币性权利主张的诉讼与其他救济的诉讼之间所确立的区分,这一点被第a分节和第b分节("权利主张")以及第c分节("争议的确定")所使用的相对语言所揭示,Hoffman,492 U. S. , at 102。它也避免了在第a分节和第b分节所规定的放弃上的限制逐渐消失。该法典中允许针对主体而非破产财产本身的权利主张的主要规定是第542节第b分节,其中规定"拥有具有破产财产性质并且已经到期的债务的实体,在要求之时或者在命令之时,应当向托管人支付该债务,或者按照顺序"。《美国法典》第11标题第542节第b分节。如果第106节第c分节中的第1段由于使用了触发词"实体"而意味着本规定适用于所有的政府单位,那么,政府可以被在所有声称的债务中被起诉,尽管有第a分节和第b分节所规定的下列条件:针对政府的权利主张仅仅存在于政府提出了权利主张的证据的情况下,即使这样,也只能作为抵销,除非该权利主张是被迫的反诉。如果第 c 分节第 1 段立足于自身的话,早期的限制将减少为微不足道的适用。参见同上,第 101～102 页。这种解释也附带着对第 c 分节第 2 段的实际推论结果,尽管应诉人的解释违反了固定的规则,即如果有可能,立法必须按照使每一个词语都有实施效果的方式来解释。参见同上,第 103 页;*United States v. Menasche*,348 U. S. 528,538-539(1955)。应诉人暗示,第 2 段没有起到任何作用,如果第 1 段被用于将政府视同任何其他"实体"或者"债权人",不考虑由可适用的法典条文所授予的救济类型。

根据这种解释,第 106 节第 c 分节尽管没有授权寻求货币救济的权利主张,然而却起到了非常重要的作用。它将允许破产法院确定某项财产向政府所欠债务的数额以及免除的数额,例如,没有缴纳的联邦税款,参见《美国法典》第 11 标题第 505 节第 a 分节第 1 段(允许法院"确定任何税款的数额或者合法性"),无论政府是否提出了权利主张的证据。参见 492 U. S., at 102～103. 比较 *Neavear v. Schweiker*,674 F. 2d 1201,1203-1204(CA7 1982)(认为,根据第 106 节第 c 分节,破产法院能够免除向社会保障主管机关所欠的债务)。在 1978 年所制定的第 106 节第 c 分节之前,政府依据主权豁免一而再,再而三地反对受到该决定的约束。参见 *McKenzie v. United States*,536 F. 2d 726,728-729(CA7 1976);*Bostwick v. United States*,521 F. 2d 741,742-744(CA8 1975);*Gwilliam v. United States*,519 F. 2d 407,410(CA9 1975);*In re Durensky*,377 F. Supp. 798,799-800(ND Tex. 1974),appeal dism'd,519 F. 2d 102(CA5 1975)。

第 c 分节也有另外一种解释,该解释在这里也不能被采纳。如果第 106 节第 c 分节中的两段被理解为互相独立的,而不是第 2 段限制第 1 段,那么,根据第 1 段的规定,该法典使用的在第 c 分节第 1 段中所列举的触发词语的条文将全部适用于政府单位。但是这些条文的适用将受到第 a 分节和第 b 分节所规定条件的限制,按照引入第 c 分节的短语的规定("除本节中的第 a 分节和第 b 分节的规定以外")。换句话说,这一例外可以被理解为第 a 分节和第 b 分节所确立的规则——放弃政府在"具有破产财产性质"的"权利主张"中的主权豁免——是排他性的,排除了为该目的而寻求第 c 分节的规定的任何可能。这一理解将阻碍当前的诉讼,因为根据第 550 节的规定恢复请求之后转让的权利很明显是"权利主张"[根据第 101 节(4)(A)的定义]并且具有"破产财产的性质"(根据第 541 节第 a 分节第 3 段的定义)(持不同意见者似乎也是将第 c 分节第 1 段和第 c 分节第 2 段理解为互相独立的,但是没有提供关于原文中的例外在这种解释下意味着什么的解释)。

前述的当然不是第 c 分节的唯一解读,但是它们是有道理的解释——它们足以让人确信:给政府施加了货币性债务的理解不是"明确的",因此不能被采纳。与应诉人的建议相反,立法历史并没有对含糊的这一点给出更多的解释。正如在第十一修正案的上下文中,参见 Hoffman v. Connecticut Dept. of Income Mainte-nance 一案,第 104 页,我们所强调的主权豁免取消的"明确表达"是在立法上下文中的表达。如果其中不存在明确性,它就不能被一个委员会的报告所补充。比较 Dellmuth v. Muth,491 U. S. 223,228-229(1989)。

Ⅳ

应诉人提出了若干个支持下面判决的可选择依据,但是全部没有说服力。它主张必要的放弃可以从《美国法典》第 28 标题第 1334 节第 d 分节中找到,它授权地区法院在破产案件中"对于截至该案件开始之时债务人的所有财产,无论位于何处,以及破产财产中的所有财产的排他性管辖权"。应诉人力劝我们将这里的语言解释为授权破产法院强迫美国或者州返还任何财产,包括货币,该财产在破产程序开始之时应当进入破产财产。根据这种理论,被牵制进诉讼的主权将不受第 106 节的特定语言的规范,而应当被第 1334 节第 d 分节所授予的广泛的管辖权所取消。除了没有先例依据以及违反明确表达的要求以外,这个理论非常类似于我们在上半年的判决中所反对的论证。在 Blatchford v. Native Village of Noatak,501 U. S. 775,786(1991)一案中,该论证是这样的:阿拉斯加州的对于诉讼的第十一修正案豁免被《美国法典》第 28 标题第 1362 节的规定所取消,该规定类似第 1334 节第 d 分节,它授予地区法院对于"由印第安部落根据宪法、法律或者美国的条约所提起的任何民事诉讼"的司法管辖权。与该论证相反,我们认为:"国会授予审理诉讼的管辖权的事实并不足以表明国会已经取消了对于该诉讼的所有抗辩。这一结论是非常清楚的。"同上,第 787 页,注释 4。

同样没有说服力的是应诉人的相关论点:破产法院的对物管辖权超越了主权豁免。作为一个最初的问题,关于这个论点的前提被省略了,因为应诉人没有提出,破产法院也没有声称要行使对物管辖权。应诉人是寻求取回一定数额的货币,而不是"特定的美金",比较 Begier v. IRS,496 U. S. 53,62(1990),因为没有一个法院的对物管辖权能够附属财产,参见 Pennsylvania Turnpike Comm'n v. Mc Ginnes,268 F. 2d 65,66-67(CA3),cert. denied,361 U. S. 829(1959)。在任何情况下,我们都没有在货币返还的案件中针对主权豁免障碍适用任何对物管辖权例外,并且我们已经暗示这样的例外并不存在,参见 United States v. Shaw,309 U. S. 495,502-503(1940)。United States v. Whiting Pools,Inc.,462 U. S. 198(1983)一案也没有确立这样的例外,或者允许这里所请求的救济。那个案例支持破产法院命令国内税收服务局交出它在债务人申请破产保护之前所查封的债务人的有形财产。从国库请求返还资金的诉讼与返还债务人拥有所有权的有形财产的诉讼是大不相同的。法院在 United States v. Whiting Pools 一案中的观点并没有讨论第 106 节第 c 分节,其中也没有任何观点表明授予从美国取回货币的权利是适当的。

寻求信托法的原则对于应诉人也没有任何帮助。应诉人所引用的大部分信托判决都是不相关的,因为它们所涉及的是私人主体,而非政府。涉及政府的一个案例——*Bull v. United States*,295 U. S. 247(1935)——涉及衡平法的赔偿,其中的原则已经被后来的案例予以实质性限制和缩小,参见 *United States v. Dalm*,494 U. S. 596,608(1990),因此,在这里也不能适用。

第106节第Ⅰ款以及任何其他法律规定都没有在其原文中明确放弃政府对于破产托管人请求货币救济的权利主张的豁免。因为国会并没有授权破产法院命令从美国取回货币,上诉法院的判决必须被推翻。

如此判决。

斯蒂文斯法官,连同布莱克姆法官,持不同意见。

法院今天发布的非正义表明,是该重新考察推动其判决的法官造法的智慧的时候了。

破产公司的经理占用了公司资金并且将它们用于免除其个人税收债务。因为联邦政府是盗窃财产的最后接受者,法院就认为破产托管人不能取消该转让。对于主权豁免理论的严格解释的利益超过了对于该公司债务人的一般债权人和股东的衡平法对待的利益。这种结果既是不必要的,也是不公正的。

它是不必要的,因为《破产法典》的上下文以及立法历史都支持相反的结论。它是不公正的,因为没有什么比遵守陈旧的法官造法所导致的误导的利益更处于危险之中了。我应当首先对国会制定的法律进行评论,然后对法官自己制定的规则进行评论。

Ⅳ-A

第106节的上下文非常简明易懂。由于本案既不涉及反诉,也不涉及抵销,因此,第a分节和第b分节都不适用。第c分节规定:

"(c)除本节中的第a分节和第b分节的规定以外,尽管有主权豁免的任何主张:① 本标题中包含'债权人'、'实体'或者'政府单位'的规定适用于政府单位;以及 ② 法院对于根据该规定所产生的争议所作出的判决约束政府单位。"《美国法典》第11标题第106节。

美国是一个"政府单位",因此,《破产法典》中包含第c分节第1段所列出的"触发词语"中的一个的任何规定都适用于美国。第550节第a分节无疑是这样一个规定。因此,"尽管有主权豁免的任何主张",第c分节第1段规定第550节第a分节"适用于"美国,并且第c分节第2段规定,政府受到法院针对根据该规定所产生的纠纷所发布的判决的约束。该法律的字面上的上下文关系毫无疑问将主权豁免抗辩排除在外。

　　立法历史明确表明,国会有意从字面上解读法律。第 106 节第 c 分节的直接目的是使得破产法院能够确定债务人税收债务的数额以及免除的数额,但是修正案的发起人明确宣布,它也同时包括"其他事项",明确将优先转让的排除包括在内。124 Cong. Rec. 32394(1978)(众议员爱德华兹的陈述);同上,第 33993 页(参议员 DeConcini 的陈述)。国会放弃主权豁免的意图是非常清楚的。

　　本院通过下列方法来避免得出这个结论:假定对该法律的"有道理"的可选择解释,拒绝考虑立法目的,并重申法院的观点:放弃主权豁免必须被严格解释。我不对这些有道理的可选择解释进行评论,只是强调一下,它们与对法律的字面解读相比,令人满意的程度明显较低——无论是作为合理的破产政策还是作为英语语言的基本解释原则。然而,我要对本院与主权豁免原则的亲密关系说上几句话。

Ⅳ-B

　　尽管有古老的传统,主权豁免原则不过是一个有时被重视,有时不被重视的法官造法而已。它在最初是依赖于这样一个观念,即凭神的力量任命的郡主"不可能违法",这个观念当然是完全不足信的。而且,其对于司法的公正管理所具有的持久和稳固的威胁已经被反复承认和确认。因此,在 *FHA v. Burr*,309 U. S. 242, 245 一案中,我们这样评论:"当前在诉讼中已经不再偏爱政府豁免原则。"

　　随着时间的流逝,国会开始采取措施来减轻该原则所造成的困难。半个世纪以前,本院曾经认为:正义的观念已经通过立法所制定的严格的主权豁免规则产生了改革性的缓和。随着代表性政府试图改善作为必要许可的不平等,政府的特权产生了市民的需要。……当授予职权之时,应当公正的解释。*United States v. Shaw*,309 U. S. 495,501(1940)。

　　在破产法的上下文中,本院已经注意到,没有说明为什么应当给予联邦政府与任何其他被保护的债权人所不同的对待的原因。联邦政府的利益以及通过规范免除债务和优先权的特定法律规定给予了充分的保护。正如美国破产法委员会在 1973 年所明确声明的:

　　"本委员会也认为,未缴纳的税款所享受的优先权从在破产之前的 3 年内所产生的收益缩减为在破产之前 1 年内所产生的收益,除此以外,我们没有给予政府在破产程序中关于税收的任何优先权(包括那些被"税收留置权"所担保的税款)。由财政部长提交给本委员会的数据表明,由联邦政府在破产程序中通过留置权以及优先权所征收的税款数额在整个联邦预算中是微不足道的。本委员会的观点是,联邦政府以纳税人的其他债权人的损失为代价来征收税款是不恰当的,关于这一点的唯一的正当理由是为了确保政府的正常运转所必要。正如上面的数据所表明的,这种正当性在事实上完全是没有基础的。"

　　"当联邦政府进入商业交易领域时,它应当做好在破产中与其他债权人被同等对待的准备"。Report of Commissionon Bankruptcy Laws of the United States, H. R. Doc. No. 93-137, pt. 1, p. 22(1973)。

如果由这些在形成《破产法典》的政策中起到重要作用的专家的评论是合理的——我认为它们是合理的——我们就必须提出这样的问题,有什么正当的理由可以支持法院对于第106节第c分节中的放弃的解释如此"严格"以至于都没有考察其立法历史?

当然,要求国会运用更加清晰或者精确的语言来起草其立法的意思并不能证明拒绝我们以诚信的努力来探知已经体现在法典中的语言所努力传达的真实意思的正当性。本院坚持"清晰的表述"给国会增加了不必要的重新制定那些如果按照字面含义来理解已经足够明确的规定的负担。这种类型的法院造法对于诉讼当事人、立法机关以及社会普通公众所造成的成本是很客观的,也是不幸的。它对于那些参与针对主权诉讼的个人公民而言是悲剧性的。

国会有充分的权力来纠正法院的错误判决的事实并不能证明拒绝遵守其命令的正当性。

我尊敬地表示反对。

第十二章 违宪判决的溯及效力案（1993）

一、基本法律规定

（一）《美国法典》第 4 标题第 111 节第 a 分节的规定

美国同意由一个适当组成的具有征税权的主体对于美国、其中的地区或者领地或者政治分支机构、哥伦比亚特区政府或者前述一个或者多个的代理人或者机构的官员或者雇员的个人劳务的薪金或者报酬征税，如果该税收没有因为该薪金或者报酬的来源而歧视该官员或者雇员。

（二）《美国法典》第 4 标题第 111 节第 b 分节的规定

由美国为作为美国在下列水力电气机构的雇员所提供的个人劳务所支付的薪金或者报酬：① 由美国所拥有；② 位于哥伦比亚河；③ 其中的部分位于俄勒冈州和华盛顿州，应当缴纳该雇员属于其居民的州或者其中的任何政治分支机构的税收。

（三）《美国法典》第 4 标题第 111 节第 c 分节的规定

由美国为作为美国在下列水力电气机构的雇员所提供的个人劳务所支付的薪金或者报酬：① 由美国所拥有；② 位于密苏里河；③ 其中的部分位于南达科他州和内布拉斯加州，应当缴纳该雇员属于其居民的州或者其中的任何政治分支机构的税收。

（四）最高条款——《美国宪法》第 6 条第 2 款的规定

本宪法和依本宪法所制定的合众国法律，以及根据合众国的权力已缔结或将缔结的一切条约，都是全国的最高法律；每个州的法官都应受其约束，即使州的宪法和法律中有与之相抵触的内容。

二、案情简介

在 *Davis v. Michigan Dept. of Treasury* 一案中所涉及的密歇根州的税收制度"免除由该州或者其政治分支机构所支付的所有退休利益的纳税义务,但是对由联邦政府支付的退休利益征收所得税"。联邦最高法院认为,根据《美国法典》第 4 标题第 111 节的规定,美国并没有同意对联邦利益征收比州和地方利益更重的税收负担。由于密歇根州"承认退还税款是适当的",最高法院确认,联邦退休者有权获得"按照该无效税收制度所缴纳的"税款。

如同密歇根州,维吉尼亚州免除了州和地方雇员的退休利益的州所得税的纳税义务,但是却对联邦退休利益征税。为了回应 *Davis v. Michigan Dept. of Treasury* 一案的判决,维吉尼亚州取消了对州和地方政府雇员的免税制度。它也制定了一个禁止依据 *Davis v. Michigan Dept. of Treasury* 一案的判决请求退还税款的特别法律限制。根据该法律,纳税人必须在关于维吉尼亚是否必须退还这些税款的终局司法判决生效之日起 1 年以内请求退还在 1985、1986、1987 年以及 1988 年对于联邦退休利益所征收的州税。

请求者,421 个联邦文职官员和军事退休人员,请求退还违反 *Davis v. Michigan Dept. of Treasury* 一案的非歧视原则而"错误或者不适当征收的"税款。审判法院拒绝提供救济。维吉尼亚州最高法院维持了该判决。

联邦最高法院在 *James B. Beam Distilling Co. v. Georgia*,501 U. S. 529 (1991)一案中面临着一个类似的溯及既往的原则。法院认为,必须将 *Bacchus Imports,Ltd. v. Dias* 一案的判决溯及既往地适用于在该法院之前发生的事实。在判决 *James B. Beam Distilling Co. v. Georgia* 一案以后,联邦最高法院在 *Harper v. Virginia Dept. of Taxation* 一案中没有作出判决,将其发回重审。在发回重审以后,维吉尼亚最高法院再次拒绝给予救济。

当联邦最高法院判决 *Davis v. Michigan Dept. of Treasury* 一案时,有 23 个州对于雇员从州和地方政府获得的利益给予比联邦雇员所获得的利益更优的税收待遇。如同维吉尼亚州最高法院,其他几个州的法院已经拒绝将 *Davis v. Michigan Dept. of Treasury* 一案作为对联邦法律的有法律效力的解释而溯及既往地适用。在联邦最高法院命令按照 *James B. Beam Distilling Co. v. Georgia* 一案的判决发回重审以后,这些法院中的两个仍然拒绝溯及既往地适用 *Davis v. Michigan Dept. of Treasury* 一案的判决。相反,阿肯色州的最高法院已经作出这样的结论,作为一个联邦法律问题,*Davis v. Michigan Dept. of Treasury* 一案的判决可以溯及既往地适用。在维吉尼亚最高法院重新确认其原初判决以后,联邦最高法院第二次发布了案件移送命令,决定受理本案。

三、正反方观点

(一) 正方(维吉尼亚审判法院、最高法院)观点

Davis v. Michigan Dept. of Treasury 一案判决了这样一个问题,其结论的最初结果并没有被清楚地预见,在将来适用 *Davis v. Michigan Dept. of Treasury* 一案的判决并不会阻碍其发挥作用,溯及既往地适用将导致不公平、不公正以及困难。根据 *Chevron Oil and American Trucking Assns.,Inc. v. Smith*, 496 U. S. 167 一案,*Davis v. Michigan Dept. of Treasury* 一案的判决不能溯及既往地予以适用。

由于 *Davis v. Michigan Dept. of Treasury* 一案不能溯及既往地适用,在 *Davis v. Michigan Dept. of Treasury* 一案之前征收的税款并不是在维吉尼亚税法"意义范围内的错误或者不适当"。

宣布一项税收制度违宪的判决仅仅对未来事件具有效力。

(二) 反方(纳税人、联邦最高法院)观点

当联邦最高法院将一个联邦法律的规则适用于在联邦最高法院前的当事人时,该规则就是该联邦法律的具有法律效力的解释,并且必须给予该规则在所有可以直接审查的案件以及所有事件的溯及既往的效力,无论该事件是在宣布该规则之前或者之后发生。

这一规则公正地反映了大多数法院在 *James B. Beam Distilling Co. v. Georgia* 一案中的立场,并且延伸至民事案件中,禁止在刑事案件中"对于新规则进行选择性的适用"。注意,"宪法判决的基本规范"启发了联邦最高法院在刑事案件中溯及既往的观点,即司法审查的本质剥夺了立法机关根据其选择而将法律规则溯及既往或者仅对以后适用的特权,对新规则的选择适用违反了同等对待处于相同状态中的当事人的原则,联邦最高法院禁止在非刑事案件中对于联邦法律树立起临时禁止适用的做法。当联邦最高法院没有保留这样一个问题,即其判决应当适用于在联邦最高法院前的当事人时,这一观点应当被适当地理解为已经遵守了溯及既往适用的通常规则,适用该规则的法定命令在"任何基于 *Chevron Oil Co. v. Huson* 一案分析的权利主张中"都有效力。

联邦最高法院将 *Davis v. Michigan Dept. of Treasury* 一案所宣布的法律规则适用于联邦最高法院前的当事人。联邦最高法院对于密歇根州的让步的反应是,在 *Davis v. Michigan Dept. of Treasury* 一案中退还税款是比较适当的,远离了保留溯及既往的问题,构成了对这一规则的溯及既往适用。仅仅记录 *Davis v. Michigan Dept. of Treasury* 一案的未来效果的判决将禁止对救济问题的任何讨论。

下面的判决并不是基于独立的和足够的州法。在持有下面的观点时,即州法溯及既往原则仅允许对该规则的未来的适用,该州最高法院把 *Chevron Oil Co. v. Huson* 一案的分析以及被 *Griffith v. Kentucky* 一案所推翻的刑事溯及既往案件纳入了州法。然而,最高条款并不允许联邦的溯及既往原则被州法的对溯及既往原则的相反解释所代替。类似的,该州法院的判决,即被质疑的征税根据州法并不是错误的或者不适当的,仅仅基于该法院的这样一个观点,即 *Davis v. Michigan Dept. of Treasury* 一案并不能溯及既往地适用。

维吉尼亚州有选择它所提供的救济方式的自由,只要该救济与联邦正当法律程序原则相一致。在回应它征收了被禁止的歧视性税收时,一个州保留有一定的灵活性。被剥夺之前可以进行听证的权利构成了足以保障正当法律程序的程序性保证,但是如果不存在这样的救济方式,该州必须提供有意义的回顾救济手段,或者通过全部退还税款,或者通过发布一些其他的命令,该命令创造了一个具有后见之明的非歧视性制度。由于任何救济的宪法充足性(至少最初)取决于维吉尼亚州法律是否规定了足够的剥夺之前的程序形式,由于这个问题尚未被适当地提出来,这一问题以及与适当地救济相伴随的其他手段留给弗吉尼亚州法院去判决。

四、案件评析

本案所争议的焦点问题是联邦最高法院所作出的违宪判决是否具有溯及效力,即对于在该判决宣告前所发生的事项是否具有效力。对于这一问题,从不同的角度可以得出不同的观点。从纳税人权利保护的角度出发,对于纳税人不利即加重纳税人负担的判决不应当具有溯及效力,而对纳税人有利即减轻纳税人负担的判决应当具有溯及效力。这一原则实际上也就是新法律适用的从轻原则,或者纳税人本位原则。从国家税收利益保护的角度出发,有利于维护国家税收权利的判决应当具有溯及效力;反之,则不应当具有溯及效力。这一原则实际上就是新法适用的从重原则,或者国库本位原则。从法律稳定性的角度出发,任何判决所宣布的新原则都只能向未来适用,而不能具有溯及效力。这一原则实际上就是新法适用的从旧原则。从法律解释的角度出发,对法律进行解释的法律并不是新的立法,其生效时间与被解释的法律的生效时间相同,即具有溯及既往的效力。

联邦最高法院对这一问题在不同的时期、针对不同的法律领域也曾经采取了不同的立场,得出了不同的结论。传统上,联邦最高法院坚持一个基本原则:该院的宪法判决具有溯及既往的效力。后来又针对刑事领域和民事领域分别采取了不同的适用原则,民事领域仍然具有溯及既往的效力,但在刑事领域,仅对将来的事项有效。这主要是为了保障犯罪嫌疑人的合法权利。在以后的判决中,联邦最高法院又返回了最初的原则,得出了下列结论:我们的司法责任要求我们宣布的每一个规则都溯及既往地适用。因此,本案所争议的焦点问题,按照联邦最高法院最近时期所坚持的立场,应当具有溯及既往的效力。这一立场是有利于纳税人权利保护的。

但是,联邦最高法院的宪法判例溯及既往地适用并不必然导致纳税人享有退税权。因为宪法要求维吉尼亚州"提供与联邦的正当法律程序原则相一致的救济"。至于救济的具体方法,可以由州自由决定。当然,州法可以提供超过联邦正当法律程序要求的救济,但是在任何情况下都不能向请求者提供更低水平的救济。

五、美国联邦最高法院关于本案的判决书

美国联邦最高法院

哈珀诉维吉尼亚税务局,509 U.S. 86(1993)

从维吉尼亚最高法院移送而来

No. 91-794.

辩论于 1992 年 12 月 2 日

判决于 1993 年 6 月 18 日

在 *Davis v. Michigan Dept. of Treasury*,489 U.S. 803 一案中,本院否定了密歇根州以下税收政策的效力:对联邦政府支付的退休利益征税,而免除由该州及其政治分支机构所支付的退休利益的纳税义务。由于密歇根州承认向联邦退休人员退税是适当的救济措施,本院作出了由该州返还其所侵占的利益的判决。随后,维吉尼亚州修改了一个类似的法律,该法律对联邦退休人员征税,而对州和地方退休人员免税。请求者是联邦文职和军事退休人员,他们请求退还维吉尼亚州在该法修改之前所征收的税款。适用 *Chevron Oil Co. v. Huson*,404 U.S. 97,106-107 一案中的因素,一个州审判法院拒绝退还请求者在 *Davis v. Michigan Dept. of Treasury* 一案判决之前所缴纳的税款。维吉尼亚最高法院维持了该判决,并且认为,根据 *Chevron Oil and American Trucking Assns.,Inc. v. Smith*,496 U.S. 167 一案,*Davis v. Michigan Dept. of Treasury* 一案的判决不能溯及既往地予以适用。它还认为,作为州法律的问题,该税款的征收既不是错误的,也不是不适当的,宣布一项税收制度违宪的判决仅仅对未来事件具有效力。然而,在 *James B. Beam Distilling Co. v. Georgia*,501 U.S. 529 一案中,本院的6位法官要求溯及既往地适用 *Bacchus Imports,Ltd. v. Dias*,468 U.S. 263 一案的判决,该判决禁止各州对进口的含酒精的饮料征收比当地产的饮料更高的消费税,在该判决之前发生的事实及其权利主张仍可以适用该判决。这些法官不同意乔治亚州最高法院溯及

既往地适用 *Chevron Oil Co. v. Huson* 一案判决的分析。在本院命令按照 *James B. Beam Distilling Co. v. Georgia* 一案的判决重新评估请求者的诉讼请求时，维吉尼亚州最高法院在各个方面都重新肯定了其判决。它认为，*James B. Beam Distilling Co. v. Georgia* 一案的判决并不能排除适用 *Chevron Oil Co. v. Huson* 一案判决的分析，因为 *Davis v. Michigan Dept. of Treasury* 一案并没有决定其规则是否可以溯及既往地适用。

本院认为：

第一，当本院将一个联邦法律的规则适用于在本院前的当事人时，该规则就是该联邦法律的具有法律效力的解释，并且必须给予该规则在所有可以直接审查的案件以及所有事件的溯及既往的效力，无论该事件是在宣布该规则之前或者之后发生。

这一规则公正地反映了大多数法院在 *James B. Beam Distilling Co. v. Georgia* 一案中的立场，并且延伸至民事案件中，禁止在刑事案件中"对于新规则进行选择性的适用"。*Griffith v. Kentucky*，479 U. S. 314，323。注意，"宪法判决的基本规范"启发了本院在刑事案件中溯及既往的观点，即司法审查的本质剥夺了立法机关根据其选择而将法律规则溯及既往或者仅对以后适用的特权，对新规则的选择适用违反了同等对待处于相同状态中的当事人的原则，本院禁止在非刑事案件中对于联邦法律树立临时禁止适用的做法。当本院没有保留这样一个问题，即其判决应当适用于在本院前的当事人时，这一观点应当被适当地理解为已经遵守了溯及既往适用的通常规则，*James B. Beam Distilling Co. v. Georgia*，501 U. S.，at 540(苏特法官的观点)，适用该规则的法定命令在"任何基于 *Chevron Oil Co. v. Huson* 一案分析的权利主张中"都有效力。

本院将 *Davis v. Michigan Dept. of Treasury* 一案所宣布的法律规则适用于本院前的当事人。本院对于密歇根州的让步的反应是，在 *Davis v. Michigan Dept. of Treasury* 一案中退还税款是比较适当的，远离了保留溯及既往的问题，构成了对这一规则的溯及既往适用。仅仅记录 *Davis v. Michigan Dept. of Treasury* 一案的未来效果的判决将禁止对救济问题的任何讨论。

第二，下面的判决并不是基于独立的和足够的州法。在持有下面的观点时，即州法溯及既往原则仅允许对该规则的未来适用，该州最高法院把 *Chevron Oil Co. v. Huson* 一案的分析以及被 *Griffith v. Kentucky* 一案所推翻的刑事溯及既往案件纳入了州法。然而，最高条款并不允许联邦的溯及既往原则被州法的对溯及既往原则的相反解释所代替。类似的，该州法院的判决，即被质疑的征税根据州法并不是错误的或者不适当的，仅仅基于该法院的这样一个观点，即 *Davis v. Michigan Dept. of Treasury* 一案并不能溯及既往地适用。

　　第三,维吉尼亚州有选择它所提供的救济方式的自由,只要该救济与联邦正当法律程序原则相一致。在回应它征收了被禁止的歧视性税收时,一个州保留有一定的灵活性。被剥夺之前可以进行听证的权利构成了足以保障正当法律程序的程序性保证,但是如果不存在这样的救济方式,该州必须提供有意义的回顾救济手段,或者通过全部退还税款,或者通过发布一些其他的命令,该命令创造了一个具有后见之明的非歧视性制度。由于任何救济的宪法充足性(至少最初)取决于维吉尼亚州法律是否规定了足够的剥夺之前的程序形式,由于这个问题尚未被适当地提出来,这一问题以及与适当的救济相伴随的其他手段留给弗吉尼亚州法院去判决。

　　242 Va. 322,410 S. E. 2d 629(1991),被推翻并且发回重审。

　　托马斯法官发表了本院观点。

　　在 *Davis v. Michigan Dept. of Treasury*,489 U. S. 803(1989)一案中,我们认为,如果一个州对于联邦政府支付的退休利益征税,而对该州或者其政治分支机构所支付的所有退休利益免税的话,它就违反了政府间税收豁免原则。基于 *Chevron Oil Co. v. Huson*,404 U. S. 97(1971)一案的溯及既往的分析,维吉尼亚州最高法院两次拒绝将 *Davis v. Michigan Dept. of Treasury* 一案适用于在 *Davis v. Michigan Dept. of Treasury* 一案判决前所征收的税款。根据 *Griffith v. Kentucky*,479 U. S. 314(1987)一案以及 *James B. Beam Distilling Co. v. Georgia*,501 U. S. 529(1991)一案的判决,我们认为,本院将联邦法律的规则适用于本院前的当事人要求每一个法院都对于该判决给予溯及既往的效力。因此,我们推翻了该判决。

I

　　在 *Davis v. Michigan Dept. of Treasury* 一案中所涉及的密歇根州的税收制度"免除由该州或者其政治分支机构所支付的所有退休利益的纳税义务,但是对由联邦政府支付的退休利益征收所得税"。489 U. S. ,at 805。我们认为,根据《美国法典》第4标题第111节的规定,美国并没有同意对联邦利益征收比州和地方利益更重的税收负担。489 U. S. ,at 808-817。由于密歇根州"承认退还税款是适当的",我们确认,联邦退休者有权利获得"按照该无效税收制度所缴纳的"税款。

　　如同密歇根州,弗吉尼亚州免除了州和地方雇员的退休利益的州所得税的纳税义务,但是却对联邦退休利益征税。Va. Code Ann. 58. 1-322(C)(3)(Supp. 1988)。为了回应 *Davis v. Michigan Dept. of Treasury* 一案的判决,维吉尼亚州取消了对州和地方政府雇员的免税制度。1989 Va. Acts, Special Sess. II, ch. 3。它也制定了一个禁止依据 *Davis v. Michigan Dept. of Treasury* 一案的判决,请求退还税款的特别法律限制。根据该法律,纳税人必须在关于维吉尼亚是否必须退还这些税款的终局司法判决生效之日起1年以内请求退还在1985、1986、1987年

以及 1988 年对于联邦退休利益所征收的州税。Va. Code Ann. 58. 1-1823(B)
(Supp. 1992)。

请求者,421 个联邦文职官员和军事退休人员,请求退还违反 *Davis v. Michi-
gan Dept. of Treasury* 一案的非歧视原则而"错误或者不适当征收的"税款。Va.
Code Ann. 58. 1-1826(1991)。审判法院拒绝提供救济。Law No. CL891080(Va.
Cir. Ct. ,Mar. 12,1990)。适用前面所提到的 *Chevron Oil Co. v. Huson* 一案(第
106~107 页)中所列举的因素,该法院如此推理:"*Davis v. Michigan Dept. of
Treasury* 一案判决了这样一个问题,其结论的最初的结果并没有被清楚地预见,
在将来适用 *Davis v. Michigan Dept. of Treasury* 一案的判决并不会阻碍其发挥
作用,溯及既往地适用将导致不公平、不公正以及困难。"App. to Pet. for
Cert. 20a。

维吉尼亚州最高法院维持了该判决。*Harper v. Virginia Dept. of Taxation*,
241 Va. 232,401 S. E. 2d 868(1991)。在参照了 *Chevron Oil Co. v. Huson* 一案以
及 *American Trucking Assns. ,Inc. v. Smith*,496 U. S. 167(1990)一案中的多数观
点以后,它也得出了这样的结论:"*Davis v. Michigan Dept. of Treasury* 一案的判
决不能溯及既往地适用。"241 Va. ,at 240,401 S. E. 2d,at 873。该法院也拒绝了原
告的这样一个主张,即"作为一个州法的问题,退还税款是适当的"。它得出结论认
为,"由于 *Davis v. Michigan Dept. of Treasury* 一案的判决不能溯及既往地适用,
在 *Davis v. Michigan Dept. of Treasury* 一案判决前所征收的税款既不是错误的,
也不是不适当的",根据维吉尼亚的税收返还法律。同上,第 241 页,401 S. E. 2d,
at 873。该法院认为,作为一个维吉尼亚法律的问题,"宣布税收制度违宪的裁定只
能适用于未来"。这一基本原理为拒绝提供救济又提供了一个新的理由。

即使维吉尼亚州法院拒绝对原告提供救济,我们也在 *James B. Beam Distil-
ling Co. v. Georgia*,501 U. S. 529(1991)一案中面临着一个类似的溯及既往的原
则。所讨论的是 *Bacchus Imports,Ltd. v. Dias*,468 U. S. 263(1984)一案,其禁止
各州对于进口的含酒精的饮料征收比当地产的产品更高的消费税。乔治亚州最高
法院使用了在 *Chevron Oil Co. v. Huson* 一案中的分析来拒绝溯及既往地适用本
院的判决。本院的 6 位成员持不同意见,认为,必须将 *Bacchus Imports,Ltd. v.
Dias* 一案的判决溯及既往地适用于在该法院之前发生的事实。*James B. Beam
Distilling Co. v. Georgia*,501 U. S. ,at 532(苏特法官的观点);同上,第 544~545
页(怀特法官附议);同上,第 547~548 页(布莱克姆法官附议);同上,第 548~549
页(斯卡拉法官附议)。在判决 *James B. Beam Distilling Co. v. Georgia* 一案以
后,我们在 *Harper v. Virginia Dept. of Taxation* 一案中没有作出判决,将其发回
重审。501 U. S. 1247(1991)。

在发回重审以后,维吉尼亚最高法院再次拒绝给予救济。242 Va. 322,410 S. E. 2d 629(1991)。它是这样推理的,因为密歇根州并没有对 *Davis v. Michigan Dept. of Treasury* 一案中原告对退还税款的权利提出质疑,本院没有对将其规则溯及既往地适用于该案件中的诉讼当事人的问题作出裁定。242 Va. ,at 326,410 S. E. 2d,at 631。该法院得出这样的结论,即 *James B. Beam Distilling Co. v. Georgia* 一案并没有禁止 *Chevron Oil Co. v. Huson* 一案对溯及既往分析的适用,因为"在 *Davis v. Michigan Dept. of Treasury* 一案中并没有对溯及既往的问题作出判决",242 Va. ,at 326,410 S. E. 2d,at 631,该法院"在各个方面都重新确认了其以前的判决",同上,第 327 页,410 S. E. 2d,at 632。

当我们判决 *Davis v. Michigan Dept. of Treasury* 一案时,有 23 个州对于雇员从州和地方政府获得的利益给予比联邦雇员所获得的利益更优的税收待遇。如同维吉尼亚州最高法院,其他几个州的法院已经拒绝将 *Davis v. Michigan Dept. of Treasury* 一案作为对联邦法律的有法律效力的解释而溯及既往地适用。在本院命令按照 *James B. Beam Distilling Co. v. Georgia* 一案的判决发回重审以后,这些法院中的两个仍然拒绝溯及既往地适用 *Davis v. Michigan Dept. of Treasury* 一案的判决。参见 *Bass v. South Carolina* ,501 U. S. 1246(1991); *Harper v. Virginia Dept. of Taxation* ,501 U. S. 1247(1991); *Lewy v. Virginia Dept. of Taxation* 和下列案件一起判决: *Harper v. Virginia Dept. of Taxation* ,501 U. S. 1247(1991)。相反,阿肯色州的最高法院已经作出这样的结论,作为一个联邦法律问题, *Davis v. Michigan Dept. of Treasury* 一案的判决可以溯及既往地适用。 *Pledger v. Bosnick* ,306 Ark. 45,54-56,811 S. W. 2d 286,292-293(1991),cert. pending,No. 91375。比较 *Reich v. Collins* ,262 Ga. 625,422 S. E. 2d 846(1992) (认为, *Davis v. Michigan Dept. of Treasury* 一案的判决可以溯及既往地适用,但是推理认为,州法可以排除退还税款),cert. pending,Nos. 92-1276 and 92-1453。

在维吉尼亚最高法院重新确认其原初判决以后,我们第二次发布了案件移送命令。504 U. S. 907(1992)。现在,我们推翻该判决。

II

"无论是普通法还是我们自己的判决都已经确认了这样一个基本的原则:本院的宪法判决具有溯及既往的效力。" *Robinson v. Neil* ,409 U. S. 505,507(1973)。宪法中没有什么规定改变了已经统治"司法判决近千年"的"溯及既往运作"的基本原则。 *Kuhn v. Fairmont Coal Co.* ,215 U. S. 349,372(1910)(霍姆斯法官持不同意见)。然而,在 *Linkletter v. Walker* ,381 U. S. 618(1965)一案中,我们发展出了一个原则,根据该原则,我们可以拒绝溯及既往地适用一个新宣布的刑法规则。根据 *Linkletter v. Walker* 一案的判决,将一个规则限于仅对将来有效的判决取决于该新规则的目的,取决于以前法律的观点,以及"溯及既往地适用新规则对于司法行政的效果"。同上,第 636 页[(限制了下列案件:*Mapp v. Ohio*,367 U. S. 643 (1961)]。在民事案件中,类似的,我们也会允许拒绝溯及既往地适用"新法律规则",如果该限制能够在不损害该新规则的"目的和效果"的情况下避免"不公正或者困难"。*Chevron Oil Co. v. Huson*,404 U. S. ,at 106-107[引用了 *Cipriano v. City of Houma*,395 U. S. 701,706(1969)]。

随后,我们推翻了 *Linkletter in Griffith v. Kentucky*,479 U. S. 314(1987)一案的判决,取消了在刑事案件中对于溯及既往适用的限制,认为所有"新宣布的规则"必须溯及既往地适用于"在直接审查中尚未判决的刑事案件"。同上,第 322 页。该观点基于两个"基本的宪法判决规则"。首先,我们论述了"司法审查的本质",使得我们不具有"立法机关",使得法律规则溯及既往或者仅对将来生效的选择特权,这一点我们认为是适当的。其次,我们认为,"对于新规则的选择性适用违反了在同等情况下同等对待当事人的原则"。同上,第 323 页。

然而,*Griffith v. Kentucky* 一案中的权威论断宣称"民事案件的溯及既往适用仍然受到 *Chevron Oil Co. v. Huson* 一案判决所宣布的标准的约束"。同上,第 322 页,注释 8。我们在 *American Trucking Assns. , Inc. v. Smith*,496 U. S. 167 (1990)一案中确认了这一权威论断。多数中的 4 位法官使用了"*Chevron Oil Co. v. Huson* 测验"来考虑是否应当将"*American Trucking Assns. , Inc. v. Scheiner*,483 U. S. 266(1987)一案的判决适用于在我们判决 Scheiner 案的那一天,即 1987 年 6 月 23 日之前对使用高速公路所征的税款"。同上,第 179 页(奥克奴法官的观点,李坤斯特法官、怀特法官以及肯尼迪法官附议)。其他 4 位法官拒绝了多数对于溯及既往的"异常方法",并且拒绝认为"可适用于特定案件的法律是当事人合理确信应当适用于该案件的法律"。同上,第 219 页(斯蒂文斯法官持不同意见,布伦南法官、马歇尔法官以及布莱克姆法官附议)。最后,尽管在判决中持不同意见,斯卡拉法官承认持不同意见者的这样一个感觉,即"判决仅适用于将来事项与司法的作用是矛盾的"。同上,第 201 页。

因此,*Griffith v. Kentucky* 和 *American Trucking* 两个案件留下了一个没有解决的精确程度问题,在达到这样程度的时候,本院判决的溯及既往效力可以在民事案件中被改变。但是,从那以后,我们在民事案件中就采取了要求溯及既往适用的规则,例如,在 *Davis v. Michigan Dept. of Treasury* 案件中。尽管在 *James B. Beam Distilling Co. v. Georgia*,501 U. S. 529(1991)一案中没有产生本院的一致观点,多数法官同意,联邦法律的规则一旦被宣布和适用于辩论中的当事人,就必须被所有裁决联邦法律的法院给予溯及既往的效力。在宣布本院的判决时,苏特法官提出了一个判断民事判决的溯及既往效力的规则:在一个案件宣布任何联邦法律的规则已经"适用于在本院前的所有诉讼当事人"以后,任何法院都不能"拒绝溯及既往地适用该规则"。同上,第540页(苏特法官的观点,斯蒂文斯法官附议)。苏特法官的观点取代了"基于 *Chevron Oil Co. v. Huson* 一案的任何主张"。怀特法官同样地得出了这样的结论,"将判决的利益延伸至胜诉一方当事人的判决应当适用于在第一个判决之时尚未生效的其他案件的诉讼当事人"。同上,第544页。其他3位法官同意,"我们的司法责任要求我们宣布的每一个规则都溯及既往地适用"。同上,第548页(布莱克姆法官的观点,马歇尔法官和斯卡拉法官也持该观点)。同时参见同上,第548~549页(斯卡拉法官的观点,马歇尔法官和布莱克姆法官也持该观点)。

　　James B. Beam Distilling Co. v. Georgia 一案的判决对本案具有效力,相应地,我们也采取了一种能够公正地反映在 *James B. Beam Distilling Co. v. Georgia* 一案中多数法官的立场的规则:当本院将一个联邦法律规则适用于在本院前的当事人时,该规则是对于联邦法律的有效力的解释,在所有的未决的直接审查的案件中以及所有的事件中,都具有溯及既往的效力,无论该事件是在宣布该规则之前或者之后发生的。这一规则延伸了 *Griffith v. Kentucky* 一案中的禁止"对新规则选择适用"的原则。479 U. S. ,at 323。注意到支持我们在刑事案件中的溯及既往观点的"宪法判决的基本规范",同上,第322页,现在我们禁止在非刑事案件中对于联邦法律的使用树立起临时的选择性障碍。无论在民事案件还是在刑事案件中,我们几乎没有允许"实体性法律去替换或者跳跃",按照当事人依赖旧规则的权利主张以及来自新规则的溯及既往适用的权利主张。前述 *James B. Beam Distilling Co. v. Georgia* 一案,第543页(苏特法官的观点)。我们对待溯及既往原则的方式注意了这样一个警告:"法院在民事案件中并不比在刑事案件中拥有更多的否认当前法律或者在不同的情况下对当事人给予不同对待的宪法权威。"

　　维吉尼亚最高法院在判断本诉讼所提出的"溯及既往问题时,适用了 *Chevron Oil Co. v. Huson* 一案中的三叉测验法"。242 Va. , at 326,410 S. E. 2d, at 631。然而,当本院并没有"保留这样一个问题,即其观点是否应当适用于在本院前的当事人"时,宣布一项联邦法律规则的观点"应当被适当地理解为已经遵守了溯及既往适用的通常规则",并且必须"被理解为认为其规则应当溯及既往地适用于在本院前的诉讼当事人"。*James B. Beam Distilling Co. v. Georgia*,第539页(苏特法官的观点)。同上,第544~545页(怀特法官附议);同上,第550页(奥克奴法官持不同意见)。而且,"在一个案件宣布规则以后,适用该联邦法律规则的法律命令在效力上必须高于基于 *Chevron Oil Co. v. Huson* 一案分析的任何主张"。同上,第540页(苏特法官的观点)。

　　为了区别 *Davis v. Michigan Dept. of Treasury* 一案,维吉尼亚最高法院猜

测，本院对于在 *Davis v. Michigan Dept. of Treasury* 一案中所宣布的规则是否"溯及既往地适用于该案件的当事人"并没有作出裁定。242 Va.，at3 26，410 S. E. 2d，at 631。"由于在 *Davis v. MichiganDept. of Treasury* 一案中并没有决定溯及既往的问题"，该法院相信，它并没有"被在确定当前案件的溯及既往问题时适用 *Chevron Oil Co. v. Huson* 一案中的三叉测验的先例所禁止"。

我们不同意这种观点。*Davis v. Michigan Dept. of Treasury* 一案并没有判决对于州和地方雇员养老金的特惠税收待遇，尽管在将来是违宪无效的，但是在关于 *Davis v. Michigan Dept. of Treasury* 判决宣告前发生的所有事件上，都是有效的。在 *Davis v. Michigan Dept. of Treasury* 一案中的政府上诉人"承认退还税款应当是适当的"，因此我们得出下面的结论："《密歇根州所得税法》由于对州和地方政府雇员给予了超过联邦退休雇员的税收待遇而违反了政府间税收豁免的原则。"489 U. S.，at 817。我们认为："在上诉人按照该无效的税收制度已经缴纳的税款的范围内，他有权利请求退税。"远离保留溯及既往的问题，我们对于被上诉人退步的反应构成了将本院在 *Davis v. Michigan Dept. of Treasury* 一案所宣布规则溯及既往地适用于本院前的当事人。由于将 *Davis v. Michigan Dept. of Treasury* 一案的判决仅仅适用于将来事项的判决已经排除了对于救济问题的任何讨论，我们"对于救济问题的讨论"就意味着"必然是"我们溯及既往地将在 *Davis v. Michigan Dept. of Treasury* 一案中所宣布的规则适用于在我们面前的当事人。因此，根据 *Griffith v. Kentucky* 和 *James B. Beam Distilling Co. v. Georgia* 案件的判决，我们今天采纳了溯及既往的方法，维吉尼亚最高法院必须在请求者的返还之诉中适用 *Davisv. Michigan Dept. ofTreasury* 一案的判决。

III

应诉人维吉尼亚税务局为其观点的辩护主要基于一个独立和足够的州的范围，该理论免除了维吉尼亚最高法院将 *Davis v. Michigan Dept. of Treasury* 一案的判决适用于在该判决宣布之前所发生事件的任何义务。原告辩论说，"即使 *Davis v. Michigan Dept. of Treasury* 一案仅仅对将来生效"，他们根据维吉尼亚的税收返还法律——Va. Code Ann. 58. 1-1826（1991）——的规定也有权获得救济。*Harper v. Virginia Dept. of Taxation*，241 Va.，at 241，401 S. E. 2d，at 873。维吉尼亚法院拒绝了他们的辩论。它首先这样推理，由于 *Davis v. Michigan Dept. of Treasury* 一案不能溯及既往地适用，在 *Davis v. Michigan Dept. of Treasury* 一案之前征收的税款并不是在维吉尼亚税法"意义范围内的错误或者不适当"。该法院接着提供了"另外一个推理"来拒绝原告的"基于州法的主张"："我们以前曾经主张，本院宣布税收制度违宪的裁定仅仅对将来产生效力。"同上。〔引用了 *Perkins v. Albemarle County*，214 Va. 240，198 S. E. 2d 626，aff'd and modified on reh'g,214 Va. 416,200 S. E. 2d 566(1973); *Capehart v. City of Chesapeake*,No. 5459(Va. Cir. Ct. ，Oct. 16,1974),appeal denied,215 Va. xlvii,cert. denied,423 U. S. 875(1975)]。这种州法溯及既往原则的公式——"应当考虑新规则的目的、依赖于旧规则的程度以及溯及既往地适用新规则的司法行政效果",*Fountain v. Fountain*,214 Va. 347,348,200 S. E. 2d 513,514(1973),cert. denied,416 U. S. 939(1974),quoted in 241 Va. ，at 241,401 S. E. 2d,at 874——表明,维吉尼亚最高法院只是简单地将 *Chevron Oil*,404 U. S. ,at 106-107 一案的三叉分析法以及被 *Griffith v. Kentucky* 一案判决所推翻的 *Stovall v. Denno*,388 U. S. 293,297(1967)一案的刑事溯及既往案例纳入了州法。

我们拒绝了税务局下面的辩论观点。最高条款——《美国宪法》第 VI 条第 2 款——并不允许联邦溯及既往原则被州法的与溯及既往原则相反的方法所代替。无论州法院在限制他们自己对州法的解释的溯及既往适用问题上享有什么自由权,参见 *Great Northern R. Co. v. Sunburst Oil & Refining Co. *,287 U. S. 358,364-366(1932),它们都不能将该自由权延伸至对联邦法律的解释。参见 *National Mines Corp. v. Caryl*,497 U. S. 922,923(1990); *Ashland Oil, Inc. v. Caryl*,497 U. S. 916,917(1990)。

我们也拒绝了税务局请求肯定基于以下独立和充足理由的论断:维吉尼亚的法律不对在 *Davis v. Michigan Dept. of Treasury* 一案判决宣告之前结束的纳税年度提供溯及既往的退税救济。应诉人的观点摘要 33。维吉尼亚最高法院认为,仅仅基于该院所作出的 *Davis v. Michigan Dept. of Treasury* 一案不能溯及既往适用的判断,所争议的税款"既不是错误的,也不是不适当的",在维吉尼亚退税法律的意义范围内。*Harper v. Virginia Dept. of Taxation*,supra,at 241,401 S. E. 2d,at 873。

由于我们已经决定 *Davis v. Michigan Dept. of Treasury* 一案可以溯及既往地适用于原告退税之诉中所涉及的纳税年度,因此,我们推翻以下的论断。然而,我们并没有采纳原告的论断,因为联邦法律并不必然使他们享有退税权。相反,宪法要求维吉尼亚州"提供与联邦的正当法律程序原则相一致的救济"。*American Trucking*,496 U. S. ，at 181(多数观点)。根据正当法律程序条款——《美国宪法》第十四修正案第 1 款——"被认定征收了被禁止的歧视性税收的州在回应本判决时享有机动权"。*McKesson Corp. v. Division of Alcoholic Beverages and Tobacco,Fla. Dept. of Business Regulations*,496 U. S. 18,39-40(1990)。如果维吉尼亚"为纳税人提供了在剥夺其权利之前的听证会上扣留其争议的税款并且对其有效性提出质疑的实质性机会",并且"该剥夺权利之前的听证的可获得性构成了一个程序性的保障……该保障本身就能满足正当法律程序条款的要求"。同上,第 38

页,注释21。同时,如果没有该剥夺权利之前的救济存在,"第十四修正案的正当法律程序使得该州有义务提供有实质意义的回顾性救济来矫正任何违宪剥夺"。同上,第31页。在提供该救济时,一个州或者对于被违法税收施加了负担的纳税人提供全额退税或者发布一些其他的命令,该命令"创造了一个具有事后之明的非歧视性制度"。同上,第40页。比较 *Davis*,489 U. S.,at 818。

任何救济的宪法充足性因此就(至少最初)取决于维吉尼亚法律是否"提供了一种充足的剥夺权利之前的程序形式",例如,授权纳税人在缴纳税款之前享有提起诉讼禁止征税的权利,或者允许纳税人暂不纳税,然后在税收执行程序中提出他们的异议作为抗辩。*McKesson*,496 U. S.,at 36-37。由于这一问题尚未被适当地提出,我们将这个州法以及创造任何适当的救济问题留给维吉尼亚法院。维吉尼亚"可以自由选择它将提供的救济的形式,只要该救济满足我们已经提出了最低的联邦要求"。同上,第51～52页。州法可以提供超过联邦正当法律程序要求的救济,同上,第52页,注释36,但是在任何情况下都不能向请求者提供更低水平的救济,参见同上,第44～51页。

IV

我们推翻维吉尼亚最高法院的判决,并且我们将该案发回重审,审判应当与我们的观点相一致。

如此判决。

第十二章 税法违反宪法禁止双重危险条款案(1994)

一、基本法律规定

(一) 美国蒙大拿州《危险药品税法》的相关规定

对拥有和储藏危险药品的行为征税。该税收只有在任何州或者联邦罚款或者没收制裁执行以后才能征收。所征收的税款是蒙大拿州税务局确定的该药品的市场价值的10%,或者是针对该药品所规定的特定数额(例如,每盎司大麻100美元,每盎司麻药250美元),取较大的一个。该州征税官将征收的税款进入特定的基金,以用于支持"青少年评估"以及"化学药品滥用"项目和"实施药品管制法律"。

纳税人必须在他们被捕以后的72小时以内提缴纳税申报。在逮捕之时,执法人员应当根据税务局的要求完成危险药品信息的报告义务,并且给纳税人提供签字的机会。如果纳税人拒绝这样做,法律执行官员必须在逮捕以后的72小时内提缴纳税申报表格。本法所规定核定征收的联合犯罪本性证明了这种加速征收程序的合法性。纳税人没有义务提缴纳税申报或者缴纳任何税款,除非他被逮捕并且直到他被逮捕。

(二)《美国法典》第11标题第362节第a分节的相关规定

除本节中的第b分节的规定以外,根据本标题中的第301、第302或者第303节的规定所提起的诉讼请求或者根据《1970年证券投资者保护法》第5节第a分节第3段的规定提起的申请,下列中止制度适用于所有的实体法律:

第一,针对债务人的司法、行政或者其他诉讼或者程序的开始或者继续,包括程序的开始或者采用,上述程序本来应当在本标题所规定的案件开始之前开始,或者在本标题所规定的案件开始之前产生的针对债务人的恢复之诉。

第二,在本标题所规定的案件开始之前获得的针对债务人或者针对破产财产的判决的执行。

第三，获得破产财产的占有或者获得破产财产或者行使对破产财产的控制权的任何诉讼。

第四，创造、修改或者执行针对破产财产的任何留置权的任何诉讼。

第五，创造、修改或者执行针对债务人财产的任何留置权的任何诉讼，限于该留置权担保了一个在本标题所规定的案件开始之前产生的权利主张。

第六，执行、评定或者恢复针对债务人的权利主张的任何诉讼，限于该诉讼是在本标题所规定的案件开始之前产生的。

第七，在本标题所规定的案件开始之前产生的欠债务人的任何债务对于针对债务人的任何权利主张的抵消。

第八，在美国税务法院中针对债务人的程序的开始或者继续。

(三)《美国法典》第18标题第287节的相关规定

向美国民政、军事或者海军部门或者其中的任何部门或者代理机构的任何主体或者官员提出针对美国或者其中的任何部门或者代理机构的任何权利主张的人，如果明知该权利主张是错误的、虚假的或者欺诈的，应当被监禁5年以上并且应当缴纳本标题所规定的罚金。

(四)《美国宪法》第五修正案

无论何人，除非根据大陪审团的报告或起诉，不得受判处死罪或其他不名誉罪行之审判，唯发生在陆、海军中或发生在战时或出现公共危险时服现役的民兵中的案件，不在此限。任何人不得因同一犯罪行为而两次遭受生命或身体的危害；不得在任何刑事案件中被迫自证其罪；不经正当法律程序，不得被剥夺生命、自由或财产。不给予公平赔偿，私有财产不得充作公用。

二、案情简介

蒙大拿州的《危险药品税法》在1987年10月1日生效。该法律对"拥有和储藏危险药品的行为"征税，并且明确规定，该税收"只有在任何州或者联邦罚款或者没收制裁执行以后才能征收"。所征收的税款是蒙大拿州税务局确定的该药品的市场价值的10%，或者是针对该药品所规定的特定数额（例如，每盎司大麻100美元，每盎司麻药250美元），取较大的一个。该法律指示该州征税官将征收的税款存入特定的基金，以用于支持"青少年评估"以及"化学药品滥用"项目和"实施药品管制法律"。

除了对执法机关赋予了报告义务，该法律还授权税务局采取一些规则来管理和执行该法律。根据这些规则，纳税人必须在他们被捕以后的72小时以内提缴纳税申报。该规则还规定："在逮捕之时，执法人员应当根据税务局的要求完成危险药品信息的报告义务,并且给纳税人提供签字的机会。"如果纳税人拒绝这样做,法律执行官员必须在逮捕以后的72小时内提缴纳税申报表格。"本法所规定核定征收的联合犯罪本性"证明了这种加速征收程序的合法性。纳税人没有义务提缴纳税申报或者缴纳任何税款,除非他被逮捕并且直到他被逮捕。

6名应诉人,都是延伸的库尔特家族的成员,在蒙大拿州的中心地区经营混合谷物和牲畜农场已经很多年了。1986年,他们开始种植和销售大麻。在《危险药品税法》生效以后大约两个星期,蒙大纳法律执行官员搜查了该农场,逮捕了库尔特成员,并且没收了他们所发现的所有大麻植物、原料以及随身用具。该搜查结束了大麻经营并且产生了4个独立的法律程序。

其中的一个程序是,该州在蒙大纳地区法院对所有6名成员都提出了犯罪指控,指控他们共谋拥有毒品意图销售,或者,拥有毒品意图销售。每一个应诉人最初都说自己无罪,但是随后进入了一个辩诉交易。1988年7月18日,法院判决理查德·库尔特和朱迪思·库尔特被监禁,对于其他4名家庭成员宣布缓刑或者推迟判决。

县律师也提出了一个民事没收的诉讼,请求返还在大麻经营中使用的现金和设备。在该诉讼中并不涉及被没收的毒品,大概是执法机关已经在发现它们以后将其破坏了。应诉人通过一个没收18 016.83美元的现金和各种各样的设备的协议解决了该没收诉讼。

第三个诉讼涉及对于危险药品的新税收。尽管税务局第一次适用该法律遇到了一些困难,最终它仍然试图对于大麻植物、已收获的大麻征收900 000美元的税收以及利息和罚款。库尔特成员在行政程序中对该核定征税提出了异议。然而,这些程序被自动中止到1988年9月,此时,库尔特成员开始了由对他们的农场搜查所引起的第4个法律程序:根据《破产法典》第11章的规定申请破产。

在破产程序中,库尔特成员反对税务局对其未缴纳药品税的指控,并且向蒙大纳税收的合宪性提出了挑战。审理以后,破产法院认为,根据联邦宪法,核定无效。法院得出了"不可避免的结论":药品税法的目的是禁止和惩罚。地区法院维持了该判决。它同意破产法院的事实认定和推理,并得出这样的结论:蒙大拿州《危险药品税法》"对于同一犯罪行为,惩罚了库尔特成员两次"。税务局没有提出事实损害或者成本的清算账目使得破产法院更加确信该税收违反了第五修正案的双重危险条款。

第九巡回区上诉法院也维持了该判决,但是其判决更多的是基于该州拒绝提供证明该税收合理的证据,因此拒绝认为该税收在其表面上违宪。

当该案件在上诉法院尚未判决时,蒙大拿州最高法院推翻了两个下级州法院的判决:《危险药品税法》是双重危险的一种形式。该州最高法院认为,该立法并不违宪。蒙大拿州最高法院的判决与联邦程序中涉及库尔特成员的判决相抵触。联邦最高法院发布了诉讼文件移送命令来重申上诉法院的判决。

三、正反方观点

(一)正方(蒙大拿州税务局、蒙大拿州最高法院及联邦最高法院部分法官)观点

该税收不是罚款,因为它是为了弥补法律执行的成本。立法机关的意图是建立一种民事的而非刑事的罚款,该税收具有补偿的目的,而不是为了促进报复和禁止。

United States v. Halper 的观点没有说服力,因为它明确地宣布了"对于罕见案件的规则",同时也因为该案件涉及民事罚款,而非税收。药品税并不是过分的,税收,它与 *United Statesv. Halper* 所涉及的民事制裁不同,不需要证明该州具有需要弥补的成本。

双重危险测验是该罚款法律是否能够让政府获得比将欺诈行为绳之以法所需成本更多的收入,因为补偿政府的损失是民事罚款法律所公开宣称的目的。但是,这里我们所面对的是税法,税收的目的并不是弥补政府将某些人的某些违法行为绳之以法所耗费的成本,而是获得财政收入或者阻止某种行为,或者两者兼而有之。因此,尽管奥克奴法官试图通过 *United Statesv. Halper* 案例的透镜来审视本案件,但是在 *United Statesv. Halper* 案件中所使用的判断征收是补偿性的还是惩罚性的推理方法却不能适用于本案中的税法。税法不需要基于授予纳税人的任何利益或者基于政府由于纳税人的行为所遭受的任何成本或者损失来证明其合理性。

(二)反方(纳税人、破产法院、地区法院、上诉法院及联邦最高法院)观点

该税收违反了禁止对同一违法行为进行连续性惩罚的宪法原则。尽管在 *Halper* 一案判决立法机关对于民事法律的描述不能阻止其具有惩罚性质的可能性,被证明有罪并且对其违法行为进行惩罚了的被告也可以在另一个程序中为其同一个违法行为再次受到民事处罚,本院并没有考虑税收是否可以被类似地定性为惩罚。然而,本院承认所谓的税收的惩罚特征的延伸可以导致它失去这样的特征而变成纯粹的罚款,*A. Magnano Co. v. Hamilton*,292 U. S. 40,46,连同 *United States v. Halper* 一案的不含糊的陈述,即名称并不能控制双重危险审查,表明税收不能仅仅因其为税收就可以免予双重危险审查。

尽管税收通常具有增加财政收入的目的而不具有惩罚的目的,但蒙大拿州的税收却离通常的税法很远。其自身所具有的高税率以及威慑的目的并不必然使得

它具有惩罚性,但其他与众不同的性质使它远离了大部分税收。其以进行了犯罪行为为征收条件的事实很明显具有惩罚和禁止的目的而不是获得财政收入的目的。它也只有在纳税人首先从事了导致该纳税义务产生的行为并且被捕以后才开始征收。由于被征税的行为是完全禁止的,支持税收的获得财政收入的立法目的完全被对犯罪行为增加罚款的目的所代替。而且,其声称是财产税,但是它仅仅针对纳税人既不拥有也不占有的财产——这里就是被破坏的大麻植物——征税。

由于税法与民事罚款所要实现的目的具有重大差异,将蒙大拿州的税收变成符合 *Halpe* 测验的民事罚款是不适当的:无论该罚款是否是作为对该州所遭受的事实上的成本的弥补而征收的并且可以归于被告的行为。而且,蒙达纳州并没有主张其征收具有这样的合理依据,同样的公式可以被用来计算核定税额,不考虑该州的损害或者事实上是否遭受了损害。蒙大拿州的税收并不是可以遵守刑事处罚的第一次惩罚原则的弥补性制裁。它是必须在第一次起诉过程中或者根本就不需要第一次起诉而征收的第二次罚款。

四、案件评析

本案提出了这样一个问题,即在州已经对同一个行为施加了刑事制裁以后再对拥有违法药品的行为征收税款是否违反了宪法禁止对同一个违法行为进行继续性惩罚的原则。这一原则在中国被称为"一事不二罚"原则,即对违法者的同一个违法行为不能给予两次处罚。

本案所涉及的蒙大拿州的税法与一般税法在表现形式和基本特征等方面都存在很大差异,一般税法的主要目的是获得财政收入,其他目的,如宏观调控、禁止特定行为以及惩罚特定行为都只能是附带的目的。蒙大拿州的税法显然是以惩罚为目的的,因为它的纳税主体是违法犯罪者,而不是一般的社会公众。税法在确定纳税主体时应当以税收负担能力为唯一或者主要标准,而不能以纳税人是否从事了违法行为为标准。蒙大拿州的税法完全不考虑纳税人的税收负担能力,而完全以纳税人是否从事了特定的违法行为以及违法行为的严重程度作为确定纳税主体以及纳税义务轻重的标准。这种税法与直接对违法犯罪者处以罚款或者罚金的法律在实质上已经没有任何区别。因此,它实际上是对违法犯罪者的第二次惩罚。

税法最初的功能在于筹集财政资金,它是将国家提供公共服务所需资金在全体国民之间进行公平分配的法律体系。在"夜警国家",税法基本上仅承担筹集财政资金的功能,没有其他额外职能。但自凯恩斯主义以来,国家开始越来越频繁地干预经济运行,各种能用的手段几乎都被用上了,税法也未能幸免于难。现代税法已经被各种非税收职能压得喘不过气来,急需"减负"。"减负"的目标是以量能课税原则为基础构建道德中性税法。所谓道德中性税法,是指税收立法并不考虑道德因素,仅考虑纳税人的税收负担能力。税收负担能力是纳税人是否应当承担纳税义务以及承担多少纳税义务的唯一标准。税收负担能力一般以纳税人在客观上所表现出来的所得、财产和消费的多少来衡量。所得多者、财产多者、消费多者,税收负担能力也相对较高。至于该所得或者财产的取得方法并不是判断税收负担能力所要考虑的因素。

五、美国联邦最高法院关于本案的判决书

美国联邦最高法院

蒙大拿州税务局诉克斯大农场,511 U. S. 767(1994)

从第九巡回区上诉法院移送而来

No. 93-144.

辩论于 1994 年 1 月 19 日

判决于 1994 年 6 月 6 日

蒙大拿州执法官员搜查了应诉人——延伸的库尔特家族的成员的农场并且逮捕了他们,没收了并在后来破坏了他们的大麻作物。米特·库尔特承认犯了被指控的毒品罪,请求者税务局在其他的程序中试图对危险药品的拥有和储存征收一种州税。该税收是在任何州或者联邦的罚款或者没收执行以后才征收的,纳税人在他们被捕以后必须提交一份纳税申报。在由库尔特家族提起的破产程序中,他们反诉原告征收税款的权利主张并且对该税收的合宪性提出了挑战。破产法院认为,对于收获的大麻所征收的税款是该产品市场价值的 8 倍,是一种违反联邦宪法的双重危险形式。地区法院维持了该判决。上诉法院也维持了该判决,认为,根据 *United States v. Halper*,490 U. S. 435 一案,核心的问题是所施加的制裁与政府所遭受的损害相比是否合理,库尔特有权利接触相关的会计资料来测定,如果该制裁构成了被禁止的第一次惩罚,将该税收适用于他们是违宪的,因为该州拒绝提供任何该证据。

本院认为:该税收违反了禁止对同一违法行为进行连续性惩罚的宪法原则。

第一,尽管在 *United States v. Halper* 一案判决立法机关对于民事法律的描述不能阻止其具有惩罚性质的可能性,被证明有罪并且对其违法行为进行惩罚了的被告也可以在另一个程序中为其同一个违法行为再次受到民事处罚,本院并没有考虑税收是否可以被类似地定性为惩罚。然而,本院承认所谓的税收的惩罚特征的延伸可以导致它失去这样的特征而变成纯粹的罚款,*A. Magnano Co. v. Hamilton*,292 U. S. 40,46,连同 *United States v. Halper* 一案的不含糊的陈

述,即名称并不能控制双重危险审查,表明税收不能仅仅因其为税收就可以免予双重危险审查。

第二,尽管税收通常具有增加财政收入的目的而不具有惩罚的目的,但蒙大拿州的税收却离通常的税法很远。其自身所具有的高税率以及威慑的目的并不必然使得它具有惩罚性,但其与众不同的性质使它远离了大部分税收。其以进行了犯罪行为为征收条件的事实很明显具有惩罚和禁止的目的而不是获得财政收入的目的。它也只有在纳税人首先从事了导致该纳税义务产生的行为并且被捕以后才开始征收。由于被征税的行为是完全禁止的,支持税收的获得财政收入的立法目的完全被对犯罪行为增加罚款的目的所代替。而且,其声称是财产税,但是它仅仅针对纳税人既不拥有也不占有的财产——这里就是被破坏的大麻植物——征税。

第三,由于税法与民事罚款所要实现的目的具有重大差异,将蒙大拿州的税收变成符合 *United States v. Halper* 测验的民事罚款是不适当的:无论该罚款是否是作为对该州所遭受的事实上的成本的弥补而征收的并且可以归于被告的行为。而且,蒙达纳州并没有主张其征收具有这样的合理依据,同样的公式可以被用来计算核定税额,不考虑该州的损害或者事实上是否遭受了损害。蒙大拿州的税收并不是可以遵守刑事处罚的第一次惩罚的原则的弥补性制裁。它是必须在第一次起诉过程中或者根本就不需要第一次起诉而征收的第二次罚款。

986 F. 2d 1308,被维持。

斯蒂文斯法官发表了本院观点。

本案提出了这样一个问题,即在州已经对同一个行为施加了刑事制裁以后再对拥有违法药品的行为征收税款是否违反了宪法禁止对同一个违法行为进行继续性惩罚的原则。

I

蒙大拿州的《危险药品税法》在 1987 年 10 月 1 日生效。该法律对"拥有和储藏危险药品的行为"征税,Mont. Code Ann. §15-25-111(1987),并且明确规定,该税收"只有在任何州或者联邦罚款或者没收制裁执行以后才能征收"。§15-25-111(3)。所征收的税款是蒙大拿州税务局确定的该药品市场价值的 10%,或者是针对该药品所规定的特定数额(例如,每盎司大麻 100 美元,每盎司麻药 250 美元),取较大的一个。§15-25-111(2)。该法律指示该州征税官将征收的税款存入特定的基金,以用于支持"青少年评估"以及"化学药品滥用"项目和"实施药品管制法律"。§15-25-121,§15-25-122。

除了对于执法机关赋予了报告义务,该法律还授权税务局采取一些规则来管理和执行该法律。根据这些规则,纳税人必须在他们被捕以后的 72 小时以内提缴纳税申报。Admin. Rule 42.34.102(1)(1988)。该规则还规定:"在逮捕之时,执法人员应当根据税务局的要求完成危险药品信息的报告义务,并且给纳税人提供签字的机会。"Rule 42.34.102(3)。如果纳税人拒绝这样做,法律执行官员必须在逮捕以后的72小时内提缴纳税申报表格。"本法所规定核定征收的联合犯罪本性"证明了这种加速征收程序的合法性。参见 Rule 42.34.103(3)。纳税人没有义务提缴纳税申报或者缴纳任何税款,除非他被逮捕并且直到他被逮捕。

II

6名应诉人,都是延伸的库尔特家族的成员,在蒙大纳的中心地区经营混合谷物和牲畜农场已经很多年了。1986年,他们开始种植和销售大麻。在《危险药品税法》生效以后大约两个星期,蒙大纳法律执行官员搜查了该农场,逮捕了库尔特成员,并且没收了他们所发现的所有大麻植物、原料以及随身用具。In re Kurth Ranch,145 B. R. 61,66(Bkrtcy. Ct. Mont. 1990)。该搜查结束了大麻经营并且产生了4个独立的法律程序。

其中的一个程序是,该州在蒙大纳地区法院对所有6名成员都提出了犯罪指控,指控他们共谋拥有毒品意图销售,Mont. Code Ann. § 45-4-102(1987),或者,拥有毒品意图销售,§45-9-103。每一个应诉人最初都说自己无罪,但是随后进入了一个辩诉交易。1988年7月18日,法院判决理查德·库尔特和朱迪思·库尔特被监禁,对于其他4名家庭成员宣布缓刑或者推迟判决。

县律师也提出了一个民事没收的诉讼,请求返还在大麻经营中使用的现金和设备。在该诉讼中并不涉及被没收的毒品,大概是执法机关已经在发现它们以后将其破坏了。应诉人通过一个没收18 016.83美元的现金和各种各样的设备的协议解决了该没收诉讼。

第三个诉讼涉及对于危险药品的新税收。尽管税务局第一次适用该法律遇到了一些困难,最终它仍然试图对于大麻植物、已收获的大麻征收900 000美元的税收以及利息和罚款。库尔特成员在行政程序中对该核定征税提出了异议。然而,这些程序被自动中止到1988年9月,此时,库尔特成员开始了由对他们的农场搜查所引起的第4个法律程序:根据《破产法典》第11章的规定申请破产。参见《美国法典》第11标题第362节第a分节。

在破产程序中,库尔特成员反对税务局对其未缴纳药品税的指控,并且向蒙大纳税收的合宪性提出了挑战。审理以后,破产法院认为,作为一个州法律的事实,大部分核定都是无效的,但是,该法院得出了这样的结论:对于1811盎司的已收获的大麻核定181 000美元的税款是由该法律授权的。它认为,根据联邦宪法,核定无效。

主要根据 *United States v. Halper*,490 U. S. 435(1989)一案,破产法院认为,核定征税构成了一种双重危险的形式。法院拒绝了该州的主张,即该税收不是罚款,因为它是为了弥补法律执行的成本;正如该法院所指出的,税务局"没有举出一丁点关于上述政府项目或者由于对非法药品活动宣战所导致了执法成本的证据"。145 B. R., at 74。在注意到该核定的部分导致该产品市场价值 8 倍的税款以后,该法院解释说,该税收的惩罚性质是非常明显的,"因为药品税法在历史上已经被视为在本质上是罚款,蒙大纳法律推动了传统的惩罚目标——报复和阻止,该税收仅仅适用于已经被认定为犯罪的行为,该税收允许通过对债务人财产的约束来制裁犯罪,该税收要求认定非法拥有危险药品,因此也就需要认定是故意,该税收有助于取消非法拥有药品,对于所分配的可选择目标而言,该税收显得过分了,特别是在该州没有提出任何关于对社会造成成本的证据的情况下。该税收是在对非法占用药品的人进行逮捕以后征收的,并且该税收报告是由执法官员来作出的,而不是由纳税人,他们有可能不会签署该报告"。同上,第 75～76 页。

这些方面使得法院得出了"不可避免的结论":药品税法的目的是禁止和惩罚。

地区法院维持了该判决。它同意破产法院的事实认定和推理,并得出这样的结论:蒙大拿州《危险药品税法》"对于同一犯罪行为,惩罚了库尔特成员两次"。In re Kurth Ranch, CV-90-084-GF, 1991 WL 365065 (D. Mont., Apr. 23, 1991) (reprinted at App. to Pet. for Cert. 22)。税务局没有提出事实损害或者成本的清算账目使得破产法院更加确信该税收违反了第五修正案的双重危险条款。

第九巡回区上诉法院也维持了该判决,但是其判决更多的是基于该州拒绝提供证明该税收合理的证据,因此拒绝认为该税收在其表面上违宪。In re Kurth Ranch, 986 F. 2d 1308, 1312 (1993)。该法院首先确定,根据 *United States v. Halper* 一案,为双重危险之目的,不成比例的大额民事罚款可以构成惩罚。986 F. 2d, at 1310。将该核定称为税收,与某些种类的罚款相对,并不具有说服力。根据 *United States v. Halper* 一案,该法院认为,核心的考察点是该制裁与政府所遭受的损害相比是否是合理的。986 F. 2d, at 1311。然而,该考察点仅适用于存在两个或两个以上刑事制裁的案件。该法院认为,库尔特成员有权利获得清算账目以确定该制裁是否构成了不允许的第二次惩罚,由于该州拒绝提供该证据,它认为该税收适用于库尔特成员是违宪的。同上,第 1312 页。

当该案件在上诉法院尚未判决时,蒙大拿州最高法院推翻了两个下级州法院的判决:《危险药品税法》是双重危险的一种形式。*Sorensen v. State Dept. of Revenue*, 254 Mont. 61, 836 F. 2d 29(1992)。该州最高法院认为,立法机关的意图是建立一种民事的而非刑事的罚款,该税收具有补偿的目的,而不是为了促进报复和禁止。同上,第 65, 836 F. 2d, at 31。该法院认为,*United States v. Halper* 的观点没有说服力,因为它明确地宣布了"对于罕见案件的规则",同时也因为该案件涉及民事罚款,而非税收。254 Mont., at 67, 836 F. 2d, at 32-33。该法院认为,药品税并不是过分的税收,它与 *United States v. Halper* 所涉及的民事制裁不同,不需要证明该州具有需要弥补的成本。254 Mont. , at 67-68,836 F. 2d, at 33。

蒙大拿州最高法院的判决与联邦程序中涉及库尔特成员的判决相抵触。因此,我们发布了诉讼文件移送命令来重申上诉法院的判决。509 U. S. 953(1993)。现在我们维持该判决。

Ⅲ

在 *United States v. Halper* 一案中,我们考虑了"为双重危险分析之目的,民事罚款是否已经在什么情况下可以构成'惩罚'"。490 U. S. , at 436。我们对于那一问题的回答并不能决定另外一个不同的问题,即蒙大拿州的税收是否应当被定性为惩罚。

赫波被指控有 65 项单独的刑事欺诈违法行为,《美国法典》第 18 标题第 287 节,每一个都涉及为价值仅 3 美元的医疗服务支付 12 美元的返还款。在赫波被判刑 2 年并处罚金 5 000 美元以后,政府提出了一个单独的诉讼来对该 65 个违法行为中的每一个征收 2 000 美元的民事罚款。参见《美国法典》第 31 标题第 3729 节。地区法院认为,该法律所授权的 130 000 美元的罚款与该政府的 585 美元事实损失加上其调查和起诉赫波的欺诈行为的总额没有"合理的关系"。490 U. S. , at 439。按照该法院的观点,民事罚款"高于政府可测量损失的 220 倍,这符合惩罚的条件",这是被双重危险条款所禁止的。

在直接上诉到本院时,我们拒绝了政府提出的双重危险条件仅仅适用于在刑事程序中所施加的惩罚,我们的推理是,是否违反"只能通过评定该州的制度事实上施加在个人身上的制裁来确定"。同上,第 447 页。在作出这样的评定时,"'刑事'或者'民事'的标签并不是那么重要"。接受了地区法院的裁定,我们认为:"已经在刑事起诉中被惩罚的被告不能再遭受额外的民事制裁,限于第二个制裁不能被公平地确定为补偿,而只是禁止或者报复。"同上,第 448~449 页。

因此,*United States v. Halper* 一案的判决认为,立法机关将法律描述为民事的并不能排除它具有惩罚性质的可能性。在 *United States v. Halper* 一案中,我们还认为,所谓的民事"罚款"可以具有补偿的性质,如果它仅仅是弥补政府的由于被告的犯罪行为所导致的事实上的成本。同上,第 449~450、第 452 页。因此,我们将该案件发回地区法院来决定该法定罚款的哪一部分可以被作为政府事实损失的补偿。

然而,*United States v. Halper* 一案并没有考虑税收是否可以被类似地定性为惩罚性的。

Ⅳ

刑事罚金、民事罚款、民事没收以及税收具有某些共同的性质:它们可以产生政府收入,对个人施加经济负担并且会阻止某些行为。所有这些制裁都受到宪法的约束。政府不应当在没有首先有超出合理怀疑的证据确定有罪的情况下施加刑事罚金。比较 *In re Winship*,397 U. S. 358(1970)。被判决有罪并且为其违法行为受到惩罚的被告不应当在另外一个程序中就其同一个违法行为遭受非补偿性的民事罚款。*United States v. Halper*,490 U. S. 435(1989)。民事没收有可能违反第八修正案的禁止过分罚金的原则。*Austin v. United States*,509 U. S. 602(1993)。对非法行为征税的法律有可能是无效的,因为它的报告要求使得纳税人自己控告自己有罪。*Marchetti v. United States*,390 U. S. 39(1968)。

作为一个一般性的问题,一个行为的非法性并不能阻碍其被征税。同上,第44页;*United States v. Constantine*,296 U. S. 287,293(1935);*James v. United States*,366 U. S. 213(1961)。例如,毫无疑问,蒙大拿州可以对拥有大麻的行为征税,如果它以前没有就同一违法行为对纳税人进行惩罚,或者事实上,如同它是在导致其有罪的同一程序中核定税收。*Missouri v. Hunter*,459 U. S. 359,368-369(1983);同时参见 *Halper*,490 U. S. ,at 450。这里,我们仅仅提出这样一个问题:该税收是否具有惩罚的性质,以至于使得它受到双重危险条款的约束。

尽管我们从来没有判决过税收违反双重危险条款,但是我们已经假定一个税收有可能违反该条款。在其他宪法要件的环境下,我们已经反复检验过税收的合宪性。我们已经警告过,仅仅因为税收执行的过分压抑或者因为立法的动机是可疑的就可能被宣布为无效。*A. Magnano Co. v. Hamilton*,292 U. S. 40,44(1934)。然而,我们也曾承认:"也会有这样一个时刻,所谓的税收的惩罚特征不断延伸,以至于它失去了税收的特征而变成了单纯的具有规制和惩罚特征的罚款。"同上,第46页[引用了 *Child Labor Tax Case*,259 U. S. 20,38(1922)]。这一意见以及在 *United States v. Halper* 一案中的不含糊的声明:名称本身并不能支配双重危险调查,都表明了税收不会仅仅因为它是税收就可以免受双重危险的审查。

United States v. Halper 一案承认,"这种宪法保护在本质上是个人性的","只有事实上制裁的性质"才能证实存在违反双重危险的可能性。490 U. S. ,第447页。尽管罚金、罚款和没收已经被公认具有制裁的特征,税收却具有典型的不同特征,因为它们通常是由获得财政收入的目的所推动的,而不是惩罚目的。然而,在某个点上,名称为税收的一种勒索可能接近惩罚,我们的任务就是来确定蒙大拿州的药品税收是否越过了这条线。

首先我们需要注意,高税率以及明显的禁止目的都不能自动地使得一个税收成为惩罚的一种形式。在这个案件中,尽管这些因素都不是决定性的,它们至少具有惩罚的性质。该核定的重要部分超过了该药品市场价值的8倍,这是一种相当高的税率。毫无疑问,蒙大拿州立法机关的目的是想通过该税收禁止人们拥有大麻。然而,税务局提醒我们,很多被假定为有效的税收,如对香烟和酒精所征收的税收也是比较高,而且其目的也是为了禁止。事实上,尽管没有涉及双重危险的问题,本院在 *United States v. Sanchez*,340 U. S. 42(1950)一案中维持了对每盎司大麻征收 100 美元联邦税的不合理的制度。因此,尽管高税率和禁止的目的可以支持药品税具有惩罚的性质,这些性质本身并不必然使得该税收具有惩罚性。比较 *Sonzinsky v. United States*,300 U. S. 506,513514(1937)。

　　然而,其他与众不同的性质使得蒙大拿州的立法与大部分税收不同。这种所谓的税收取决于犯罪行为。这一条件"很明显具有罚款和禁止的意图,而不是为了获得财政收入"。而且,本院也曾依赖于不存在这样一个条件而得出这样的结论:一个特定的联邦税收是民事制裁,而非刑事制裁。在本案中,税收的征收不仅取决于犯罪行为,而且只有在纳税人因为产生该税收债务的行为而被逮捕以后才能征收:因为拥有大麻而被逮捕的人构成了应当缴纳蒙大拿州税收的所有纳税人团体。

　　对于非法行为所征收的税收在本质上不同于纯粹为了财政收入的目的而征收的税收,后者的征收是不考虑它们对被课税行为的不利影响的。但是,它们也不同于混合性质的税收,即政府征税的目的既有禁止不希望的行为,也有获得财政收入。例如,征收香烟税,政府希望减少吸烟行为。但是由于该产品的利益——例如创造就业机会、满足消费需求以及提供财政收入——被视为超过了该损害,政府将允许制造、销售和使用香烟,只要制造商、销售商和吸烟者支付了减少消费、增加政府收入的高税率税收。当被课税的行为被完全禁止的时候,这种正当性就消失了,因为立法机关的支持该税收的获得财政收入的目的完全可以通过对该违法行为增加罚金的方法来实现。

　　蒙大拿州的税收是异常的,还有另外一个原因。

　　尽管其声称是一种财产税,也就是说"对于拥有和储藏危险药品的税收",Mont. CodeAnn. § 15-25-111(1987),然而,它实际上是对纳税人在征税时既不拥有也不占有的货物征税。事实上,可以推测,在本案中,该州在对其征税之前破坏了违法货物。如果一项法律相当于没收财产就是违宪的,*Heiner v. Donnan*,285 U. S. 312,326(1932);*Nichols v. Coolidge*,274 U. S. 531,542(1927),对已经没收的财产征税至少是有问题的。对于"拥有"已经不存在并且纳税人从来没有合法拥有的商品征税具有无可置疑的惩罚性质。这个税收仅仅对罪犯征税,而不对其他人征税,离普通税法如此遥远以至于变成了一种惩罚的形式。

　　从整体来看,这种药品税是异常规则的混合物,离标准税收的关键方面差距太大,以至于为双重危险分析之目的逃脱不了惩罚的性质。

V

　　由于蒙大拿州的税收明显具有惩罚的性质,上诉法院的判决必须被维持。在

United States v. Halper 一案中,我们承认,民事罚款可以作为弥补州政府的可归于被告行为的事实成本而被征收。490 U. S. , at 452。然而,正如首席法官所指出的,税法所要实现的目的与民事罚款具有很大不同,*United States v. Halper* 一案确定征收是补救性的还是惩罚性的方法"对于税法案件并不能简单地适用"。因此,将蒙大拿州的药品税放在 *United States v. Halper* 一案中用于检验民事罚款的方法中是不恰当的。即使允许这样一种验证,蒙大拿州也没有主张其在本案中征收的税款与其调查、起诉库尔特成员的成本有一个大体上的接近,或者它与他们对该州所造成的事实上的损害具有大体上的关系。在任何情况下,蒙大拿州计算税款的公式都是一样的,不管该州所遭受损失的具体数额是多少,甚至不考虑该州是否遭受了任何损失。

这种药品税并不是可以随着对一个犯罪行为的第一次惩罚而进行的补救性制裁的形式。相反,它是在宪法保护关注范围内的第二次惩罚,这种宪法保护"在我们的历史和司法中具有深厚的根基",*Halper*, 490 U. S. , at 440,因此必须在第一次起诉中予以施加,或者根本就不施加。蒙大拿州所启动的对于拥有药品征税的程序相当于将库尔特成员因其同一违法行为而置于第二次危险中的继续性刑事起诉。上诉法院的判决被维持。

如此判决。

首席法官李坤斯特持不同意见。

没有给出它这样做的任何暗示,本院的观点彻底地改变了现存的法律。以前我们从来没有将税法进行双重危险分析,但是根据今天的判决,一个州的税法被否定了,因为它的适用违反了双重危险原则。本院是从正确的理论基础出发的。它正确地确认,我们在 *United States v. Halper*, 490 U. S. 435(1989)一案中的观点,其中关于税收问题的双重危险没有说什么,针对在 *United States v. Halper* 一案中所面临的民事罚款问题。我同意本院拒绝按照 *United States v. Halper* 一案的模式进行分析,该方法应当努力判断一个罚款的法律是补救性的还是惩罚性的,该方法不能简单地适用于税法。但是接着本院进入了迷途,其判决的结果是一个标准的大杂烩——其中很多标准已经被我们以前的判决所分别否定过——这些标准是在判断一个税法是否构成"惩罚性"时所使用的。

本院引用了这样一个案例——*Helvering v. Mitchell*, 303 U. S. 391 (1938)——作为税法受到双重危险分析的案例。但是,我同意本院的这样一个声明:"在 *Helvering v. Mitchell* 一案中所涉及的罚款作为对欺诈的制裁比作为税收更加准确。"我们在这个涉及双重危险权利主张的法律领域——其中,法律施加了一种被称为"民事罚款"的义务——的所有其他判决都是紧接着一个刑事程序而发动的,该刑事程序是基于欺诈指控的。在前面所列举的 *Helvering v. Mitchell* 一案、*United Statesexrel. Marcus v. Hess*, 317 U. S. 537(1943)一案以及 *Rex Trailer Co. v. United States*, 350 U. S. 148(1956)一案中, 双重危险的权利主张都被拒绝了; 在前面所列举的 *United States v. Halper* 一案中, 第一次支持了双重危险的权利主张。

本院与下面的上诉法院不同, 很明智地没有将蒙大拿州税收受到 *United States v. Halper* 案例分析的约束, 因此, 也没有必要确定 *United States v. Halper* 一案的判决是否正确。很明显, 这并不是被 *United States v. Halper* 一案所预期的"罕见的案例", 这一税收也没有涉及"固定罚款的规定"。在 *United States v. Halper* 一案中, 我们认为, 双重危险测验是该罚款法律是否能够让政府获得比将欺诈行为绳之以法所需成本更多的收入, 因为补偿政府的损失是民事罚款法律所公开宣称的目的。但是, 这里我们所面对的是税法, 税收的目的并不是弥补政府将某些人的某些违法行为绳之以法所耗费的成本, 而是获得财政收入或者阻止某种行为, 或者两者兼而有之。参见 *Welch v. Henry*, 305 U. S. 134, 146(1938); *Sonzinsky v. United States*, 300 U. S. 506, 513(1937)。因此, 尽管奥克奴法官试图通过 *United States v. Halper* 案例的透镜来审视本案件, 但是在 *United States v. Halper* 案件中所使用的判断征收是补偿性的还是惩罚性的推理方法却不能适用于本案中的税法。税法不需要基于授予纳税人的任何利益或者基于政府由于纳税人的行为所遭受的任何成本或者损失。*Commonwealth Edison Co. v. Montana*, 453 U. S. 609, 622(1981)。因此, 在分析税法时, 考察该州"由于库尔特成员的违法行为所导致的损害"是不适当的约束。应当追问的正确的问题是, 对于已经被刑事处罚的行为而言, 根据双重危险条款, 蒙大拿州的药品税是否构成了第二次惩罚。本院提出了正确的问题, 但却得出了错误的答案。

通常来讲, 制定税法是为了增加财政收入以支持政府的成本。以下观点也是被牢固地确立的: 可以制定税法来阻止或者甚至禁止被课税的行为。在我们以前的判决中, 宪法对这些法律的攻击已经被转移。例如, 在 *A. Magnano Co. v. Hamilton*, 292 U. S. 40(1934)一案中, 本院没有支持正当法律程序对于华盛顿州在经济萧条时期对人造黄油过程所征收的不合理的货物税的挑战。在前面所列举的 *Sonzinsky v. United States* 一案中, 本院支持了年度联邦轻武器税, 作为国会征税权的正当行使。在那个案件中, 本院认为:"长久以来已经确立了这样的观点, 即国会的一项表面宣称是行使征税权的法律并不总是这样的, 因为税收是繁重的或者倾向于限制或者压制被课税的事物。"在 *United States v. Sanchez*, 340 U. S. 42(1950)一案中, 本院支持了对于每盎司大麻征收 100 美元税款的前任联邦税收, 拒绝了认为该税收是罚款而不是真正税收的挑战。在这样做的时候, 本院认为:"这是超出了严肃问题的事情, 即税收仅仅因为其规制、阻碍或者甚至明确禁止被课税的行为就被认为无效。"正如本院所承认的,人们早已承认,一个行为的非法性并不能阻碍其被征税。*Marchetti v. United States*, 390 U. S. 39, 44(1968); *United States v. Constantine*, 296 U. S. 287, 293(1935)。

本院今天的观点对这些案例给了一个短暂的赞同,但是接着就认为高税率以及禁止的目的"导致支持药品税具有惩罚的性质"。本院然后讨论了蒙大拿州税收的"其他与众不同的特征",它最后得出结论给该税收打上了刑事罚款的烙印。

本院首先指向了其结论,即所谓的税收是以犯罪行为的发生为条件的,这一结论是该州所争议并且具有很好的理由的。相关法律条款,Mont. Admin. Rule 42. 34. 102(1)(1988),其中规定,该纳税申报"应当在……被捕以后的72小时内提交",仅仅是承认了在涉及对非法行为征税过程中的操作性事实。然后,与 *Marchetti*, *Constantine*, *and James v. United States*, 366 U. S. 213(1961)案件的教义完全相反,本院认为,"当被征税的行为被完全禁止时,"混合动机税收——征收税款既为了禁止,也为了获得财政收入——的正当性消失了。

由法院所认定的第二个"与众不同的特征"是对在征税之时纳税人既不拥有也不占有的药品征税的。当然,本院也不是建议该州为了对其所有物征税而允许库尔特成员保留该违禁品。尽管蒙大拿州的"危险药品税"被描写为对储存和拥有所征的税,但从该税法的结构和目的可以明显看出,其立法目的是从有利可图的地下药品交易中获得财政收入。1987 Mont. Laws, ch. 563(导言)。我并没有争辩本院的结论,即被贴上"税收"标签的征收可以在某些情况下,为双重危险条款之目的,构成"惩罚"。本院在前面所提到的 *United States v. Constantine* 一案中作出了类似的裁定,尽管其背景是不同性质的挑战。那个案件中所讨论的问题是对于那些违反当地法律从事酒类交易的所有人所征收的 1 000 美元的特别消费税的有效性问题。为了将该税收定位于非法罚款而非税收,本院认为该征收取决于对犯罪行为的强迫接受,而且该征收是"非常过分的"。

但是这个 *United States v. Constantine* 因素在当前的背景下并不具有说服力。正如前面所讨论的,我并没有发现该税收取决于犯罪行为以及被捕是这个税收的有效性的决定性因素;这个特征仅仅反映了对非法企业征税的事实。而且,这里的税率很明显是支持请求者的。在 *United States v. Constantine* 一案中,对于销售酒类的零售商所征收的 1 000 美元的特别消费税是对其他类似饮料零售商所征收的 25 美元税收的 40 倍。当与蒙大拿州的税收相比时,有两点是值得注意的。首先,与 *United States v. Constantine* 一案中的情形不同,对于从事非法药品交易的个人并没有征收任何税收或者费用。因此,整个交易的进行是无税的。其次,蒙大拿州的税收并不像 *United States v. Constantine* 一案中的额外消费税那样不成比例。本院作出了这样的事实认定,对于最低档次的征税对象所征税款超过了该药品的市场价值的 8 倍。但是本院忽略了这样的事实,即该税收较高档次的征税对象所征税款仅相当于该产品市场价值的 80%。

在对这两类大麻制品的有效税率进行平均以后,本院得出了这样的结论,蒙大拿州的税率是市场价值的 4 倍,接近"至高无上"。或许可能是如此。但是适当的考察点并不是该税率是否"至高无上"的,而是它是如此之高以至于只能将其解释为具有惩罚的目的。当和对于酒类和烟类所征收的类似的"不合情理"的税收相比以后,这些数字并不是如此之高以至于只能视为武断的或者令人震惊的。再考虑到传统上对于州机关的征税事项的尊重以及非法药品交易可以逃避任何税收的事实以后,就更是这样了。

总之,我认为本院的结论,即该税收是惩罚性质的,与蒙大拿州法律的目的和效果以及我们以前的法律是不一致的。在审查了该税法的结构和语言并且与对非法产品征税的类似不合理税收相比以后,我会得出相反的结论——蒙大拿州的税收具有获得财政收入的非惩罚目的,除了禁止行为的立法目的以外,因此,为双重危险目的,它应当被视为真实的税收。

奥克奴法官持不同意见。(省略)

斯卡拉法官持不同意见,托马斯法官同意斯卡拉法官的意见。

第十四章 非纳税人缴纳税款请求退税案(1995)

一、基本法律规定

(一)《美国法典》第 26 标题第 6321 节的相关规定

如果负有缴纳任何税款义务的任何主体在被命令纳税以后疏忽或者拒绝缴纳相同数额的税款,该数额……为美国的利益,应当以留置权的形式存在于属于该主体的所有财产和财产权利之上,无论该财产是不动产还是动产。

(二)《美国法典》第 26 标题第 6325 节的相关规定

部长可以发布通知,解除其上设置了留置权的财产的任何部分的联邦税的留置权,如果该财产被部分销售,并且按照与部长签订的协议,该销售的收益作为基金设置了留置权以及美国的权利主张,按照关于被解除的财产相关的该留置权和该权利主张的相同的优先性。

(三) 财政部对《美国法典》第 26 标题第 6325 节的部分解释

国内税收服务局的地区主管可以根据其自由裁量权,发布通知,解除在其上设置了税收留置权的财产的任何部分的留置权,如果该财产被销售,并且按照与该地区主管的书面协议,该销售的收益作为基金设置了留置权以及美国的权利主张,按照关于被解除的财产相关的该留置权和该权利主张的相同的优先性。

(四)《美国法典》第 26 标题第 6511 节第 a 分节的相关规定

对于本标题所征收的任何税款——关于该税款,纳税人被要求提缴纳税申报——的超额缴纳的抵扣或者退还主张应当由纳税人在提交该纳税申报以后 3 年内或者在缴纳该税款以后 2 年内——选择该期间中较晚届满的一个提交,或者,在缴纳该税款以后的 2 年内如果纳税人没有提缴纳税申报。对于本标题所征收的任何税款——关于该税款,纳税人被要求通过印花税票来缴纳——的超额缴纳的抵扣或者退还主张,应当由纳税人在缴纳该税款以后的 3 年内提出。

(五)《美国法典》第26标题第7422节的相关规定

1. 第a分节：提交退还权利主张之前禁止诉讼

禁止在任何法院中进行关于下列主张的诉讼或者程序：被宣称错误或者违法核定或者征收的任何国内税的退还，或者被主张在没有授权的情况下被征收的任何罚款的退还，或者被宣称超额征收或者以任何错误方式被征收的任何税额的退还，直到向部长及时提交关于退还或者抵扣的权利主张，按照关于上述事项的法律的规定或者按照部长根据该法律所制定的规章的规定来行使上述权利。

2. 第b分节：抗议或者强迫

无论该税款、罚款或者总额是否已经在抗议或者强迫下被缴纳，该诉讼或者程序均可以进行。

3. 第c分节：针对征收官员的诉讼

针对美国的任何官员或者雇员（或者前任官员或者雇员）或者他的个人代表，为了被宣称错误或者违法核定或者征收的任何国内税的退还，或者被主张在没有授权的情况下被征收的任何罚款的退还，或者被宣称超额征收或者以任何错误方式被征收的任何总额的退还的诉讼，在将已决案件原则适用于关于任何国内税的所有诉讼时，应当被视为仿佛美国已经是该诉讼以及在税务法院的所有程序和税务法院的判决的复审的程序中的主体。

4. 第d分节：抵扣视为缴纳

任何税款的超额缴纳用于抵扣任何税收债务，为任何退还该被满足的税收债务的诉讼之目的，应当被视为在该抵扣被允许之时，该税收债务被履行。

5. 第e分节：程序的中止

如果纳税人在美国地区法院或者联邦权利主张法院为了退还任何所得税、遗产税、赠与税或者第41、第42、第43或者第44章所征收的税款（或者关于该税款的任何罚款）而以部长为被告提起诉讼，并且，部长在庭审之前向纳税人邮寄了一个通知，其内容是关于该纳税人诉讼标的的税款已经被确定为欠税，纳税人的诉讼程序应当在下列期间中止：纳税人向税务法院提出重新确定被主张的欠税的诉讼请求期间，以及随后的60天。如果纳税人向税务法院提起了诉讼请求，美国地区法院或者联邦权利主张法院——视情况而定，应当丧失对纳税人诉讼的司法管辖权，限于纳税人关于退还的诉讼请求中被税务法院获得司法管辖权的部分。如果纳税人没有向税务法院提交关于重新确定所主张的欠税的诉讼请求，美国可以在该诉讼被中止的期间（尽管该请求的期间本来应当终止）对纳税人的诉讼提出反诉，或者干预第c分节（关于针对美国官员或者雇员的诉讼）所描述的诉讼事件。关于美国所进行的该反诉或者干预所提出的问题，纳税人应当承担举证责任，但是关于纳税人是否具有故意逃避税款的欺诈犯罪的问题除外。本分节不应当适用于由纳税人所提出的下列诉讼:在本标题制定之前,该诉讼在美国地区法院或者联邦权利主张法院为了任何所得税、遗产税或者赠与税(或者关于该税款的任何罚款)的退还而被提起、开始或者未决。

6. 第 f 分节:退还诉讼权利的限制

(1) 第 1 段的规定

第 a 分节所指的诉讼或者程序只能针对美国而不能针对美国的任何官员或者雇员(或者前任官员或者雇员)或者他的个人代表进行。尽管有《美国法典》第 28 标题第 2502 节(关于外国人诉讼的特权)以及该第 28 标题第 1502 节(关于某些条约诉讼)的规定,该诉讼或者程序仍然可以针对美国进行。

(2) 第 2 段的规定

如果在美国地区法院针对美国的任何官员或者雇员(或者前任官员或者雇员)或者他的个人代表所提起的诉讼仅仅由于第 1 段的规定而属于不适当提起的诉讼,在该条款是公正的时候,该法院应当命令,该诉讼请求应当被修改,应当在该诉讼开始之时用美国代替该官员或者雇员——由于它们在美国的正当服务程序——作为诉讼一方主体。该诉讼或者程序应当在美国要求的情况下被转移给本来应当被提起的地区或者分支机构,如果该诉讼最初就是针对美国提起的。

(六)《美国法典》第 26 标题第 7701 节第 a 分节第 14 段的相关规定

"纳税人"这一术语是指承担缴纳国内税收债务的任何主体。

(七)《美国法典》第 28 标题第 1346 节第 a 分节第 1 段的相关规定

主张错误或者非法核定或者征收国内税收而要求返还的,或者主张没有权限而征收的任何罚款,或者主张根据国内税收法律超额征收或者按照任何错误的方式征收的任何数额的任何针对美国的民事诉讼。

二、案情简介

在这个诉讼开始之前,应诉人威廉姆斯以及当时她的丈夫拉比共同拥有他们的住房。作为一个餐馆的部分所有者,拉比自己产生了某些税收债务,并且没有缴纳这些债务。在 1987 年 6 月和 1988 年 3 月,政府对于这些税收债务核定拉比欠税接近 15 000 美元,并且因此在其所有的财产上都设定了被核定数额的留置权,包括他在该住房中的利益。参见《美国法典》第 26 标题第 6321 节(如果负有缴纳任何税款义务的任何主体在被命令以后疏忽或者拒绝缴纳相同数额的税款,该数额……为美国的利益,应当以留置权的形式存在于属于该主体的所有财产和财产权利,无论是不动产还是动产),政府没有声明威廉姆斯对于这些核定或者任何随后的核定承认任何个人债务。

同时，拉比和威廉姆斯为了离婚而分割了他们的婚姻财产。当拉比在 1988 年 10 月 25 日将其在该住房中的利益分配给威廉姆斯时，她没有注意到该留置权，因为政府直到 1988 年 11 月 10 日才提出其税收留置权。作为对该住房的对价，威廉姆斯为拉比承担了三项债务（都不是税收债务），总额接近 650 000 美元。在接下来的几个月里，政府进一步对拉比核定欠税，总额超过 26 000 美元，但是直到 1989 年 6 月 22 日才提交该税款的通知。

威廉姆斯在 1989 年 5 月 9 日签订了一个销售该住房的合同，并且同意在 7 月 3 日交接。在交接之前一周，政府给威廉姆斯和购买者一个事实的通知，该通知主张，超过 41 000 美元的税收债务留置权存在于该财产或者该买卖的收益之上。购买者威胁说，如果该买卖没有按照原计划进行，他将起诉威廉姆斯。相信她自己没有现实可行的其他选择——政府也表明没有提出任何建议——威廉姆斯在抗议之下授权从该销售收益中直接向国内税收服务局支付 41 937 美元以至于她能够转让清晰的权利。

在政府拒绝了威廉姆斯请求行政退还的申请以后，她向加利福尼亚中心区美国地区法院提起了诉讼，主张根据《美国法典》第 26 标题第 6323 节第 a 分节（在没有适当的通知的情况下，税收留置权对于购买者不生效）的规定，她已经在不存在政府留置权的情况下取得了财产。为了加强她的权利，她又提出了《美国法典》第 28 标题第 1346 节第 a 分节第 1 段，该规定通过授权联邦法院裁判"主张错误或者非法核定或者征收国内税收而要求返还的任何针对美国的民事诉讼"来要求政府放弃主权豁免。在保证事实的诉讼中，政府主张政府是否享有对威廉姆斯货币的权利是不相关的；她的请求不能被接受，政府强调，因为根据第 1346 节第 a 分节第 1 段的规定她没有提起返还之诉的诉讼权。按照政府的观点，该规定仅仅授权被核定的主体，即拉比有权提起诉讼。地区法院根据第五和第七巡回区法院的先例接受了这种管辖权抗辩。

第九巡回区美国上诉法院根据第四巡回区法院的先例推翻了地区法院的判决。为了解决上诉法院之间的冲突，联邦最高法院发布了诉讼文件移送命令。

三、正反方观点

（一）正方（税务局、地区法院）观点

根据《美国法典》第 26 标题第 7422 节，主体在没有首先用尽行政救济手段之前不能提起返还之诉。

根据《美国法典》第 26 标题第 6511 节的规定，只有"纳税人"可以用尽这些救济手段。

根据《美国法典》第 26 标题第 7701 节第 a 分节第 14 分节，威廉姆斯不是纳税人。

如果第 1346 节第 a 分节第 1 段授权某些第三主体起诉，强制征收、判决产权归属以及分别基金救济就变得多余了。

允许威廉姆斯起诉将违反这样一个原则，即主体不能向其他人的税收债务提出挑战。破坏了这一原则将导致广泛的滥用：特别的，主体将会自愿缴纳其他主体的税收债务，仅仅是为了一旦政府停止从真正的纳税人那里征收税款就提起返还之诉。

(二) 反方(纳税人、联邦上诉法院、联邦最高法院)观点

第 1346 节第 a 分节第 1 段授权这样一个主体，他尽管没有被核定税款，但缴纳了税款，并且主张从其财产上消除联邦税收留置权，提起返还之诉。

威廉姆斯的诉讼请求正好就是第 1346 节第 a 分节第 1 段中的明朗和不含糊的语言，该语言授权提起关于下列事项之诉的权利："任何……错误……征收的……税款。"

政府依赖于三个其他条款去限制第 1346 节第 a 分节第 1 段对于主权的豁免被拒绝。政府争论说，根据《美国法典》第 26 标题第 7422 节，一个主体在没有首先用尽行政救济的情况下不能提起返还之诉，根据《美国法典》第 26 标题第 6511 节，只有"纳税人"才可以用尽第 II 页的救济；根据《美国法典》第 26 标题 7701 节第 a 分节第 14 段，威廉姆斯不是纳税人。政府的论点在两个法定的接合点上是不成立的。第 6511 节第 a 分节中的"纳税人"——该规定规范着行政救济——不能承担政府施加于其上的重任。本规定的明显的术语仅仅规定了申请行政救济的期限，而不是对谁可以提起申请的限制。而且，政府的主张，即威廉姆斯在这一点上不是"纳税人"也是没有说服力的。在她的住房上施加了留置权并且接受了其在有异议情况下所缴纳的税款，很显然，政府已经对其征收了税收，即使她不是被核定的主体。

政府对于第 1346 节第 a 分节第 1 段规定的解读将使得人们处于威廉姆斯那样的没有救济的境地。这种推论加强了这一结论，即国会的意图不会是拒绝给予处于威廉姆斯境地的人第 1346 节第 a 分节第 1 段所规定的返还之诉。尽管政府指向的是《美国法典》第 26 标题第 7426 节、《美国法典》第 28 标题第 2410 节第 a 分节第 12 分节以及《美国法典》第 26 标题第 6325 节第 b 分节第 3 分节分别授权的征收、权利归属以及分别资助救济，但是这些都不可能被威廉姆斯或者处于她那种境地的人所实际使用。而且，由于这些手段提供的是剥夺之前的救济，如果某些第三主体被第 1346 节第 a 分节第 1 段授予了诉权，它们也不会变得多余，只有纳税人向政府全额缴纳了税款以后，纳税人才能获得被剥夺之后的救济。

政府所依赖的原则——主体一般来讲不能挑战其他主体的税收债务——并非一成不变的。该原则的负担在这里被减轻,因为威廉姆斯所挑战的主要是存在于她的财产之上的留置权,而非对其丈夫的欠税核定。而且,政府的下列预见,即允许她起诉将导致自愿缴纳他人税收的主体疯狂滥用其诉权是不真实的。在任何情况下,这里的处理并不是针对这样的情形,如果有的话,在该情形下,自愿缴纳针对其他人所核定的税收的主体可以根据第 1346 节第 a 分节的规定提起返还之诉。

四、案件评析

这个案件提出了这样的问题,应诉人威廉姆斯——她缴纳了税款,同时主张取消在她的财产上的留置权——是否有权根据《美国法典》第 28 标题第 1346 节第 a 分节第 1 段的规定提起返还之诉,即使她所缴纳的税款是针对第三主体而核定的。或者说是第 1346 节第 a 分节第 1 段所规定的放弃主权豁免是否授权了一个尽管没有被核定税款,但是在主张从其财产上取消联邦税收留置权的前提下缴纳了税款的主体提起返还之诉。

从正反方的观点可以看出,税务局站在政府税收权益的立场上,极力从字面含义上来解释法律并且限制纳税人的诉权,而联邦最高法院则站在纳税人权益的立场上,一方面从字面含义,另一方面则从国会的意图,即立法宗旨角度来阐述纳税人享有退税请求权。

从双方的论点可以看出,同样一个法律条款,如果站在不同的立场上,采取不同的解释方法往往可以得出两种甚至多种不同的结论。至于哪一种是立法者的本意或者法律的原意,实际上是无法探求的。唯有解释者的立场是决定性的因素。税法在本质上是一种利益平衡之法,它既要保护国家的税收权益,也要保护纳税人的税收权益,不能有所偏颇,在两者不能兼顾时,应当按照最小损害原则来权衡,即如果保护纳税人权利带来的收益小于国家因此所遭受的损失时,应当侧重保护国家利益;反之,则应当侧重保护纳税人权利。在涉及纳税人的程序性权利或者诉权的问题上,应当尽量从宽解释法律,因为,诉权是现代法治社会公民的一项基本人权,在没有足够明确的法律规定以及立法宗旨很明确的情况下,不能剥夺公民的诉权。

本案实际上就是税务局试图剥夺当事人的诉权,由于当事人是在迫不得已的情况下才缴纳的税款,并且已经对该税收留置权的合法性提出了质疑,在这种情况下,应当允许纳税人就其主张的合法性在法庭上进行辩论,应当给予纳税人诉讼权。如果拒绝给纳税人诉讼权,类似状况下的纳税人就被剥夺了对其权利进行救济的机会,而这是明显违背现代法治社会的基本理念的。联邦最高法院的判决是值得肯定的。

五、美国联邦最高法院关于本案的判决书

美国联邦最高法院

美国诉威廉姆斯,514 U. S. 527(1995)

美国,请求者诉劳瑞·拉比·威廉姆斯

通过诉讼文件移送命令从第九巡回区上诉法院移送而来

No. 94-395.

辩论于 1995 年 2 月 22 日

判决于 1995 年 4 月 25 日

政府核定了拉比的税收,并且在其所有的财产上设定了留置权,包括他在住房中的利益,该住房是他与应诉人劳瑞·威廉姆斯——他当时的妻子——共同拥有的。在政府登记其留置权之前,拉比将其在该住房中的利益转移给了威廉姆斯,作为离婚计划中资产分割的一部分。尽管威廉姆斯不是亲自承担纳税义务,她缴纳了该税款,并且主张消除留置权并且根据《美国法典》第 28 标题第 1346 节第 a 分节第 1 段的规定提起了返还之诉,该规定使得美国政府放弃了在"主张错误或者非法核定或者征收国内税收而要求返还的……任何民事诉讼"的主权豁免。政府回答说,政府是否拥有对威廉姆斯货币的权利是不相关的,因为,根据第 1346 节第 a 分节第 1 段的规定,她缺少请求返还的诉讼权。根据政府的观点,该规定仅仅授权被核定的一方,即拉比有权利提起返还之诉。地区法院支持了政府的这种诉讼权抗辩,但是,上诉法院推翻了该判决。

本院认为:

第 1346 节第 a 分节第 1 段授权这样一个主体:他尽管没有被核定税款,但缴纳了税款,并且主张从其财产上消除联邦税收留置权,提起返还之诉。

第一,威廉姆斯的诉讼请求正好就是第 1346 节第 a 分节第 1 段中的明朗和不含糊的语言,该语言授权提起关于下列事项之诉的权利:"任何……错误……征收的……税款。"

第二,政府依赖于三个其他条款去限制第 1346 节第 a 分节第 1 段对于主权的豁免被拒绝。政府争论说,根据《美国法典》第 26 标题第 7422 节,一个主体在没有首先用尽行政救济的情况下不能提起返还之诉,根据《美国法典》第 26 标题第 6511 节,只有"纳税人"才可以用尽第 Ⅱ 页的救济;根据《美国法典》第 26 标题第 7701 节第 a 分节第 14 分节,威廉姆斯不是纳税人。政府的论点在两个法定的接合点上是不成立的。第 6511 节第 a 分节中的"纳税人"——该规定规范着行政救济——不

能承担政府施加于其上的重任。本规定的明显的术语仅仅规定了申请行政救济的期限,而不是对谁可以提起申请的限制。而且,政府的主张,即威廉姆斯在这一点上不是"纳税人"也是没有说服力的。在她的住房上施加了留置权并且接受了其在有异议情况下所缴纳的税款,很显然,政府已经对其征收了税收,即使她不是被核定的主体。*Colorado Nat. Bank of Denver v. Bedford*,310 U. S. 41,52,著名的。

第三,政府对于第1346节第a分节第1段规定的解读将使得人们处于威廉姆斯那样的没有救济的境地。这种推论加强了这一结论,即国会的意图不会是拒绝给予处于威廉姆斯境地的人第1346节第a分节第1段所规定的返还之诉。尽管政府指向的是《美国法典》第26标题第7426节、《美国法典》第28标题第2410节第a分节第12分节以及《美国法典》第26标题第6325节第b分节第3分节分别授权的征收、权利归属以及分别资助救济,但是这些都不可能被威廉姆斯或者处于她那种境地的人所实际使用。而且,由于这些手段提供的是剥夺之前的救济,如果某些第三主体被第1346节第a分节第1段授予了诉讼权,它们也不会变得多余,只有纳税人向政府全额缴纳了税款以后,纳税人才能获得被剥夺之后的救济。

第四,政府所依赖的原则——主体一般来讲不能挑战其他主体的税收债务——并非一成不变的。参见 *Stahmann v. Vidal*,305 U. S. 61。该原则的负担在这里被减轻,因为威廉姆斯所挑战的主要是存在于她的财产之上的留置权,而非对其丈夫的欠税核定。而且,政府的下列预见,即允许她起诉将导致自愿缴纳他人税收的主体疯狂滥用其诉权是不真实的。在任何情况下,这里的处理并不是针对这样的情形,如果有的话,在该情形下,自愿缴纳针对其他人所核定的税收的主体可以根据第1346节第a分节的规定提起返还之诉。

24 F. 3d 1143,被维持。

金兹伯格发表了本院的观点。

这个案件提出了这样的问题,应诉人威廉姆斯——她缴纳了税款,同时主张取消在她的财产上的留置权——是否有权根据《美国法典》第28标题第1346节第a分节第1段的规定提起返还之诉,即使她所缴纳的税款是针对第三主体而核定的。我们认为,应诉人有权提起返还之诉。应诉人的诉讼属于第1346节第a分节第1段所规定的宽泛的语言范围内,该语言给予联邦法院审理"主张错误或者非法核定或者征收国内税收而要求返还的任何针对美国的民事诉讼"的管辖权,并且只有对其他相关规定的不合理理解才能阻止她的诉讼。对于缴纳她所不负担的税款,她并没有现实可行的其他选择,并且我们不认为,国会有意不给予处于应诉人状况的主体任何救济。

I

在这个诉讼开始之前,应诉人威廉姆斯以及当时她的丈夫拉比共同拥有他们的住房。作为一个餐馆的部分所有者,拉比自己产生了某些税收债务,并且没有缴纳这些债务。在 1987 年 6 月和 1988 年 3 月,政府对于这些税收债务核定拉比欠税接近 15 000 美元,并且因此在其所有的财产上都设定了被核定数额的留置权,包括他在该住房中的利益。参见《美国法典》第 26 标题 6321 节(如果负有缴纳任何税款义务的任何主体在被命令纳税以后疏忽或者拒绝缴纳相同数额的税款,该数额……为美国的利益,应当以留置权的形式存在于属于该主体的所有财产和财产权利之上,无论该财产是不动产还是动产),政府没有声明威廉姆斯对于这些核定或者任何随后的核定承认任何个人债务。

同时,拉比和威廉姆斯为了离婚而分割了他们的婚姻财产。当拉比在 1988 年 10 月 25 日将其在该住房中的利益分配给威廉姆斯时,她没有注意到该留置权,因为政府直到 1988 年 11 月 10 日才提出其税收留置权。作为对该住房的对价,威廉姆斯为拉比承担了三项债务(都不是税收债务),总额接近 650 000 美元。在接下来的几个月里,政府进一步对拉比核定欠税,总额超过 26 000 美元,但是直到 1989 年 6 月 22 日才提交该税款的通知。

威廉姆斯在 1989 年 5 月 9 日签订了一个销售该住房的合同,并且同意在 7 月 3 日交接。在交接之前一周,政府给威廉姆斯和购买者一个事实的通知,该通知主张,超过 41 000 美元的税收债务留置权存在于该财产或者该买卖的收益之上。购买者威胁说,如果该买卖没有按照原计划进行,他将起诉威廉姆斯。相信她自己没有现实可行的其他选择——政府也表明没有提出任何建议——威廉姆斯在抗议之下授权从该销售收益中直接向国内税收服务局支付 41 937 美元以至于她能够转让清晰的权利。

在政府拒绝了威廉姆斯请求行政退还的申请以后,她向加利福尼亚中心区美国地区法院提起了诉讼,主张根据《美国法典》第 26 标题第 6323 节第 a 分节(在没有适当的通知的情况下,税收留置权对于购买者不生效)的规定,她已经在不存在政府留置权的情况下取得了财产。为了加强她的权利,她又提出了《美国法典》第 28 标题第 1346 节第 a 分节第 1 段,该规定通过授权联邦法院裁判"主张错误或者非法核定或者征收国内税收而要求返还的任何针对美国的民事诉讼"来要求政府放弃主权豁免。在保证事实的诉讼中,政府主张,政府是否享有对威廉姆斯货币的权利是不相关的;她的请求不能被接受,政府强调,因为根据第 1346 节第 a 分节第 1 段的规定她没有提起返还之诉的诉讼权。按照政府的观点,该规定仅仅授权被核定的主体,即拉比有权提起诉讼。地区法院根据第五和第七巡回区法院的先例接受了这种管辖权抗辨。

第九巡回区美国上诉法院根据第四巡回区法院的先例推翻了地区法院的判决,24 F. 3d 1143,1145(1994)。为了解决上诉法院之间的冲突,我们发布了诉讼文件移送命令。

Ⅱ

摆在我们面前的问题是第1346节第a分节第1段所规定的放弃主权豁免是否授权了一个尽管没有被核定税款,但是在主张从其财产上取消联邦税收留置权的前提下缴纳了税款的主体提起返还之诉。为了解决这个问题,我们不能扩大放弃主权豁免的范围以至于超出了立法语言的范围。*Department of Energy v. Ohio*,503 U. S. 607,614-616(1992)。我们的任务是发现国会的"不含糊地明确表达的"意图,按照有利于豁免的方法来解释含糊的语言。*United States v. Nordic Village*,*Inc.*,503 U. S. 30,33(1992)。

为了彻底了解国会的指示,我们转向第1346节第a分节的语言。这个规定并没有说只有被核定的主体才能提起诉讼。相反,法律使用了宽泛的语言:"对于下列事项,地区法院与美国联邦权利主张法院共同拥有初级管辖权:主张错误或者非法核定或者征收国内税收而要求返还的,或者主张没有权限而征收的任何罚款,或者主张根据国内税收法律超额征收或者按照任何错误的方式征收的任何数额的任何针对美国的民事诉讼。"《美国法典》第28标题第1346节第a分节(1988 ed. and Supp. V)。

请求退还"错误……征收"的税款的诉讼请求正好在这个语言的范围之内。

第1346节第a分节第1段宽泛的语言反映出了该立法所取代的宽泛的普通法救济:针对拥有或者收到的货币的损害赔偿之诉,一旦针对征税者个人而非美国提起。参见 Ferguson,*Jurisdictional Problems in Federal Tax Controversies*,48 Iowa L. Rev. 312,327(1963)。损害赔偿之诉为那些类似威廉姆斯境地的缴纳了他们并不应承担的由于欺诈、强迫或者错误而导致的税款的主体提供了救济。参见 H. Ballantine,*Shipman on Common-Law Pleading*,163-164(3d ed. 1923)。自愿者无法获得损害赔偿之诉中的返还之诉,这一限制不能阻止威廉姆斯的起诉,因为她在提出异议的情况下缴纳了税款。参见 *City of Philadelphia v. Collector*,5 Wall. 720,731-732(1867)(在主体自愿缴纳该货币的情况下,他将不能获得任何救济;但是如果他是在法律强迫或者提出了异议或者发布了他将提起诉讼验证该权利主张的有效性的通知的情况下缴纳该货币,他可以收回该货币……)。

Ⅲ

认识到第1346节第a分节第1段的语言明显宽泛,政府依赖于其他三个规定的相互作用来缩小放弃主权豁免的范围。政府认为:根据《美国法典》第26标题第7422节,主体在没有首先用尽行政救济手段之前不能提起返还之诉;根据《美国法典》第 26 标题第 6511 节的规定，只有"纳税人"可以用尽这些救济手段；根据《美国法典》第 26 标题第 7701 节第 a 分节第 14 分节的规定，威廉姆斯不是纳税人。

毫无疑问，第 7422 节要求用尽行政救济。如果威廉姆斯有资格用尽这些救济手段，她可以通过提交行政权利主张来使用该救济。但是，为了证明威廉姆斯没有资格用尽这些救济手段，政府首先依据《美国法典》第 26 标题第 6511 节第 a 分节的规定，其中部分条款是这样的：

"（a）提起权利主张的期限

"对于本标题所征收的任何税款的超额缴纳申请抵扣或者返还的权利主张，关于纳税人被要求提缴纳税申报的税收而言，纳税人应当在提缴纳税申报之日起的 3 年内或者在缴纳税款之日起的 2 年内——选择较晚届满的一个期间——提起，或者，如果纳税人没有提缴纳税申报，在缴纳税款之日起的 2 年内提起。"

从法律使用了"纳税人"这一术语，而没有使用"缴纳税款的主体"这一术语，政府得出结论认为，只有"纳税人"可以根据第 7422 节的规定提起行政救济，并且因此，根据《美国法典》第 28 标题第 1346 节第 a 分节第 1 段的规定提起返还之诉。然后，为了证明威廉姆斯不是"纳税人"，政府依据《美国法典》第 26 标题第 770 节第 a 分节第 14 分节的规定，其中将"纳税人"界定为"承担任何国内税收纳税义务的任何主体"。根据政府的观点，缴纳税款的主体并不是"承担纳税义务"的主体，除非她是被核定税款的主体。

政府的论点在两个法定的接合点上都是不能成立的。首先，第 6511 节第 a 分节中的"纳税人"——规范行政权利主张的规定不能承担政府所施加于其上的重任。这一规定的清晰的术语仅仅规定了提起行政救济的期限，而不是对谁能提起的限制。将"纳税人"这一术语理解为暗含了将行政救济限于被核定的主体与返还制度的其他规定是不一致的，其他的规定明确将返还的权利授予了非被核定主体。因此，在授权部长"在超额缴纳的情况下"授予抵扣或者退还的权利时，《美国法典》第 26 标题第 6402 节第 a 分节并没有将接受者描述为"纳税人"，而是"作出了超额缴纳的主体"。类似地，在规定销售税以及烟草税和酒税的抵扣和退还时，《美国法典》第 26 标题第 6416 节第 a 分节以及《美国法典》第 26 标题第 6419 节第 a 分节将接受者描述为"缴纳税款的主体"。

而且，即使如政府所主张的，只有"纳税人"能够根据第 6511 节的规定寻求行政救济，政府主张在这一点上威廉姆斯不是"纳税人"也是没有说服力的。第 7701 节第 a 分节第 14 为定义了"纳税人"，它告诉我们："当在《国内收入法典》中使用，并且没有明确表述或者没有明确与其意图相反的规定，'纳税人'这一术语是指承担任何国内税收纳税义务的任何主体。"该定义并没有将威廉姆斯排除在外。政府将该定义理解为"被核定任何国内税收的任何主体"，但是这些并不是国会的语言。

"承担"这一常用的短语的含义比"被核定"这一特定的短语的含义要广泛,而且在我们面前的税款征收的上下文中,我们认为它的含义足以包括威廉姆斯。在她的住房上设定了留置权并且随后在她提出异议的情况下接受了她缴纳的税款,显然,政府已经使威廉姆斯承担了纳税义务,即使她不是被核定的主体。

　　为了支持其对于"纳税人"这一术语的理解,政府引用了我们在 *Colorado Nat. Bank of Denver v. Bedford* 一案中的观点:"纳税人是最终承担税款本身义务的主体。"310 U. S. 41,52(1940)。政府将这一语言从其上下文中单独提取了出来。我们并不是在界定《国内收入法典》中的"纳税人"这一术语,而是在判断一个州的税收制度是否与联邦法律相一致。特别的,我们在确定科罗拉多州的服务税是针对银行的客户征收的(这是与联邦法律相一致的)还是对于银行本身征收的(这是与联邦法律不一致的)。尽管银行征收和缴纳该税款,但是其影响落在了客户的身上。倾向于实质重于形式,我们说:"承担纳税义务的银行,在根本上,不能总是被认为是真正的纳税人。纳税人是最终承担税款本身义务的主体。"同上。结果,我们确定,该税收是针对客户而不是针对银行所征收的。如果 *Colorado Nat. Bank* 一案是相关的,它只是表明了我们倾向于超越形式主义的通常判断,这一倾向是不利于政府在该案件中的技术辩论的。

<h2 style="text-align:center">Ⅳ</h2>

　　正如我们已经揭露的,《美国法典》第 28 标题第 1346 节第 a 分节第 1 段明确允许从其那里错误或者非法征收税款的主体针对这些税款提起返还之诉。《美国法典》第 28 标题第 6402 节第 a 分节也以类似明确的语言,授权部长向"作出了超额缴纳的主体"返还税款。政府对于第 1346 节第 a 分节第 1 段规定的有些矫揉造作的解读,正如我们所指出的,将使得处于威廉姆斯状况的主体没有救济手段。这一推论增强了我们的结论,即根据第 1346 节第 a 分节第 1 段的规定,国会的意思并不是使与威廉姆斯具有相同状况的主体不能获得返还之诉。尽管政府指出了其他三种救济,但它们都不能为威廉姆斯所现实地使用。政府所提出的救济手段同样不能为处于她的境地的其他主体所获得。参见 *Martin v. United States*,895 F. 2d 992(CA4 1990);*Barris v. United States*,851 F. Supp. 696(WD Pa. 1994);*Brodey v. United States*,788 F. Supp. 44(Mass. 1991)(所有这些都要求向缴纳了税款的主体返还错误征收的数额)。

　　如果政府没有对财产采取强制措施——正如它没有对威廉姆斯的财产采取强制措施——财产的所有者不能根据《美国法典》第 26 标题第 7426 节的规定挑战该强制征收措施,也不会根据《美国法典》第 28 标题第 2410 节第 a 分节第 1 段的规定允许诉讼,给予处于威廉姆斯状况的主体以救济。在她财产上的第一次留置权——接近 15 000 美元——在结束之前的 6 个月提出了;在更大数额——41 937

美元中的 26 000 美元——上的留置权在结束之前的仅 11 天提出了（直到结束之前接近一个星期的时间，威廉姆斯才实际收到关于留置的通知）。她已经没有时间去提起一个判决产权归属的诉讼了。她急于销售该财产，但是在该诉讼得到最终判决之前销售是非常困难的，该诉讼已经被拖延了。相对应的，返还之诉可以让她销售财产并且同时能够在付款后解除留置权，使得她可以在其不动产——该财产的价值远高于政府的留置权的价值——不被采取强制措施的情况下自由地同政府进行诉讼。

威廉姆斯以及处于类似地位的主体也不能依据第 6325 节第 b 分节第 3 分节进行此类安排。这一规定允许政府取消财产上的留置权，如果所有者提供资金处于新的留置权下；然后，该主体可以在该财产被销售以后针对新留置权的适当性提起诉讼。然而，第 6325 节第 b 分节第 3 分节及其实施法规使得这个救济确实可疑，因为纳税人是否能够获得该救济完全依赖政府的自由裁量权。参见第 6325 节第 b 分节第 3 分节（部长可以发布通知，解除其上设置了留置权的财产的任何部分的联邦税的留置权，如果该财产的部分被销售，并且按照与部长签订的协议，该销售的收益作为基金设置了留置权以及美国的权利主张，按照关于被解除的财产相关的该留置权和该权利主张的相同地优先性）；26 CFR 301.6325-1（b）（3）（1994）（"国内税收服务局的地区主管可以根据其自由裁量权，发布通知，解除在其上设置了税收留置权的财产的任何部分的留置权，如果该财产被销售，并且按照与该地区主管的书面协议，该销售的收益作为基金设置了留置权以及美国的权利主张，按照关于被解除的财产相关的该留置权和该权利主张的相同地优先性）。

就目前的证据来看，政府并没有按照第 6325 节第 b 分节第 3 分节的规定给威廉姆斯提供一个替代基金的机会。这种遗漏并不让人感到惊奇，因为，根据政府关于谁可以根据第 1346 节第 a 分节第 1 段的规定起诉的理论，政府缺乏与处于威廉姆斯状况的主体签订该协议的动力。根据第 6325 节第 b 分节第 3 分节的规定，政府并没有收到现金，但是获得了另外一个留置权（虽然是设置在一个基金之上的）。相反，如果政府拒绝签订第 6325 节第 b 分节第 3 分节所规定的协议，它很可能立即获得现金：急于取消税收留置权的财产所有者将必须缴纳税款，正如威廉姆斯所做的那样。如果他们不能根据第 1346 节第 a 分节第 1 段的规定起诉，他们的缴纳就是无法返还的。因此，第 6325 节第 b 分节第 3 分节所规定的协议就依赖于地区主管的宽容和大度，而这是威廉姆斯所不能获得的。

我们不能同意政府的下列观点：如果第 1346 节第 a 分节第 1 段授权某些第三主体起诉，强制征收、判决产权归属以及分别基金救济就变得多余了。第 1346 节第 a 分节第 1 段是一个剥夺后的救济，只有当纳税人已经全额向政府缴纳税款以后才能获得。*Flora v. United States*，362 U. S. 145（1960）。其他的手段提供剥夺前的救济。《美国法典》第 26 标题第 7426 节第 a 分节第 1 段中的强制征收规定可以在"不考虑该财产是否已经被部长所查封或者销售的情况"获得。类似的,《美国法典》第 28 标题第 2410 节允许财产所有者在即使不缴纳税款的情况下也可以取消留置权。根据《美国法典》第 26 标题第 6325 节第 b 分节第 3 分节,财产上的留置权在用另一个新的留置权予以交换——而不是现金支付——的情况下被取消了。

V

最后,政府辩论说,允许威廉姆斯起诉将违反这样一个原则,即主体不能向其他人的税收债务提出挑战。按照政府的观点,破坏了这一原则将导致广泛的滥用:特别地,主体将会自愿缴纳其他主体的税收债务,仅仅是为了一旦政府停止从真正的纳税人那里征收税款就提起返还之诉。

尽管主体一般不能对其他主体的税收债务提出挑战,但是这一规则并不是绝对的。纳税人的受托人可以针对纳税人的债务提起诉讼,尽管受托人本身并不承担纳税义务。参见 26 CFR 301.6903-1(a)(1994)(受托人必须"承担纳税人所享有的关于该法典所规定的征收税款的权力、权利、责任和特权");同上("税收数额或者债务的数额在通常情况下不能从受托人的个人财产中征收,但是可以从纳税人的财产中征收……");15 J. Mertens, *Law of Federal Income Taxation* 58.08 (1994)(遗嘱执行者、管理人或者遗产的其他受托人为死者提起的返还之诉)。类似的,某些财产受让人可以针对转让人的税收债务提起诉讼;如果根据州法律的规定,该转让符合欺诈转让的条件,该法典将财产受让人视为纳税人。参见《美国法典》第 26 标题第 6901 节第 a 分节第 1 段第 A 分段;5 J. Rabkin & M. Johnson, *Federal Income, Gift and Estate Taxation* 73.10, pp. 73-82 to 73-87 (1992),因此,财产受让人可以对转让人的税收债务提起诉讼,或者在税务法院中,参见 14 Mertens, supra, 53.50,或者根据第 1346 节第 a 分节第 1 段的规定提起返还之诉,参见同上,53.55 而且,法院已经允许非被核定主体提起的返还之诉,虽然根据的是不同的法律。参见 *Stahmann v. Vidal*, 305 U. S. 61 (1938)(棉花生产者可以提起联邦扎棉花税的返还之诉,如果他们已经缴纳了该税款,尽管该税收是针对扎棉工人而非生产者而核定的)。

在这样一个原则——主体不能对其他主体的税收债务提起挑战——之上的负担被减轻了,而且,因为威廉姆斯的主要挑战是针对在她财产之上的留置权的存在,而非对政府的潜在的核定。也就是说,她的主要权利主张不是她从来不欠税——如果她没有支付这些税款,如果她不是被留置权强迫缴纳这些税款的话,这些税款通常不会是她所关心的。相反,她主张政府在错误的财产上设定了留置权,因为该房屋属于她,而不是她的丈夫,这个假设使得她立即并且意味深长地"承担了"纳税义务。

我们并没有解除政府的远见,即允许威廉姆斯起诉将会导致疯狂的滥用。政府所设置的设想看起来是不真实的;没有什么会激励一个自愿者必须缴纳其他人的税款,作为帮助他逃避纳税义务的手段。政府也没有报告该安排在第四和第九巡回区的数百万的纳税人中是比较普遍的,而这两个巡回区都允许处于威廉姆斯状况的主体提起返还之诉。而且,我们的判决并没有授权第三主体进行政府所担心的诉讼。威廉姆斯在提出异议的情况下缴纳税款只是为了取消政府在她财产上的留置权——她认为该留置权是错误设置的。我们并没有对于下列情况进行判决,如果有的话,根据该情况,一个自愿缴纳针对另外的主体所核定的税款的主体可以根据第 1346 节第 a 分节的规定提起返还之诉。

第九巡回区美国上诉法院的判决被维持。

第十五章 纳税人退税请求权行使期限争议案(1996)

一、基本法律规定

(一)《美国法典》第 26 标题第 6511 节第 a 分节的规定

对于本标题所征收的任何税款——关于该税款,纳税人被要求提缴纳税申报——的超额缴纳的抵扣或者退还主张应当由纳税人在提交该纳税申报以后 3 年内或者在缴纳该税款以后 2 年内——选择该期间中较晚届满的一个——提交,或者,如果纳税人没有提缴纳税申报,在缴纳该税款以后的 2 年内。对于本标题所征收的任何税款——关于该税款,纳税人被要求通过印花税票来缴纳——的超额缴纳的抵扣或者退还主张,应当由纳税人在缴纳该税款以后的 3 年内提出。

(二)《美国法典》第 26 标题第 6511 节第 b 分节的规定

1. 第 1 段:在所规定的期间内提出权利主张

在第 a 分节所规定的提交抵扣或者退还权利主张的期间届满以后,禁止允许或者进行任何抵扣,除非纳税人在该期间提交了抵扣或者退还的权利主张。

2. 第 2 段:抵扣或者退还数额的限制

(1) 第 A 分段:在 3 年期间提交权利主张时的限制

如果纳税人在第 a 分节所规定的 3 年期间提出权利主张,抵扣或者退还的数额不应当超过在下列期间所缴纳的税款的数额:在提交该纳税申报之前 3 年加上提交该纳税申报的任何延期。如果该税款被要求通过印花税票来缴纳,抵扣或者退还的数额不应当超过在提交该权利主张之前 3 年内所缴纳的税款数额。

(2) 第 B 分段:非在 3 年期间内提出权利主张的限制

如果该权利主张不是在该 3 年内提出的,抵扣或者退还的数额不应当超过在提交该权利主张之前 2 年内所缴纳的税款数额。

（3）第 C 分段：未提交权利主张的限制

如没有提出权利主张，抵扣或者退还的数额不应当超过根据第 A 分段或者第 B 分段的规定——视情况而定——本来应当被允许的数额，如果在该抵扣或者退还被允许之日提出权利主张。

（三）《美国法典》第 26 标题第 6512 节第 a 分节：向税务法院起诉的效果

如果已经根据第 6212 节第 a 分节（关于所得税、遗产税、赠与税以及某些消费税的欠税）的规定向纳税人邮寄了欠税通知，并且如果纳税人在第 6213 节第 a 分节（或者第 7481 节第 c 分节，关于法定利息的确定，或者第 7481 节第 d 分节，仅仅关于税务法院对遗产税的确定）所规定的期限内向税务法院提交了起诉请求，同一纳税年度的所得税或者同一日历年度或者日历季度的赠与税或者关于同一死者的应税遗产的遗产税，或者第 41、第 42、第 43 或者第 44 章关于该起诉请求所涉及的任何行为（或者不作为）所征收的税款的任何抵扣或者退还都不应当被允许或者作出，并且，纳税人不能在任何法院提起关于该税款的任何部分的返还之诉，下列除外：

第一，关于通过税务法院已经生效的判决所确定的超额缴纳。

第二，关于所征收的超过根据税务法院已经生效的判决所计算的数额的任何数额。

第三，在通过强制执行或者在法院中的征收程序进行征收的期间已经届满以后所征收的任何数额；但是，在任何抵扣或者退还的权利主张中或者在税务法院的判决已经生效的任何返还之诉中，关于该期间是否已经在欠税通知被邮寄之前届满，应当是终局性的。

第四，关于根据第 63 章中的第 C 分章的规定，可归于合伙企业项目的超额缴纳。

第五，关于在下列期间所征收的任何数额：根据第 6213 节第 a 分节的规定，部长被禁止进行核定或者通过强制执行或者法院程序进行征收的期间。

第六，关于根据第 b 分节的规定部长被授权退还或者抵扣未决诉讼请求的超额缴纳。

（四）《美国法典》第 26 标题第 6512 节第 b 分节：由税务法院所确定的超额缴纳

1. 第 1 段：确定的司法管辖权

除第 3 段以及第 7463 节的规定以外，如果税务法院认定没有欠税并且进一步认定，纳税人在同一纳税年度超额缴纳了所得税，或者在同一日历年度或者日历季度超额缴纳了赠与税，或者关于同一死者的应税遗产超额缴纳了遗产税，或者第 41、第 42、第 43 或者第 44 章关于该诉讼请求所涉及的任何行为（或者不作为）多征了税款——关于上述税款，部长确认存在欠税，或者税务法院认定存在欠税，但是纳税人已经超额缴纳了该税款,税务法院有权确定该超额缴纳税款的数额,在税务法院的判决生效以后,该数额应当允许纳税人进行抵扣或者退还给纳税人。如果关于税务法院判决的诉讼请求的通知根据第 7483 节的规定被提交,部长被授权退还或者抵扣税务法院所确定的超额缴纳的税款,限于该超额缴纳的税款没有在诉讼请求中被提出异议的部分。

2. 第 2 段:强制执行权

如果,在税务法院的判决生效以后的 120 天以后,部长没有退还税务法院所确定的超额缴纳税款,连同第 67 章第 B 分章所规定的利息,那么,税务法院在纳税人的请求下,有权命令退还该超额缴纳的税款和利息。税务法院根据本段规定处理该请求的命令与税务法院的判决一样是可诉的,但仅关于该命令所确定的事项。

3. 第 3 段:抵扣或者退还数额的限制

税款的任何部分的任何抵扣或者退还都不应当被允许或者进行,除非税务法院在其判决中确定,该部分是:① 在邮寄欠税通知以后被缴纳的;② 在下列期间所缴纳的:如果在邮寄欠税通知之日,提交(无论是否提交)了一个权利主张,该主张阐述了这样一些事实,税务法院根据该事实认定存在超额缴纳税款的事实,根据第 6511 节第 b 分节第 2 段、第 c 分节或者第 d 分节的规定本来应当适用的期间;③ 在下列期间被缴纳:根据第 6511 节第 b 分节第 2 段、第 c 分节或者第 d 分节的规定本来应当适用的期间,关于在第 6511 节所明确规定的可适用期间内,在邮寄欠税通知之前所提交的关于退还的任何权利主张,并且该权利主张在该日期之前没有被拒绝,或者该权利主张在该日期之前被拒绝,并且关于该主张,本来可以在该日期开始一个关于退还的及时的诉讼,或者关于该权利主张,已经在该日期之前以及在第 6532 节所规定的期间内开始了诉讼。对于关于受影响项目(在第 6231 节第 a 分节第 5 段所规定的意义范围内)的抵扣或者退还而言,前面一句在适用时,应当用第 6229 节和第 6230 节第 d 分节所规定的期间代替第 6511 节第 b 分节第 2 段、第 c 分节或者第 d 分节所规定的期间。对于第②分段所描述的下列情况而言:邮寄欠税通知的日期在提交该税款的纳税申报的截止日期(包括延期)以后的第 3 年内并且在该日期之前没有提交任何纳税申报,第 6511 节中的第 a 分节和第 b 分节第 2 段所规定可适用期间应当是 3 年。

4. 第 4 段:关于某些抵扣和减税没有管辖权

对于部长根据第 6402 节的规定所作出的任何抵扣或者减税决定,税务法院无权根据本分节的规定进行禁止或者司法审查。

(五)《美国法典》第 26 标题第 6512 节第 c 分节:参照

关于在第 11 标题情况下允许确定的规定,参照《美国法典》第 11 标题中的第 505 节第 a 分节。

关于赋予税务法院下列事项的管辖权的规定:在执行该法院所确定超额缴纳税款的程序中施加合理的诉讼成本,参照第 7430 节。

(六)《美国法典》第 26 标题第 6651 节第 a 分节:附加税

对于下列情况而言:

第一,没有在法律所规定的日期提交第 61 章第 A 分章(其中的第Ⅲ部分除外)、第 51 章第 A 分章(关于蒸馏酒精、葡萄酒以及啤酒)、第 52 章第 A 分章(关于烟草、雪茄、香烟以及香烟纸和烟袋)或者第 53 章第 A 分章(关于机枪以及某些其他火器)所要求的任何纳税申报,除非能够证明该没有提交具有合理的理由,并且不是由于故意的疏忽,应当在该纳税申报中表明的税款中加上该税款的 5%,如果该没有提交的行为不超过 1 个月,并且该没有提交的状态每额外增加 1 个月或者其中的一部分,相应增加 1 个 5%,但累计不超过 25%。

第二,没有在法律所规定缴纳该税款的日期(在不考虑缴纳时间的任何延长的情况下确定)之前缴纳第 1 段所详细说明的任何纳税申报中所表明的税款数额,除非能够证明该没有提交具有合理的理由,并且不是由于故意的疏忽,应当在该纳税申报中表明的税款中加上该税款的 0.5%,如果该没有缴纳的行为不超过 1 个月,并且该没有缴纳的状态每额外增加 1 个月或者其中的一部分,相应增加 1 个 0.5%,但累计不超过 25%。

第三,没有在通知和命令之日以后的 21 个日历天(10 个营业日,如果该通知和命令的数额等于或者超过 100 000 美元)内缴纳被要求在第 1 段所详细说明的纳税申报中表明但没有表明的任何税款的任何数额(包括根据第 6213 节第 b 分节的规定所作出的核定),除非能够证明该没有提交具有合理的理由,并且不是由于故意的疏忽,应当在该通知和命令中表明的税款中加上该税款的 0.5%,如果该没有缴纳的行为不超过 1 个月,并且该没有缴纳的状态每额外增加 1 个月或者其中的一部分,相应增加 1 个 0.5%,但累计不超过 25%。对于没有在法律所规定的提交该纳税申报的日期(在不考虑缴纳时间的任何延长的情况下确定)以后的 60 天内提交第 1 章所征税款的纳税申报的行为而言,除非能够证明该没有提交具有合理的理由,并且不是由于故意的疏忽,第 1 段所规定的附加税不应当少于 100 美元或者被要求在该纳税申报中表明的税款数额的 100%。

(七)《美国法典》第 26 标题第 6651 节第 b 分节:对于应当缴纳的净数额所征收的罚款

为下列规定之目的:

第一,第 a 分节第 1 段,被要求在纳税申报中予以表明的税款数额应当减去这样一个数额,该数额等于该税款中在法律所规定的缴纳该税款之日或者之前已经缴纳的任何部分以及可以在该纳税申报中主张的对于该税款的任何抵扣的数额。

第二,第 a 分节第 2 段,在纳税申报中所表明的税款数额,为计算任何月份的附加税之目的,应当减去这样一个数额,该数额等于该税款中已经在该月份开始之时或者之前缴纳的数额以及在该纳税申报中可以主张的针对该税款的任何抵扣的数额。

第三,第 a 分节第 3 段,在该通知和命令中所陈述的税款数额,为计算任何月份的附加税之目的,应当减去在该月份开始之前所缴纳的税款数额。

（八）《美国法典》第 26 标题第 6651 节第 c 分节:限制与特殊规定

1. 第 1 段:根据一个以上的段所规定的附加税

关于任何纳税申报,第 a 分节中的第 1 段所规定的附加税数额应当减去第 a 分节中的第 2 段对于任何月份(或者其中的部分)——第 1 段和第 2 段所规定的附加税适用于该月份——所规定的附加税的数额。对于第 a 分节中的最后一句所描写的情形而言,第 a 分节中的第 1 段所规定的附加税的数额不应当根据前面一句的规定减小到低于该最后一句所规定的数额。

2. 第 2 段:所表明的税款数额超过被要求表明的数额

如果被要求在纳税申报中表明的税款数额小于在该纳税申报中所表明的数额,第 a 分节第 2 段和第 b 分节第 2 段应当通过替换该较小的数额来适用。

（九）《美国法典》第 26 标题第 6651 节第 d 分节:在某些情况下没有缴纳税款的罚款的增加

1. 第 1 段:一般规定

对于在本分节的第 2 段所描述的日期以后开始的每一个月份(或者其中的部分)而言,第 a 分节中的第 2 段和第 3 段在适用时应当将其中的"0.5%"替换为"1%"。

2. 第 2 段:描述

为第 1 段规定之目的,本段所描述的日期是下列两个日期中较早的一个: ① 根据第 6331 节第 d 分节的规定送达通知之日的 10 天以后之日;② 根据 6331 节第 a 分节中的最后一句的规定立即缴纳的通知和命令被送达之日。

（十）《美国法典》第 26 标题第 6651 节第 e 分节:估计税的例外

本节不应当适用于任何不缴纳根据第 6654 或者第 6655 节的规定应当缴纳的任何估计税的行为。

（十一）《美国法典》第 26 标题第 6651 节第 f 分节:欺诈不提交罚款的增加

如果任何不提交任何纳税申报的行为是欺诈性质的,第 a 分节中的第 1 段应当这样适用: ① 将其中每一次出现的"5%"替换为"15%";② 将"25%"替换为"75%"。

（十二）《美国法典》第 26 标题第 6651 节第 g 分节：部长根据第 6020 节第 b 分节的规定所准备的纳税申报的处理

对于部长根据第 6020 节第 b 分节的规定所作出的任何纳税申报而言，① 为确定第 a 分节中的第 1 段所规定的附加税的数额之目的，该纳税申报应当不予考虑；② 为确定第 a 分节中的第 2 段和第 3 段所规定的附加税的设置目的，该纳税申报应当被视为由纳税人提交的纳税申报。

（十三）《美国法典》第 26 标题第 6651 节第 h 分节：个人在分期缴纳协议期间若干月不缴纳的处罚的限制

对于在提缴纳税申报的截止之日（包括延期）或者之前提交了纳税申报的个人而言，为确定在第 6159 节所规定的关于该税款的缴纳的分期缴纳协议有效期内的任何月份的附加税之目的，第 a 分节中的第 2 段和第 3 段在适用时，应当将其中每次出现的"0.5"替换为"0.25"。

二、基本制度解析

（一）纳税人的退税请求权

退税请求权是纳税人就其向税务机关多缴纳的税款所享有的请求退还的权利。纳税人只具有按照税法规定的纳税义务缴纳税款的义务，并不具有多缴纳税款的义务。同时，税务机关只具有代表国家取得税法规定纳税人应当缴纳税款的权利，不具有获得纳税人多缴纳税款的权利。因此，对于纳税人由于各种原因而多缴纳的税款，税务机关没有保有的合法权利，纳税人有权请求税务机关予以退还。

对于纳税人超额纳税的退税请求权，各国税法均予以承认，美国税法也不例外，但各国税法对于纳税人退税请求权行使的期限往往有限制。这主要是为了法律的稳定性以及对"躺在权利上睡觉的人"的惩罚。根据《国内收入法典》的规定，纳税人退税请求权在不同的情形下享有不同的行使的期限：① 如果纳税人提交了纳税申报，纳税人可以在提缴纳税申报之日起的 3 年内或者在缴纳税款之日起的 2 年内行使退税请求权，上述两个期间纳税人可以任意选择，也就是以较晚结束的一个为准；② 如果纳税人没有提缴纳税申报，则在缴纳税款之日起的 2 年内行使退税请求权。超过上述行使期限，纳税人就不再享受退税请求权。与此同时，《国内收入法典》对于税务机关行使税款追征权所规定的期限是纳税人应当提缴纳税申报期间届满之日起的 3 年。根据上述制度设计，可以看出：对于提缴纳税申报的人而言，纳税人的退税请求权行使期限与税务机关税款追征权行使期限是相同的；对于没有提缴纳税申报的人而言，纳税人的退税请求权行使期限短于税务机关税款追征权行使期限。因此，对于没有提缴纳税申报的纳税人而言，就有可能出现税务机关可以向其追征税款而纳税人不能向税务机关主张退税。

(二)中国税法中的退税请求权制度

关于多纳税款的纳税人所享有的退税权,中国税法也有明确规定。《税收征收管理法》第51条规定:纳税人超过应纳税额缴纳的税款,税务机关发现后应当立即退还;纳税人自结算缴纳税款之日起3年内发现的,可以向税务机关要求退还多缴的税款并加算银行同期存款利息,税务机关及时查实后应当立即退还;涉及从国库中退库的,依照法律、行政法规有关国库管理的规定退还。第52条规定:因税务机关的责任,致使纳税人、扣缴义务人未缴或者少缴税款的,税务机关在3年内可以要求纳税人、扣缴义务人补缴税款,但是不得加收滞纳金。因纳税人、扣缴义务人计算错误等失误,未缴或者少缴税款的,税务机关在3年内可以追征税款、滞纳金;有特殊情况的,追征期可以延长到5年。对偷税、抗税、骗税的,税务机关追征其未缴或者少缴的税款、滞纳金或者所骗取的税款,不受前款规定期限的限制。

从上述制度可以看出,我国税法规定的纳税人退税请求权的行使期限与税务机关税款追征权的行使期限在一般情况下是相同的,但是在特殊情况下,税务机关税款追征权行使的期限长于纳税人退税请求权行使的期限。

三、案情简介

在1987年度,应诉人朗蒂以及他的妻子从他们的工资中被预扣了10 131美元的联邦所得税。这一数额在实质上超过了朗蒂夫妇在该年度事实上应当缴纳的6 594美元的税款,但是,朗蒂夫妇并没有在到期之时提交他们的1987年纳税申报,他们也没有在接下来的2.5年内提缴纳税申报或者提出退还多纳税款的请求。1990年9月26日,国内税收服务局局长向朗蒂邮寄了欠税通知,告诉他,他欠1987年的税款以及利息共计7 672美元,同时他应当对拖延提缴纳税申报以及疏忽少缴税款的行为承担实质性的处罚。

1990年12月22日,朗蒂和他的妻子向国内税收服务局邮寄了他们的1987年的联合纳税申报。这份纳税申报指出朗蒂夫妇多缴纳了他们的1987年的所得税3 537美元,并且主张退还该数额。该纳税申报邮寄以后第6天,朗蒂又及时地向税务法院提起诉讼,请求对所主张的欠税重新进行核定,同时也主张退还该夫妇多缴纳的税款。局长提交了一份一般性的答辩,拒绝了朗蒂起诉书中的主张。随后,当事人开始协商解决所主张的欠税以及退税主张。1992年3月17日,局长提交了一份修改后的答辩,承认朗蒂已经提交了纳税申报并且朗蒂有权利要求退还其1987年多缴纳的3 537美元的税款。

局长在其修改后的答辩中主张,税务法院没有权力判决向朗蒂退税。局长认为,如果纳税人没有在国内税收服务局向纳税人邮寄欠税通知之前提缴纳税申报,税务法院只能判决退还纳税人在邮寄欠税通知之前2年内所缴纳的税款。根据局长对第6512节第b分节第3段第B分段的解释,税务法院无权判决向朗蒂退税,因为朗蒂被预扣的税款视为在他的1987年纳税申报到期之日(1988年4月15日)缴纳,参见第6513节第b分节第1段,而这离邮寄欠税通知之日(1990年9月26日)已经超过2年了。

税务法院同意局长的主张,拒绝了朗蒂的退税请求。税务法院认为,如果纳税人没有在邮寄欠税通知之前提缴纳税申报,该通知又是在税款缴纳之日的2年以后被邮寄的,第6512节第b分节第3段第B分段所规定的回顾期就是2年,税务法院无权判决退税。

第四巡回区上诉法院推翻了这一判决,认为,在这种情况下可适用回顾期是3年,税务法院有权判决向朗蒂退税。其他上诉法院在这个问题上都支持了税务法院对第6512节第b分节第3段第B分段的解释。联邦最高法院发布了诉讼文件移送命令来解决这一冲突。

四、正反方观点

(一) 正方(纳税人、上诉法院、联邦最高法院部分法官)观点

在本案的情况下可适用回顾期是3年,如果纳税人事实上在该诉讼的某个时间点上及时提出了权利主张,税务法院有权判决向朗蒂退税。

回顾期应当从邮寄欠税通知之日计算,但是,该日期与计算回顾期自身的长短没有关系。回顾期必须根据纳税人实际提交退还税款的权利请求之日来确定。因此,朗蒂有权利享受3年的回顾期,因为朗蒂后来所提交的1987年的纳税申报包含了退还税款的请求,该请求是在提缴纳税申报之日起的3年内提交的。纳税人有权利享受本来应当在地区法院适用的相同的回顾期。

退税的可能性取决于纳税人在事实上是否向国内税收服务局提出了退税请求,事实上提交退税请求的日期决定了第6511节第b分节第2段所规定的可适用回顾期。这一规则可以"消除"遵守2年回顾期的"不公平的结果"。

第6512节第b分节第3段第B分段中所预期的"权利主张"本来可以"在提缴纳税申报以后的3年内"被提交,因此,根据第6512节第b分节第3段第B分段的规定,可适用的回顾期应当是3年,如果该权利主张是在纳税申报中提出的。国会的意图是第6512节第b分节第3段第B分段所描写的权利主张是在纳税申报中提交的权利主张,因为没有其他的方法向国内税收服务局提交退税的权利主张。第6512节第b分节第3段第B分段为税务法院的案件制定了一个统一的3年回

顾期:如果纳税人及时提交了纳税申报,欠税通知(以及第6512节第b分节第3段第B分段所规定的"权利主张")将必然在纳税申报的3年内发出,回顾期是3年;如果纳税人没有提缴纳税申报,第6512节第b分节第3段第B分段所预期的权利主张被视为是在3年内与纳税申报一起提交的,因此,回顾期也是3年。

适用2年的期限与国会在起草第6512节第b分节第3段第B分段时的显著意图相矛盾,该条款是为了保护而不是阻碍纳税人在税务法院寻求退税的权利主张,我们的解释在税务法院诉讼中所适用的期限与地区法院或者联邦权利主张法院中提起的退还诉讼所适用期限的不协调。

《美国法典》第26标题第6512节第b分节的前任条款被修改了,以保护从国内税收服务局收到欠税通知,并且后来才发现所主张的欠税实际上是多纳税的纳税人的利益。国会明确表达了其意图是在纳税人意识到他有权利主张退还税款之时已经过了诉讼期限的情况下为纳税人提供主张权利的机会。没有必要将第6512节第b分节第3段第B分段——该条款旨在让那些收到意想不到的欠税通知的纳税人获得利益——理解成给予国内税收服务局一个武断的权力来缩短纳税人主张税款的权利,如果纳税人没有提缴纳税申报。

(二) 反方(税务局、税务法院、联邦最高法院)观点

税务法院在下列情况下没有确认退还税款的权力:该税款是在局长向纳税人邮寄欠税通知之日的2年以前缴纳的,并且在该通知被邮寄之日,纳税人没有提缴纳税申报。在这些情况下,根据第6512节第b分节第3段第B分段的规定可以适用的回顾期间是2年。

第6512节第b分节第3段第B分段禁止税务法院确认退还税款,除非它首先确定该税款是在"根据第6511节第b分节第2段所规定的可以适用的回顾期间内缴纳的……如果在邮寄欠税通知之时,已经提交了退还税款的请求"。反过来,第6511节第b分节第2段第A分段指示法院适用3年的回顾期,如果"在该纳税申报被提交之日起3年内",按照第6511节第a分节的要求,提出了退还税款的请求,第6511节第b分节第2段第B分段则明确规定了2年的回顾期,如果在该3年期间内没有提出退还税款的请求。税务法院对于朗蒂的案子适用2年的回顾期是正确的,因为,截至1990年9月26日(邮寄欠税通知之日),朗蒂并没有提缴纳税申报,因此,在那一天提出的权利请求不应当在第6511节第a分节所描述的3年内被提交。朗蒂的税款是从他的工资中预扣的,因此,应当认为它们是在他的1987年纳税申报到期之日(1988年4月15日)缴纳的,这一天离邮寄欠税通知之日已经2年多了。因此,朗蒂是在可适用的回顾期以外请求退还税款,税务法院没有确认退还税款的权力。

朗蒂提出了对第6512节第b分节第3段第B分段的两种可选择解释,任何一个都是不具有说服力的。朗蒂首先采纳了第四巡回区法院的观点，即可适用回顾期是参考纳税人实际提出退还税款主张之日来确定的，并且主张他有权利享受3年的回顾期，因为他后来提交的1987年纳税申报包含了一个退还税款的权利请求，该请求是在提缴纳税申报本身之日起的3年内提交的。这种解释与法律的要求是相反的，并且导致了一个不可能是国会已经预料的结果，在某些情况下，它会在税务法院中给予及时提缴纳税申报者一个比拖拉提缴纳税申报者更短的期限。朗蒂的第二个主张认为，第6512节第b分节第3段第B分段中所包含的"权利请求"这个词只能是在纳税申报中提出的权利主张，这样一个根据该节规定统一适用3年的回顾期与法律的语言同样是相悖的。

联邦最高法院受第b分节第3段第B分段自身语言的约束，即使朗蒂基于政策的辩论能够说服联邦最高法院适用3年的回顾期，联邦最高法院也不能无约束地仅仅因为法律的语言有可能需要完善就重写该法律。

五、案件评析

本案所争议的焦点问题是纳税人提出退税请求的诉讼期限问题。根据《国内收入法典》的相关制度设计，如果纳税人按时提交了纳税申报，或者纳税人在税收服务局向其邮寄欠税通知之前提交了纳税申报，纳税人可以在提缴纳税申报之日起3年内请求退还多缴纳的税款；如果纳税人没有提缴纳税申报，纳税人可以在实际缴纳税款之日起2年内请求退还多缴纳的税款；对于预扣税款的情形而言，缴纳税款的日期是纳税人纳税申报期限届满之日。

本案中的纳税人并没有按时提缴纳税申报，也没有在税收服务局向其邮寄欠税通知之前提缴纳税申报，因此只能在实际缴纳税款之日起2年内请求退还多缴纳的税款。由于税收服务局是在纳税人缴纳税款之日起2年期限届满以后才向纳税人邮寄欠税通知的，这样就导致纳税人没有机会向税务法院请求退还多缴纳的税款了。

从纳税人权利保护的角度出发，既然纳税人在事实上多缴纳了税款，就不能仅仅因为纳税人没有履行一个程序性的义务或者仅仅因为税务局特别选择了在纳税人缴纳税款之日起2年期限届满以后才向其邮寄欠税通知而剥夺其退税权。但是从税法的规定来看，似乎又只能得出这样不利于纳税人权利保护的结论。当然，如果按照正方的观点来解释法律的话，也会导致更加难以解决的问题。例如，如果按照纳税人实际提出纳税申报之日来计算2年期间的话，那么，对于那些及时提交了纳税申报但是并没有及时提出退税请求的纳税人而言就是不利的。如果将法律解释为各种情况下提出退税请求的期限均为3年又难以确保法律解释的一致性。

总之，本案所导致的不公平是由于法律规定的模糊以及相关制度设计不合理所导致的。从纳税人与税务机关权利义务对等的角度出发，税法既然规定税务机关可以在 3 年内向纳税人邮寄欠税通知，就应当规定纳税人有权在缴纳税款之日起 3 年内主张退税。只有这样才能避免对本案中的纳税人给予不公平的待遇。

六、美国联邦最高法院关于本案的判决书

美国联邦最高法院

国内税收服务局局长诉朗蒂，516 U. S. 235（1996）

从美国第四巡回区上诉法院移送而来

No. 94-1785.

辩论于 1995 年 11 月 6 日

判决于 1996 年 1 月 17 日

应诉人朗蒂和他的妻子从他们的 1987 年的工资中预扣了超过他们在那一年应当缴纳的联邦所得税的税款，但是在到期之时，他们并没有提交 1987 年的纳税申报，在接下来的 2.5 年中，他们也没有提缴纳税申报或者主张退回该多缴纳的税款。1990 年 9 月 26 日，国内税收服务局局长向朗蒂邮寄了一份关于 1987 年的欠税通知。大约 3 个月以后，朗蒂夫妇提交了他们的 1987 年纳税申报，其中主张退还他们多缴纳的税款，同时，朗蒂及时向税务法院提起了诉讼，请求重新确定所主张的欠税并且要求退还多缴纳的税款。税务法院认为，在纳税人没有及时提缴纳税申报并且已经被邮寄了欠税通知的情况下，正如本案的情况，而且该通知是在缴纳税款以后超过 2 年邮寄的，即根据《美国法典》第 26 标题第 6512 节第 b 分节第 3 段第 B 分段所规定的 2 年的"回顾"期间，税务法院没有确认退还税款的管辖权。第四巡回区法院推翻了该判决，认为在这些情况下，可以适用的回顾期是 3 年，税务法院有权确认退还税款。

本院认为：税务法院在下列情况下没有确认退还税款的权力：该税款是在局长向纳税人邮寄欠税通知之日的 2 年以前缴纳的，并且在该通知被邮寄之日，纳税人没有提缴纳税申报。在这些情况下，根据 6512 节第 b 分节第 3 段第 B 分段的规定可以适用的回顾期间是 2 年。

第一，第 6512 节第 b 分节第 3 段第 B 分段禁止税务法院确认退还税款，除非它首先确定该税款是在"根据第 6511 节第 b 分节第 2 段所规定的可以适用的回顾期间内缴纳的……如果在邮寄欠税通知之时，已经提交了退还税款的请求"。反过来，第 6511 节第 b 分节第 2 段第 A 分段指示法院适用 3 年的回顾期，如果"在该纳税申报被提交之日起 3 年内"，按照第 6511 节第 a 分节的要求，提出了退还税款的

请求,第6511节第b分节第2段第B分段则明确规定了2年的回顾期,如果在该3年期间内没有提出退还税款的请求。税务法院对于朗蒂的案子适用2年的回顾期是正确的,因为,截至1990年9月26日(邮寄欠税通知之日),朗蒂并没有提缴纳税申报,因此,在那一天提出的权利请求不应当在第6511节第a分节所描述的3年内被提交。朗蒂的税款是从他的工资中预扣的,因此,应当认为它们是在他的1987年纳税申报到期之日(1988年4月15日)缴纳的,这一天离邮寄欠税通知之日已经2年多了。因此,朗蒂是在可适用的回顾期以外请求退还税款,税务法院没有确认退还税款的权力。

第二,朗蒂提出了对第6512节第b分节第3段第B分段的两种可选择解释,任何一个都是不具有说服力的。朗蒂首先采纳了第四巡回区法院的观点,即可适用回顾期是参考纳税人实际提出退还税款主张之日来确定的,并且主张他有权利享受3年的回顾期,因为他后来提交的1987年纳税申报包含了一个退还税款的权利请求,该请求是在提缴纳税申报本身之日起的3年内提交的。这种解释与法律的要求是相反的,并且导致了一个不可能是国会已经预料的结果,在某些情况下,它会在税务法院中给予及时提缴纳税申报者一个比拖拉提缴纳税申报者更短的期限。朗蒂的第二个主张认为,第6512节第b分节第3段第B分段中所包含的"权利请求"这个词只能是在纳税申报中提出的权利主张,这样一个根据该节规定统一适用3年的回顾期与法律的语言同样是相悖的。

第三,本院受到第6512节第b分节第3段第B分段自身语言的约束,即使朗蒂基于政策的辩论能够说服本院适用3年的回顾期,本院也不能无约束地仅仅因为法律的语言有可能需要完善就重写该法律。

45 F.3d 856被推翻。

奥克奴法官发表了本院观点。

在本案中,我们考虑了根据《美国法典》第26标题第6512节第b分节第3段第B分段的规定在美国税务法院获得退还多纳税款的"回顾"期限问题,并对下列问题作出了判决:税务法院是否有权对在国内税收服务局局长向纳税人邮寄欠税通知之日的2年以前所缴纳的税款判决退税,如果在邮寄欠税通知之日,纳税人尚未提缴纳税申报。我们认为,在这些条件下,应当适用第6512节第b分节第3段第B分段所规定的2年回顾期,税务法院无权判决退税。

I

在1987年度,应诉人朗蒂以及他的妻子从他们的工资中被预扣了10 131美元的联邦所得税。这一数额在实质上超过了朗蒂夫妇在该年度事实上应当缴纳的6 594美元的税款,但是,朗蒂夫妇并没有在到期之时提交他们的1987年纳税申报,他们也没有在接下来的2.5年内提缴纳税申报或者提出退还多纳税款的请求。

1990 年 9 月 26 日,国内税收服务局局长向朗蒂邮寄了欠税通知,告诉他,他欠 1987 年的税款以及利息共计 7 672 美元,同时他应当对拖延提缴纳税申报以及疏忽少缴税款的行为承担实质性的处罚。参见《美国法典》第 26 标题第 6651 节第 a 分节第 1 段和第 6653 节第 1 段。

1990 年 12 月 22 日,朗蒂和他的妻子向国内税收服务局邮寄了他们的 1987 年的联合纳税申报。这份纳税申报指出朗蒂夫妇多缴纳了他们的 1987 年的所得税 3 537 美元,并且主张退还该数额。该纳税申报邮寄以后第 6 天,朗蒂又及时地向税务法院提起诉讼,请求对所主张的欠税重新进行核定,同时也主张退还该夫妇多缴纳的税款。局长提交了一份一般性的答辩,拒绝了朗蒂起诉书中的主张。随后,当事人开始协商解决所主张的欠税以及退税主张。1992 年 3 月 17 日,局长提交了一份修改后的答辩,承认朗蒂已经提交了纳税申报并且朗蒂有权利要求退还其 1987 年多缴纳的 3 537 美元的税款。

局长在其修改后的答辩中主张,税务法院没有权力判决向朗蒂退税。局长认为,如果纳税人没有在国内税收服务局向纳税人邮寄欠税通知之前提缴纳税申报,税务法院只能判决退还纳税人在邮寄欠税通知之前 2 年内所缴纳的税款。参见《美国法典》第 26 标题第 6512 节第 b 分节第 3 段第 B 分段。根据局长对第 6512 节第 b 分节第 3 段第 B 分段的解释,税务法院无权判决向朗蒂退税,因为朗蒂被预扣的税款视为在他的 1987 年纳税申报到期之日(1988 年 4 月 15 日)缴纳,参见第 6513 节第 b 分节第 1 段,而这离邮寄欠税通知之日(1990 年 9 月 26 日)已经超过 2 年了。

税务法院同意局长的主张,拒绝了朗蒂的退税请求。引用了对第 6512 节第 b 分节第 3 段第 B 分段采纳类似解释的税务法院的完整的解释线索,*Allen v. Commissioner*, 99 T.C. 475, 479-480（1992）;*Galuska v. Commissioner*, 98 T.C. 661,665(1992);*Berry v. Commissioner*,97 T.C. 339,344-345(1991);*White v. Commissioner*,72 T.C. 1126,1131-1133（1979）;*Hosking v. Commissioner*,62 T.C. 635,642-643(1974),税务法院认为,如果纳税人没有在邮寄欠税通知之前提缴纳税申报,该通知又是在税款缴纳之日的 2 年以后被邮寄的,6512 节第 b 分节第 3 段第 B 分段所规定的回顾期就是 2 年,税务法院无权判决退税。65 TCM 3011,3014-3015(1993),93,278 RIA Memo TC.

第四巡回区上诉法院推翻了这一判决,认为,在这种情况下可适用回顾期是 3 年,税务法院有权判决向朗蒂退税。45 F.3d 856,861(1995)。其他上诉法院在这个问题上都支持了税务法院对第 6512 节第 b 分节第 3 段第 B 分段的解释。参见 *Davison v. Commissioner*, 9 F.3d 1538（CA2 1993）; *Allen v. Commissioner*, 23 F.3d 406（CA6 1994）;*Galuska v. Commissioner*, 5 F.3d 195,196（CA7 1993）;

Richards v. Commissioner, 37 F. 3d 587, 589（CAlO 1994）；同时参见 *Rossman v. Commissioner*, 46 F. 3d 1144（CA9 1995）。我们发布了诉讼文件移送命令来解决这一冲突,515 U. S. 1102（1995）,现在我们推翻该上诉法院的判决。

II

根据《美国法典》第 26 标题第 6511 节的规定,纳税人如果想退还多缴纳的税款,通常必须及时向国内税收服务局提出退还请求。该节包含两个相对独立的条款来规定退还税款的期限。首先,它确立了一个提缴纳税申报的截止日期:纳税人必须在下列期限提出退税请求:"提缴纳税申报之日起 3 年,或者缴纳税款之日起 2 年,以上述两个时期较晚结束的一个为准,或者,如果纳税人没有提缴纳税申报,在缴纳税款之日起 2 年。"第 6511 节第 b 分节第 1 段（同时参考第 6511 节第 a 分节）。其次,它也定义了两个"回顾"期间:如果该权利主张"是在提缴纳税申报以后 3 年内"提出的,那么,纳税人有权要求退还"在提缴纳税申报之前 3 年内所缴纳的税款的部分"。第 6511 节第 b 分节第 2 段第 A 分段（同时参考第 6511 节第 a 分节）。如果没有在该 3 年内提出权利主张,那么,纳税人只有权要求退还"在提交该权利主张之前 2 年内缴纳的税款的部分"。第 6511 节第 b 分节第 2 段第 B 分段（同时参考第 6511 节第 a 分节）。

与规范美国地区法院或者美国联邦权利主张法院的返还之诉的规范不同,在那里,即使提缴纳税申报是提起诉讼的先决条件,参见《美国法典》第 26 标题第 7422 节第 a 分节；*Martin v. United States*, 833 F. 2d 655, 658-659（CA7 1987）,约束税务法院判决退还税款之权的仅仅是回顾期,而不是 6511 节规定的提缴纳税申报的截止日期。参见《美国法典》第 26 标题第 6512 节第 b 分节第 3 分节。因此,在税务法院提起退还之诉的纳税人,就像应诉人一样,并不需要事实上向国内税收服务局提出退还税款的权利主张；纳税人只需要表明应当退还的税款是在可适用的回顾期内缴纳的即可。

在本案中,可适用回顾期是由第 6512 节第 b 分节第 3 段第 B 分段所规定的,其中规定,税务法院不能判决退还任何多缴纳的税款,除非它首先决定该税款是在下列期间缴纳的:"在第 6511 节第 b 分节第 2 段所规定的本来应当适用的期间内……如果在邮寄欠税通知之日,已经提交了退还税款的权利请求（无论是否提缴纳税申报）,该权利请求表明了税务法院认为存在多缴税款情况的法律依据。"

由第 6512 节第 b 分节第 3 段第 B 分段所指导的分析并不是文雅的,而是直率的。尽管一些法院已经注意到了提交"被认为的权利主张",参见 *Galuska*, 5 F. 3d, at 196；*Richards*, 37 F. 3d, at 589,但是,正确适用第 6512 节第 b 分节第 3 段第 B 分段规定的所有事情就是在该节中所包含的"权利主张"应当被视为决定纳税人是否能够被退还税款的唯一决定因素。第 6512 节第 b 分节第 3 段第 B 分段通过合并第6511节第b分节第2段所规定的回顾期规定了税务法院所适用的回顾期,并且指示税务法院通过调查"在邮寄欠税通知之日"所提交的退还税款的假设权利主张的合时性来判断可适用的期间。

为达到这一目的,第6512节第b分节第3段第B分段指示税务法院注意第6511节第b分节第2段,该节反过来指导税务法院或者适用3年的回顾期,或者适用2年的回顾期。参见第6511节第b分节第2段第A分段和第B分段(同时参考第6511节第a分节);参见前面,第240页。为了确定应当适用哪一个回顾期,税务法院必须参考第6511节第a分节所规定的提缴纳税申报的规定并且考察第6512节第b分节第3段第B分段所描述的权利主张——"在邮寄欠税通知之日"提交的权利主张——是否是在"提缴纳税申报之日起3年内"提交的。参见第6511节第b分节第2段第A分段(同时参考第6511节第a分节)。如果一个在邮寄欠税通知之日提交的权利主张本来应当在该3年的期间内被提交,那么,该回顾期就是3年,税务法院就有权对在邮寄欠税通知之日起3年内缴纳的税款判决退税。第6511节第b分节第2段第A分段和第6512节第b分节第3段第B分段。如果该权利主张本来不应当在该3年期间被提交,那么,判决退税的期限就是2年。第6511节第b分节第2段第B分段和第6512节第b分节第3段第B分段。

在本案中,我们必须决定在纳税人没有在到期时提缴纳税申报,局长在纳税人提交较晚的纳税申报之前向纳税人邮寄了欠税通知的情况下应当适用这两个回顾期中的哪一个。第四巡回区法院认为,在这种情况下,纳税人有权享受3年的回顾期,如果纳税人事实上在该诉讼的某个时间点上及时提出了权利主张,参见前面,第246页,应诉人也提出了适用3年回顾期的额外理由,参见前面,第249～252页。我们认为正确适用第6512节第b分节第3段第B分段的规定要求我们适用2年的回顾期。

我们是遵循第6512节第b分节第3段第B分段的规定而得出这一结论的。实际有效的问题是"在邮寄欠税通知之日"提交的权利主张是否应当"在提缴纳税申报之日起3年内"被提交。参见第6512节第b分节第3段第B分段(同时参考第6511节第b分节第2段以及第6511节第a分节)。在纳税人没有在邮寄欠税通知之前提缴纳税申报的情况下,第6512节第b分节第3段第B分段所描述的权利主张不能"在提缴纳税申报之日起3年内"被提交。没有提缴纳税申报,也就没有第6511节第a分节所描述的3年期间的起算点。因此,第6512节第b分节第3段第B分段所规定的权利主张本来就不能在第6511节第a分节所描述的3年期限内提交,第6511节第b分节第2段第A分段所规定的3年回顾期就不能适用。相反,可适用的回顾期是第6511节第b分节第2段第B分段所规定的默认的2年期间,该期间是从邮寄欠税通知之日开始计算的,参见第 6512 节第 b 分节第 3 段第 B 分段。纳税人有权要求退还在邮寄欠税通知之日起 2 年内所缴纳的任何税款。

在其他情况下有可能适用特殊的规定,参见第 6511 节第 c 分节(通过协议延长期限);第 6511 节第 d 分节(指定项目的特别期限),但是在这样的情况中,即纳税人已经及时提交了纳税申报,国内税收服务局主张该纳税申报中的税款有欠税,第 6512 节第 b 分节第 3 段第 B 分段和第 6511 节第 b 分节第 2 段的相互影响通常能够保证纳税人获得国内税收服务局主张纳税人欠缴的任何税款的退还。在大部分情况下,欠税通知必须在提缴纳税申报之日起的 3 年内被邮寄。参见《美国法典》第 26 标题第 6501 节第 a 分节和第 6503 节第 a 分节第 1 段;*Badaracco v. Commissioner*, 464 U. S. 386, 389, 392(1984)。因此,如果纳税人已经提交了纳税申报(虽然或许是一个有瑕疵的纳税申报),"在邮寄欠税通知之日"提交的任何纳税申报都必然是在提缴纳税申报之日起 3 年内提交的权利主张。在这些情况下,根据第 6512 节第 b 分节第 3 段第 B 分段的规定,本来应当适用的回顾期就是第 6511 节第 b 分节第 2 段第 A 分段所界定的 3 年期间,税务法院有权判决退税。

因此,在纳税人及时提缴纳税申报的情况下,第 6512 节第 b 分节第 3 段第 B 分段的规定通常会引起提交权利请求的日期,该日期本来有可能剥夺纳税人请求退税的权利。如果纳税人在税务法院就其以前提缴纳税申报的精确性提出质疑,在他有权请求退税的诉讼期间内,纳税人可以不需要及时向国内税收服务局提出退税请求就可以从税务法院那里获得退税。如果在地区法院,纳税人在向国内税收服务局提出退税请求的期限届满以后才发现其享有退税的权利,这也没有关系,参见第 7422 节(同时参见第 6511 节),因为"无论是否提交权利主张",第 6512 节第 b 分节第 3 段第 B 分段都适用,并且回顾期是以邮寄欠税通知之日来计算的。在返还之诉中,纳税人是否提前通知国内税收服务局其退还税款权利主张的准确依据都没有关系,参见 26 CFR § 301.64022(b)(1)(1995),因为,《美国法典》第 26 标题第 6512 节第 b 分节第 3 段第 B 分段安排了提出假想的权利主张,该权利主张"标明了税务法院发现有多纳税款情况的依据"。

第 6512 节第 b 分节第 3 段第 B 分段对待延迟提交所得税纳税申报者是无情的。尽管及时提缴纳税申报事实上是保证纳税人在税务法院的诉讼中有机会获得退税,但是,延迟提缴纳税申报者在税务法院请求退税的权利却取决于邮寄欠税通知之日。第 6512 节第 b 分节第 3 段第 B 分段引起了期限的开始,在那种情况下,它知道税务法院以邮寄欠税通知之日而非纳税人事实上提起退还税款的权利请求之日来计算回顾期。但是,在延迟提缴纳税申报者的情况下,第 6512 节第 b 分节第 3 段第 B 分段仅仅确立了 2 年的回顾期,因此,延迟纳税申报者不能保证在税务法院有主张退税的机会:如果欠税通知是在该税款被缴纳之日的 2 年以后才邮寄的,税务法院就无权判决退税了。

税务法院在朗蒂案件中正确地适用了 2 年的回顾期。截至 1990 年 9 月 26 日(邮寄通知之日),朗蒂并没有提缴纳税申报。因此,在该日期提出的权利主张不应当是在第 6511 节第 a 分节所描述的 3 年期间内提出的,第 6511 节第 b 分节第 2 段第 B 分段所规定的 2 年期间应当适用。朗蒂的税款是从其工资中预扣的,因此,它们应当视为是在他的 1987 年纳税申报届满之日(1988 年 4 月 15 日)缴纳的,参见第 6513 节第 b 分节第 1 段,这离邮寄欠税通知之日(1990 年 9 月 26 日)已经超过 2 年了。因此,朗蒂是在可适用的回顾期以外请求退还税款,税务法院无权判决退还税款。

Ⅲ

在判决朗蒂的案件时,第四巡回区法院采取了一种不同的方法来解释第 6512 节第 b 分节第 3 段第 B 分段,并且适用了 3 年的回顾期。应诉人支持第四巡回区法院的推理,同时也提出了一种新的支持根据第 6512 节第 b 分节第 3 段第 B 分段的规定适用 3 年回顾期的理由。我们认为两种立场都是没有说服力的。

第四巡回区法院主张:"税务法院在参照第 6512 节第 b 分节第 3 段第 B 分段的规定适用第 6511 节第 b 分节第 2 段的规定时,应当用纳税人提起退还税款的权利请求之日来代替邮寄欠税通知之日,但是仅仅为确定测量期限的基准日期之目的,而不能为了确定应当适用 2 年还是 3 年的期限之目的。"45 F. 3d,at 861。

换句话说,第四巡回区法院认为,回顾期应当从邮寄欠税通知之日计算(也就是纳税人有权利要求退还在该日期的 2 年或者 3 年内缴纳的税款),但是,该日期与计算回顾期自身的长短没有关系。第四巡回区法院认为,回顾期必须根据纳税人实际提交退还税款的权利请求之日来确定("应当适用 3 年的回顾期,因为朗蒂的退税请求是在提交他的纳税申报的 3 年以内提交的")。因此,根据第四巡回区法院的观点,朗蒂有权利享受 3 年的回顾期,因为朗蒂后来所提交的 1987 年的纳税申报包含了退还税款的请求,该请求是在提缴纳税申报之日起的 3 年内提交的(纳税人有权利享受本来应当在地区法院适用的相同的回顾期)。

与第四巡回区法院的解释相反,朗蒂在局长邮寄欠税通知以后事实上提交了退税请求的事实与确定税务法院是否有权判决向朗蒂退税之间没有关系。一旦纳税人向税务法院提起了诉讼,税务法院就有了决定欠税是否存在或者是否判决退税的排他的管辖权,参见《美国法典》第 26 标题第 6512 节第 a 分节,税务法院判决退税的权力受到第 6512 节第 b 分节第 3 分节规定情形的约束。第 6512 节第 b 分节第 3 分节第 C 分段是唯一测量事实上提交了退税请求的纳税人的回顾期的规定,该规定在这里并不适用,因为它仅仅适用于"在邮寄欠税通知之日之前"提交的退税请求。第 6512 节第 b 分节第 3 分节第 C 分段。根据第 6512 节第 b 分节第 3 段第 B 分段的规定,这才是适用的规定,税务法院只能考虑"在邮寄欠税通知之日"提交的退税请求的合时性,而不能考虑纳税人事实上提交的任何请求的合时性。

第四巡回区法院的规则也导致了一个国会不可能同意的结果,在这种情况下,它给予及时提缴纳税申报者在税务法院的诉讼时效短于迟延提缴纳税申报者。根据第四巡回区法院的规则,退税的可能性完全取决于纳税人在事实上是否向国内税收服务局提出了退税请求,因为是事实上提交的日期决定了第 6511 节第 b 分节第 2 段所规定的可适用回顾期(同时参考第 6512 节第 b 分节第 3 段第 B 分段)。参见 45 F. 3d,at 861;前面,第 246 页。这一规则可以"消除"遵守 2 年回顾期的"不公平的结果",45 F. 3d,at 863,但是它产生了一个更加不公平的结果,就是对那些在到期之时忠实地提交了纳税申报,但是却没有在一开始就提出退税请求的纳税人。我们认为我们对法律的解释在这个案件中得到了一个适当和合理的结果:及时提交所得税纳税申报的纳税人可以根据第 6512 节第 b 分节第 3 段第 B 分段的规定在税务法院获得退税,而不用考虑纳税人是否在事实上及时提交了退税请求。参见前面,第 244~245 页。

如果是事实上提交退税请求的时间决定回顾期的长短,正如第四巡回区法院所主张的,及时提交所得税纳税申报者就是不幸运的。如果纳税人没有在他的纳税申报中提出退税请求,而欠税通知又是在及时提交退税请求的 3 年期间刚刚届满以后邮寄的,参见第 6511 节第 a 分节和第 b 分节第 1 段,直到在税务法院的诉讼开始,纳税人可能才知道自己享有退税权。但是,由于他及时提交了纳税申报,纳税人将被排除在外,因为"从提缴纳税申报之日起 3 年期间"已经届满,这是第 6511 节第 b 分节第 2 段第 A 分段的要求。第 6511 节第 b 分节第 2 段第 A 分段(同时参考第 6511 节第 a 分节)。因此,该纳税人本来仅仅有权利享受退还在邮寄欠税通知之日起 2 年内缴纳税款的权利。参见第 6511 节第 b 分节第 2 段第 B 分段;45 F. 3d,at 861-862(纳税人有权在地区法院享受本来应当适用的相同的回顾期,回顾期是按照实际提交请求之日来确定的)。国会不可能让及时提缴纳税申报的纳税人在税务法院中变得更加不利,而这一结果则是第四巡回区法院的方法所必然导致的。

朗蒂提供另外一种解读法律的方法,该方法避免了这种不合理的结果,但是朗蒂的方法同样是有缺陷的。朗蒂论点的核心是第 6512 节第 b 分节第 3 段第 B 分段中所预期的"权利主张"本来可以"在提缴纳税申报以后的 3 年内"被提交,因此,根据第 6512 节第 b 分节第 3 段第 B 分段的规定,可适用的回顾期应当是 3 年,如果该权利主张是在纳税申报中提出的。朗蒂事实上在主张,国会的意图一定是第 6512 节第 b 分节第 3 段第 B 分段所描写的权利主张是在纳税申报中提交的权利主张，因为没有其他的方法向国内税收服务局提交退税的权利主张。应诉人的观点摘要，第 28、30 页[引用了 CFR§301.6402-3（a）（1）（1995）]。因此，朗蒂主张，第 6512 节第 b 分节第 3 段第 B 分段为税务法院的案件制定了一个统一的 3 年回顾期：如果纳税人及时提交了纳税申报，欠税通知（以及第 6512 节第 b 分节第 3 段第 B 分段所规定的"权利主张"）将必然在纳税申报的 3 年内发出，回顾期是 3 年；如果纳税人没有提缴纳税申报，第 6512 节第 b 分节第 3 段第 B 分段所预期的权利主张被视为是在 3 年内与纳税申报一起提交的，因此，回顾期也是 3 年。

正如第四巡回区法院的方法一样，朗蒂对于法律的解读具有这样一种便利的效果：确保处于朗蒂状况的纳税人总是能够获得退税，如果他们在税务法院提出请求的话，但是我们应当受到国会在起草该法律时所使用的语言的约束，我们并不认为第 6512 节第 b 分节第 3 段第 B 分段中所使用的"权利主张"这一术语容许按照朗蒂所给出的方法进行解释。《国内收入法典》第 6512 节第 b 分节第 3 段第 B 分段在使用"退税的权利主张"这一术语时并没有对其进行界定，比较《美国法典》第 26 标题第 6696 节第 e 分节第 2 段（"为第 6694 节和第 6695 节规定之目的……'退税的权利主张'这一术语是指退还或者抵扣第 N 分标题所征收的任何税款的权利主张"），但从第 6512 节第 b 分节第 3 段第 B 分段的语言以及作为整体的法律可以明显看出，退税权利主张可以与纳税申报分开提出。第 6512 节第 b 分节第 3 段第 B 分段规定，税务法院有权判决退税，限于纳税人本来享受该退税"如果在邮寄欠税通知之日已经提出了权利主张"。它并没有说，如同朗蒂所主张的那样，纳税人有权利享受该退税，如果在该日期，"提交了权利主张和纳税申报"。

或许最具说服力的证据是国会的意思并不是：第 6512 节中的"权利主张"意味着"在纳税申报中提交的权利主张"并且该术语与第 6511 节第 a 分节所使用的"权利主张"的含义是类似的。第 6511 节第 a 分节表明一个退还税款的权利主张是及时的，如果它是"由纳税人在提缴纳税申报之日起 3 年内提交的"，并且它很明显地表达了这样的意思："如果没有提缴纳税申报，也能提交权利主张。"如果权利主张只能和纳税申报一起提交，正如朗蒂所主张的，法律的这些规定就是没有意义的了，比较《美国法典》第 26 标题第 6696 节（分别界定了"退税的权利主张"和"纳税申报"），我们也没有理由认为，国会在立法时会使"权利主张"这一术语表达和第 6511 节所规定的相同的含义，但是在该法律的下一节中则表达其他不同的含义。这些法律规定的相互关系以及密切的关系"提出了一个适用以下规则的经典案例：'同一部法律中不同部分所使用的相同的术语应当具有相同的含义'"。*Sullivan v. Stroop*，496 U. S. 478，484（1990）[引用了以下案例：*Sorenson v. Secretary of Treasury*，475 U. S. 851，860（1986）]。

为了支持他的解释而引用的法规,26 CFR§301.6402-3(a)(1)(1995),与我们对于法律的解释是一致的。该法规仅仅规定,权利主张必须"在一般情况下"在纳税申报中提出,由此引出了这样一个结论,即存在这样的情况,在这些情况下,权利主张和纳税申报可以分别提出。我们以前曾经承认,即使是一个没有遵守联邦法规的权利主张也足以阻止税务法院诉讼期限的经过,参见 *United States v. Kales*,314 U. S. 186,194(1941)("公正地告知税务局长纳税人权利主张的本质的通知"阻碍了诉讼期间的经过,即使"它没有按照法律和法规所规定的形式"),并且我们必须假定,如果国会的意思是要求第6512节第b分节第3段第B分段所描述的"权利主张"必须是在纳税申报中提出的,它本来应当直接这样明确的规定。

Ⅳ

朗蒂提出了根据第6512节第b分节第3段第B分段的规定适用3年回顾期的两个基于政策的论断。他认为,适用2年的期限与国会在起草第6512节第b分节第3段第B分段时的显著意图相矛盾,该条款是为了保护而不是阻碍纳税人在税务法院寻求退税的权利主张,并且他主张,我们的解释在税务法院诉讼中所适用的期限与地区法院或者联邦权利主张法院中提起的退还诉讼所适用的期限不协调。即使我们倾向于离开法律的明确规定的语言,我们认为这些论断也是没有说服力的。

朗蒂作出以下论断是正确的:国会制定第6512节第b分节第3段第B分段的意图是在某些情况下允许纳税人在税务法院提出退还之诉,在这些情况下,他们可能被限制不能向国内税收服务局提出退还税款的行政权利主张。事实上,这正是第6512节第b分节第3段第B分段在很多案件中运作的方法。参见前面,第244～245页。但是那并不意味着国会的意图是第6512节第b分节第3段第B分段总是保护纳税人寻求退税的能力。事实上,从法律的表面来看,国会也有运用第6512节第b分节第3段第B分段去阻止退税的意图。为这一目的,该节包含了来自第6511节第b分节第2段的2年和3年回顾期,我们必须假定(与朗蒂的理解相反,他认为规定了一个统一的3年期限,参见前面,第248～249页)国会希望这两个期限都具有效力。比较 *Badaracco*,464 U. S. ,at 405(斯蒂文斯法官持反对意见)("无论解释法定期限的正确标准是什么……显然,我们必须假定某些期限是适用的")。

朗蒂还认为,我们对法律的解释造成了在税务法院适用的期限与在地区法院或者联邦权利主张法院的返还诉讼中所适用的期限不一致。关于这一点,朗蒂认为,为地区法院诉讼之目的,他在12月28日提交的纳税申报中所提出的退还税款的权利主张是及时的,因为他是在"提缴纳税申报之日起3年内"提交的,第6511节第b分节第1段(同时参考第6511节第a分节);同时参考 Rev. Rul. 76-511,

1976-2 Cum. Bull. 428,并且在根据第 6511 节第 b 分节第 2 段第 A 分段的规定本来应当适用的 3 年的回顾期内。原告不同意这一观点,他认为,并不存在任何矛盾,朗蒂对法律的解释是错误的,朗蒂退还税款的权利主张在税务法院本来就不应当被视为及时的。参见原告的观点摘要,第 12、第 29～30 页以及注释 11[引用了如下案例:*Miller v. United States*,38 F. 3d 473,475(CA9 1994)]。

我们在不判决朗蒂正确的情况下假定在地区法院本来应当适用不同的期限,但是,尽管如此,我们认为这种矛盾也不是改变国会已经设计的期限制度的借口。规范税务法院诉讼的规则在很多地方都不同于规范地区法院和联邦权利主张法院中的诉讼规则。其中一些差异可能使得税务法院是一个更好的论坛,其他差异可能就不是这样。比较一下《美国法典》第 26 标题第 6213 节第 a 分节(纳税人可以不先缴纳核定的税款而在税务法院寻求救济)以及 *Flora v. United States*,362 U. S. 145,177(1960)(《美国法典》第 28 标题第 1346 节第 a 分节第 1 段要求纳税人全部缴纳核定的税款以后才能在地区法院提起返还之诉);并且比较一下《美国法典》第 26 标题第 6512 节第 b 分节第 3 段第 B 分段(税务法院必须假定纳税人已经提交了一个请求法院判决退还税款的权利主张,该权利主张"阐明了税务法院作出判决的依据")以及 26 CFR § 301. 6402-2(b)(1)(1995)(在地区法院请求返还的权利主张必须清除地阐明返还的依据)。限于我们对于第 6512 节第 b 分节第 3 段第 B 分段的解释揭示了一个新的在这些法院中适用规则的差异,它也是法律语言所要求的差异,它也是国会合理制造的差异。正如我们对于第 6512 节第 b 分节第 3 段第 B 分段的讨论所表明的,参见前面,第 244～245 页,纳税人为了确保其在税务法院寻求返还税款的能力的唯一要做的就是遵守法律的规定并且及时提交一份纳税申报。

我们受到法律所使用的语言的约束,即使朗蒂所提倡的规则可能"符合更好的政策",我们也不能"因为我们认为它们需要改进而重写法律"。*Badaracco*,前面,第 398 页。按照国会起草的方式来适用第 6512 节第 b 分节第 3 段第 B 分段,我们认为,在本案中可适用的回顾期是 2 年,应当从邮寄欠税通知之日起计算。因此,我们认为税务法院没有权力判决退还朗蒂多缴纳的税款。该判决被推翻。

如此判决。

斯蒂文斯法官持不同意见。

托马斯法官已经中肯地阐明了为什么上诉法院的判决应当被维持。因此,我支持他的观点。因为有一点可以进一步支持我们的重要观点,我增加一个评论。根据我的观点,局长的立场以及大多数法官的观点是只见树木,不见森林。《美国法典》第 26 标题第 6512 节第 b 分节的前任条款被修改了,以保护从国内税收服务局收到欠税通知并且后来才发现所主张的欠税实际上是多纳税的纳税人的利益。

国会明确表达了其意图是在纳税人意识到他有权利主张退还税款之时已经过了诉讼期限的情况下为纳税人提供主张权利的机会。正如托马斯法官所论证的,没有必要将第6512节第b分节第3段第B分段——该条款旨在让那些收到意想不到的欠税通知的纳税人获得利益——理解成给予国内税收服务局一个武断的权力来缩短纳税人主张税款的权利,如果纳税人没有提缴纳税申报。本院对于法律的解读将一个利益变成了一个障碍。

托马斯持不同意见,斯蒂文斯同意他的观点。

根据国内税收服务局对《美国法典》第26标题第6511节第a分节和第b分节的长时期的解释,朗蒂本来可以获得退税,如果他在地区法院提起诉讼的话。大多数法官假定,我也准备坚持,第6511节的解释是正确的。第6512节第b分节第3段第B分段合并了第6511节所规定的在税务法院寻求退税的回顾期。第6512节第b分节第3段第B分段也包括了一些语言,该语言允许纳税人在某些情况下获得退税,尽管他事实上没有提出行政权利主张(或者没有根据第6511节第a分节的规定及时提出)。由于在我的观点中,第6512节第b分节第3段第B分段中的任何规定都没有表明国会的意图是缩短在税务法院诉讼中的回顾期,我认为,朗蒂有权获得退税。

Ⅳ-A

自从1976年,国内税收服务局就采取这样的立场,即如果纳税人在其税款被视为从其工资中预扣之日的3年以后才提出一个延迟的包括准确的退税请求的纳税申报,那么,他将可以获得退税。参见 Rev. Rul. 76-511,1976-2 Cum. Bull. ,第428页(解释《美国法典》第26标题第6511节第a分节)。这是因为"一个纳税申报应当是退税权利主张,如果它包含一个声明,列出了多缴纳的税款并且建议该税款应当退还给纳税人",Rev. Rul. 76-511,1976-2 Cum. Bull. ,第428页,并且由于与纳税申报一起提交的权利主张是根据《美国法典》第26标题第6511节第a分节的规定"在提缴纳税申报之日起3年内"提交的。在《税收规则》76-511中所采纳的对第6511节第a分节和第b分节的解释的净效果是"如果①纳税申报是在到期之日2年以后3年之前提交的;并且②同时或者随后提交了退税权利主张,'应当允许退税,因为多纳的税款是在提交权利主张之前3年内进行的'"。原告的观点摘要第29页,注释11(引用了 Rev. Rul. 76-511,1976-2 Cum. Bull. ,第429页)。大多数法官假定对于第6511节的这种解释是正确的。根据对第6511节的这种解释,朗蒂本来应当获得3年的回顾期并且可以获得退税,如果他不是在税务法院提起诉讼而是在地区法院或者联邦权利主张法院提起诉讼的话。

更难的一步是判断国内税收服务局对第6511节的解释本身是否正确。可以论证的是,第6511节第a分节在确定在不考虑纳税人是否"没有提缴纳税申报"的情况下,哪一个时间点是相关的这一问题上是模糊的。第九巡回区法院在 *Miller v. United States*,38 F. 3d 473,475(1994)一案中认为,"为第 6511 节第 a 分节规定之目的,确定纳税申报是否被提交的时间点必须是缴纳税款以后的 2 年。"

国会在这一问题上的意图很难辨别。

没有理由认为国会简单地没有考虑延迟提缴纳税申报会在任何法院中影响纳税人获得退税的权利。看起来,国会在第 6511 节第 a 分节中选择 3 年期限是为了回应政府作出核定的期限。参见 S. Rep. No. 1983,85th Cong. ,2d Sess. ,98-99(1958)。根据国内税收服务局在《税收规则》76-511 中的解释,第 6511 节中的第 a 分节的确为任何纳税人确立了一个期限,该期限是与核定期限相呼应的:纳税人从其提缴纳税申报有 3 年的时间提交退税权利主张,政府通常在纳税人提缴纳税申报以后的 3 年内有权核定税款。然而,在纳税人没有及时提缴纳税申报的案件中,第 b 分节收回了第 a 分节所设置的对称。在这些案件中,纳税人只能要求退还其 3 年以内缴纳的税款,但是 3 年的法定核定期限则是由纳税申报的提交而启动的。这些事实表明在制定第 6511 节时,国会很可能没有考虑到对迟延提缴纳税申报者的影响。或者,关于下列事项,国会并没有任何表达任何意图:第 6511 节第 a 分节和第 b 分节是否允许纳税人利用 3 年的回顾期,当纳税人没有及时提缴纳税申报时,当该 3 年的期间不能与政府的核定期间相关联时。

然而,根据第 6511 节第 a 分节的语言,并没有任何理由认为国会肯定是想阻止迟延 2 年以上(但是不超过 3 年)提缴纳税申报的纳税人获得退税,国内税收服务局在其《税收规则》中对第 6511 节的 2 年的解释,我认为应当按照《税收规则》来解释第 6511 节。

Ⅳ-B

第 6512 节第 b 分节而非第 6511 节直接规定了税务法院所判决的退税数额。然而,第 6512 节第 b 分节第 3 段第 B 分段最引人注目的地方是它合并了第 6511 节的回顾期调控——它指示税务法院来确定哪一部分税款是"在根据第 6511 节第 b 分节第 2 段所规定的本来应当适用的期间内"缴纳的。那么,根据我的理解,这一问题就是第 6512 节第 b 分节第 3 段第 B 分段中额外的语言(指示税务法院假装"在邮寄欠税通知之日提交了权利主张"),该法律的立法历史,或者其他相关立法条款表明国会的意图是阻止纳税人从税务法院获得其退税,即使其他的法院本来可以判决该退税。

当然,第 6512 节第 b 分节第 3 段第 B 分段并不是仅仅合并第 6511 节。相反,第 6512 节第 b 分节第 3 段第 B 分段规定,税务法院将要确定哪一部分税款是"在第 6511 节第 b 分节第 2 段所规定的本来可适用的期间内缴纳的……如果在邮寄欠税通知之日已经提交了权利主张"。问题是这一语言中额外的部分是否能够阻止处于朗蒂状况中的纳税人在税务法院获得退税。在声称第6512节第b分节第3段第B分段并没有允许这里的退税时,税务局长必须沉默地依赖由税务法院或者本院大多数法院所采纳的对该条款的解释所依据的两个理论。

根据税务法院在本案中的解释,"第6512节第b分节第3段第B分段指示我们将关注的目光放在一个特定的日期上——邮寄欠税通知之日"。65 TCM 3011,3014(1993),93,278 RIA Memo TC。按照税务法院的观点,第6512节第b分节第3段第B分段"要求我们对该情况在邮寄欠税通知之日进行一次'快照'",因此,可适用的回顾期是根据第6511节第b分节第2段的规定本来应当适用的期间,如果在邮寄欠税通知之日,已经提交了权利主张,并且如果关于适当的回顾期的判断已经在该时间作出,没有这样一个期限限制,即真实的权利主张最终是在缴纳税款以后的3年内提交的。本院大多数法官对第6512节第b分节第3段第B分段的解释只有略微的不同——这种不同并不能帮助朗蒂。根据该解释,"包含在该节中的'权利主张'被视为仅仅是确定纳税人是否能够获得退税的机制。"

然而,第6512节第b分节第3段第B分段并没有要求税务法院将其考虑限于在邮寄欠税通知之时或者之前发生的事件。事实上,如果有什么的话,时态的变化("本来应当适用的……如果已经提交了权利主张")表明税务法院应当确定适当的回顾期,按照与通常确定法定期限的可适用性相同的方法,运用其在裁决时所已经拥有的信息。

第6512节第b分节第3段第B分段的语言也没有明确表达这样的意思:第6512节第b分节第3段第B分段中的权利主张被视为仅仅是确定纳税人是否能够获得退税的机制。法律合并了第6511节中的回顾期,然后明确地告诉税务法院,在适用第6511节时,它应当假定一个事件已经发生,无论它在事实上是否发生了;它并没有告诉税务法院去忽视已经发生的事件。如果国会的意思是说本院大多数法官所认为的意思,它本来应当增加这样的语句:"其他的权利主张都不能达到这个效果。"或者它可以指示税务法院来决定如果税款是"在第6511节第b分节第2段所规定的可适用的期间内缴纳的,关于在邮寄欠税通知之日提交的权利主张"。

税务局长注意到第6512节第b分节第3分节第C分段规定了这样的情况,在这种情况下,"退税权利主张事实上已经在'邮寄欠税通知之日'之前被提交"并且认为,第6512节第b分节并没有规定税务法院在欠税通知发布以后对于退税权利主张拥有任何"额外"的管辖权。原告答复的摘要,第3~4页。但是朗蒂并没有论证"额外"管辖权;他仅仅要求,第6512节第b分节第3段第B分段,该节看起来合并了在地区法院可适用的回顾期,不被解释为切断了在税务法院获得退税的权利,该权利是他本来应当在地区法院获得的。税务局长或许基于第6512节第b分

第3分节第C分段的存在作出了一个明示其一即排斥其他的辩论。事实上,我对第6512节第b分节第3段第B分段的解释——允许纳税人依赖真实的权利主张,也允许其依赖被视为的权利主张——有可能使得第6512节第b分节第3分节第C分段成为没有必要的条款(纳税人提交了真实的纳税申报这一事实也包含了一个离缴纳税款之日少于3年的真实的权利主张)。

但是,第6512节第b分节第3分节第C分段看起来并没有切断第6512节第b分节第3段第B分段中的一些假定的暗示要求:在税务法院唯一可以被承认的权利主张是假设的一个。相反,它是为了阐明第6512节第b分节第3段第B分段的某种适用是允许的。与1962年对第6512节第b分节的修正案同时提交的参议员报告——它增加了现在的第6512节第b分节第3分节第C分段——这样解释:

"自从1954年立法以来,……国内税收服务局已经在实践中将第6512节第b分节第3段第B分段解释为允许退还税款,在及时提交有效的权利主张的情况下,以及在这些权利主张本来应当在欠税通知之日被提起的情况下。"

"你们的委员会认为,进行以下活动是必要的:修改当前法律的语言以明确表明法律与国内税收服务局自从1954年《法典》的制定以来所采纳的对该节的解释是一致的。"S. Rep. No. 2273,87th Cong. ,2d Sess. ,15(1962)。

与证明第6512节第b分节第3段第B分段是为了禁止确认"真实"的权利主张相反,这个报告以及税收服务局在1962年之前对第6512节第b分节第3段第B分段的解释都表明了相反的观点:第b分节第3段第B分段过去和现在都确认了根据第6511节的规定本来应当予以确认的"真实"的权利主张。

国会很可能没有在第6512节第b分节中明确规定随后提交的权利主张是否应当在税务法院被考虑,因为它没有考虑该法律如何适用于没有及时提缴纳税申报的纳税人——正如它没有考虑第6511节自身如何适用于延迟提缴纳税申报者一样。尽管国会关于这些法律如何适用于较晚提缴纳税申报者的意图是不明确的(如果有的话),但是它在两个更加一般性的问题上的意图是可以辨识的。

首先,国会的意思是作为一个一般性的事项将第6511节第b分节第2段中的回顾期合并到第6512节第b分节第3段第B分段。如果国会想要税务局长对第6512节第b分节第3段第B分段的解释,就没有理由提到第6511节;相反,它将回顾期表述得更加简单和清晰,例如,通过明确规定3年的回顾期应当适用,如果纳税人在邮寄欠税通知之前提交了纳税申报,否则应当适用2年的回顾期。尽管,正如下面所指出的,国会明显是想要增加纳税人在某些情况下在税务法院的诉讼中获得退税的能力,并没有任何证据表明国会想要阻止纳税人在税务法院获得其在地区法院诉讼中本来能够获得的退税。

其次,通过在第6512节第b分节第3段第B分段中增加"如果"条款,国会很明显想要给这样的纳税人以利益,该纳税人被通知欠政府的税款,被迫去法院对欠税提出抗辩,被要求将其记录以及针对政府的可能的诉讼集中在一起,但是在诉讼中却发现正是他享有对政府的退税权。第6512节第b分节第3段第B分段所规定的被视为的权利主张是想要包含这样的及时提缴纳税申报的纳税人,他通过邮件收到了欠税通知,但是没有足够的时间来集中他的智慧、更加仔细地审查他的文件,并且在3年期间届满之前提交一个准确的退税权利主张。当国会在1942年修改《美国法典》第26标题第322节第d分节——第6512节第b分节的前任条款——时,众议院报告这样解释:

"为了通过对根据税务法院规则被允许的权利请求的修改,给予纳税人在税务法院面前主张退税的特权,在邮寄欠税通知以后,针对该多纳税款的退税请求权期间并不届满,我们修改了第322节第d分节以规定确定可以被退还或者抵扣的税款部分的期限是从邮寄欠税通知之日来计算的,而不是从提交诉讼请求之日计算的。"H. R. Rep. No. 2333,77th Cong.,2d Sess.,121(1942)。

由于第6512节第b分节第3段第B分段合并了第6511节第b分节的回顾期,由于税务法院法律的差异看起来是为了更好地保护在某些情况下在税务法院中诉讼的纳税人,我认为朗蒂可以获得退税。

Ⅳ-C

朗蒂认为,他没有在2年内提缴纳税申报与他没有在3年内提缴纳税申报的疏忽程度是相同的,仅仅因为税务局"先发制人"地邮寄了欠税通知,国会就剥夺了他请求退税的权利是不合理的。我同意这一观点。允许有过失的纳税人在较短的期间内提交其权利主张不会是无理性的,给予纳税人一个激励,使得他在税务局计算其税收债务、向他征税以及向他发布欠税通知之前提交其纳税申报也不会是无理性的。因此,例如,国会完全可以规定,如果在纳税人提交其纳税申报之前发布了欠税通知,纳税人在任何法庭上都只能拥有2年的回顾期。

然而,对我来讲没有意义的是故意仅仅在税务法院的诉讼中采纳这一安排,也就是说,仅仅惩罚这样的纳税人,他的现金储备使得他不可能向政府提供其所要求的在地区法院或者联邦权利主张法院寻求救济所需要的更多数额的欠款,或者他太单纯,以至于没有认识到在地区法院进行诉讼能够保全他的退税权,或者他预期的退税款太少以至于不能支付在地区法院打官司的律师费以及其他费用。很明显,国会可以符合宪法地采纳这种奇怪的安排,但是我们并不简单地假定就是如此。事实上,税务局长并没有提出国会有意这样做的任何理由;相反,它仅仅是指出在税务法院与地区法院的程序中有任何(通常是不相关的)差异,并且坚持第6511节和第6512节第b分节第3段第B分段的明确的语言要求这个结果。

正如以前所指出的,对我而言一个更加艰难的步骤是先前的一个确定第6511节本身允许在这些情况下的退税,因为在我看来,第6511节和第6512节第b分节都不是把过失提缴纳税申报者放在头脑中予以考虑后制定的。然而,一旦这样一个篱笆被清除了,仅仅阻止纳税人在税务法院获得退税就没有意义了,特别是当第6512节第b分节第3段第B分段的语言并没有要求这一结果以及当没有理由认为国会有意这样做的时候。

第十六章 印第安保留区内联邦政府合同当事人被征税案(1999)

一、基本制度解析

征税权是国家的一项基本权力,这项权力的行使具有一定的限制,其中之一就是对于特定的主体不能征税。一般而言,国家不能对自己征税。国家对自己征税不仅违反了最高主权原则,也违反了经济效益原则。禁止对国家征税的原则也被称为国家税收豁免原则。

美国《税法典》中并没有对国家税收豁免原则的直接规定,该原则是通过联邦最高法院的判决来确定的。在美国银行案——*McCulloch v. State of Maryland*,17 U. S. (4 Wheat.)316(1819)——中,马歇尔大法官阐述了国家税收豁免原则:各州无权通过征税或其他手段,去延误、阻碍、抑制或以其他方式来控制国会为实施宪法授权而制定的合宪法律措施。随着实践的发展,对于那些与联邦政府签订合同的私人主体是否能够征税就是一个亟待解决的问题。联邦最高法院在 *United States v. New Mexico*,455 U. S. 720 一案中宣布了一条清晰的原则:只有在以下一种情况下,适用税收豁免规则才是适当的:直接针对美国本身征税,或者直接针对特定的代理人或者机构,这些代理人或者机构与政府具有如此密切的联系,致使该两个主体在事实上不能被视为分开的实体,至少应当涉及这样的主体被征税。

在中国税法中,虽然没有明确规定国家税收豁免原则,但实际上也是遵循这一原则的。这一原则体现在以下几个方面:第一,行使公共权力的政府机关属于免税主体,例如,《企业所得税法》第 1 条规定:"在中华人民共和国境内,企业和其他取得收入的组织(以下统称企业)为企业所得税的纳税人,依照本法的规定缴纳企业所得税。"政府机关被排除在企业所得税的征税范围之外。第二,政府机关使用的财产、提供的服务等都享受免税待遇,例如,《房产税暂行条例》第 5 条规定,国家机关、人民团体、军队自用的房产免纳房产税。第三,附属于政府机关或者执行部分公共职责的机构可以享受免税待遇,例如,《营业税暂行条例》第 6 条规定,托儿所、幼儿园、养老院、残疾人福利机构提供的育养服务,婚姻介绍,殡葬服务,学校和其他教育机构提供的教育劳务免征营业税。第四,各种主体取得的财政拨款免缴所得税,以财政拨款为主要运营经费的主体可以享受免税政策,例如,《企业所得税法》第 7 条规定,财政拨款是不征税收入;《房产税暂行条例》第 5 条规定,由国家财政部门拨付事业经费的单位自用的房产免纳房产税。

二、案情简介

在 1990—1997 年的若干年里,印第安人事务局与应诉人布莱泽建筑公司签订了一个建造、修理和改善位于亚利桑那州若干印第安人保留区的道路的合同。在该合同期限结束以后,原告亚里桑那州税务局(以下简称税务局)就布莱泽公司没有就其与印第安人事务局的合同所获得的收益向亚利桑那州缴纳交易特权税的行为向布莱泽公司发出了欠税通知;该税收是针对在该州内进行经营的公司的毛收入所征收的。布莱泽公司就该欠税核定提出了异议,并且在行政复议程序中获胜,但是亚利桑那州税务法院作出了支持税务局观点的判决。亚利桑那州上诉法院推翻了该判决,拒绝了税务局所提出的 *United States v. New Mexico*,455 U. S. 720 一案对本案具有效力的主张,并且认为,联邦法律优先取得对布莱泽公司的征税权。亚利桑那州最高法院拒绝了税务局重审的请求,其中一位法官同意重审该诉讼,联邦最高法院发布了诉讼文件移送命令。

三、正反方观点

(一) 正方(布莱泽公司、亚利桑那州上诉法院)

税收不能适用于发生在印第安人保留区内的活动。应当适用一个平衡测验方法来"分别权衡州、联邦和部落的利益"。国会对于亚利桑那州税收的意图可以从调整印第安人福利的联邦法律中推导出来。

(二) 反方(亚利桑那州税务局、税务法院、联邦最高法院)

一般而言,一个州可以对私人公司来自于联邦政府合同的收益征收非歧视性的税收,不管该联邦合同一方是否在印第安人保留区提供了服务。在 *New Mexico* 一案中,联邦最高法院宣布了一个清晰的规则,只有当直接针对美国本身征税,或者直接针对美国的代理人或者具有密切联系的机构征税,适用税收豁免才是适当的。为了将这一豁免原则适用于该狭窄的宪法限制范围以外,国会必须明确地作出这样的规定。因此,在没有宪法豁免或者国会免税的情况下,联邦法律并不能保证布莱泽公司免除亚利桑那州的交易特权税。该税收的征税对象是布莱泽公司,而非政府;国会也没有明确规定这些合同免税。然而,亚利桑那州上诉法院运用了一个平衡测验来权衡州、联邦以及部落利益,并且认为,国会先占该税收的意图可以从调整印第安人福利的联邦法律中推导出来。在涉及在保留区活动征税的案例中,联邦最高法院已经详细阐明了这样的考察,即征税的法定范围落到了与部落或者部落成员从事交易的非部落实体的头上。但是,在涉及一个州试图对在政府和非印第安人私人合同者之间的交易进行征税的问题上从来没有使用这种平衡测验,现在也拒绝这样做。避免诉讼和确保有限的税务管理的需要建议我们对于联邦合同征税的问题采取界限明确的标准,不考虑该合同所涉及的活动是否发生在印第安人保留区内。而且,政治过程是唯一适于适应州对联邦合同者征税所暗示的利益的。关于是否应当豁免布莱泽公司税收的问题应当留给亚利桑那州和国会来回答,而不是联邦最高法院。

四、案件评析

联邦最高法院认为:只有在以下某种情况下,适用税收豁免规则才是适当的:直接针对美国本身征税,或者直接针对特定的代理人或者机构,这些代理人或者机构与政府具有如此密切的联系,致使该两个主体在事实上不能被视为分开的实体,至少应当涉及这样的主体被征税。如果一种税的法定征税范围落在了与联邦政府签订合同的主体上,而不是联邦政府,那么,该税就是合法的,因为与联邦政府签订合同的主体不能被视为联邦政府的代理人或者机构;国会没有明确免除这些与联邦政府签订合同的主体行为的纳税义务;相反,已经明确废止了以前存在的法定豁免。

本案中,亚利桑那州交易特权税的征税范围落在了布莱泽公司的头上,而不是联邦政府的头上。布莱泽公司并没有主张自己是联邦政府的代理人或者机构,*New Mexico* 一案的明确规则已经在这些情况下排除了任何这类抗辩,国会也没有规定免除这些合同的纳税义务。因此,亚利桑那州对布莱泽公司征收交易特权税的行为并不违反国家税收豁免原则。

联邦最高法院宣布上述原则主要是为了防止国家税收豁免原则的应用范围过大,导致该原则被滥用,从而违反税收公平原则。在现代市场经济条件下,政府参与经济活动的范围越来越广,与政府具有合同关系的市场主体也越来越多,如果允许这些主体全部享受免税待遇,一方面会导致国家税收的大量流失,另一方面也会造成市场主体之间的不公平。

五、美国联邦最高法院关于本案的判决书

美国联邦最高法院

亚利桑那州税务局诉布莱泽建筑有限公司,526 U. S. 32(1999)

526U. S. 32

从亚利桑那州上诉法院移送而来

No. 97-1536

辩论于 1998 年 12 月 8 日

判决于 1999 年 3 月 2 日

在过去的若干年里,印第安人事务局与应诉人布莱泽建筑公司签订了一个建造、修理和改善位于亚利桑那州若干印第安人保留区的道路的合同。在该合同期限结束以后,原告亚里桑那州税务局(以下简称税务局)就布莱泽公司没有就其与印第安人事务局的合同所获得的收益向亚利桑那州缴纳交易特权税的行为向布莱泽公司发出了欠税通知;该税收是针对在该州内进行经营的公司的毛收入所征收的。布莱泽公司就该欠税核定提出了异议,并且在行政复议程序中获胜,但是亚利桑那州税务法院作出了支持税务局观点的判决。亚利桑那州上诉法院推翻了该判决,拒绝了税务局所提出的 *United States v. New Mexico*,455 U. S. 720 一案对本案具有效力的主张,并且认为,联邦法律优先取得对布莱泽公司的征税权。

本院认为:一般而言,一个州可以对私人公司来自于联邦政府合同的收益征收非歧视性的税收,不管该联邦合同一方是否在印第安人保留区提供了服务。在前面所提到的 *United States v. New Mexico* 一案中,本院宣布了一个清晰的规则,只有当直接针对美国本身征税,或者直接针对美国的代理人或者具有密切联系的机构征税,适用税收豁免才是适当的。参见上面一个案例,第 733 页。为了将这一豁免原则适用于该狭窄的宪法限制范围以外,国会必须明确地作出这样的规定。参见上面一个案例,第 737 页。因此,在没有宪法豁免或者国会免税的情况下,联邦法律并不能保证布莱泽公司免除亚利桑那州的交易特权税。该税收的征税对象是布莱泽公司,而非政府;国会也没有明确规定这些合同免税。然而,亚利桑那州上诉法院运用了一个平衡测验来权衡州、联邦以及部落利益,并且认为,国会先占该税收的意图可以从调整印第安人福利的联邦法律中推导出来。在涉及在保留区活动征税的案例中,本院已经详细阐明了这样的考察,即征税的法定范围落到了与部落或者部落成员从事交易的非部落实体的头上。参见 *Cotton Petroleum Corp. v. New Mexico*,490 U. S. 163。但是,在涉及一个州试图对在政府和非印第安人私人合同者之间的交易进行征税的问题上从来没有使用这种平衡测验,现在

也拒绝这样做。避免诉讼和确保有限的税务管理的需要建议我们对于联邦合同征税的问题采取界限明确的标准，不考虑该合同所涉及的活动是否发生在印第安人保留区内。而且，政治过程是唯一适于适应州对联邦合同者征税所暗示的利益的。前面的 *United States v. New Mexico* 一案，第 738 页。关于是否应当豁免布莱泽公司税收的问题应当留给亚利桑那州和国会来回答，而不是本院。第 35～39 页。

190 Ariz. 262,947 P. 2d 836,被推翻并且发回重审。

托马斯法官发表了本院全体一致的观点。

在 *United States v. New Mexico* ,455 U. S. 720(1982)一案中,我们认为,在一般情况下,州可以对私人公司来自于联邦政府的合同的收益征收非歧视性的税收。这一案件要求我们来决定,当联邦合同者在印第安人保留区提供服务是否也适用同样的规则。我们认为,应当适用。

I

根据联邦陆地公路项目,《美国法典》第 23 标题第 204 节,联邦政府在联邦公共道路,包括印第安人保留区道路,资助道路建设和改进项目。各种联邦代理机构监督特定项目的计划以及资助给它们的资金的分配。第 202 节第 d 分节以及第 204 节。印第安人事务局局长负责"计划、测量、设计和建造"印第安人保留区道路。25 CFR § 170.3(1998)。

在过去的若干年里,印第安人事务局与布莱泽建筑公司签署了在位于亚利桑那州的 Navajo、Hopi、Fort Apache、Colorado River、Tohono O'Odham 以及 San Carlos Apache 等印第安人保留区的道路的建造、修理和改善。布莱泽公司是按照蒙大拿州的 Blackfeet 部落的法律组建的,并且由该部落的成员所拥有。但是,正如该公司所承认的,为本案之目的,布莱泽公司相当于非印第安人公司,因为其工作没有一项是发生在 Blackfeet 保留区内的。Brief in Opposition 2, n. 1;参见 *Washington v. Confederated Tribes of Colville Reservation* , 447 U. S. 134, 160-161(1980)。

在合同期间结束以后,亚里桑那州税务局(简称税务局)就布莱泽公司没有就其与印第安人事务局的合同所获得的收益向亚利桑那州缴纳交易特权税的行为向布莱泽公司发出了欠税通知;该税收是针对在该州内进行经营的公司的毛收入所征收的。参见 Ariz. Rev. Stat. Ann. § 42-1306, § 42-1310. 16(1991)。布莱泽公司对该核定提出了异议并且在行政复议程序结束以后胜诉了,但是,在法院审理后,亚里桑那州税务法院作出了支持税务局的判决。亚利桑那州上诉法院推翻了该判决。190 Ariz. 262,947 P. 2d 836(1997)。它拒绝采纳税务局所提出的抗辩,即本院在前面提到的 *New Mexico* 一案中的判决对本案具有约束力,并且认为联邦法律优先于亚利桑那州的交易特权税而适用于布莱泽公司。亚利桑那州最高法院拒绝了税务局重审的请求，其中一位法官同意重审该诉讼。我们发布了诉讼文件移送命令，523 U. S. 1117(1998)，现在，决定推翻该州上诉法院的判决。

II

在 *United States v. New Mexico* 一案中，我们考虑了一个州是否能够对私人联邦合同者的毛收入征税，是否能够对其财产、所得和购买行为征税。为了弥补在这个领域中，"我们的先例所造成的混淆状态"，455 U. S.，at 733，我们宣布了一条清晰的规则："只有在以下一种情况下，适用税收豁免规则才是适当的：直接针对美国本身征税，或者直接针对特定的代理人或机构，这些代理人或机构与政府具有如此密切的联系，致使该两个主体在事实上不能被视为分开的实体，至少应当涉及这样的主体被征税。"参见上面一个案例，第 735 页。

我们是这样论证的，这种对于政府税收豁免范围界定的"狭窄方法"与"竞争性的宪法命令是相符的，这一方法给予每一个主权政府完全范围的征税权"。参见上面一个案例，第 735～736 页[引用 *Graves v. New York ex rel. O'Keefe*，306 U. S. 466,483(1939)]。关于将豁免的范围扩充到这些"狭窄的宪法限制范围"以外，我们解释说，国会必须"对该决定承担责任，通过如此明确的规定，以至于需要考虑特定格式的合同或者根据特定项目的合同"。455 U. S.，at 737；同时参见 *Carson v. Roane-Anderson Co.*，342 U. S. 232,234(1952)。适用这些原则，我们支持了所争议的每一种税，因为这些税的法定征税范围落在了合同者的头上，而不是联邦政府的头上；合同者不能被视为联邦政府的代理人或者机构；国会没有明确免除这些合同者行为的纳税义务，相反，已经明确废止了以前存在的法定豁免。参见 *New Mexico*，455 U. S.，at 743-744。

这些原则对于本案问题的解决是有效的。在缺乏宪法豁免或者国会免税的情况下，联邦法律不能免除布莱泽公司的亚利桑那州交易特权税的纳税义务。参见上面一个案例，第 737 页；*James v. Dravo Contracting Co.*，302 U. S. 134,161(1937)。亚利桑那州交易特权税的征税范围落在了布莱泽公司的头上，而不是联邦政府的头上。布莱泽公司并没有主张自己是联邦政府的代理人或者机构，*United States v. New Mexico* 一案的明确规则已经在这些情况下排除了任何这类抗辩。国会也没有规定免除这些合同的纳税义务。比较前面所提到的 *Carson v. Roane-Anderson Co.* 一案，第 234 页。

然而，亚里桑那州上诉法院认为（布莱泽公司在这里也主张）税收不能适用于发生在印第安人保留区内的活动。在它适用了一个平衡测验方法来"分别权衡州、联邦和部落的利益"以后，*Cotton Petroleum Corp. v. New Mexico*，490 U. S. 163,177(1989)，该法院认为，国会先占亚利桑那州税收的意图可以从调整印第安人福利的联邦法律中推导出来。在涉及对保留区内活动征税的案例中,我们曾经进行这种详细说明的考察,*Ramah Navajo School Bd*., *Inc. v. Bureau of Revenue of N. M.*, 458 U. S. 832,838(1982),其中,税收的法定征收范围落到了与部落或者部落成员从事交易的非部落实体头上。参见前面提到的 *Cotton Petroleum Corp. v. New Mexico* 一案,第176~187页(州对于非印第安人承租人的石油和天然气生产征税);前面提到的 *Ramah Navajo School Bd*., *Inc. v. Bureau of Revenue of N. M.* 一案,第836~846页(州对于私人合同者来自于部落的学校建设的收益征税);*Central Machinery Co. v. Arizona Tax Comm'n*, 448 U. S. 160,165-166(1980)(对于向部落销售农业机器的行为征税);*White Mountain Apache Tribe v. Bracker*,448 U. S. 136,144-153(1980)(对按照与部落企业的合同进行伐木或者拖拉作业的发动机运送者征收许可税和燃油税)。但是在类似本案的案例中,如州试图对在联邦政府和非印第安人的私人合同者之间的交易征税,我们从来没有采取这种平衡测验。

现在,我们也拒绝这样做。在这种情况下适用利益平衡法只会使我们在 *United States v. New Mexico* 一案的判决中确立的清晰的原则蒙上一层乌云。避免诉讼和确保有效的税收管理建议我们对于联邦合同的征税采取界限清晰的标准,不考虑该合同所涉及的行为是否发生在印第安人保留区。比较 *Oklahoma Tax Comm'n v. Chickasaw Nation*,515 U. S. 450,458-459(1995);*County of Yakima v. Confederated Tribes and Bands of Yakima Nation*,502 U. S. 251,267-268(1992)。而且,正如我们在 *New Mexico* 一案中所承认的那样,"政治过程是唯一适于适应由州对联邦合同者征税所暗示的利益的"。455 U. S., at 738[引用了 *Massachusetts v. United States*,435 U. S. 444,456(1978)]。与下列案例一致:*Washington v. United States*,460 U. S. 536,546(1983)。是否免除布莱泽公司应当缴纳的亚利桑那州的交易特权税不是我们的判决所要回答的;这一决定应当留给亚利桑那州和国会。

我们的判决在任何情况下都没有限制部落提高他们的利益的丰富机会,当他们选择这样做的时候。根据《印第安人自我决定和教育援助法》——88 Stat. 2203,25 U. S. C. § 450 *et seq*.(1994 ed. and Supp. Ⅲ)——的规定,部落可以要求内务部长签订一个自我决定合同来"监督、管理和执行项目或者其中的部分,包括建造项目"。§ 450f(a)(1)。当一个部落签订了这样一个合同,它就对联邦资金的管理以及某些联邦项目的运作承担了更高的责任。参见 25 CFR § 900.3(b)(4)(1998)。这里,布莱泽公司在其保留区内工作的部落并没有行使该选择权,联邦政府保留了签订合同的责任。由于本案中的部落并没有承担这一责任,我们没有机会去考虑当部落们选择在管理联邦资金的过程中承担更加直接和积极的职责时,印第安人先占原则是否可以适用。因此，我们认为没有必要离开我们在 *United States v. New Mexico* 一案中所宣布的清晰的原则。

由于上述原因，上诉法院的判决被推翻，本案发回重审，重审应当符合本院的观点。

如此判决。

第十七章 加州州际公司利息扣除立法违宪案(2000)

一、基本法律规定

(一)《美国宪法》正当法律程序条款

无论何人,除非根据大陪审团的报告或起诉,不得受判处死罪或其他不名誉罪行之审判,唯发生在陆、海军中或发生在战时或出现公共危险时服现役的民兵中的案件,不在此限。任何人不得因同一犯罪行为而两次遭受生命或身体的危害;不得在任何刑事案件中被迫自证其罪;不经正当法律程序,不得被剥夺生命、自由或财产。不给予公平赔偿,私有财产不得充作公用。

凡在合众国出生或归化合众国并受其管辖的人,均为合众国的和他们居住州的公民。任何一州,都不得制定或实施限制合众国公民的特权或豁免权的任何法律;不经正当法律程序,不得剥夺任何人的生命、自由或财产;对于在其管辖下的任何人,亦不得拒绝给予平等法律保护。

(二)《美国宪法》商业条款及相关条款

国会有权管理同外国的、各州之间的和同各印第安部落的贸易。

对于从任何一州输出的货物,均不得征收税金或关税。

任何商业或税收条例,都不得给予一州港口以优惠于他州港口的待遇;开往某州或从某州开出的船舶,不得被强令在他州报关、结关或缴纳关税。

二、基本制度解析

(一)加州的州际公司利息扣除制度

《美国宪法》中有正当法律程序和商业条款:正当法律程序要求剥夺任何人的生命、自由和财产都必须具有正当的法律程序,即通过合宪的法律来进行并且该法律还必须具有正当性；商业条款要求州际贸易由国会来管理，任何一州都不能通过限制、阻碍州际贸易的立法。

加利福尼亚州的税收立法就涉及违反《美国宪法》中正当法律程序和商业条款的问题，加州的税收立法针对的是州际公司的利息扣除问题。州际公司的经营活动分为两类：一类是"整体不可分性"经营活动，一类是"非整体不可分性"经营活动。对于第一类经营活动，所涉及的各州可以按照一定比例征税，对于第二类经营活动，只能由该公司所在的州来征税，不相关的州不能征税。加州的立法并不直接涉及对"非整体不可分性"经营活动征税的问题，其立法涉及的是借款利息扣除的问题。根据其立法，州际公司的借款利息可以扣除，但是必须是超过不连续经营企业的不相关经营活动的某些该州境外所得的数额，也就是说，该立法假设州际公司的借款应当首先用于其"非整体不可分性"经营活动，其次再用于"整体不可分性"经营活动。这种划分方法最大限度地维护了加州的利益，但实际上损害了州际公司以及其他州的利益，因为美国联邦和其他州都采取将借款利息平均分配于"整体不可分性"经营活动和"非整体不可分性"经营活动的方法。

（二）中国税法的类似制度

在中国税法中，严格来讲并不存在与加州类似的制度，因为中国并不是联邦制，各地方并不具有独立的征税权，因此，不会出现跨省经营公司被各地分别征收所得税的问题。但对于外国公司在中国境内设立的机构场所而言，就会出现总机构按照什么方法来分配其所支付的利息中与中国境内的机构场所有关的部分的问题。根据中国《企业所得税法实施条例》第 50 条的规定：非居民企业在中国境内设立的机构、场所，就其中国境外总机构发生的与该机构、场所生产经营有关的费用，能够提供总机构出具的费用汇集范围、定额、分配依据和方法等证明文件，并合理分摊的，准予扣除。这一制度设计相对而言比较原则，同时也比较公平合理，能够为外国公司以及外国公司从事经营的其他国家所接受。中国税法的上述制度设计严格遵循了相关性原则，即只要是与需要在中国纳税的所得相关的费用都可以在中国予以税前扣除。

三、案情简介

一个州可以对既在本州境内也在本州境外从事特定经营的非居民公司的"整体不可分性"所得按照比例征税，但是不能对非居民公司来自构成"不连续经营企业"的"不相关经营活动"的"非整体不可分性"所得征税。加利福尼亚州为确定多州公司的经营所得中来自该州的应税份额的"整体不可分性经营"所得计算制度允许扣除利息费用，但是仅仅允许扣除超过来自不连续经营企业的不相关经营活动的某些该州境外所得的数额——也就是根据本院的判决,该州不应当征税的非整体不可分性所得——的部分进行扣除(附带一次调整)。请求者杭特-维森有限公司是一个在所讨论的年度中发生了利息费用的非加利福尼亚州居民公司利益的继承者。在非居民公司获得的相关非整体不可分性股息和利息所得的范围内,加利福尼亚州禁止扣除该费用。杭特-维森公司认为该禁止扣除是违宪无效的。州上诉法院认为这是合宪的,州最高法院拒绝复审。联邦最高法院发布了诉讼文件移送命令,来考虑这个问题。

四、正反方观点

(一)正方(加利福尼亚州、州上诉法院)观点

货币是可以替换的,因此,我们常常很难讲某个特定的借款是"真正"用于产生整体不可分性所得还是用于产生非整体不可分性所得。加利福尼亚的规则可以防止一个主张其借款的利息是用于第一个目的(例如,建造一个锡罐头车间),但实际上借款是用于第二个目的(例如,购买位于新西兰岛的牧羊农场的股票)的企业。没有这些规则,企业很可能贷款支持他们(应当征收更多的税)的整体不可分性经营需要,并且使用免税的整体不可分性经营资源来购买(应当征收较少的税)非整体不可分性经营资产。这种"税收套利"问题就是为什么联邦最高法院支持《美国法典》第26标题第265节第a分节第2段的前身的原因,该条款拒绝给予纳税人利息扣除,在该利息费用是用于购买或者运营免税债务或者证券的范围内。联邦最高法院一贯地支持扣除禁止,这代表在应税所得和免税所得之间适当分配扣除的合理努力,即使该禁止意味着纳税人比在没有该禁止的情况下拥有更多利益,也是如此。

(二)反方(杭特-维森公司、联邦最高法院)观点

由于加利福尼亚州的利息扣除抵销规定不是一个合理的将费用扣除分配到费用产生的所得的方法,它构成了对来自该州管辖权以外的所得征收禁止税,因此违反了联邦宪法的正当程序和商业条款。各州不能对来自州际的活动征税——即使按照一定的比例——除非在该活动和该征税州之间存在"最小限度的关系"或者"连接",以及"在可以归于该州的所得和该企业在州内的价值之间具有合理的关系"。尽管加利福尼亚州的法律并没有直接对非整体不可分性所得征税,但是,它通过纳税人获得的精确的非整体可分性所得测量了应当被其征税的额外整体不可分性所得的数额(通过减去扣除)。因此,被加利福尼亚州称为扣除限制的制度事实上就是一项禁止税。然而,如果加利福尼亚州能够表明其扣除限制事实上反映了该费用中可以适当分配到与非整体不可分性所得相关的部分,该限制在事实上

就不是对该所得征税,而只是适当地分配扣除而已。然而,该州的法律将这种适当分配的概念推到了超过合理界限的程度。事实上,它假定借贷了资金的公司,事实上将该资金用于"购买或者支持"其非整体不可分性投资(只要该公司具有这种投资),即使该公司在该年度根本没有将资金投入非整体不可分性经营。没有任何其他的征税主体采取这种如此极端的方法。联邦政府和很多州所适用的规则是利用资产和毛收入的比率在境内和境外来源的所得之间分配该公司的全部利息费用,即使推测用于整体不可分性经营,也有可能支持非整体不可分性所得的产生。然而,与加利福尼亚州的规则不同,基于比率的规则并不假定所有的借款首先用于支持非整体不可分性投资。相反,它们在两种类型的所得之间分配每一次借款。在较长的时间内考察,我们可以合理地预想,所适用的该比率将大体上反映企业事实上投资于产生每种类型所得的比率。相反,我们很难合理地预想这样一个规则,即首先将所有的借款分配给非整体不可分性投资,能够在事实上反映企业投资于产生每种类型所得的比率。

五、案件评析

州际公司在美国数量众多,其经营范围可以涉及美国的很多州,由于各州都有相对独立的征税权,因此,这就涉及如何对这些州际公司的经营所得征税的问题。这一问题所涉及的不仅仅是州际公司,实际上也涉及其他州的税收利益以及联邦的税收利益。因为州际公司的所得是一定的,一个州多征了税,必然削弱其他州以及联邦征税的基础。不可能每个州都多征税,这样州际公司是无法存在下去的,同时也间接限制了州际贸易的发展。

州际公司的生产经营所得大体上可以分为两大类:一类是"整体不可分性"所得,一类是"非整体不可分性"所得。对于第二类所得,由于可以准确判断该所得的来源地,与所涉及的各州没有直接的联系,因此,可以将该类所得的征税权完全赋予州际公司的住所所在地的州,即该州际公司的居民州。对于第一类所得,由于和2个或者2个以上的州具有密切联系,而且无法准确划分来源于每个州的所得份额,只能按照一个相对合理的比例来分配各州可以征税的所得份额。

加利福尼亚州,与美国的很多其他州一样,使用被称为"整体不可分性经营"所得计算制度来确定州际公司的经营所得中自己应当征税的份额。该制度首先确定该公司来源于全国性的经营总收入。在所涉及的年度中,该制度然后平均三个比率——该公司的加利福尼亚财产、员工数量和销售额比上总财产、员工数量和销售额,将其变成一个综合的比率。最终,该制度用总收入乘以该综合比率。该结果就是"加利福尼亚的份额",对此,加利福尼亚州可以征收它自己的公司所得税。

　　所得的分配必然涉及费用的分配问题,本案所争议的就是利息的扣除规则。加州的立法允许州际公司扣除利息,但可以扣除的利息必须是超过州际公司用于"非整体不可分性"所得的利息的部分,也就是说,加州的立法假定州际公司的借款首先用于获得"非整体不可分性"所得,其次才用于获得"整体不可分性"所得。这一扣除制度与美国联邦以及很多州所使用的扣除制度是不同的,它们使用基于比率的规则。基于比率的规则,即使按照推测会用于整体不可分性经营,也可能用于获得非整体不可分性所得。与加州的规则不同,基于比率的规则并不假设所有的贷款都首先用于支持非整体不可分性投资。相反,它们将每一次贷款都在两种类型的所得之间进行分配。尽管它们可能并不反映在任何给定的年度中每一个企业的特定行为,但是可以合理地预测,经过一定时期以后,所使用的比率将大体反映这些企业实际上投资于产生两种类型所得的贷款数额。相反,我们不能合理地预测,将所有的贷款都先分配于非整体不可分性投资的规则能够准确反映在事实上投资于产生每种类型所得的贷款数额。

　　加州的扣除规则显然是最有利于加州的,但对州际公司以及其他州和联邦却是不利的,由此也就可以认为其扣除规则是不公平、不合理的。由于加利福尼亚州的抵销规定不是一个合理的将扣除费用分配于该费用所产生的所得的制度,它实际上构成了对来自其主权范围以外的所得征收禁止税。因此,这种规定是违反美国宪法的正当法律程序和商业条款的。

六、美国联邦最高法院关于本案的判决书

美国联邦最高法院

杭特-维森公司诉加利福尼亚特权税收委员会,528U. S. 458(2000)

从加利福尼亚第一上诉区上诉法院移送而来

No. 98-2043.

辩论于 2000 年 1 月 12 日

判决于 2000 年 2 月 22 日

　　一个州可以对既在本州境内也在本州境外从事特定经营的非居民公司的"整体不可分性"所得按照比例征税,*Allied-Signal, Inc. v. Director, Div. of Taxation*, 504U. S. 768, 772, 但是不能对非居民公司来自构成"不连续经营企业"的"不相关经营活动"的"非整体不可分性"所得征税,参见上一案例,第773页。加利福尼亚州为确定多州公司的经营所得中来自该州的应税份额的"整体不可分性经营"所得计算制度允许扣除利息费用,但是仅仅允许扣除超过来自不连续经营企业的不相关经营活动的某些该州境外所得的数额——也就是根据本院的判决,该州不

应当征税的非整体不可分性所得——的部分进行扣除(附带一次调整)。原告杭特-维森(Hunt-Wesson)有限公司是一个在所讨论的年度中发生了利息费用的非加利福尼亚居民公司利益的继承者。在非居民公司获得的相关非整体不可分性股息和利息所得的范围内,加利福尼亚州禁止扣除该费用。杭特-维森公司认为该禁止扣除是违宪无效的。州上诉法院认为这是合宪的,州最高法院拒绝复审。

　　本院认为:由于加利福尼亚州的利息扣除抵销规定不是一个合理的将费用扣除分配到费用产生的所得的方法,它构成了对来自该州管辖权以外的所得征收禁止税,因此违反了联邦宪法的正当程序和商业条款。各州不能对来自州际的活动征税——即使按照一定的比例——除非在该活动和该征税州之间存在"最小限度的关系"或者"连接",以及"在可以归于该州的所得和该企业在州内的价值之间具有合理的关系"。*Container Corp. of America v. Franchise Tax Bd.*, 463 U. S. 159,165-166。尽管加利福尼亚州的法律并没有直接对非整体不可分性所得征税,但是,它通过纳税人获得的精确的非整体可分性所得测量了应当被其征税的额外整体不可分性所得的数额(通过减去扣除)。因此,被加利福尼亚州称为扣除限制的制度事实上就是一项禁止税。*National Life Ins. Co. v. United States*,277 U. S. 508。然而,如果加利福尼亚州能够表明其扣除限制事实上反映了该费用中可以适当分配到与非整体不可分性所得相关的部分,该限制在事实上就不是对该所得征税,而只是适当地分配扣除而已。参见 *Denman v. Slayton*,282 U. S. 514。然而,该州的法律将这种适当分配的概念推到了超过合理界限的程度。事实上,它假定借贷了资金的公司,事实上将该资金用于"购买或者支持",比较《美国法典》第26 标题第 265 节第 a 分节第 2 段的规定,其非整体不可分性投资(只要该公司具有这种投资),即使该公司在该年度根本没有将资金投入非整体不可分性经营。没有任何其他的征税主体采取这种如此极端的方法。联邦政府和很多州所适用的规则是利用资产和毛收入的比率在境内和境外来源的所得之间分配该公司的全部利息费用,即使推测用于整体不可分性经营,也有可能支持非整体不可分性所得的产生。然而,与加利福尼亚州的规则不同,基于比率的规则并不假定所有的借款首先用于支持非整体不可分性投资。相反,它们在两种类型的所得之间分配每一次借款。在较长的时间内考察,我们可以合理地预想,所适用的该比率将大体上反映企业事实上投资于产生每种类型所得的比率。相反,我们很难合理地预想这样一个规则,即首先将所有的借款分配给非整体不可分性投资,能够在事实上反映企业投资于产生每种类型所得的比率。第 463~468 页。

　　推翻该判决并且发回重审。

　　布莱尔法官发表了本院观点。

　　一个州可以对既在本州境内又在本州境外开展特定经营的非居民公司的所得

的一定比例征税。*Allied-Signal*，*Inc. v. Director*，*Div. of Taxation*，504 U. S. 768,772(1992)。然而，一个州不能对一个公司从构成"不连续经营企业"的"不相关经营活动"中所获得的所得征税。参见上一个案例，第 773 页[引用了 *Exxon Corp. v. Department of Revenue of Wis.*，447 U. S. 207,224(1980)，该案例反过来又引用了 *Mobil Oil Corp. v. Commissioner of Taxesof Vt.*，445 U. S. 425,442,439(1980)]。加利福尼亚州对州际公司的所得中它的份额征税的规则准予扣除利息费用。但是它们仅仅允许超过来自不连续经营企业的不相关经营活动的某些该州境外所得的数额——也就是根据本院的判决，该州不应当征税的非整体不可分性所得——的部分进行扣除(附带一次调整)。我们必须判断这些规则是否违反了宪法的正当法律程序和商业条款。我们认为，它们违反了。

I

其中的法律问题比第一眼看上去的简单，以下的例子会帮助我们说明这一点。加利福尼亚州，与很多其他州一样，使用被称为"整体不可分性经营"所得计算制度来确定州际公司的经营所得中自己应当征税的份额。事实上，该制度首先确定该公司来源于全国性的经营总收入。在所涉及的年度中，该制度然后平均三个比率——该公司的加利福尼亚财产、员工数量和销售额比上总财产、员工数量和销售额，将其变成一个综合的比率。Cal. Rev. & Tax Code Ann. 第 25128、第 25129、第 25132、第 25134 节(West 1979)。最终，该制度用总收入乘以该综合比率。该结果就是"加利福尼亚的份额"，对此，加利福尼亚州可以征收它自己的公司所得税。例如，如果一个伊利诺斯州锡罐头生产商在加利福尼亚州和其他州从事经营，从其全国范围的锡罐头销售中获得 1 000 万美元，如果加利福尼亚州的公式确定该生产商在加利福尼亚州从事了其经营活动的 10%，那么，加利福尼亚州可以就该公司的锡罐头所得的最高 10% 的部分，即 100 万美元，征收所得税。

加利福尼亚州对其一定百分比征税的所得在本质上局限于一个公司的"整体不可分性"所得。整体不可分性所得通常包括来自一个公司的经营活动的全部所得，但是应当排除下列所得："来自构成不连续经营企业的不相关经营活动"的所得。*Allied-Signal*，504 U. S. ，773。正如我们前面所讲，后面的这种"非整体不可分性"所得，任何州都不能对其征税，除该公司的住所所位于的州(以及"不连续企业"开展其经营所在的州)。

任何所得税制度必须具有确定对净所得数额进行征税的规则。加利福尼亚的制度，和其他州的制度一样，主要都是通过要求公司将其毛收入加起来，然后扣除成本。加利福尼亚允许公司扣除的成本中有一项是利息费用。准予该扣除的法律语言——这里所涉及的语言——包含一个重要的限制。它说，"可扣除的利息"数额应当是这样一个数额，该数额等于"超过那些不按照该公式分配的利息和股息所得的利息费用"，也就是超过非居民公司从非整体不可分性经营投资所获得的利息和股息的利息费用。Cal. Rev. & Tax Code Ann. § 24344（West 1979）。假设该伊利诺斯州锡罐头制造商拥有 150 000 美元的利息费用；假设它从一个非整体不可分性的新西兰岛的牧羊农场的分支机构获得利息所得 100 000 美元。加利福尼亚州的规则准予扣除的利息，不是 150 000 美元，而是 5 000 美元，因为允许扣除的仅限于"超过"这些其他不相关所得的利息费用。

　　该法律中的其他语言使得这个问题更加复杂。其中一部分明确规定，不考虑非整体不可分性所得，该公司可以使用该扣除针对它所获得的整体不可分性利息所得。第 24344 页。这就意味着，如果该伊利诺斯州锡罐头制造商已经从锡罐头的相关利息中，也就是对其锡罐头收款银行账户所支付的利息，已经获得了 100 000 美元，该制造商可以使用其利息费用扣除中的 100 000 美元去抵销该利息所得（尽管它将仍然失去剩下的 50 000 美元的扣除，由于来自新西兰岛牧羊农场的所得）。另外一个部分规定了一个例外，限于支付股息的分支机构已经向加利福尼亚州纳税。第 24344、第 24402 节。如果该牧羊农场位于加利福尼亚，而非新西兰岛（或者至少限于它在加利福尼亚可以被征税），该锡罐头制造商就不会失去该扣除。我们没有必要去考虑这些复杂因素中的任何一个。

　　最后一个复杂的因素涉及当事人关于所讨论的加利福尼亚州法律所覆盖的利息费用的数额所进行的争论。杭特-维森公司主张，加利福尼亚州（至少在这里所讨论的年度中）要求州际公司先确定它们利息费用中的哪一部分是用于关于整体不可分性经营的利息，哪一部分是用于关于其他方面的非整体不可分性经营的利息。它说，该法律接着要求它将后一部分放在一边，因此，只有与整体不可分性经营相关的利息才是所讨论的。加利福尼亚州同意在所讨论的年度中它向公司提供的表格的确是这样要求的，但是它说，该表格并没有正确地解释该法律。按照它的观点，该法律考虑了所有利息费用。显然，加利福尼亚州现在相信，如果该锡罐头制造商拥有与其锡罐头经营相关的 100 000 美元利息费用，并且另外 50 000 美元的利息费用是与该新西兰岛牧羊农场相关的（例如，用于购买该农场的股份的借贷资金），那么，加利福尼亚州法律会考虑全部的 15 000 美元的利息费用，加利福尼亚州会允许其中全部费用用于扣除其来自整体不可分性锡罐头经营所得，如果，例如，它在另一个特定的年度中没有非整体不可分性新西兰岛牧羊农场所得。这里的问题与这里所讨论的纳税年度不相关（杭特—维森公司没有报告任何非整体不可分性利息费用），与我们的法律结果也不相关。因此，我们没有必要去进一步考虑这些特定的争论。

　　那么，摆在我们面前的问题可以合理地表述为：宪法是否允许加利福尼亚州对其利息费用扣除切开一个例外的口子，该例外的口子通过非居民公司获得的非整体不可分性股息和利息所得的数额来测量？请求者,杭特—维森公司,是一个非居民公司利益的继承者。该公司在所讨论的年度中发生了利息费用。加利福尼亚州禁止扣除该费用,限于该公司获得的相关非整体不可分性股息和利息所得。杭特—维森公司认为该禁止扣除是违宪无效的。加利福尼亚州上诉法院认为它是合宪的,No. A079969(Dec. 11, 1998), App. 54;同时参见 *Pacific Tel. & Tel. Co. v. Franchise Tax Bd.*, 7 Cal. 3d 544, 498 P. 2d 1030(1972)(赞成法律),并且,弗吉尼亚州最高法院拒绝复审该案,App. 67。我们发布了诉讼文件移送命令,来考虑这个问题。

II

相关先例明确判定,加利福尼亚州的规则违反了联邦宪法的正当法律程序和商业条款。在 *Container Corp. of America v. Franchise Tax Bd.*, 463 U. S. 159(1983)一案中,本院写道:"正当法律程序和商业条款并不允许一个州对来自州际活动的所得征税——即使是基于一定的比例——除非在州际活动和征税州之间存在最小限度的关系或者连接,以及在可归于该州的所得和该企业位于该州内的价值有合理关系。"参见上一个案例,第165~166 页(引用了 *Exxon Corp.*, 447 U. S., at 219-220,反过来引用了 *Mobil Oil Corp.*, 445 U. S., at 436,437)。比较下面的案例:*International Harvester Co. v. Department of Treasury*, 322 U. S. 340,353(1944)(拉特里奇法官部分同意,部分不同意)("如果存在用正当法律程序来支持一个税收的愿望,仅仅根据那个事实,对州际商业施加任何税收负担都是不适当的")。当事人承认,这里的相关所得——该所得应当落在法定的短语"不能被该公式所分配的"范围内——是这样的所得,正如在我们所举的新西兰岛牧羊农场的例子中一样,其本身与加利福尼亚州没有任何"合理关系"或者"连接"。根据我们的先例,这种"非整体不可分性"所得不能被该公司居住的州以外的任何州所合宪地征税,除非在征税州和该所得之间存在其他连接。*Allied-Signal*, 504 U. S., at 772-773。

加利福尼亚州的法律并没有直接对非整体可分性所得征税。它只是简单地拒绝纳税人扣除利息中来自整体可分性所得的部分(例如,在我们举的例子中来自锡罐头制造商的所得),该所得是与加利福尼亚州具有"合理关系"或者"连接"的所得。但是,正如本院曾经指出的实质:"对于睡觉所征收的按照你存在于壁橱中的鞋子的数量来测量的税就是对鞋子征收的税。"*Trinova Corp. v. Michigan Dept. of Treasury*, 498 U. S. 358,374(1991)[引用 *Jenkins, State Taxation of Interstate Commerce*, 27 Tenn. L. Rev. 239,242(1960)]。加利福尼亚州的规则是通过纳税人获得的来自非整体不可分性所得的精确数额来测量变成其征税对象的整体不可分性所得的数额(通过减去扣除)。由于上述原因,被加利福尼亚州称为扣除限制的制度在事实上就相当于一种禁止税。*National Life Ins. Co. v. United States*, 277 U. S. 508(1928)(认为,这样一种联邦立法,即用一个保险公司从持有

"免税"市政债券所获得的免税利息减去该公司用于储存的税收扣除,构成了对免税所得的非法征税)。

然而,这一原则并没有结束这一问题。加利福尼亚州为其规则提供了一个合理化证明,即将该扣除限于对整体不可分性所得的加利福尼亚税收的征收。如果加利福尼亚能够证明其扣除限制事实上反映了该费用中与非整体不可分性所得具有适当联系的部分,该限制在事实上就不构成对非整体不可分性所得的税收。这样,它就只是对该扣除的适当分配。参见 *Denman v. Slayton*,282 U. S. 514(1931)(支持《国内收入法典》拒绝利息费用扣除,在借款是为了购买或者运营免税债务的情况下)。

加利福尼亚州指出,货币是可以替换的,因此,我们常常很难讲某个特定的借款是"真正"用于产生整体不可分性所得还是用于产生非整体不可分性所得。加利福尼亚的规则可以防止一个主张其借款的利息是用于第一个目的(例如,建造一个锡罐头车间),但实际上借款是用于第二个目的(例如,购买位于新西兰岛的牧羊农场的股票)的企业。没有这些规则,企业很可能贷款支持他们(应当征收更多的税)的整体不可分性经营需要,并且使用免税的整体不可分性经营资源来购买(应当征收较少的税)非整体不可分性经营资产。加利福尼亚主张,这种"税收套利"问题就是为什么本院支持《美国法典》第26标题第265节第a分节第2段的前身的原因,该条款拒绝给予纳税人利息扣除,在该利息费用是用于购买或者运营免税债务或者证券的范围内。*Denman v. Slayton, supra*, at 519。本院一贯地支持扣除禁止,这代表在应税所得和免税所得之间适当分配扣除的合理努力,即使该禁止意味着纳税人比在没有该禁止的情况下拥有更多利益,也是如此。例如,下面这个案例:*First Nat. Bank of Atlanta v. Bartow County Bd. of Tax Assessors*,470 U. S. 583(1985)。

然而,加利福尼亚州的法律将这一概念推到了合理界限以外。事实上,它假定一个贷款的公司已经将该贷款用于"购买或者运营",《美国法典》第26标题第265节第a分节第2段,其非整体不可分性投资(只要给公司拥有该类投资),即使该公司在那一年没有向非整体不可分性经营投资一分钱。推测起来,大概加利福尼亚州相信,在这样的情况下,整体不可分性借款支持非整体不可分性经营,限于该公司拥有任何非整体不可分性投资的范围内,例如,由于该公司可能已经销售了该牧羊农场并且使用该收益用于帮助其锡罐头经营而不是贷款。

至少,最后一个假设是不切实际的。缺少实际的现实性帮助我们解释为什么加利福尼亚的规则走得太远了。一部不切实际地假定每一个借款的锡罐头企业首先用于帮助牧羊农场(或者相反,认为每一个借款的牧羊农场首先用于帮助锡罐头经营——仅仅因为任何一种经营的假设销售的理论可能性——的州法典是一个没有"在事实上合理反映所得是怎样产生的"法典,*Container Corp.*,463 U. S., at

169,并且在这样做的时候,核定了一个本质上保护非整体不可分性所得的税收。即使如加利福尼亚州所主张的,它的规则将全部利息费用既分配给了整体不可分性所得,也分配给了非整体不可分性所得,情况也是如此。如果如同杭特-维森公司所主张的,加利福尼亚州将所有与牧羊农场相关的借款分配给了牧羊农场,并且将所有与锡罐头相关的借款首先分配给了牧羊农场,这种情况就更加明显了。

没有任何其他的税收主权,无论是联邦还是各州,采取了如同加利福尼亚州所采取的如此极端的方法来对待税收套利问题。联邦法律在类似的情况(在境内和境外来源的所得之间分配利息费用)下使用了资产和毛收入的一定比率的方法来分配公司的总利息费用。参见26 CFR §§1.861-9T(f),(g)(1999)。在一个类似的,但更加有限的环境下,联邦规则使用了一种修改后的追踪方法——要求在下列情况下,将利息费用的一定数额分配给外国所得:美国经营集团贷款给国外分支机构并且该集团的总贷款数额相对最近几年已经增加了(遵守一些调整),贷款和借款超过了相对于总资产的某一数额。参见§1.861-10。除加利福尼亚以外的一些州也采取了追踪方法。参见 D. C. Mun. Regs. , Tit. 9, §123.4(1998);Ga. Rulesand Regs. §560-7-7.03(3)(1999)。一些州使用了一种基于比率的公式在产生整体不可分性所得和非整体不可分性所得之间进行分配。参见 Ala. Code § 40-18-35(a)(2)(1998);La. Reg. §1130(B)(1)(1988)。还有一些州将上述两种方法结合起来使用。参见 N. M. Admin. Code, Tit. 3, §5.5.8(1999);Utah Code Ann. §59-7-101(19)(1999)。没有任何一个州使用类似加利福尼亚州的方法。

基于比率的规则,如同联邦政府所使用的规则以及被很多州在确认贷款时所使用的方法,即使按照推测会用于整体不可分性经营,也可能(正如加利福尼亚州所辩称的)支持非整体不可分性所得。然而,与加利福尼亚的规则不同,基于比率的规则并不假设所有的贷款都首先用于支持非整体不可分性投资。相反,它们将每一次贷款都在两种类型的所得之间进行分配。尽管它们可能并不反映在任何给定的年度中每一个企业的特定行为,但是可以合理地预测,经过一定时期以后,所使用的比率将大体反映这些企业实际上投资于产生两种类型所得的贷款数额。相反,我们不能合理地预测,将所有的贷款都首先分配于非整体不可分性投资的规则能够准确反映在事实上投资于产生每种类型所得的贷款数额。

由于加利福尼亚州的抵销规定不是一个合理的将扣除费用分配于该费用所产生的所得的制度,它实际上构成了对来自其主权范围以外的所得征收禁止税。因此,这种规定是违反宪法的正当法律程序和商业条款的。

加利福尼亚州上诉法院的判决被推翻,该案件发回重审,重审判决应当与本院观点相一致。

如此判决。

第六章 成功酬金协议中律师费属于胜诉方所得案(2005)

一、基本法律规定

(一)《美国法典》第 26 标题第 61 节第 a 分节的规定

除非本分标题有其他规定,毛收入是指源自任何形式的所有收入,包括(但不限于)下列项目:劳务报酬,包括酬金、佣金、附加福利以及相似的项目;来自经营的毛收入;财产交易的收益;利息;租金;版税;股息;离婚诉讼期间生活费以及分居赡养费;养老金;来自人寿保险和捐赠合同的收入;退休金;免除债务的收入;合伙企业毛收入分配的份额;关于死者的收入;来自不动产或者信托利益的所得。

(二)《美国法典》第 26 标题第 67 节第 a 分节的规定

对于个人而言,任何纳税年度,应当允许的杂项扣除不能超过调整后的毛收入的 2%。

(三)《美国法典》第 26 标题第 67 节第 b 分节的规定

为本节规定之目的,"杂项扣除"这一术语是指除下列项目以外的详细规定的扣除:第 163 节所规定的扣除(关于利息),第 164 节所规定的扣除(关于税收),第 165 节第 a 分节对于第 165 节第 c 分节中的第 2 段或者第 3 段所描述的伤亡或者盗窃损失或者第 165 节第 d 分节所描写的损失所规定的扣除,第 170 节(关于慈善捐款和馈赠)以及第 642 节第 c 分节(关于为慈善目的而支付或者永久留出的数额的扣除)所规定的扣除,第 213 节所规定的扣除(关于医疗、牙科费用),对与损伤相关的工作费用所允许的任何扣除,第 691 节第 c 分节所规定的扣除(关于死者所得房地产遗产税的扣除),所允许的与卖空中所使用的个人财产相关的任何扣除,第 1341 节所规定的扣除(关于纳税人在权利主张中收回实质性数额时应纳税额的计算),第 72 节第 b 分节第 3 段所规定的扣除(关于在重新获得投资之前养老金停止支付的扣除),第 171 节所规定的扣除(关于可分期偿还的债券额外费用的扣除),

以及第 216 节所规定的扣除(关于与合作住房供给公司相关的扣除)。

(四)《美国法典》第 26 标题第 68 节第 a 分节的规定

对于其已调整毛收入超过可适用的数额的个人而言,该纳税年度本来应当允许的详细规定的扣除项目的数额应当减去下列数额中较小的一个:① 已调整毛收入超过可适用数额部分的 3%;② 该纳税年度本来应当允许的详细规定的扣除项目数额的 80%。

(五)《美国法典》第 26 标题第 68 节第 b 分节的规定

1. 第 1 段:一般规定

为本节规定之目的,"可适用的数额"这一术语是指 100 000 美元(对于已婚个人在第 7703 节所规定意义范围内分别提缴纳税申报而言,是 50 000 美元)。

2. 第 2 段:通货膨胀调整

对于在 1991 年以后的日历年度开始的任何纳税年度而言,第 1 段所包含的每一个美元数额应当加上这样一个数,该数额等于①乘以②,其中:① 为该美元数,② 为第 1 节第 f 分节第 3 段对于该纳税年度开始所在的日历年度所规定的生活费调整,但应当将其中第 B 分段中的"1992 日历年度"替换为"1990 日历年度"。

二、基本制度解析

(一)《国内收入法典》中的相关制度

《美国法典》第 26 标题,即《国内收入法典》对于"毛收入"的界定非常广泛,从理论上讲,凡是没有被法律明确规定为不征税所得或者免税所得的都应当包括在纳税人的"毛收入"之中。

本案所探讨的一个核心问题是诉讼当事人与其律师按照成功酬金协议而支付给他们的律师的律师费是否应当包括在当事人的"毛收入"之中。根据前面所阐述的原则,由于并没有任何法律明确规定该律师费不属于当事人的毛收入,因此,应当认为该律师费应当属于当事人的毛收入。当然,这一问题并不像看起来那么简单,因为在有些情况下,律师费是由对方当事人直接支付的,而且有些州的法律还赋予律师对于该律师费享有特别留置权,该律师费俨然与当事人没有直接的关系,此时,该律师费是否还应当归入当事人的毛收入就容易产生疑问了。

联邦最高法院在 1949 年的 *Commissioner v. Culbertson*,337 U. S. 733 一案中确立了一个解决类似问题的原则,即预想分配所得原理。该原理是这样一个原则,收益应当向"获得它们的主体"征税。预想分配原理旨在防止纳税人通过下列方法避税:"某些设计得非常精巧的安排和合同来防止所得,当从保留的权利中向第二个获得该所得的人支付所得。"也就是说,纳税人不能把本来应当属于自己的收入通过事先分配给他人的方式来逃避自己本来应当承担的纳税义务。根据这一原理，联邦最高法院认为上述律师费应当归入当事人的毛收入。

《2004年美国工作创造法》允许纳税人在计算调整后毛收入时扣除律师费，因此，在2005年以后，上述问题就有了明确的法律依据，因此，也就不会就该问题产生诉讼争议了。但是该案由于发生在该法颁布之前，因此，不能予以适用。

（二）中国《个人所得税法》中的类似制度

中国《个人所得税法》将应税所得分为11类：工资、薪金所得；个体工商户的生产、经营所得；对企事业单位的承包经营、承租经营所得；劳务报酬所得；稿酬所得；特许权使用费所得；利息、股息、红利所得；财产租赁所得；财产转让所得；偶然所得；经国务院财政部门确定征税的其他所得。从上述规定中也很难判断上述律师费是否应当属于当事人的应税所得。

根据《国家税务总局关于个人取得专利赔偿所得征收个人所得税问题的批复》（国税函[2000]257号）的规定，安徽省"三相组合式过压保护器"专利的所有者王某，因其该项专利权被安徽省电气研究所使用而取得的经济赔偿收入，应按照个人所得税法及其实施条例的规定，按"特许权使用费所得"应税项目缴纳个人所得税，税款由支付赔款的安徽省电气研究所代扣代缴。由此可见，当事人所获得的赔偿属于应税所得。由于当事人聘请律师的相关费用都是由当事人所支付的，也可以认为该律师费是从当事人所获得的赔偿款中支付的，因此，也可以认为在中国上述律师费也属于当事人的应税所得。

上述侵权案件属于侵害了当事人的知识产权，由此获得的赔偿可以认为是"特许权使用费"，但是在人身损害赔偿案件中，受害人所获得的赔偿是否应当纳税就没有明确的法律依据，从理论上讲，该赔偿不应当归入应税所得。因为上述赔偿是补偿当事人所受到的损失，当事人从中并不能获得利益的增加，因此，没有"纯所得"，也就不应当纳税。这一推论可以从中国《个人所得税法》将"保险赔款"列为免税所得而得到佐证。

三、案情简介

应诉人班克斯解决了他针对加利福尼亚州代理机构的联邦雇佣歧视诉讼，应诉人巴纳特斯解决了他针对其前任雇主的俄勒冈州案件，但是他们都没有将根据成功酬金协议而支付给他们的律师的费用作为毛收入包括在他们的联邦所得税纳税申报之中。在每个案件中，国内税收服务局局长都发布了一份欠税通知，税务法院支持了该欠税通知。在班克斯案件中，第六巡回区法院部分推翻了税务法院的判决，认为，班克斯支付给他的律师的费用不包括在毛收入的范围内。在巴纳特斯案件中,第九巡回区法院认为,由于俄勒冈州法律授予律师对任何赔偿的成功酬金部分享有优先留置权,因此,巴纳特斯案件中的那一部分包括在毛收入之中。在美国有 6 个上诉法院认为,全部诉讼赔偿,包括作为成功酬金支付给律师的部分都是原告的所得。其中一些上诉法院讨论了州法律,但是它们几乎没有分析这一因素。其他上诉法院则非常明确地认为,不考虑州法律的细微差异,赔偿中的律师费总是属于原告的所得。联邦最高法院发布了诉讼文件移送命令,来解决这些冲突。

四、正反方观点

(一) 正反(纳税人、第五、第六、第八巡回区上诉法院)的观点

诉讼赔偿中的成功酬金部分不包括在原告的毛收入中。成功酬金不是一个对班克斯所得的预想分配,因为在签订该成功酬金合同之时,该诉讼赔偿不是已经获得、已经确定,或者相对确定的数额。成功酬金安排更像是一个对产生所得的财产的部分分配,而不是对所得的分配。律师不仅仅是委托人馈赠的受益人,而是通过技术和智力挣得他自己的律师费的人。无论州法律是否授予律师对于该判决或者协议赔偿的一部分任何特别的财产权利(例如,优先留置权),这种推理都是适用的。

与 *Helvering v. Horst* 案件中分配的债券不同,法律诉讼的价值在分配之时是投机的,可能根本就不值一文。原告的法律伤害并不是最终赔偿的唯一来源。律师也对产生所得的资产作出了贡献——努力和专门技术——没有这些,原告可能根本就不能胜诉。应当将成功酬金,为税收之目的,视为某种类似于联合投资或者合伙企业的事物,其中委托任何律师结合它们各自的资产——委托人的权利主张和律师的技术——并且分配所导致的任何收益。

预想分配原理是法官创造的反欺诈规则,对于这里所讨论的成功酬金合同没有关系。如果州法律赋予原告的律师对该笔费用享有特殊的财产权,作为成功酬金支付给律师的赔偿的一部分可以从原告的毛收入中予以排除,否则,就不能从毛收入中排除。

(二) 反方(国内税收服务局、税务法院、联邦最高法院)的观点

两个预备性的观察可以帮助我们阐明为什么这个问题是重要的。首先,将法律费用作为杂项扣除对于应诉人并无帮助,因为可选择最小税确立了税收债务的底线并且不允许这样的扣除。其次,《2004 年美国工作创造法》允许纳税人在计算调整后毛收入时扣除律师费,如本案所涉及的费用——在这里并不适用,因为它是在这些案件发生以后通过的,并且不具有溯及力。

《国内收入法典》对"毛收入"进行了广泛的定义,包括所有没有被豁免的经济

收益。根据预想的所得分配原理,纳税人不能通过事先将某些收益分配给其他主体的方法来将一项经济收益从毛收入中排除,因为收益应当向"获得它们的主体征税"。这一原理旨在防止纳税人通过一种安排和合同——其目的是防止将所得保留在获得它的主体那里——来规避纳税义务。

成功酬金应当被视为委托人来自任何诉讼的赔偿所得中预想分配给律师的部分。在通常的案件中,所得的归因是通过探讨纳税人是否对所讨论的所得行使了完全的支配权来解决的。然而,在预想分配的环境中,让与人在获得收入时可能对该笔所得没有完全的支配权,这里的问题就是让与人是否对产生所得的资产保留了支配权。考察这种控制产生了这样一个原则,政府应当向获得该所得并且享受随之而来的利益的主体征税。对于诉讼赔偿而言,产生所得的资产是来自原告的法律伤害的诉因。原告在整个诉讼的过程中都对该资产享有控制权。法律诉讼的价值在分配的时刻有可能是投机性的,但是预想分配原理并不限于这样的情形,即被分配的所得的美元价值在事先就精确地知道。在这些案例中,纳税人对于该资产保留了控制权,将所产生的部分所得分配给其他主体,并实现了这样做的利益。同时,我们也拒绝采纳应诉人的这样一个建议,即为税收之目的,将律师—委托人的关系视为一种商业合伙或者联合投资企业。事实上,这种关系是典型的本人—代理人关系,因为委托人对根本的诉讼请求享有最终的支配权和控制权。律师可以在不与委托人商议的情况下作出战术性的决定,但是委托人必须决定是否接受判决或者继续上诉,同时,也必须作出其他关键性的决定。律师是代理人,其职责是为本人(被代理人)的利益而行动,因此,将所有的赔偿数额视为本人的所得是恰当的。无论律师—委托人的合同如何,或者州法律对于律师赋予了任何特别的权利或者保护,这一规则都应当适用,只要这些保护没有改变本人—代理人关系的本质特征。

五、案件评析

美国税法对于毛收入的界定是非常广泛的,特别是经过法院的一系列判例的确认,使得美国税法中的毛所得包括各类合法所得和非法所得。因此,基本上可以得出这样一个结论:凡是没有被法律明确排除在毛收入以外的所得都应当归入纳税人的毛收入中。本案所涉及的问题稍微有一些特殊性,即当事人向其律师支付的律师费是按照成功酬金协议来支付的,该协议的一个特点就是如果打赢了官司,律师可以得到一大笔律师费,如果输了官司,律师就得不到或者只能得到非常少的律师费。由于律师费的多少与律师的努力程度直接相关,因此,该律师费是否应当直接归属于律师的所得就产生疑问了。特别是很多州的法律赋予律师就该律师费享有一些特别留置权,律师可以在当事人拿到赔偿之前拿到律师费或者律师可以直接从败诉方拿到律师费,这样就更容易得出律师是该律师费的直接所有者的结论。

联邦最高法院的分析更强调当事人和律师之间的关系,由于两者不能被认定为合伙关系,只能被认定为委托人与代理人的关系,因此,代理人的所有费用都应当由委托人来出,代理人通过代理行为为委托人所赢得的一切都应当归属于委托人。这样,无论律师对于上述律师费享有什么权利,无论律师是否直接从委托人手里获得上诉律师费,该律师费都应当归入委托人的毛收入之中。

当然,正方所提出的论据也是有一定道理的,根据成功酬金协议获得的律师费与根据普通代理协议所得到的律师费还是具有一些差异的,甚至是本质上的差异。因此,应当对在本质上存在差异的所得给予不同的税法待遇。当然,这一问题应当留待法律去解决,而不能由法院直接解决。在法律没有进行修改之前,法院不应当越俎代庖。

六、美国联邦最高法院关于本案的判决书

美国联邦最高法院

国内税收服务局局长诉班克斯,543 U. S. 426(2005)

从美国第六巡回区上诉法院移送而来

No. 03-892.

辩论于 2004 年 11 月 1 日

判决于 2005 年 1 月 24 日

应诉人班克斯解决了他针对加利福尼亚州代理机构的联邦雇佣歧视诉讼,应诉人巴纳特斯解决了他针对其前任雇主的俄勒冈州案件,但是他们都没有将根据成功酬金协议而支付给他们的律师的费用作为毛收入包括在他们的联邦所得税纳税申报之中。在每个案件中,国内税收服务局局长都发布了一份欠税通知,税务法院支持了该欠税通知。在班克斯案件中,第六巡回区法院部分推翻了税务法院的判决,认为班克斯支付给他的律师的费用不包括在毛收入的范围内。在巴纳特斯案件中,第九巡回区法院认为,由于俄勒冈州法律授予律师对任何赔偿的成功酬金部分享有优先留置权,因此,巴纳特斯案件中的那一部分不包括在毛收入之中。

本院认为:如果诉讼当事人收到的赔偿构成了所得,该诉讼当事人的所得包括该赔偿中作为成功酬金支付给律师的部分。第5～12页。

第一,两个预备性的观察可以帮助我们阐明为什么这个问题是重要的。首先,将法律费用作为杂项扣除对于应诉人并无帮助,因为可选择最小税确立了税收债

务的底线并且不允许这样的扣除。其次,《2004 年美国工作创造法》——该法修改了《国内收入法典》,允许纳税人在计算调整后毛收入时扣除律师费,如本案所涉及的费用——在这里并不适用,因为它是在这些案件发生以后通过的,并且不具有溯及力。第5~6页。

第二,《国内收入法典》对"毛收入"进行了广泛的定义,包括所有没有被豁免的经济收益。根据预想的所得分配原理,纳税人不能通过事先将某些收益分配给其他主体的方法来将一项经济收益从毛收入中排除,*Lucas v. Earl*, 281 U. S. 111,因为收益应当向"获得它们的主体征税",同上,第 114 页。这一原理旨在防止纳税人通过一种安排和合同——其目的是防止将所得保留在获得它的主体那里——来规避纳税义务。同上,第 115 页。由于这一规则是预防性的并且是由行政目的和实质目的所推动的,因此,本院不探讨任何特定的安排是否具有可以辨识的税收规避目的。第 6~7 页。

第三,本院赞同局长的观点,成功酬金应当被视为委托人来自任何诉讼的赔偿所得中预想分配给律师的部分。在通常的案件中,所得的归因是通过探讨纳税人是否对所讨论的所得行使了完全的支配权来解决的。然而,在预想分配的环境中,让与人在获得收入时可能对该笔所得没有完全的支配权,这里的问题就是让与人是否对产生所得的资产保留了支配权。考察这种控制产生了这样一个原则,政府应当向获得该所得并且享受随之而来的利益的主体征税。对于诉讼赔偿而言,产生所得的资产是来自原告的法律伤害的诉因。原告在整个诉讼的过程中都对该资产享有控制权。应诉人的辩论不予采纳。法律诉讼的价值在分配的时刻有可能是投机性的,但是预想分配原理并不限于这样的情形,即被分配的所得的美元价值在事先就精确地知道。在这些案例中,纳税人对于该资产保留了控制权,将所产生的部分所得分配给其他主体,并实现了这样做的利益。同时,我们也拒绝采纳应诉人的这样一个建议,即为税收之目的,将律师—委托人的关系视为一种商业合伙或者联合投资企业。事实上,这种关系是典型的本人—代理人关系,因为委托人对根本的诉讼请求享有最终的支配权和控制权。律师可以在不与委托人商议的情况下作出战术性的决定,但是委托人必须决定是否接受判决或者继续上诉,同时,也必须作出其他关键性的决定。律师是代理人,其职责是为本人(被代理人)的利益而行动,因此,将所有的赔偿数额视为本人的所得是恰当的。无论律师—委托人的合同如何,或者州法律对于律师赋予了任何特别的权利或者保护,这一规则都应当适用,只要这些保护没有改变本人—代理人关系的本质特征。本院拒绝对应诉人提出的其他理论进行评价,它们在以前的诉讼程序中没有被提出,也没有被上诉法院所考察。第 7~10 页。

第四,本院没有必要就班克斯的这样一个论点进行评论,即适用预想分配原则与法定的费用转移规定——例如,可适用于他的案件的《美国法典》第 42 标题第 1981、1983 节以及第 2000 节第 e 分节等——相矛盾。他解决了他的案件,向其律师支付的律师费是仅仅根据成功酬金合同来计算的。并不存在法院命令的费用支付或者在他与律师的合同中有任何暗示,或者有这样一种安排,即所支付的成功酬金是代替法定费用的,该法定费用本来可以要求被告赔偿的。同样,《美国工作创造法》所赔偿的是被费用转移法律所规范的很多或者大部分诉讼请求。第 11 页。

No. 03-892,345 F. 3d 373;No. 03-907,340 F. 3d 1074,上述两个案件的判决被推翻并且发回重审。

肯德法官发表了本院观点,其他所有法官都赞同,除了李坤斯特法官没有参与该案件的判决以外。

肯尼迪法官发表了本院观点。

在这些联合案件中的问题是根据成功酬金协议支付给原告律师的通过判决所获得的货币是否是《国内收入法典》,即《美国法典》第 26 标题第 1 节所规定的原告的所得。上诉法院在这一问题上产生了分歧。在最近的一个案例中,*Banks v. Commissioner*,345 F. 3d 373(2003),第六巡回区上诉法院认为,诉讼赔偿中的成功酬金部分不包括在原告的毛收入中。第五巡回区和第八巡回区上诉法院在下列案件中——*Cotnam v. Commissioner*,263 F. 2d 119,125-126(CA5 1959);*Srivas-tava v. Commissioner*,220 F. 3d 353,363-365(CA5 2000);*Foster v. United States*,249 F. 3d 1275,1279-1280(CA11 2001)——也持这种观点,威德姆法官不同意这种观点。在其他一些复审案件中,如 *Banaitis v. Commissioner*,340 F. 3d 1074(2003),第九巡回区上诉法院认为,作为成功酬金支付给律师的赔偿的一部分可以从原告的毛收入中予以排除,如果州法律赋予原告的律师对该笔费用享有特殊的财产权,否则,就不能从毛收入中排除。六个上诉法院认为,全部诉讼赔偿,包括作为成功酬金支付给律师的部分都是原告的所得。其中一些上诉法院讨论了州法律,但是它们几乎没有分析这一因素。*Raymond v. United States*,355 F. 3d 107,113-116(CA2 2004);*Kenseth v. Commissioner*,259 F. 3d 881,883-884(CA7 2001);*Baylin v. United States*,43 F. 3d 1451,1454-1455(CA Fed. 1995)。其他上诉法院则非常明确地认为,不考虑州法律的细微差异,赔偿中的律师费总是属于原告的所得。*O'Brien v. Commissioner*,38 T. C. 707,712(1962),aff'd,319 F. 2d 532(CA3 1963)(*per curiam*);*Young v. Commissioner*,240 F. 3d 369,377-379(CA4 2001);*Hukkanen-Campbell v. Commissioner*,274 F. 3d 1312,1313-1314(CA10 2001)。我们发布了诉讼文件移送命令,来解决这些冲突。541 U. S. 958(2004)。

我们认为,作为一项基本原则,当诉讼当事人的赔偿构成所得时,诉讼当事人的所得包括作为成功酬金支付给律师的赔偿数额中的一部分。我们推翻第六和第九巡回区上诉法院的判决。

I

A. 局长诉班克斯

1986年,应诉人班克斯被解雇了,他的工作是加利福尼亚教育部教育顾问。他按照成功酬金方法雇佣了一位律师,并且在美国地区法院向其雇主提起了民事诉讼。原告主张雇用歧视违反了《美国法典》第42标题第1981节和第1983节,《1964年民权法案》Ⅶ标题,以及《美国法典》第42标题第2000节第e分节,《加利福尼亚州政府法典》第12965节。最初的诉讼请求还包括根据州法律的各种额外权利请求,但班克斯后来放弃了这些权利主张。在审理于1990年开始以后,当事人达成了464 000美元的协议。班克斯按照律师费协议将其中的150 000美元支付给了他的律师。

班克斯并没有将该464 000美元中的任何部分作为毛收入包括在他的1990年的联邦所得税纳税申报表中。在1997年,国内税收服务局局长向班克斯发出了一份关于1990纳税年度欠税的通知。税务法院支持了局长的决定,认为所有协议的收益,包括班克斯支付给他的律师的150 000美元,必须包括在班克斯的毛收入中。

第六巡回区上诉法院部分推翻了该判决。345 F. 3d 373(2003)。它赞同班克斯所获得的净收益应当包括在毛收入中,但是支付给律师的数额不应当包括在内。根据它以前的判决——*Estate of Clarks v. Commissioner*,202 F. 3d 854(2000),该法院认为,成功酬金不是一个对班克斯所得的预想分配,因为在签订该成功酬金合同之时,该诉讼赔偿不是已经获得、已经确定,或者相对确定的数额。该法院认为,成功酬金安排更像是一个对产生所得的财产的部分分配,而不是对所得的分配。律师不仅仅是委托人馈赠的受益人,而是通过技术和智力挣得他自己的律师费的人。345 F. 3d, at 384-385(引用了下面这个案例:*Estate of Clarks*, *supra*, at 857-858)。该法院认为,无论州法律是否授予律师对于该判决或者协议赔偿的一部分任何特别的财产权利(例如,优先留置权),这种推理都是适用的。

B. 局长诉巴纳特斯

1987年,巴纳特斯在离开了他现在的职位——加利福尼亚银行副总裁兼贷款经理以后,他按照成功酬金的方法聘请了一位律师并且在俄勒冈州法院向加利福尼亚银行及其继任者——三菱银行提起了诉讼。原告主张三菱银行故意干预巴纳特斯的雇佣合同,加利福尼亚银行试图引诱巴纳特斯违反他对消费者的信托义务并且当他拒绝时解雇他。陪审团给予巴纳特斯补偿性和赔偿性赔款。在所有的上诉和审判之后的程序都结束了以后,当事人解决了该争议。被告向巴纳特斯支付4 864 547美元;按照成功酬金合同的一般规则,被告直接向巴纳特斯的律师支付了额外的3 864 012美元。

　　巴纳特斯没有将向他的律师支付的数额包括在他的联邦所得税纳税申报的毛收入中,局长发出了欠税通知。税务法院支持了局长的决定,但是第九巡回区上诉法院推翻了税务法院的判决。340 F. 3d 1074(2003)。与第六巡回区上诉法院相反,巴纳特斯案的法院将州法律视为关键。在该州,州法律赋予律师对于他的律师费享有特别财产权,该法院认为,在通常情况下,判决或者协商赔偿的全部数额包括在原告的毛收入中。同上,第1081页。然而,俄勒冈州法律,如同其他一些州的法律一样,授予律师对任何赔偿的成功酬金部分享有优先留置权。结果,该法院认为,根据俄勒冈州法律的规定,成功酬金协议不是作为委托人所得的预想分配,而是在诉讼中将委托人的财产的一部分转让给律师。

II

　　为了阐明为什么这里所讨论的问题对于税收目的而言是重要的,两个预备的观察是有用的。第一个涉及一般性的扣除问题。对于所讨论的纳税年度而言,在这些案例中的法律费用已经被作为遵守通常要求的杂项扣除,《美国法典》第26标题第67、第68节,但是这样做对于应诉人并没有任何帮助,因为此时运行的是可选择最小税(AMT)。对于非公司的个人纳税人而言,可选择最小税确立了税收债务的底线等于纳税人"可选择最小应税所得"(最高为175 000美元)的26%,加上超过175 000美元的可选择最小应税所得的28%。第55节第a分节、第b分节。可选择最小应税所得,与通常毛收入不同,不允许进行任何杂项扣除。第56节第b分节第1段第A分段第i款。

　　第二,在这些案件之后,国会制定了《2004年美国工作创造法》,118 Stat. 1418。该法的第703节修改了税法典,增加了第62节第a分节第19段。同上,第1546页。该修改允许纳税人在计算调整后毛收入时扣除"纳税人在任何涉及非法歧视诉讼中所支付的或者代表纳税人支付的律师费和法院成本"。同上。该法律将"非法歧视"界定为包括一些特定的联邦法律,第62节第e分节第1段到第16段,任何联邦告密者法律,第62节第e分节第17段,以及任何联邦、州或者地方法律中"规定民事权利执行"的部分或者"调整雇佣关系的任何方面的部分……或者禁止解雇雇员,禁止歧视雇员,或者任何其他形式的对主张法定权利或者采取法律允许的行为的雇员采取报复行为的法律",第62节第e分节第18段。同上,第1547~1548页。即使在可选择最小税适用的情况下,也允许进行这些扣除。

III

　　为联邦税收之目的,《国内收入法典》将"毛收入"界定为"任何来源的任何所得"。《美国法典》第26标题第61节第a分节。这一界定非常广泛,包括一切未被豁免的经济收益。*Commissioner v. Glenshaw Glass Co.*, 348 U. S. 426, 429-430 (1955);*Commissioner v. Jacobson*, 336 U. S. 28, 49(1949)。纳税人不能通过事先将收益分配给另外一个主体而将一项经济收益从毛所得中予以扣除。*Lucas v. Earl*,281 U. S. 111(1930);*Commissioner v. Sunnen*,333 U. S. 591,604(1948); *Helvering v. Horst*,311 U. S. 112,116-117(1940)。所谓预想分配所得原理是这样一个原则,收益应当向"获得它们的主体"征税,*Commissioner v. Culbertson*,337 U. S. 733,739-740(1949)。预想分配原理旨在防止纳税人通过下列方法避税:"当从保留的权利中向第二个获得该所得的人支付所得时,某些设计得非常精巧的安排和合同来防止所得。"*Lucas*,281 U. S.,at 115。这一规则是预防性的并且是由行政性和实质性考虑所推动的,因此,我们不需要考察任何预想分配是否具有可以辨识的避税目的。正如 *Lucas v. Earl* 一案所解释的,"按照导致该安排的动机不能得出任何差别,通过该安排,成果被归结于与生长这些成果的树木所不同的树木"。同上。

应诉人争论说,预想分配原理是法官创造的反欺诈规则,与这里所讨论的成功酬金合同没有关系。局长主张,成功酬金协议应当被视为从委托者来自诉讼赔偿的所得中向律师进行预想分配。我们赞同局长的观点。

在通常的案件中,所得的归因是通过探讨纳税人是否对所讨论的所得具有完全的支配权来解决的。前面提到的 *Glenshaw Glass Co.* 一案,第 431 页;同时参见 *Commissioner v. Indianapolis Power & Light Co.*,493 U. S. 203,209(1990); *Commissioner v. First Security Bank of Utah*,N. A.,405 U. S. 394,403(1972)。然而,在预想分配的情形中,让与人在获得收益之时经常对于所得没有支配权。在这种情况下,问题就变成了让与人是否对于产生所得的资产具有支配权,因为"拥有或者控制所得源泉的纳税人也控制着他已经获得的所得的分配,以及将他自己获得的数额转移给他人,作为获得他希望得到的东西的手段"。前面提到的 *Horst* 一案,第 116-117 页。同时参见前面提到的 *Lucas* 一案,第 114-115 页;*Helvering v. Eubank*,311 U. S. 122,124-125(1940);前面提到的 *Sunnen* 一案,第 604 页。考虑到控制产生所得的资产,那么,就可以保留这一原则,即所得应当向挣得该所得并且享受随后的利益的主体征税。

在诉讼赔偿案件中,产生所得的资产就是来自原告的法律伤害的诉因。原告在整个诉讼过程中都保留对该资产的支配权。我们不能理解应诉人与此不同的辩解。相反,应诉人提出了两个抗辩。第一,他们说,与 *Horst* 案件中分配的债券不同,法律诉讼的价值在分配之时是投机的,可能根本就不值一文。第二,应诉人主张,原告的法律伤害并不是最终赔偿的唯一来源。按照应诉人的观点,律师也对产生所得的资产作出了贡献——努力和专门技术——没有这些,原告可能根本就不能胜诉。基于这些前提,应诉人要求我们将成功酬金,为税收之目的,视为某种类似于联合投资或者合伙企业的事物,其中委托任何律师结合它们各自的资产——

委托人的权利主张和律师的技术——并且分配所导致的任何收益。

我们拒绝了应诉人的论辩。尽管原告权利主张的价值在签署律师费协议时有可能是投机性的,但预想分配原理并不限于这样的情况:其中,分配的所得的美元数事先已经精确地知道。参见前面提到的 *Lucas* 一案;*United States v. Bayse*, 410 U. S. 441, 445, 450-452(1973)。尽管 *Horst* 一案涉及在特定的日期支付事先确定金额的预想分配,该案件中的观点并不取决于在分配之时确定清算数额。在我们面前的这些案件中,如同 *Horst* 一案一样,纳税人对于产生所得的资产保留控制权,将产生的所得的一部分转移给另外一个主体,并且实现了这样做的利益。正如惟斯利(Wesley)法官在最近的案件中所正确总结的,*Horst* 一案的基本原理适用于成功酬金合同。*Raymond v. United States*, 355 F. 3d, at 115-116。在分配之时,该资产所能产生所得的数额是不确定的并不重要。

我进一步否定了下面的建议:为税收之目的,将律师—委托人关系视为一种商业合伙企业或者联合投资关系。委托人和律师之间的关系,不管各类特定补偿协议如何变化,或者律师贡献的技术和努力有多大,都是精确地本人—代理人关系。《代理法重述(第二次)》第 1 节,评论 e(1957)(以下简称重述);《专业行为规则全美律师协会标准规则》1.3,评论 1、1.71(2002)。委托人有可能依赖律师的专门技术和特定的技巧来获得委托人独自无法获得的结果。然而,那正是大部分本人—代理人关系的真正特征,并且它也没有改变这样一个事实:委托人对于根本的权利主张保留最终的支配权和控制权。这种控制是很明显的,尽管律师可以在不与委托人商量的情况下作出技术性决定,原告必须始终决定是签订和解协议还是继续诉讼,同时也必须作出其他关键性的决定。即使在律师在没有委托人的监督或者没有与委托人商量的情况独立作出判断的情况下,律师,作为代理人,有义务只代表委托人行为,并且排他性地专门为委托人—本人的利益,而不能为了律师或者任何其他主体的利益。《重述》第 13、第 39、第 387 节。

律师是代理人,其职责是仅为本人(被代理人)的利益行为,因此,将赔偿的全部数额都视为本人的所得是适当的。在这一方面,波斯纳(Posner)法官的观察是适当的:"成功酬金律师在法律意义上不是他的委托人权利主张的联合所有人,正如雇佣销售人员不是他的雇主的可以接受的账户的联合所有人一样。"*Kenseth*, 259 F. 3d, at 883。在这两个案件中,本人都依赖一位代理人去实现经济收益,代理人的努力所实现的收益是本人的所得。支付给代理人的部分有可能是可以扣除的,但是在没有法律的其他规定的情况下,它是不能从本人的毛收入中排除的。

无论律师—委托人合同或者州法律赋予律师什么特别权利或者保护,这一规则都应当适用,只要这些保护没有改变该关系的基本的本人—代理人特征。比较《重述》第 13 节,评论 b,第 14G 节,评论 a(当本人在一次行为中将一个动产分配给代理人由其收取并且授予代理人在针对让与人的债务人的权利主张中的担保权利,为了补偿代理人收取的努力,此时就创立了代理关系)。关于律师对成功酬金的担保利益以及防止委托人解雇律师或者欺诈律师方面,各州法律变化很大。然而,据我们所知,没有任何一个州的法律,即使那些其目的是给予律师对他们的律师费享有"所有权"的法律,例如,340 F. 3d, at 1082-1083(讨论俄勒冈州法律);*Cotnam*,263 F. 2d, at 125(讨论阿拉巴马州法律),将律师从代理人变成合伙人。

应诉人所提出的将律师费从毛收入中予以排除或者允许扣除的其他理论包括:① 根据《美国法典》第 26 标题第 702、704 以及第 761 节的规定,成功酬金协议创立一个第 K 分章所规定的合伙企业,参见应诉人巴纳特斯的观点摘要,第 03~907 号,第 5~21 页;② 诉讼赔偿是来自财产处置的收益,因此,按第 1001、1012 以及第 1016 节的规定,律师费应当作为资本费用予以扣除,美国诉讼律师协会(Association of Trial Lawyers of America)作为"法庭之友"(*Amicus Curiae*)所提出的观点摘要,第 23~28 页,查尔斯·达文波特(Charles Davenport)作为"法庭之友"所提出的观点摘要,第 3~13 页;③ 根据第 62 节第 a 分节第 2 段第 A 分段的规定,律师费是可以扣除的被偿还的雇员业务费用。参见斯蒂芬·科恩(Stephen Cohen)作为"法庭之友"所提出的观点摘要。这些论点看起来是第一次向本院提出。我们特别不愿意去处理那些创新的对于税收制度具有广泛影响的法律建议,这些建议没有在该诉讼的较早阶段提出,也没有被上诉法院所考察。我们拒绝对这些补充的理论进行评论。而且,我们也不会涉及这样的领域,其中叙述者在代表美国追求权利主张。参见纳税人反欺诈教育基金(Taxpayers Against Fraud Education Fund)作为"法庭之友"的观点摘要,第 10~20 页。

IV

前述足以解决巴纳特斯的案子。然而,班克斯的案子还需要进一步考虑。班克斯根据联邦法律提起他的权利主张,联邦法律授权给予获胜的原告律师以律师费。他主张,适用预想分配原则将与法定律师费转移规定的目的相冲突。参见*Venegas v. Mitchell*,495 U. S. 82,86(1990)(请注意,法定律师费使得"原告可以不需要费用地合理雇佣合格的律师,如果他们胜诉的话")。在联邦制度中,法定律师费是典型的由法院根据北极星方法授予的,*Hensley v. Eckerhart*,461 U. S. 424,433(1983),原告通常对于所授予的数额没有任何控制。有时,例如当原告仅仅请求禁止性救济时,或者当法律限制了原告的赔偿数额时,或者当由于其他原因,损害赔偿实质上小于律师费时,法院授予的律师费可以超过原告的货币赔偿数额。参见 *Riverside v. Rivera*,477 U. S. 561,564-565(1986)(补偿性和惩罚性赔偿数额为 33 350 美元;被授予的律师费为 245 456.25 美元)。在这样的情况下,将授予的律师费作为原告的所得,他认为,会导致不正当的结果,即原告由于赢得了官司而损失了货币。而且,他主张,将授予的法定律师费作为原告的所得,在代表原告以及他们的私人律师方面会损害律师费转移法律的效力。

我们没有必要对这些权利主张进行评论。在班克斯解决他的案子以后,支付给他律师的费用仅仅根据私人的成功酬金合同来计算的。并不存在法院判决的律师费,也不存在对班克斯与其律师合同的任何暗示,或者在与被告所达成的协议中,支付给班克斯律师的成功酬金是代替班克斯本来有权利获得的法定费用。而且,《美国工作创造法》所增加的修改也重新调整了很多或者大部分由律师费转移法律所调整的权利主张的关注点。

由于以上所述原因,第六和第九巡回区法院的判决被推翻,这些案件被发回重审,重审应当符合本院的观点。

如此判决。

首席法官没有参与这些案例的判决。

第十九章 税务法院特派法官报告公开争议案(2005)

一、基本法律规定

(一)《税务法院规则》第 183 节第 b 分节的规定

特派审理法官应当向首席法官提交一份包含事实认定和观点的报告,首席法官将该案件分配给税务法院的一位法官。

(二)《税务法院规则》第 183 节第 c 分节的规定

针对该报告的行为:接受案件的法官可以采纳特派审理法官的报告,也可以全部或者部分修改它或者拒绝它,或者可以指示如何将额外的观点摘要归入档案,或者接受进一步的证据,或者指导一次口头的辩论,或者在自己的指导下要求重新提交报告。法官必须充分考虑当时的环境,确保特派审理法官有机会来评价该证据的可信性,必须假定包含在特派审理法官报告中的事实认定是正确的。应当尊重由特派审理法官作出的事实认定。

二、基本制度解析

税务法院是专门审理税务案件的专业法院,税务法院由 19 名法官组成,这些法官由总统任命、任期为 15 年。由于税务案件数量众多,税务法院的法官无法胜任巨大的审判工作,因此,税务法院的首席法官任命了一些特派审理法官,特派审理法院是税务法院的内部工作人员,他们可以审理一些数额较小的案件,但是数额较大的案件以及大部分案件都应当由税务法院法官重新审理,并以税务法院的名义作出判决。

在 1983 年之前,该特派审理法官的报告都是公开的并且包括在上诉记录之中,当事人可以获得该报告并且可以对该报告提出异议。但从 1983 年税务法院修改其审理规则以后,该报告就不再公开,也被排除在上诉记录之外。这样,当事人就无从知晓该报告的内容,更无法对该报告提出异议。同时,税务法院法官在审理该案件时,总是声称"同意并且采纳特派审理法官的观点",但由于该报告处于保密状态,除税务法院以外,没有人知道税务法院法官是否真正同意并且采纳了特派审理法官的报告。

中国的法院审判中并没有类似的制度。中国法院的审判人员包括审判员和助理审判员。审判员由同级人大任命,助理审判员由人民法院自己任命。助理审判员协助审判员进行工作。助理审判员,由本院院长提出,经审判委员会通过,可以临时代行审判员职务。助理审判员代行审判员职务时,与审判员具有相同的权利和义务。另外,为了方便人民诉讼,基层人民法院根据地区、人口和案件情况可以设立若干人民法庭。人民法庭是基层人民法院的组成部分,它的判决和裁定就是基层人民法院的判决和裁定。因此,无论是派出法庭的审判过程和相关判决书还是助理审判员的判决书都应当向当事人公开并允许提起异议和上诉。

三、案情简介

税务法院首席法官任命附属官员,被称为特派审理法官,来审理某些案件,但是最终的判决,如果欠税数额超过 50 000 美元,应当留给该法院自身。《税务法院规则》(以下简称《规则》)第 183 节第 b 分节规定了特派审理法官审理案件的双重程序,但是法院应当提供最后的判决。《规则》第 183 节第 b 分节规定,在审判和提交摘要以后,特派审理法官"应当向首席法官提交一份报告,包括事实认定和观点,首席法官将该案件分配给该法院的一位法官"。在根据该报告采取行动时,该被指定的法官必须"充分考虑当时的环境,确保特派审理法官有机会来评价该证据的可信性",必须"假定"包含在该报告中的事实认定"是正确的"。直到 1983 年,该特派审理法官的报告都是公开的并且包括在上诉记录之中。按照该年修改的规则,这些报告将从公众那里抽回并且被排除在上诉记录之中,税务法院法官并不披露最终的判决是否"修改"或者"拒绝"特派审理法官的最初报告。相反,最终判决总是不变地出现这样一段陈述:税务法院法官"同意并且采纳特派审理法官的观点"。最终判决是否以及怎样来自特派审理法官的最初报告从来没有被透露。

原告克劳德·巴拉德、伯顿·康德以及另外一个纳税人从应诉人税务局长(简称局长)收到了欠税通知,局长指控他们没有在他们的个人纳税申报上报告某些付款,构成税收欺诈。他们在税务法院提起诉讼,请求重新决定。在税务法院,首席法官将这些结合在一起的案件分配给了特派审理法官库威林。审判以后,库威林法官向首席法官提交了《规则》第 183 节第 b 分节报告。首席法官发布了一个命令,将该案件分配给税务法院法官道森"来复审该报告,如果同意,就采纳"。最后,道森法官发布了税务法院判决,认定这些纳税人采取了故意欺骗局长的行为,认为他们应当对于未缴纳的税款以及实质性的欺诈罚款承担责任。该判决完全由一个号称是"特派审理法官的观点"的文件组成,宣布:"本法院同意并且采纳了特派审理法官的观点,这些观点被列在下面。"

　　基于伯顿·康德的律师和两位税务法院法官之间的谈话,这些纳税人认为这个判决事实上并不是库威林法官所作出的《规则》第 183 节第 b 分节报告的复制品。根据伯顿·康德的律师提交的声明,库威林法官已经得出了这样的结论:关于所争议的某些付款,这些纳税人并不欠税,不能适用欺诈罚款。因此,这些纳税人提出了动议,请求获得库威林法官提交给首席法官的最初报告,或者,作为一个替代方案,将该报告密封在上诉记录之中。税务法院拒绝了这些要求,并且认为:"道森法官……和特派审理法官库威林都认为,道森法官采纳了库威林法官的事实认定和观点,……假定这些事实认定……都是正确的,并且对于库威林法官的可以信赖的事实认定给予了充分考虑。"该命令还额外增加了:特派审理法官报告的"任何最初起草"都"不能提交,因为它们涉及法院的内部协商程序"。在上诉中,审理鲍兰德案件的第十一巡回法院以及审理伯顿·康德案件的第七巡回区法院都拒绝了纳税人对于上诉记录中缺乏特派审理法官所作出的《规则》第 183 节第 b 分节报告的异议。在接下来的程序中,两个法院都基本维持了税务法院的最终判决。联邦最高法院发布了诉讼文件移送命令,以解决这样一个问题,即税务法院是否应当将特派审理法官提交的《规则》第 183 节第 b 分节报告包括在上诉记录之中。

四、正反方观点

(一) 正方(税务法院,第七、第十一巡回区上诉法院,联邦最高法院部分法官)观点

　　可以将《规则》第 183 节解释为并不要求披露特派审理法官按照第 b 分段的要求所提交的报告,当税务法院法官采纳特派审理法官的报告时。税务法院对于其自己规则的遵从是一个应当听从该法院自己的解释的问题。代理人对其自己规则或者规章的解释应当被赋予"决定性的重要地位,除非它是明显错误或者与规章明显不一致的"。

　　《规则》第 183 节并没有规定按照第 b 分段的规定提交给首席法官的报告必须是税务法院法官根据第 c 分段的规定对其采取行动的报告。因此,本院应当尊重税务法院对该规则(1983 年修改)的解释,应当允许仅仅披露被税务法院法官所采纳的特派审理法官的报告。

(二) 反方(纳税人,联邦最高法院)观点

税务法院不能将特派审理法官提交的《规则》第183节第b分节报告排除在上诉记录之外。没有法律授权所争议的隐藏行为,《规则》第183节当前的内容也不能证明隐藏的合理性。

《规则》第183节第c分节的颁布历史从一开始就明确肯定了这样一种理解,根据"应得的尊重"和"推定是正确的"这一明确表述,审判法官的事实认定应当给予适当的尊重。根据《规则》第183节的先驱者,税务法院对于特派审理法官报告的复审是一个透明的过程。该报告被提交给当事人,当事人有权对其提出异议,合格的税务法院法官独立重审该报告,基于该记录以及当事人的异议。因此,当事人被授权在上诉法院就税务法院没有对特派审理法官的事实认定给予必要的尊重提出抗辩。然而,在1983年的修正案被采纳后,税务法院停止承认它拒绝或者修改特派审理法官的事实认定的建议。相反,好像税务法院创造了一个新的实践,其中,特派审理法官的报告在本质上被视为内部的草稿,该草稿供合格的税务法院法官和特派审理法官合作修改完善。合格的税务法院法官接着发布了一个决定,声称"同意并且采纳了特派审理法官的观点"。

税务法院的当前规则中没有任何地方描述或者授权了这种合作模式。特别的,该规则仅仅规定了一个特派审理法官"观点":《规则》第183节第b分节规定,特派审理法官的报告,在一位合格税务法院法官被分配到该案件之前提交给首席法官,该报告应当由事实认定和观点组成。《规则》第183节第c分节通过明确的语言规定"对该报告采取行动",指示税务法院法官重审和采纳、修改或者拒绝的是《规则》第183节第b分节报告,而非某些事后的合成的合作报告。很难理解,一位税务法院的法官如何对他与他人合作创作的观点给予"应得的考虑"以及"假定为正确的"。

税务法院和所有其他的作出判决的审判法院一样,有义务遵守它自己的规则。尽管税务法院在解释它的规则时并不是不允许有误差,但如果将《规则》第183节理解为一个未作准备的合作过程,将明确规定的"应得的考虑"以及"假定为正确的"予以不同解释,或者将1983年《规则》改变之前相同的语言转换为不同的语言是不合理的。

税务法院不披露特派审理法官的最初报告的实践,将税务法院法官重审该报告的模式模糊化的实践都阻碍了对于税务法院的判决在具有充分信息的情况下进行重审。在指示合格法官对于特派审理法官的可信决定给予"应得的考虑"以及"假定"特派审判法院的事实认定"正确"的过程中,《规则》第183节第c分节承认了一个有根据的并且被广泛接受的理解:审理证人并且在第一时间通过证据详审的官员对于案件具有广泛的理解,不应当被完全转换为书面记录。欺诈案件特别

会涉及一些批评性的可信性核定,致使主持审判的法官的评价对于最终的决定具有决定性的意义。例如,在当前的案件中,该税务法院的判决再三强调是根据对鲍兰德、伯顿·康德以及其他证人的可信性才得出结论的。在这个案件以及类似的案件中,如果没有接触到特派审理法官的《规则》第 183 节第 b 分节报告,上诉法院就没有办法确定:① 该报告的可信性以及其他事实认定是否被税务法院的法官给予了"应得的考虑"并且被"假定为……正确的";② 它们是否在没有遵守这些标准的情况下被替换了。

税务法院的实践是比较特殊的,因为按照常规,在联邦司法和行政决策程序中,都应当披露审理官员的最初报告,并且该报告将成为上诉记录的一部分,在上诉开庭中可以获得该报告。然而,局长主张了一个法定的类比——《美国法典》第 26 标题第 7460 节第 b 分节,其中规定,如果整个税务法院重审了一位税务法院法官的判决,最初的一个法官的判决"不应当作为记录的一部分"。整个税务法院重审是为了解决法律问题。对该命令的重审是换一种形式的审判。与此相对,事实认定是特派审理法官报告的核心。根据税务法院的规则,这些认定并不是重新审判的主题。相反,它们按照"应得的考虑"和"假定为正确"的标准进行衡量。而且,所有的合格税务法院的成员在级别上都是相同的,在税务法院的业务中,每人都有相同的发言权,发布最初判决的合格法官可以自由提交一份反对观点,来概括该法官的最初观点。特派审理法官是为税务法院服务的,他缺少合格法官的独立性以及发表反对观点的特权。

考虑到本院的观点,即税务法院的实践没有被该法院的规则所描述和授权,本院没有必要考察纳税人基于正当法律程序和其他法律规定而提出的进一步诉讼请求,对此也不发表任何观点。只要税务法院没有修改其规则以采纳这里所反对的特殊程序,税务法院法官对于特派审理法官报告的复审在上诉审理过程中就必须遵循相关的联邦法律和正当法律程序。

五、案件评析

本案争议的焦点问题是税务法院中特派审理法院的报告是否应当向当事人公开,是否应当包括在上诉记录之中。本案一方面是对《规则》的解释问题,一方面也涉及正当法律程序问题。《规则》并没有明确规定特派审理法官的报告是否应当向当事人公开,否则就不会产生相关争议了。从联邦最高法院法官的意见可以看出,《税务法院规则》可以被解释为要求公开该报告,也可以被解释为不要求公开该报告。从历史发展来看,在 1983 年之前,该报告一直是公开的,但自从 1983 年《规则》修改以后,就不再公开了。因此,上述变化必须以《规则》的重大原则修改或者明确规定不公开该报告为合法性依据。由于《规则》并未进行原则性重大修改,也没有明确规定不公开该报告,因此,应当认为税务法院仍应当继续公开该报告。

从正当法律程序的角度来讲,既然该报告是对案件事实认定的报告,并且是被税务法院法官予以采取的报告,就应当向当事人公开,并允许当事人就该报告中的事实认定问题提出异议。另外,税务法院应当对自己陈述的观点和发表的意见负责,既然税务法院法官声称同意并且采纳了特派审理法官的报告,就应当公开特派审理法官的报告,否则,没有人能够判断其是否真正同意并且采纳了特派审理法官的报告。

联邦最高法院部分法官认为,应当尊重税务法院自己对其审理规定的解释。这一观点只能在一定限度内成立。正如联邦最高法院的判决所指出的,如果税务法院真想将特派审理法官的报告作为内部草稿隐藏起来,就应当明确修改其审理规则,而不应当通过解释其规则的方式来达到这个目的。税务法院应当尊重自己制定的规则,同时也应当遵守公认的解释规则。因此,尊重税务法院自己对其审理规则的解释是有一定限度的,超越了该限度就是违反正当法律程序的。

六、美国联邦最高法院关于本案的判决书

美国联邦最高法院

鲍兰德诉税务局长,544 U.S. 40(2005)

从美国第十一巡回区上诉法院移送而来

No. 03-184.

辩论于 2004 年 12 月 7 日

判决于 2005 年 3 月 7 日

税务法院首席法官任命附属官员,被称为特派审理法官,来审理某些案件,《美国法典》第 26 标题第 7443A 节第 a 分节、第 b 分节,但是最终的判决,如果欠税数额超过 50 000 美元,应当留给该法院自身,第 7443A 节第 b 分节第 5 段、第 c 分节。《规则》第 183 节第 b 分节规定了特派审理法官审理案件的双重程序,但是法院应当提供最后的判决。《规则》第 183 节第 b 分节规定,在审判和提交摘要以后,特派审理法官"应当向首席法官提交一份报告,包括事实认定和观点,首席法官将该案件分配给该法院的一位法官"。在根据该报告采取行动时,该被指定的法官必须"充分考虑当时的环境,确保特派审理法官有机会来评价该证据的可信性",必须"假定"包含在该报告中的事实认定"是正确的"。《规则》第 183 节第 c 分节。直到 1983 年,该特派审理法官的报告都是公开的并且包括在上诉记录之中。按照该年修改的规则,这些报告将从公众那里抽回并且被排除在上诉记录之中,税务法院法

官并不披露最终的判决是否"修改"或者"拒绝"特派审理法官的最初报告。相反，最终判决总是不变地出现这样一段陈述：税务法院法官"同意并且采纳特派审理法官的观点"。最终判决是否以及怎样来自特派审理法官的最初报告从来没有被透露。

原告克劳德·巴拉德、伯顿·康德以及另外一个纳税人从应诉人税务局长（简称局长）收到了欠税通知，局长指控他们没有在他们的个人纳税申报上报告某些付款，构成税收欺诈。他们在税务法院提起诉讼，请求重新决定。在税务法院，首席法官将这些结合在一起的案件分配给了特派审理法官库威林。审判以后，库威林法官向首席法官提交了《规则》第183节第b分节报告。首席法官发布了一个命令，将该案件分配给税务法院法官道森"来复审该报告，如果同意，就采纳"。最后，道森法官发布了税务法院判决，认定这些纳税人采取了故意欺骗局长的行为，认为他们应当对于未缴纳的税款以及实质性的欺诈罚款承担责任。该判决完全由一个号称是"特派审理法官的观点"的文件组成，宣布："本法院同意并且采纳了特派审理法官的观点，这些观点被列在下面。"

基于伯顿·康德的律师和两位税务法院法官之间的谈话，这些纳税人认为这个判决事实上并不是库威林法官所作出的《规则》第183节第b分节报告的复制品。根据伯顿·康德的律师提交的声明，库威林法官已经得出了这样的结论：关于所争议的某些付款，这些纳税人并不欠税，不能适用欺诈罚款。因此，这些纳税人提出了动议，请求获得库威林法官提交给首席法官的最初报告，或者作为一个替代方案，将该报告密封在上诉记录之中。税务法院拒绝了这些要求，并且认为："道森法官……和特派审理法官库威林都认为，道森法官采纳了库威林法官的事实认定和观点……假定这些事实认定……都是正确的，并且对于库威林法官的可以信赖的事实认定给予了充分考虑。"该命令还额外增加了，特派审理法官报告的"任何最初起草"都"不能提交，因为它们涉及法院的内部协商程序"。在上诉中，审理鲍兰德案件的第十一巡回法院以及审理伯顿·康德案件的第七巡回区法院都拒绝了纳税人对于上诉记录中缺乏特派审理法官所作出的《规则》第183节第b分节报告的异议。在接下来的程序中，两个法院都基本维持了税务法院的最终判决。

本院认为：税务法院不能将特派审理法官提交的《规则》第183节第b分节报告排除在上诉记录之外。没有法律授权所争议的隐藏行为，《规则》第183节当前的内容也不能证明隐藏的合理性。第10～23页。

第一，《规则》第183节第c分节的颁布历史从一开始就明确肯定了这样一种理解，根据"应得的尊重"和"推定是正确的"这一明确表述，审判法官的事实认定应当给予适当的尊重。根据《规则》第183节的先驱者，税务法院对于特派审理法官报告的复审是一个透明的过程。该报告被提交给当事人，当事人有权对其提出异议,合格的税务法院法官独立重审该报告,基于该记录以及当事人的异议。因此,当事人被授权在上诉法院就税务法院没有对特派审理法官的事实认定给予必要的尊重提出抗辩。然而,在1983年的修正案被采纳后,税务法院停止承认它拒绝或者修改特派审理法官的事实认定的建议。相反,好像税务法院创造了一个新的实践,其中,特派审理法官的报告在本质上被视为内部的草稿,该草稿供合格的税务法院法官和特派审理法官合作修改完善。合格的税务法院法官接着发布了一个决定,声称"同意并且采纳了特派审理法官的观点"。

税务法院的当前规则中没有任何地方描述或者授权了这种合作模式。特别的,该规则仅仅规定了一个特派审理法官"观点":《规则》第183节第b分节规定,特派审理法官的报告,在一位合格税务法院法官被分配到该案件之前提交给首席法官,该报告应当由事实认定和观点组成。《规则》第183节第c分节通过明确的语言规定"对该报告采取行动",指示税务法院法官重审和采纳、修改或者拒绝的是《规则》第183节第b分节报告,而非某些事后的合成的合作报告。很难理解,一位税务法院的法官如何对他与他人合作创作的观点给予"应得的考虑"以及"假定为正确的"。

税务法院和所有其他的作出判决的审判法院一样,有义务遵守它自己的规则。参见 *Service v. Dulles*,354 U. S. 363,388。尽管税务法院在解释它的规则时并不是不允许有误差,但如果将《规则》第183节理解为一个未作准备的合作过程,将明确规定的"应得的考虑"以及"假定为正确的"予以不同解释,或者将1983年《规则》改变之前相同的语言转换为不同的语言是不合理的。第10~17页。

第二,税务法院不披露特派审理法官的最初报告的实践,将税务法院法官重审该报告的模式模糊化的实践都阻碍了对于税务法院的判决在具有充分信息的情况下进行重审。在指示合格法官对于特派审理法官的可信决定给予"应得的考虑"以及"假定"特派审判法院的事实认定"正确"的过程中,《规则》第183节第c分节承认一个有根据的并且被广泛接受的理解:审理证人并且在第一时间通过证据详审的官员对于案件具有广泛的理解,不应当被完全转换为书面记录。欺诈案件特别会涉及一些批评性的可信性核定,致使主持审判的法官的评价对于最终的决定具有决定性的意义。例如,在当前的案件中,该税务法院的判决再三强调是根据对鲍兰德、伯顿·康德以及其他证人的可信性才得出结论的。在这个案件以及类似的案件中,如果没有接触到特派审理法官的《规则》第183节第b分节报告,上诉法院就没有办法确定:①该报告的可信性以及其他事实认定是否被税务法院的法官给予了"应得的考虑"并且被"假定为……正确的";②它们是否在没有遵守这些标准的情况下被替换了。

税务法院的实践是比较特殊的,因为按照常规,在联邦司法和行政决策程序中,都应当披露审理官员的最初报告,参见《美国法典》第28标题第636节第b分节第1段第C分段,并且该报告将成为上诉记录的一部分,在上诉开庭中可以获得该报告,参见《美国法典》第5标题第557节第c分节。然而,局长主张了一个法定的类比,《美国法典》第26标题第7460节第b分节,其中规定,如果整个税务法院重审了一位税务法院法官的判决,最初的一个法官的判决"不应当作为记录的一部分"。整个税务法院重审是为了解决法律问题。对该命令的重审是换一种形式的审判。与此相对,事实认定是特派审理法官报告的核心。根据税务法院的规则,这些认定并不是重新审判的主题。相反,它们按照"应得的考虑"和"假定为正确"的标准进行衡量。而且,所有的合格税务法院的成员在级别上都是相同的,在税务法院的业务中,每人都有相同的发言权,发布最初判决的合格法官可以自由提交一份反对观点,来概括该法官的最初观点。特派审理法官是为税务法院服务的,他缺少合格法官的独立性以及发表反对观点的特权。

考虑到本院的观点,即税务法院的实践没有被该法院的规则所描述和授权,本院没有必要考察纳税人基于正当法律程序和其他法律规定而提出的进一步诉讼请求,对此也不发表任何观点。只要税务法院没有修改其规则以采纳这里所反对的特殊程序,税务法院法官对于特派审理法官报告的复审在上诉审理过程中就必须遵循相关的联邦法律和正当法律程序。第17~23页。

No.03-184,321 F. 3d 1037;No.03-1034,337 F. 3d 883,被推翻并发回重审。

金兹伯格法官发表了本院观点,斯蒂文斯、奥克奴、斯卡拉、肯尼迪、苏特和布莱尔法官赞同。肯尼迪法官发表了附带意见,斯卡拉法官赞同。李坤斯特法官发表了反对意见,托马斯法官赞同。

金兹伯格法官发表了本院观点。

这些案件都涉及税务法院对于特派审理法官——税务法院首席法官所任命的协助法院工作的附属官员——的雇佣问题。参见《美国法典》第26标题第7443A节第a分节。与税务法院法官不同,税务法院法官是由总统任命的,任期为15年,参见第7443节第b分节、第e分节,特派审理法官没有固定的任职期限,第7443A节第a分节。在税务法院提起的任何案件都可以被分配给特派审理法官来审理。然而,涉及欠税数额超过50 000美元的案件的最终判决被保留给税务法院。第7443A节第c分节。

《规则》183节规定了双层程序,其中,特派审理法官审理案件,但是税务法院自身提供最终判决。该规则规定,在审理和提交摘要以后,特派审理法官"应当向首席法官提交一份报告,包括事实认定和观点,首席法官应当将该案件分配给该法官的一位法官"。《规则》第183节第b分节。在针对该报告采取行动之时,接受该案件的税务法院法官必须"充分考虑当时的环境,确保特派审理法官有机会来评价该证据的可信性"。《规则》第183节第c分节。而且,必须"假定"包含在该报告中的事实认定"是正确的"。同上。税务法院的最终判决"可以采纳特派审理法官的报告,或者修改它或者全部或者部分拒绝它"。同上。

直到1983年,提交给首席法官的特派审理法官报告都是公开的并且被包括在上诉记录之中。那一年修改后的规则删除了这一要求,在提交特派审理法官报告时,"应当立即向每一方提交一份复印件"。参见《规则》第183节,81 T.C. 1069-1070(1984)。相应地,修改后的规则删除了以前版本中给双方当事人陈述对该报告的"异议"的机会。同上。为了与这些规则的变化相一致,税务法院对其涉及特派审理法官审理案件的实践而非最终判决进行了重大修改。修改后的规则从1984年1月16日生效,审理后的报告被提交给首席法官,接着被转交给被指派作出最终判决的税务法院法官,该报告不仅从公众那里被撤回,而且也被排除在上诉记录之外。而且,从那时开始,税务法院法官也开始在任何案件中拒绝披露最终的判决在事实上是否"修改"或者"全部或者部分拒绝特派审理法官的最初报告"。比较《规则》第183节第c分节。相反,最终判决总是不变地出现这样一段陈述:税务法院法官"同意并且采纳特派审理法官的观点"。参见 *Investment Research Assoc.*, *Ltd. v. Commissioner*, 78 TCM 951, 963(1999), ¶ 99, 407 RIA Memo TC, pp. 2562-2563。最终判决是否以及怎样来自特派审理法官的最初报告从来没有被透露。

原告是在税务法院和上诉法院败诉的若干纳税人。他们反对隐藏特派审理法官的最初报告,并且特别反对将该报告排除在上诉记录之外。他们认为,根据税务法院当前的实践,当事人以及上诉法院都缺少一些基本的信息:我们无法知道,根据《规则》第183节第c分节的要求,最终的判决是否反映了对特派审理法官的"评价证据可信性机会"的"应得的考虑",是否假定该法官的最初事实认定是正确的。我们同意,没有法律授权,当前的《规则》第183节的上下文也没有批准所争议的取消的做法。我们也认为,按照常规,在联邦司法和行政决策程序中,都要披露审理法官的最初报告,并且将该报告作为上诉记录的一部分,可以为上诉审理时所获得。离开税务法院实践的核心特征——判决完全归因于特派审理法官的被替代的报告,而该报告又是特派审理法官与合格税务法院法官未揭露的合作的组成部分——至少要求在税务法官自己的规则中给予充分和公平的陈述。

I

在经过了若干年再三地国内税收审计以后,纳税人克劳德·巴拉德以及罗伯特·莱尔从国内税收服务局局长(简称局长)那里收到了多份欠税通知。局长指控,在1970年和1980年,鲍兰德和莱尔,美国谨慎人寿保险公司的不动产执行官(简称谨慎公司),与伯顿·康德——税务法官和商业企业主——有一个安排,根据该安排，企图与谨慎公司做交易的人向伯顿·康德控制的公司付款。局长声称，这些付款接着被分配给伯顿·康德、鲍兰德以及莱尔，或者他们控制的实体。伯顿·康德、鲍兰德和莱尔没有在他们的个人纳税申报中报告该付款。参见 *Investment Research Assoc.*，78 TCM，at 1058，¶ 99，407 RIA Memo TC，pp. 2672-2673；*Ballard v. Commissioner*，321 F. 3d 1037，1038-1039（CA11 2003）；Brief for Petitioner Ballard 3-4；Brief for Petitioner Kanter 11。局长在发出了最初的欠税通知以后，在 1994 年，又额外指控这些纳税人的行为构成欺诈。参见 *Investment Research Assoc.*，78 TCM，at 966，¶ 99，407 RIA Memo TC，p. 2693。关于每一个被指控的欠税，伯顿·康德、鲍兰德和莱尔分别向税务法院提出了重新确定事实的请求。参见 *Ballard*，321 F. 3d，at 1040。

　　税务法院由 19 名总统任命的、任期为 15 年的合格的法官以及由税务法院首席法官不时任命的若干特派审理法官组成。参见《美国法典》第 26 标题第 7443 节第 a 分节第 b 分节、第 e 分节以及第 7443A 节第 a 分节。规范特派审理法官的任命和职责的法律，第 7443A 节，没有规定他们的任期，但是规定了他们的薪金是支付给税务法院合格法官的薪金的 90%，参见第 7443A 节第 d 分节。税务法院可以授权特派审理法官审理案件并在"小额税务案件"的宣判程序、强制征收和留置程序中出具最终的判决。参见第 7443A 节第 b 分节第 1 段—（4）、（c）；《规定》第 182 节；第三位应诉人的观点摘要。如果所涉及的税款超过了 50 000 美元，特派审理法官应当主持审理该案件并且提交一份包括事实认定和关于纳税人责任的结论的报告，但是最终判决的权力被保留给税务法院。参见第 7443A 节第 b 分节（5），（c）；*Freytag v. Commissioner*，501 U. S. 868，881-882（1991）（请注意，特派审理法官在某些案件中"接受证词，引导审理以及裁决和接受证据"，但是，"缺乏作出最终判决的权力"）。《规则》第 183 节规定了税务法院重审特派审理法官的事实认定和观点的程序。同上，第 1～2 页。

　　在鲍兰德、伯顿·康德和莱尔在税务法院提起诉讼以后，首席法官将该联合案件分配给了特派审理法官，由他来审理。库威林法官在 1994 年夏季主持了一个长达 5 周的审理，当事人的诉讼主张摘要在 1995 年的 5 月完成。App. 7；同时参见 *Ballard*，321 F. 3d，at 1040。本案中的审理程序既没有在税务法院的法庭记录中，也没有在其公开的命令中完全公布，但是可以发现某些显而易见的事件。在 1998 年 9 月 2 日或者之前，库威林法官向首席法官提交了一份包括他的事实认定和观点的报告，"按照《规则》第 183 节第 b 分节的要求"。Order of Dec. 15，1999，in No. 43966-85 etc.（TC），App. to Kanter Pet. for Cert. 113a-114a。1998 年 9 月 2 日，首席法官将该案件分配给了税务法院法官道森"重审特派审理法官的报告，如果同意，就采纳"。同上，第 114a 页。15 个月以后，在 1999 年 12 月 15 日，首席法官再次将该案件从库威林法官那里分配到了道森法官那里。同上,第113a页。同一天,道森法官发布了税务法院的判决。

道森法官认为,鲍兰德、伯顿·康德和莱尔的行为具有欺骗局长的故意,认为他们应当对未缴纳的税款以及实质性欺诈罚款承担责任。参见 *Investment Research Assoc.*,78 TCM,at 1071,1075,1085,¶ 99,407 RIA Memo TC,pp. 2689,2692-2693,2705-2706。在作出这样的判决时,道森法官声称采纳了包括在库威林法官提交的报告中的事实认定:"本法院同意和采纳了特派审理法官的观点,这些观点将列在下面。"同上,第963页,¶ 99,407 RIA Memo TC,pp. 2562-2563。道森法官的判决完全由一份文件组成,该文件的长度超过600页,并声称是"特派审理法官的观点"。同上。

这些纳税人相信,被称为"特派审理法官的观点"的文件事实上并不是库威林法官的《规则》第183节第b分节报告的复制品。由伯顿·康德的律师兰德尔·迪克在2000年8月21日提交的声明说明了这种相信。迪克证明曾经与两位税务法院法官就税务法院的判决进行了一次谈话。根据该声明,这些法官告诉迪克,在提交给首席法官的《规则》第183节第b分节报告中,库威林法官得出结论认为,鲍兰德、伯顿·康德和莱尔并没有欠缴关于某些试图与谨慎公司交易的个人付款的税款,欺诈处罚不能适用。Decl. of Randall G. Dick ¶ 4, App. to Ballard Pet. for Cert. 308a-309a。迪克律师的声明进一步说:"在我与税务法院法官的谈话中,我被告知如下的内容:该观点中的实质部分并不是由库威林法官所写,这些部分包含关于证人的可信性的认定以及关于欺诈的认定,这些认定与库威林法官报告中所作出的事实认定是完全相反的。对于库威林法官报告中关于可信性和欺诈的事实认定的修改是由道森法官所做的。"同上,¶ 5,第309a页。

关于道森已经按照自己的意愿修改了或者拒绝了特派审理法官的事实认定,参见《规则》第183节第c分节,这些纳税人在税务法院提出了三个连续的请求;每一个请求都要求拿到特派审理法官库威林提交给首席法官的报告,或者作为替代性方案,允许将特派审理法官的报告密封在上诉记录之中。参见 Order of Aug. 30,2000,in No. 43966-85 etc.(TC),App. to Kanter Pet. for Cert. 99a-101a;Motion of May 25, 2000, in No. 43966-85 etc.(TC),App. to Kanter Pet. for Cert. 105a。税务法院拒绝了这些请求。参见 Order of Aug. 30,2000,*supra*,at 100a-101a,103a。关于这些纳税人的于2000年8月提交的第三个请求,税务法官声明:"道森法官声明,库威林法官也同意,在经过对这些案件的复杂记录进行了小心翼翼和长时间的重审以后,道森法官采纳了特派审理法官库威林的事实认定和观点……道森法官认为特派审理法官库威林的事实认定是正确的,并且,……道森法官对于库威林法官的可信性认定给予了应得的考虑。"同上,第102a页。关于纳税人所主张的特派审理法官报告的"任何预备性的草稿",税务法院补充说,这些文件"并不受提交规则的约束,因为它们涉及本法院内部协商的过程"。同上,第101a页(引用了 Order of Apr. 26, 2000, in No. 43966-85(TC), *supra*, at 109a)。

对于税务法院的上诉被分别送到这些纳税人居住地的巡回区上诉法院。《美国法典》第26标题第7482节第b分节第1段第A分段。因此,鲍兰德上诉到了第十一巡回区上诉法院,伯顿·康德上诉到了第七巡回区上诉法院,而莱尔则上诉到了第五巡回区上诉法院。三个上诉法院都接受了局长的主张,特派审理法官在税务法院最终判决上的签名表明了该判决事实上就是特派审理法官的报告。*Estate of Kanter v. Commissioner*, 337 F. 3d 833, 840-841(CA7 2003); *Ballard*, 321 F. 3d, at 1042; *Accord Estate of Lisle v. Commissioner*, 341 F. 3d 364, 384(CA5 2003)(采纳了第七和第十一巡回区法院的推理,没有详尽的细节)。上诉法院进一步同意了局长的观点,按照《规则》第183节第b分节提交给首席法官的特派审理法官的最初报告符合保密文件的要求,作为税务法院内部协商过程的一部分而予以保密。参见 *Kanter*, 337 F. 3d, at 841-844; *Ballard*, 321 F. 3d, at 1042-1043; *Accord Estate of Lisle*, 341 F. 3d, at 384。

在拒绝了纳税人对于在上诉记录中缺乏特派审理法官《规则》第183节第b分节报告的反对以后,第七和第十一巡回区法院继续审理税务法院最终判决的优点,并维持了该判决的主要部分。参见 *Kanter*, 337 F. 3d, at 873-874; *Ballard*, 321 F. 3d, at 1044. 第五巡回区法院的判决并没有出现在本院的面前,它以缺乏足够的证据推翻了针对莱尔的欺诈罚款的核定,但是支持了税务法院关于某些年度欠税的决定。参见 *Estate of Lisle*, 341 F. 3d, at 384-385。第七巡回区法院库迪(Cudahy)法官不同意关于特派审理法官的最初报告的问题,主张,对于税务法院判决的明智的重审要求将该报告包括在上诉记录之中。

我们发布了诉讼文件移送命令,541 U. S. 1009(2004),以解决这样一个问题,即税务法院是否应当将特派审理法官提交的《规则》第183节第b分节报告包括在上诉记录之中。现在,我们推翻第七和第十一巡回区法院的判决,支持将该报告包括在内。

II

本案的核心是《规则》第183节,该条款描绘了税务法院重审特派审理法官事实认定的形式框架和实质标准。《规则》第183节第b分节,其标题是"特派审判法官的报告",规定在对案件进行审理并且提交当事人的观点摘要以后,"特派审理法官应当向首席法官提交一份包含事实认定和观点的报告,首席法官将该案件分配给税务法院的一位法官"。《美国法典》第26标题,附录第1619页。《规则》第183节第c分节指导了案件被分配给作出最终判决的税务法院法官。

"针对该报告的行为:接受案件的法官可以采纳特派审理法官的报告,也可以全部或者部分修改它或者拒绝它,或者可以指示如何将额外的观点摘要归入档案,或者接受进一步的证据,或者指导一次口头的辩论,或者在自己的指导下要求重新提交报告。法官必须充分考虑当时的环境,确保特派审理法官有机会来评价该证据的可信性,必须假定包含在特派审理法官报告中的事实认定是正确的"。

在这些案件中,对特派审理法官报告进行审查的税务法院法官没有运用《规则》第 183 节第 c 分节所规定的任何手段来补充该记录。他没有"指导额外的观点摘要归档,接受进一步的证据或者指导一次口头的辩论"。该记录也没有反应,或者局长同意,参见应诉人的观点摘要第 14~15 页,税务法院法官"在自己的指导下要求重新提交特派审理法官报告"。《规则》第 183 节第 c 分节。那么,从该记录中所出现的所有情况来看,道森法官对于库威林法官报告的重审时完全依赖《规则》第 183 节第 b 分节报告本身的,该审理的抄本,以及其他归档的文献。《规则》第 183 节第 c 分节指导着这些归档文件的评估。

《规则》第 183 节第 c 分节的起源肯定了这样一个清晰的理解,从一开始,欠税认定就应当根据审理法官所作出的事实认定。1973 年的注释最新采纳了《规则》第 182 节第 d 分节,它是《规则》第 183 节第 c 分节的先驱,税务法院评论说,这一规则是模仿以前的权利主张法院的《规则》第 147 节第 b 分节而形成的。《规则》第 182 节注释,60T. C. 1150(税务法院的重审程序是"比照"权利主张法院的程序而设计的)。《规则》第 182 节第 d 分节的"应当考虑"以及"假定为正确"的模式是直接来源于以前的规则的,而根据权利主张法院对以前规则的解释,它要求对于审理法官的事实认定给予尊重的注意。参见 *Hebah v. United States*,456 F. 2d 696,698(Ct. Cl. 1972)(挑战者必须作出"强有力的肯定性证明"以推翻审理法官事实认定的正确性假定)。税务法院承认权利主张法院《规则》第 147 节第 b 分节是它自己规则的模型,事实上,税务法院几乎完全照搬了该语言,由此导致了税务法院自己得出的结论:根据该规则的参照《规则》第 182 节第 b 分节的规定,现在设计了《规则》第 183 节第 c 分节,特派审理法官的事实认定"被给予特殊的看重,限于这些事实认定是在有机会审理和观察证据的范围内"。《规则》第 182 节注释,60 T. C. 1150(1973);参见 *Stone v. Commissioner*,865 F. 2d 342,345(CADC 1989)。

根据 1973 年阐述的《规则》第 182 节,税务法院对于特派审理法官报告的重审是一个透明的过程。《规则》第 182 节第 b 分节规定了可以向当事人提供特派审理法官报告的复印件,《规则》第 182 节第 c 分节允许当事人对该报告提出异议。60T. C. ,第 1149 页。这一过程类似于地区法院对于治安法官报告及其建议的重审:合格的税务法院法官独立地重审特派审理法官报告,基于该记录以及当事人对该报告的异议。参见《规则》第 182 节第 c 分节、第 d 分节,同上,第 1149~1150

页。在1984年之前,税务法院公开承认其存在"不同意特派审理法官"的情形。参见 *Rosenbaum v. Commissioner*, 45 TCM 825, 827(1983), ¶ 83, 113 P-H Memo TC, p. 373,或者修改特派审理法官的事实认定的情况,参见 *Taylor v. Commissioner*, 41 TCM 539(1980), ¶ 80, 552 P-H Memo TC, p. 2344(在"有部分修改"的情况下采纳了特派审理法官的报告)。因此,当事人有机会在上诉法院那里抗辩税务法院没有对特派审理法官的事实认定给予《规则》第182节第 d 分节所要求的"应得的考虑"以及"假定为正确"的模式。

　　1983年,税务法院修改了该规则,同时被重新编号为《规则》第183节。1983年的修改取消了以前在《规则》第182节第 b 分节中的应当事人的要求提供特派审理法官报告的复印件的规定;同时,它也取消了以前在《规则》第182节第 c 分节中的,允许当事人对该报告提出异议的规定。参见《规则》第183节注释,81 T.C.,第1069～1070页。然而,税务法院保留了这一规则中的要求对特派审理法官的可信性决定给予"应得的考虑"的规定,并且指示:"特派审理法官推荐的事实认定应当被假定为正确。"《规则》第183节第 c 分节,同上,第1069页。而且,1983年的修改并不旨在改变税务法院法官可以对特派审理法官的报告所采取行动的性质;与以前一样,税务法院可以"采纳"该报告,"修改它",或者"全部或者部分拒绝它"。然而,在实践中,税务法院不再承认它具有拒绝或者修改特派审理法官的事实认定的情形。库迪法官在第七巡回区法院判决中持不同意见,他评论说,自从1983年修改以来一直流行"特别一致":"自从采纳现行的《规则》第183节以来,在任何情况下我都能发现,税务法院法官具有不同意并且不采纳特派审理法官观点的现象。" *Kanter*, 337 F. 3d, at 876; cf. Tr. of Oral Arg. 44(局长的律师在回答法官的问题时说:"我们并不知道在任何案件中,税务法院法官已经拒绝了特派审理法官的事实认定……")。

　　从这些案件以及局长在本院的表现来看,随着1983年对《规则》第183节的修改,税务法院就开创了一种崭新的关于特派审理法官在审理后提交给首席法官的报告的实践。税务法院不再将该案件分配给一位法官单独重审该报告并且发布一个采纳它、修改它或者全部或者部分拒绝它的判决。相反,税务法院法官将特派审理法官的报告在实质上视为内部的草稿,这一草稿是供合格的法官与特派审理法官协商对其加工的对象。同上,第38页(局长的律师承认,特派审理法官和合格税务法院法官从事一种"学院式的协商程序",并且该程序"在作出决定的过程中……不仅仅涉及一个主体",这是"与众不同的")。同上,第29～30页(提及在特派审理法官将其报告提交给首席法官之后的"协商的程序"); *Kanter*, 337 F. 3d, at 876-877(库迪法官持不同意见)。税务法院规则中没有任何地方提到这里所描述的联合事业。

　　当该协商程序完成以后,税务法院法官在所有的案件中都发布这样一个决定:"同意和采纳特派审理法官的观点。"参见前面,第3页。该"观点"修改或者拒绝特派审理法官所作出的《规则》第183节第b分节事实认定和观点的地方以及由合格税务法院法官提示和书写的重要的部分都不披露。Cf. Order of Apr. 26, 2 000, at 108a(拒绝了披露根据《规则》第183节第b分节所准备的最初的特派审理法官报告的请求,税务法院道森法官这样说:"特派审理法官库威林根据《规则》第183节第b分节的规定提交了他的报告,该报告变成了在1999年12月15日发布的事实认定和观点的备忘录")。

　　库迪法官更精确地描述了税务法院的程序运作过程:"在很多税务法院的案件中,实际上存在两个特派审理法官的报告——最初的报告是根据《规则》第183节的规定提交给税务法院首席法官的报告,该报告代表了特派审理法官的观点(也表现了特派审理法官在审理之后的观点),后一个特派审理法官的观点是一个协商的结果,但是这个观点也正是税务法院所'同意并且采纳'的,并且作为税务法院的观点。"Kanter, 337 F. 3d, at 876。

　　然而,值得注意的是,税务法院规则仅仅一次提到了特派审理法官的"观点":"特派审理法官应当向首席法官提交一份包含事实认定和观点的报告。"《规则》第183节第b分节,《美国法典》第26条标题,附录第1619页。这个观点,包括在一份完成的、提交给被分配审理该案件的合格税务法院法官的报告中,是根据现行规则可以归于特派审理法官的唯一的观点。相应的,它是《规则》第183节第b分节报告,而不是什么后来完成的协作的报告,《规则》第183节第c分节,其标题为"对报告采取的行动",指示税务法院法官去重审和采纳、修改或者拒绝该报告。参见《规则》第183节第c分节(税务法院法官"可以采纳特派审理法官的报告")。在《规则》第183节第c分节所预期的重审程序中,税务法院法官必须尊重特派审理法官的事实认定。然而,一个人很难解释清楚,一个最终的决策者,这里就是税务法院的法官,如何能够对自己参与产生的观点给予"应得的考虑",并"假定其是正确的"。

　　无论税务法院当前的实践是多么有效率,我们没有在公开的税务法院规则中找到其合法性根据。税务法院,与所有其他作出判决的法院一样,有义务遵守它自己的规则。参见 Service v. Dulles, 354 U. S. 363, 388(1957)(国务卿"不能无视这些法规的存在而采取行为,只要这些法官保持不变");参见 Vitarelli v. Seaton, 359 U. S. 535, 540(1959)(部长应当受到他发布的法规的约束,"即使在没有这些法规存在的情况下",他本来可以采取挑战该法规的行为);同上,第546页(法兰克福特法官部分同意,部分不同意)(请注意,该法院的所有成员都赞同,代理"必须严格遵守它所表示出来的它作出判决的标准")。尽管税务法院在解释其规则的过程中可以有失误,但是,将《规则》第 183 节理解为规定了协商程序,以及将"应得的考虑"和"假定为正确"的模式解释为传达了这些相同的语言在 1983 年规则改变之前所没有表达的东西都是没有道理的。参见前面,第 12~14 页。

税务法院的这种不披露特派审理法官的最初报告并且使得税务法院法官重审该报告模式模糊的实践完全阻碍了上诉法院对于税务法院判决的重审。在指示税务法院法官对于特派审理法官的可信性判决给予"应得的考虑"并且假定特派审理法官的事实认定为正确的之时,《规则》第 183 节第 c 分节承认了一个有事实根据的、被通常所接受的理解:在第一场合审理证人和详审证据的官员对于案件有一个全面的认识,它不能被完全转化为书面记录。

特别是,欺诈案件有可能涉及关键的可信性估价,使得审理案件的法官对案件的评估对于税务法院的最终判决具有决定性的意义。这些案例就是例证。税务法院的判决重复得出了影响鲍兰德、伯顿·康德以及其他若干证人的可信性的结论理。参见 *Investment Research Assoc.*,78 TCM,at 1060,¶ 99,407 RIA Memo TC,p. 2675("我们发现伯顿·康德的证词是难以相信的");同上,第 1083,¶ 99,407 RIA Memo TC,p. 2703("我们发现鲍兰德的证词是含糊的、推托的以及不可靠的");同上,第 1079,¶ 99,407 RIA Memo TC,p. 2698("托马斯·莱尔、鲍兰德、哈特和艾尔布莱特的证词是不可靠的");同上,第 1140,¶ 99,407 RIA Memo TC,p. 2776("本案中代表投资研究协会的证人显然是偏颇的,他们的证词是不可信的")。在本案以及类似的案例中,如果不能接触特派审理法官的《规则》第 183 节第 b 分节报告,上诉法院将没有办法确定:① 该报告中的可信性和其他事实认定是否被税务法院法官给予了"应得的考虑"并"被假定为正确";或者②它们是否是在没有遵守这些标准的情况下被替换的。参见 *Kanter*,337 F. 3d,at 886(库迪法官部分同意,部分不同意)("我认为,在评价税务法院的欺诈判决时,没有什么是比审理该案件的特派审理法官的未经过滤的事实认定更重要的了")。

然而,局长辩论说,特派审理法官的报告是一个内部的草案,仅仅是"秘密决策过程"的一个"步骤",因此,从上诉法院那里排除是恰当的。参见应诉人的观点摘要,第 16~17 页[引用了 *United States v. Morgan*,313 U. S. 409,422(1941)法院不应当探测决策主体的智力过程];2000 年 8 月 30 日的记录命令,第 101a 页。我们的结论是,《规则》第 183 节并没有授权税务法院将特派审理法官的《规则》第 183 节第 b 分节报告作为一个协商版本的草案,参见上面,第 16~17 页,我们拒绝了这样一种抗辩。局长不能根据税务法院对其自己规则的任意解释而将特派审理法官的报告予以隐藏。比较 *Kanter*,337 F. 3d,at 888(库迪法官部分同意,部分不同意)(在上诉过程中接触特派审理法官的《规则》第 183 节第 b 分节报告的权利不应当被税务法院的"口头的隐藏其修订过程的模式"所阻碍,税务法院法官声称可以通过这种模式来"同意并且采纳"特派审理法官的观点)。

考虑到通常流行的关于法院使用审理官员的实践,我们更加反对税务法院取消其规则授权的唯一特派审理法官报告。治安法官、特派雇主以及破产法官的最初事实认定和建议都可以被有权重审该地区法院判决的上诉法院所获得。参见《美国法典》第 26 标题第 636 节第 b 分节第 1 段第 C 分段(治安法官所建议的事实认定必须提交给法院并且邮寄给当事人);《联邦民事诉讼规则》第 53 节第 f 分节(特派雇主);《联邦破产诉讼规则》第 9033 节第 a 分节、第 d 分节(破产法官);《联邦上诉程序规则》第 10 节第 a 分节(上诉记录包括提交给地区法院的最初的文件)。《行政程序法》规定:"所有的判决,包括最初的、建议的以及暂定的判决,都是上诉记录的一部分。"《美国法典》第 5 标题第 557 节第 c 分节;同时参见 706 节(重审法院应当评估"全部记录")。与这种几乎普遍一致的法庭上的透明程序——一个官员主持审理(因此也观察和倾听证据和证言),另外一个官员随后提出最终判决——相比,税务法院的实践是反常的。正如一位观察员所提出的疑问:"如果有一些政策性理由指示其他所有的人都公开,为什么这些理由不能适用于税务法院?"Kanter,337 F. 3d, at 874(库迪法官部分同意,部分不同意);比较 Mazza v. Cavicchia,15 N. J. 498,519,105 A. 2d 545,557(1954)("我们不能在任何州发现这样一个案件,该案件认为或者试图认为对于向行政代理机构的首长所提交的审理官员的报告可以被秘密使用是正当的")。

然而,局长坚持认为,税务法院的这种实践,即用"协商"报告代替特派审理法官的最初报告并且拒绝披露该最初报告,既不是"独特的",也不是"失常的"。应诉人的观点摘要,第 31 页。作为一个"直接的法律类比",局长指的是《美国法典》第 26 标题第 7460 节第 b 分节,该规定规范了由全体税务法院重审的案件。第 7460 节第 b 分节指示,当全体税务法院重审一位税务法院法官的判决时,最初的一个法官作出的判决"不应当作为上诉记录的一部分"。由于以下几个原因,我们拒绝了局长试图将显著不同的程序予以等同的努力。

首先,正如局长自己所说的,当全体法院法官重审情况发生时,一个税务法院法官的观点将从上诉记录中被取消是一个"来自早期税务法院先例"的法定规则。应诉人观点摘要,第 31 页(引用了 1928 年的《税收法》,ch. 852,§601,45 Stat. 871)。到今天,国会已经规定不再相应地取消特派审理法官的最初报告。因此,这样就可以理解了。全体税务法院法官重审旨在对法律问题作出决定,而不是重审由主持审理的法官所作出的事实认定。参见 L. Lederman & S. Mazza,Tax Controversies:Practice and Procedure 247(2000)。当全体税务法院法官重审时,它是在对所提出的法律问题作出一个最终的决定。相反,事实认定对于特派审理法官报告而言是关键性的。参见《规则》第 183 节第 c 分节,26 U. S. C. App.,

p. 1619。并且,根据税务法院的规则,这些事实认定是重审的对象。相反,他们应当遵守"应得的考虑"和"假定正确"的标准。参见前面,第12~14页。

其次,组成全体税务法院的法官以及作出判决的个体税务法院法官是总统任命的,在等级上是相同的。每个人在税务法院的业务中都具有同等的发言权。在个体法官不同意他的同事的情况下,他可以提交一份不同意的观点,可以重复或者摘抄他最初的判决。特派审理法官是为税务法院服务的,他缺少合格税务法院法官所具有的独立性,同时也不享有发表不同观点的特权。参见 *Kanter*,337 F. 3d,at 879-880(库迪法官部分同意,部分不同意)。

最后,我们注意到由纳税人提交的其他抗辩。鲍兰德和伯顿·康德主张,正当法律程序条款要求披露对法院的最终判决具有实际意义的特派审理法官的事实认定。原告鲍兰德的观点摘要,第43~48页;原告伯顿·康德的观点摘要,第19~27页。他们还主张,正如特派雇主、治安法官以及破产法官的报告可以作为从地区法院上诉的上诉记录的一部分,特派审理法官报告也可以构成从税务法院上诉的上诉记录的一部分。他们将自己的主张建立在上诉复审法律的基础之上,《美国法典》第26标题第7482节第a分节第1段,该条款规定,上诉法院"按照与复审地区法院的没有陪审团的民事诉讼相同的方式"来审理税务法院的判决。原告鲍兰德的观点摘要,第23~27页;原告伯顿·康德的观点摘要,第27、第34~35页。而且,他们主张,《美国法典》第26标题第7459节第b分节和第7461节第a分节要求披露在税务法院的程序中所产生的所有报告,特别豁免的除外。原告伯顿·康德的观点摘要,第42~44页。因为我们认为,税务法院的规则并没有授权税务法院现在遵循的这种实践,我们没有必要讨论这些抗辩,对此也不发表任何观点。

局长描述和辩护的异质的程序,尽管不是当前的《规则》第183节所创造的审判制度,但是税务法院在某一天可能采取的程序。如果税务法院想修改其规则以表达税务法院法官重审特派审理法官报告性质的这种改变,这种改变当然应当遵守相关联邦法律和正当法律程序所规定的上诉复审程序。

鉴于以上所述原因,第七和第十一巡回区上诉法院的判决被推翻,这些案件被发回,上诉法院应当按照本院规定重新审理。

如此判决。

肯尼迪法官和斯卡拉法官同意本院判决,但补充了一些意见。

我同意本院的观点,但是补充一些要点,这些要点是该案件被发回以后再进一步的审理中应当予以考虑的。

按照我的观点,本院的观点是正确的,首先,《规则》第183节第c分节规定"应当尊重由特派审理法官作出的事实认定",其次,"《规则》第183节第c分节指示税务法院重审和采纳、修改或者拒绝的正是《规则》第183节第b分节报告"。

本院的后一种观点可以为我们对《规则》第183节的最自然的解读所支持。如果要接受国内税收服务局局长的相反观点,那么,我们只能将第b和c分部分中的"报告"这个术语理解为两种不同的事物。而且,该文中的另外一种暗示也与局长的立场相反。《规则》第183节第c分节授权税务法院法官根据自己的指示再委托特派审理法官重新提交一份报告。再委托通常是开始再审理的形式机制或者由最初的决策者所进行的其他形式的行动。参见《联邦民事诉讼规则》第72节第b分节("地区法官可以接受、拒绝或者修改该推荐的判决,进一步获得证据,或者在给予指示的前提下就某事项再委托治安法官");《联邦民事诉讼规则》第53节第e分节第2段(2003年修改)("法庭在审理以后,可以采纳特派雇主的报告,或者修改它,或者全部或者部分拒绝它,或者可以进一步获得证据,或者在给予指示的前提下再委托");比较 *Kansas v. Colorado*, 543 U. S. _____, _____ (2004) (slip op., at 17)("我们接受特派雇主的建议,同时将该案件再委托给特派雇主以准备一份与本观点相一致的判决")。考虑到税务法院《规则》第183节第c分节为税务法院法官向特派审理法官将该报告发回请其重新考虑提供了一个正式的渠道,我们很难将该规则解释为允许局长以及不同意的观点在这里所辩护的非正式程序。

如果税务法院认为有必要允许在特派审理法官和税务法院法官之间进行非正式的协商或者协作,他可以为该程序设计一个规则。另外,如果要坚持更加注重形式——尊重特派审理法官的报告以及税务法院法官描述任何实质性地离开最初事实认定的原因的义务——而不要求披露最初的报告,那将导致一个更加有问题的途径。并不经常存在要求尊重最初事实认定者的规则,但是被影响的主体没有任何方法保证其执行。

现在给我们提出了这样的问题,这些案件在发回以后应当怎样解决以及当前的规则在以后的案件中应当怎样解释。关于前者,这个问题是很难回答的,因为我们不知道在税务法院中发生了什么事情,在这里,这是一个很重要的需要强调的要点。从单个的书面陈述来看,大多数推断出了"崭新的实践",其中,税务法院将最初的特派审理法官报告视为"由合格法官和特派审理法官协作对其进行加工的内部草稿"。我认为,这一观点表明了应当存在这样一个实践,而不是已经存在的那个。相反,反对者好像假定,对于最初报告的任何改变都是由特派审理法官再考虑的结果或者由税务法院法官非正式建议的结果(李坤斯特法官的观点)。考虑到我们面前的稀少的记录,我不会轻易作出任何一种假设,特别是考虑到被指控为税务法院的判决辩护的局长并不比我们与税务法院的内部工作具有更多的利害关系。

考虑到关于最初的报告在事实上是否被改变或者被替代问题的不确定性,仍然存在事实问题需要解决。如果最初的报告在实质上并没有被改变,那么,就不存在违反规则的情况。同时,如果在特派审理法官和税务法院法官之间协商努力的过程中,该报告被实质修改了,税务法院可以采取不同的方法来修补该规则的这一部分。例如,它可以简单地将该案件再委托特派审理法官提交最初报告并且从那里开始。更有可能的情况是,在这些情形下,补救的方法是税务法院披露库威林法官在 1998 年 9 月 2 日或者之前提交的报告。

这又导致了这样一个问题,在以后的案件中应当如何解释《规则》第 183 节。《规则》第 183 节要求对特派审理法官给予尊重当然就意味着诉讼的当事人拥有知道是否被给予了尊重的方法以及在没有被给予尊重的情况下,配备了提出异议的权利。因此,对于该规则的合理的解读要求诉讼当事人以及上诉法院能够有机会就特派审理法官的最初报告中的事实认定进行评估的机会。将最初的事实认定包括在上诉记录之中就可以实现这一目的。

所有这些事情应当由上诉法院或者税务法院首先说明清楚。

在补充了这些观察以后,我赞同本院的观点。

李坤斯特首席法官和托马斯法官不同意本院判决。

本院基于《规则》第 183 节并没有"授予税务法院现在所遵循的实践"而推翻了上诉法院的判决。我并不同意。税务法院对于其自己规则的遵从是一个应当听从该法院自己的解释的问题。因此,我不同意。

税务法院将《规则》第 183 节解释为并不要求披露特派审理法官按照第 b 分段的要求所提交的报告,当税务法院法官采纳特派审理法官的报告时。在 1983 年,税务法院修改了其规则,取消了特派审理法官提交的报告向当事人披露以至于他们能够在税务法院法官对该报告采取行动之前对其提出异议的要求。参见《规则》第 183 节注释,81 T. C. 1069-1070(1984)。1983 年的修改也改变了这一规则,要求特派审理法官向首席法官提交"他的报告",而不是将他的报告"归档",参见《规则》第 182 节第 b 分节,60 T. C. 1150(1973),因此,也将最初的报告从上诉记录中排除了。参见《联邦上诉程序规则》第 10 节第 a 分节第 1 段(要求上诉记录包括"最初的文件以及在地区法院展示的归档的文件")。

与这些修改相一致,在法官道森、特派审理法官库威林以及首席法官韦尔斯签署的观点中,税务法院认为,在这些案件中并不要求披露《规则》第 183 节第 b 分节报告,因为"在这些案件中,唯一的关于事实认定和观点的官方备忘录就是 T. C. Memo. 1999-407,这是由特派审理法官库威林在 1999 年 12 月 15 日归档的,是由法官道森所复审和采纳的,并且由前任首席法官科恩所重审和批准的"。Order of Aug. 30, 2000, in No. 43966-85 etc. (TC), App. to Kanter Pet. for Cert. 102a(在下文中:Order of Aug. 30, App. to Kanter Pet. for Cert.)。局长的观点摘要已经明确表明,在特派审理法官的最初观点和他的最终观点之间所存在的任何改变"据推测,都是特派审理法官对该案件的合法再评估的结果"。应诉人观点摘要第

11 页；被上诉人观点摘要记录，No. 01-17249(CA11)，pp. 92-93；被上诉人观点摘要记录，No. 01-4316 etc. (CA7)，pp. 122-123。因此，与它的实践相一致，在税务法院当前的形态中采纳《规则》第 183 节以来的 20 多年里，税务法院将《规则》第 183 节解释为并不要求披露"任何报告或者观点的预备的草稿"。Order of Apr. 26, 2000, in No. 43966-85 etc. (TC)，App. to Kanter Pet. for Cert. 109a。

由于对《规则》第 183 节的这种解释是合理的，我们应当接受。代理人对其自己规则或者规章的解释应当被赋予"决定性的重要地位，除非它是明显错误或者与规章明显不一致的"。*Bowles v. Seminole Rock & Sand Co.*，325 U. S. 410，414 (1945)；同时参见 *United States v. Cleveland Indians Baseball Co.*，532 U. S. 200，219-220(2001)；*Martin v. Occupational Safety and Health Review Comm'n*，499 U. S. 144，150-157(1991)。

尽管该尊重是建立在税务法院对其规则的合法解释的基础之上的，本院将该规则理解为披露提交的报告，因为第 c 分段要求"对特派审理法官的最初报告"作出行为。相反，《规则》第 183 节仅仅要求对"特派审理法官的报告"作出行为。该规则并没有规定，特派审理法官在将其最初的报告提交给首席法官以后、在税务法院法官对其采取行动之前，是否可以对该报告的技术性或者实质性错误进行改正，或者是由于自己的主动，或者是通过非正式的建议。第 c 分段所使用的"特派审理法官的报告"这个术语最自然地理解应当是只有特派审理法官所创作以及归因于特派审理法官的报告。如果特派审理法官改变了他的报告，那么，修版本的报告就变成了"特派审理法官的报告"。至少，税务法院将该规则解释为并不要求披露最初的草稿或者报告并不是没有道理的或者任意的。参见 *Estate of Kanter v. Commissioner*，337 F. 3d 833，841(CA7 2003)("很明显，税务法院自己的规则并不要求披露该报告……")。

本院所主张的司法审查也没有受到阻碍。因为，第 c 分段可以被解读为，正如税务法院所做的那样，允许采纳由特派审理法官所创造和签署的报告，上诉法院也确信，税务法院法官道森清楚地采纳了特派审理法官库威林的报告。同上，第 840~841 页；*Ballard v. Commissioner*，321 F. 3d 1037，1038-1039 (CA11 2003)。毫无疑问，在采纳特派审理法官库威林的事实认定以及他的法律结论方面，税务法院法官道森(Dawso)无论在什么层次上都遵守了《规则》第 183 节第 c 分节的要求。

与本院主张的差异相反，这样一个法定的要求，即当首席法官指示税务法院法官的最初观点被全体税务法院所复审的时候，该观点不需要公开，与税务法院对《规则》第 183 节的解释是具有很强的类似性的。参见《美国法典》第 26 标题第 7460 节第 b 分节；*Estate of Varian v. Commissioner*，396 F. 2d 753(CA9 1968)。其判决被复审的税务法院法官可以与全体法官的判决持不同观点。类似的，特派审理法官也可以选择不改变其最初的事实认定和观点。为了与第7460节第b分节相区分,本院暗示着税务法院法官道森对特派审理法官库威林行使了,或者至少可能行使了不适当的影响或者不适宜的控制。参见 *Freytag v. Commissioner*,501 U.S. 868,872, n.2(1991);*United States v. Morgan*,313 U.S. 409,422(1941);*Fayerweather v. Ritch*,195 U.S. 276,306(1904),不应当基于无确实根据的以及非特定的书面陈述而打击法官的正直。

总之,《规则》第183节并没有规定按照第b分段的规定提交给首席法官的报告必须是税务法院法官根据第c分段的规定对其采取行动的报告。因此,本院应当尊重税务法院对该规则(1983年修改)的解释,应当允许仅仅披露被税务法院法官所采纳的特派审理法官的报告。

正如考虑该辩论的每一个上诉法院所得出的结论,纳税人的合法性和合宪性的辩论并不是可以着色的。参见 *Estate of Lisle v. Commissioner*,341 F.3d 364,384(CA5 2003);*Estate of Kanter v. Commissioner*,*supra*, at 840-843;*Ballard v. Commissioner*,*supra*,at 1042-1043。我同意这些结论。

因为这些原因,我赞同上诉法院的观点。

第二十章 歧视性财产评估方法司法审查案(2007)

一、基本法律规定

(一)《铁路复兴与调整改革法》第 11501 节第 b 分节的部分规定

州在征税时不能采取下列方法评估铁路运输财产,该方法所导致的评估价值与铁路财产的真实市场价值之比高于位于同一税收管辖权内的其他商业和工业财产的评估价值与其真实市场价值之比。

(二)《铁路复兴与调整改革法》第 11501 节第 c 分节的部分规定

如果铁路比率超过了其他财产比率的 5%,地区法院可以禁止该税款的征收。

确定真实市场价值的举证责任由州法律规定。

二、基本制度解析

为了促进铁路运输业的发展,美国国会制定了《铁路复兴与调整改革法》,该法律明确禁止各州对铁路运输企业征收歧视性税收。税收的基本要素包括纳税人、税率和税基等。确定纳税人税收负担高低的决定性因素是税率和税基。因此,所谓歧视性税收实际上就是在税率或者税基上存在歧视。

《铁路复兴与调整改革法》禁止州在征税时对铁路财产估价过高实际上就是防止州在确定税基时歧视铁路运输企业。至于州在对各类财产进行评估时采取什么方法,该法律并未作出明确规定,也不需要由该法律来规定,因为这是各州自己的事情。该法律所禁止的仅仅是对铁路运输企业的歧视,因此,只要州所确定的财产市场价值评估方法不具有歧视铁路运输企业的性质就不会受到该法律的禁止。

三、案情简介

根据佐治亚州的法律,为税收之目的,绝大多数商业和工业财产都应当在当地由县委员会进行评估,但是公共设备,例如,原告的铁路(CSX)最初是由州来评估的。2002 年,应诉人佐治亚州委员会采取了一种不同于其 2001 年采取的联合方法确定 CSX 在州内的不动产的市场价值已经增加了 47%,由此需要征收较大数额的税收。CSX 根据《1976 年铁路复兴与调整改革法》提起诉讼,该法禁止州对铁路运输财产进行评估时所采取的比率高于州对位于同一税收管辖权内的其他商业和工业财产进行评估时所采取的比率,《美国法典》第 49 标题第 11501 节第 b 分节第 1 段,并且授权联邦地区法院禁止各州征收税款,如果铁路比率超过了其他财产比率的 5%,第 11501 节第 c 分节。CSX 认为佐治亚州过高地评估了其位于该州的铁路财产,但同时却正确地评估了位于该州的其他商业和工业财产,因此,CSX 的财产被按照超过其他州内财产所使用比率的 5% 以上的比率进行了评估。联邦地区法院裁定佐治亚州并没有歧视 CSX,也没有违反《1976 年铁路复兴与调整改革法》,因为该州使用了被广泛接受的评估方法来评估相关财产的 2002 年的真正市场价值,地区法院认为,如果州所选择的方法是合理的并且不具有歧视性,铁路就不能挑战州选择评估方法的行为。第十一巡回区上诉法院维持了该判决,认为该法律并没有明确规定铁路可以挑战评估方法,这样明确的规定导致铁路无权挑战州的征税特权。考虑到其他巡回区法院也有很多对该问题进行了判决,联邦最高法院发布了诉讼文件移送命令,以解决这一问题。

四、正反方观点

(一) 正方(佐治亚州,地区法院,第十一巡回区上诉法院)观点

必须将评估方法与法律的适用区分开来,法律仅仅允许法院审理后者。如果允许铁路提出他们自己的评估方法,就会导致专家意见无用的冲突,法院也没有合理的方法来判断哪一种方法是更加准确的。

把法律解释为允许法院对于评价方法的审查违反了制定该法律当时的联邦主义的背景。法院的解释将破坏州选择它们自己的评估方法的自由裁量权。

该法律"并没有一般性地允许铁路挑战州所选择的方法",只要该州所选择的方法是合理的并且不具有歧视的目的。"该法律的语言表述并没有明确规定铁路可以挑战评估方法",如果要干预州征税的特权就必须有这样一个明确的法律规定。

（二）反方（纳税人，联邦最高法院）观点

《1976年铁路复兴与调整改革法》允许铁路挑战州评估铁路财产价值的方法，如果该评估方法导致州歧视性地确定财产的真正市场价值。

法律的语言很清楚，州不能对铁路财产征税，如果评估铁路财产真实市场价值所使用的比率高于评估位于同一税收管辖权内的其他商业或者工业财产所使用的比率。为了适用这一法律，地区法院必须计算州内铁路财产的真实市场价值。法院不能担保法律所要求的比率的比较，如果手边没有该数额，真实市场价值的确定可以受到州对于评估方法选择的影响。佐治亚州认为，必须将评估方法与法律的适用区分开来，法律仅仅允许法院审理后者，我们不采纳这一论辩。根据法律的语言，方法和适用之间并没有什么区别，没有任何法律禁止地区法院进行州所主张的事实认定。考虑到市场价值的计算方法，佐治亚州的立场是站不住的。评估并不是一个数学问题，而是适用法律的科学，甚至艺术。大部分评估者都不使用一种方法来评估市场价值，而是联合使用多种方法来评估市场价值，因为没有任何一种方法是完全准确的，至少在缺乏所讨论财产的市场的情况下是这样。单独一种方法有时得出更加可靠、有时得出不太可靠的结论，取决于所评估财产的特殊性。考虑到方法的选择可以影响价值的确定，禁止法院对于州评估方法的审查将导致第11501节成为一纸空文，相当于强迫法院将州——诉讼当事人一方——评估的价值作为"真实"的市场价值。反过来，州则可以任意选择一种能够将铁路资产的价值高估的方法来确定其市场价值。然后基于该高估的价值对其征税，这样，州就可以征收国会试图根除的具有歧视性的税收。国会也没有能力阻止州这样做，该法律对于铁路就不能提供任何保护，除了一个数学上精确计算的歧视性的税收。州警告说，如果允许铁路提出他们自己的评估方法，就会导致专家意见无用的冲突，法院也没有合理的方法来判断哪一种方法是更加准确的。国会指示法院寻求真实的市场价值，无论它是多么难以捉摸，应当将该价值作为法院评估的客观基准。财产评估，尽管被公认为复杂，但从根本上来讲，不过是"关于可能的市场价值的事实认定问题"，是地区法院过去曾经做过的事情。由于法律指示地区法院来确定真实的市场价值，佐治亚州的主张就是企图限制地区法院履行其事实认定的职责。如果国会有意施加这样一个限制，国会可以很容易在法律中规定州对于评估方法的选择可以免受司法审查。但是国会并没有这样做。

州认为，把法律解释为允许法院对于评价方法的审查违反了制定该法律当时的联邦主义的背景。即使法院审查的评估方法涉及重要的州政策，然而，国会明确允许法院就该方法进行审查，因为国会禁止使用歧视性的评估比率，并且国会将真实的市场价值这一问题作为可以在联邦法院诉讼的问题。本院也不赞同佐治亚州所主张的下列观点：法院的解释将破坏州选择它们自己的评估方法的

自由裁量权。州可以选择它所喜欢的任何方法，只要该方法不具有歧视性，不违反法律的规定。

五、案件评析

本案所争议的焦点问题是各州所采取的财产价值评估方法是否是法院司法审查的对象。对此，《铁路复兴与调整改革法》的确没有作出明确规定。但是该法律规定各州不能采取歧视性的比率来评估铁路财产，由于财产评估方法的选择直接决定了该财产的市场价值的高低，也就直接决定了该财产评估价值与真实价值之间的比率，因此，可以认为该州也禁止各州采取歧视性的财产评估方法。对此，联邦最高法院的分析已经非常有说服力。

其实，换一个角度来分析这个问题也能得到相同的结论。《铁路复兴与调整改革法》的目的非常明确，就是禁止各州对铁路运输企业征收歧视性税收。由于影响税收负担的决定性因素是税率和税基，因此，该法律也禁止各州对铁路运输企业采取歧视性税率和税基。本案所涉及的正是对于铁路财产采取了歧视性的价值评估方法，这样就直接导致了对铁路运输企业采取歧视性税基，相当于征收了歧视性税收。联邦最高法院的分析实际上也指出了这一点，《铁路复兴与调整改革法》的目的不在于要求各州采取什么评估方法，而只是禁止各州采取歧视性的税收政策，其中包括但不限于歧视性的评估方法。既然法律对此有明确规定，当然应当允许联邦法院对各州所采取的评估方法是否具备歧视性进行司法审查。

本案实际上是各州利益和联邦利益的协调问题。各州希望对位于本州境内的不动产多征税，联邦希望各州对铁路运输企业采取较为宽松的税收政策以促进其发展。当然，从长远来看，联邦和各州的利益并没有冲突，铁路运输业的发展可以给联邦和各州带来丰富的税源，对各方都是有好处的。

六、美国联邦最高法院关于本案的判决书

美国联邦最高法院

CSX 运输公司诉佐治亚州均等化委员会，552 U. S. _____（2007）

No. 06-1287.

辩论于 2007 年 11 月 5 日

判决于 2007 年 12 月 4 日

根据佐治亚州的法律，为税收之目的，绝大多数商业和工业财产都应当在当地由县委员会进行评估，但是公共设备，例如，原告的铁路（CSX）最初是由州来评估

的。2002年,应诉人佐治亚州委员会采取了一种不同于其2001年采取的联合方法确定CSX在州内的不动产的市场价值已经增加了47%,由此需要征收较大数额的税收。CSX根据《1976年铁路复兴与调整改革法》提起诉讼,该法禁止州对铁路运输财产进行评估时所采取的比率高于州对位于同一税收管辖权内的其他商业和工业财产进行评估时所采取的比率,《美国法典》第49标题第11501节第b分节第1段,并且授权联邦地区法院禁止各州征收税款,如果铁路比率超过了其他财产比率的5%,第11501节第c分节。CSX认为佐治亚州过高地评估了其位于该州的铁路财产,但同时却正确地评估了位于该州的其他商业和工业财产,因此,CSX的财产被按照超过其他州内财产所使用比率的5%以上的比率进行了评估。联邦地区法院裁定佐治亚州并没有歧视CSX,也没有违反《1976年铁路复兴与调整改革法》,因为该州使用了被广泛接受的评估方法来评估相关财产的2002年的真正市场价值,地区法院认为,如果州所选择的方法是合理的并且不具有歧视性,铁路就不能挑战州选择评估方法的行为。第十一巡回区上诉法院维持了该判决,认为该法律并没有明确规定铁路可以挑战评估方法,这样明确的规定导致铁路无权侵犯州的征税特权。

本院认为,《1976年铁路复兴与调整改革法》允许铁路挑战州评估铁路财产价值的方法,如果该评估方法导致州歧视性地确定财产的真正市场价值。第5～12页。

第一,法律的语言很清楚。州不能对铁路财产征税,如果评估铁路财产真实市场价值所使用的比率高于评估位于同一税收管辖权内的其他商业或者工业财产所使用的比率。为了适用这一法律,地区法院必须计算州内铁路财产的真实市场价值。法院不能担保法律所要求的比率的比较,如果手边没有该数额,参见 *Burlington Northern R. Co. v. Oklahoma Tax Comm'n*,481 U. S. 454,461,真实市场价值的确定可以受到州对于评估方法选择的影响。佐治亚州认为,必须将评估方法与法律的适用区分开来,法律仅仅允许法院审理后者,我们不采纳这一论辩。根据法律的语言,方法和适用之间并没有什么区别,没有任何法律禁止地区法院进行州所主张的事实认定。考虑到市场价值的计算方法,佐治亚州的立场是站不住的。评估并不是一个数学问题,而是适用法律的科学,甚至艺术。大部分评估者都不使用一种方法来评估市场价值,而是联合使用多种方法来评估市场价值,因为没有任何一种方法是完全准确的,至少在缺乏所讨论财产的市场的情况下是这样。单独一种方法有时得出更加可靠、有时得出不太可靠的结论,取决于所评估财产的特殊性。考虑到方法的选择可以影响价值的确定,禁止法院对于州评估方法的审查将导致第11501节成为一纸空文,相当于强迫法院将州——诉讼当事人一方——评估的价值作为"真实"的市场价值。反过来,州则可以任意选择一种能够将铁路资产的价值高估的方法来确定其市场价值。然后基于该高估的价值对其征税,这样,州就可以征收国会试图根除的具有歧视性的税收。国会也没有能力阻止州这样做,该法律对于铁路就不能提供任何保护,除了一个数学上精确计算的歧视性的税收。州警告说,如果允许铁路提出他们自己的评估方法,就会导致专家意见无用的冲突,法院也没有合理的方法来判断哪一种方法是更加准确的。国会指示法院寻求真实的市场价值,无论它是多么难以捉摸,应当将该价值作为法院评估的客观基准。财产评估,尽管被公认为复杂,但从根本上来讲,不过是"关于可能的市场价值的事实认定问题",参见 *Suitum v. Tahoe Regional Planning Agency*,520 U. S. 725,741,这是地区法院过去曾经做过的事情。由于法律指示地区法院来确定真实的市场价值,佐治亚州的主张就是企图限制地区法院履行其事实认定的职责。如果国会有意施加这样一个限制,国会可以很容易在法律中规定州对于评估方法的选择可以免受司法审查。但是国会并没有这样做。第5~9页。

第二,州认为,把法律解释为允许法院对于评价方法的审查违反了制定该法律当时的联邦主义的背景。即使法院审查的评估方法涉及重要的州政策,然而,国会明确允许法院就该方法进行审查,因为国会禁止使用歧视性的评估比率,并且国会将真实的市场价值这一问题作为可以在联邦法院诉讼的问题。下面这一案件是不同的:*Department of Revenue of Ore. v. ACF Industries,Inc.*,510 U. S. 332,343-344。本院也不赞同佐治亚州所主张的下列观点:法院的解释将破坏州选择它们自己的评估方法的自由裁量权。州可以选择它所喜欢的任何方法,只要该方法不具有歧视性,不违反法律的规定。第9~12页。

472F.3d 1281,被推翻。

首席法官罗伯茨发表了本院全体一致的观点。

《铁路复兴与调整改革法》通过禁止州对于位于其境内的铁路财产征收比其他商业财产更重的税收来歧视铁路。20年前,我们认为,该法律允许受到歧视的铁路为税收之目的去挑战州对其财产的评估。*Burlington Northern R. Co. v. Oklahoma Tax Comm'n*,481 U. S. 454,462(1987)。由于那个案件中的铁路仅仅挑战州适用自己的评估方法,我们明确保留了这样一个问题:铁路是否可以挑战州自己的方法。今天我们来回答这个问题,并且认为,铁路可以挑战州确定铁路财产的价值的方法,以及这些方法是怎样适用的。法律就是这样规定的。

I

国会在1976年制定了《铁路复兴与调整改革法》。90 Stat. 31。该法律的目的是通过禁止"对铁路财产征收歧视性的州税"而阻止铁路工业的经济衰退。参见前面提到的 *Burlington Northern* 一案,第457页;同时参见 *Department of Revenue of Ore. v. ACF Industries,Inc.*,510 U. S. 332,336(1994)。《铁路复兴与调整改革法》禁止四种类型的歧视铁路的州税。本案仅仅涉及第一种类型,该法律规定,州在征税时不能采取下列方法评估铁路运输财产,该方法所导致的评估价值与铁路财产的真实市场价值之比高于位于同一税收管辖权内的其他商业和工业财产的评估价值与其真实市场价值之比。《美国法典》第 49 标题第 11501 节第 b 分节第 1段。如果铁路比率超过了其他财产比率的 5%,地区法院可以禁止该税款的征收。第 11501 节第 c 分节。

请求者 CSX 运输公司是一家从事铁路货物运输的公司,该公司有多条铁路线穿越佐治亚州。结果,该公司应当就其不动产缴纳佐治亚州的从价税。根据佐治亚州的法律,绝大部分商业和工业财产都是在当地由县委员会来评估的。公用事业设备,如铁路,一开始就是由州来评估的,该评估随后将被县委员会所采纳或者改变。在 2001 年,佐治亚州的均定化委员会,本案中的应诉人,核定 CSX 不动产的从价税是 460 万美元。1 年以后,该州的评估者使用了一种不同的联合方法来确定 CSX 位于该州内的不动产的市场价值。其结果将导致征收非常高的税款。该州估计该铁路在 2002 年的市场价值大约是 780 000 万美元,472 F. 3d 1281,1285(CA11 2006),比上一年评估的价值增加了 47%。该评估方法导致 CSX 在佐治亚州的财产价值达到 51 490 万美元,最终需要缴纳财产税 650 万美元。原告的观点摘要,第 15 页。CSX 在佐治亚州北部地区的美国地区法院提起了诉讼,认为该州的 2002 年税收核定违反了《铁路复兴与调整改革法》。铁路主张佐治亚州过高地评估了其位于该州财产的市场价值,却准确地评估了该州内的其他商业和工业财产的市场价值。按照 CSX 的观点,其结果是其铁路财产被按照高于该州内的其他财产的评估价值与市场价值比率 5% 以上的比率被征税了。

为了证明其主张,CSX 提交了其自己的专家评估者出具的证明,该专家所使用的评估方法不同于佐治亚州的评估者所使用的评估方法。CSX 评估者计算其铁路财产 2002 年的市场价值为 600 000 万美元,而非该州所使用的 780 000 万美元。472 F. 3d,at 1285-1286。CSX 认为,该州评估者所使用的评估方法是有缺陷的,请求地区法院将其自己专家评估的价值作为更加准确的市场价值。

佐治亚州使用"单位规则"来评估公用事业设备。根据该规则,"评估者首先确定一个实体的所有资产的价值,而不论其位于什么地方",然后,乘以"该实体位于该州内的财产的比例,以确定整个价值中应当有多少分配到该州"。472 F. 3d 1281,1283(CA11 2006)。

当事人都认为单位规则是评估 CSX 财产价值的适当方法。然而,根据单位规则,可以有众多方法来评估财产,这些方法中的一些方法本身还有很多变化。参见同上,第 1284 页。地区法院拒绝这样做。根据"长椅子测验",法院裁定佐治亚州并没有歧视 CSX,也没有违反《铁路复兴与调整改革法》,因为该州使用了被广泛接受的评估方法来确定其真实的市场价值。448 F. Supp. 2d 1330, 1341(ND Ga. 2005)。根据地区法院的观点,该法律"并没有一般性地允许铁路挑战州所选择的方法",只要该州所选择的方法是合理的并且不具有歧视的目的。同上。

第十一巡回区上诉法院的一个分院维持了地区法院的判决。472 F. 3d 1281 (2006)。该法院的大部分法官认为,"该法律的语言表述并没有明确规定铁路可以挑战评估方法",如果要干预州征税的特权就必须有这样一个明确的法律规定。同上,第1289页。费伊(Fay)法官持不同观点。同上,第1292页。考虑到其他巡回区法院也有很多对该问题进行了判决,将 *Consolidated Rail Corp. v. Hyde Park*,47 F. 3d 473, 481-482(CA2 1995)(铁路可以挑战州的评估方法)和 *Burlington Northern R. Co. v. Department of Revenue of Wash.*,23 F. 3d 239, 240-241(CA9 1994)(相同)与 *Chesapeake Western Ry. v. Forst*,938 F. 2d 528, 531(CA4 1991)(铁路不可以挑战州的评估方法)和 472 F. 3d, at 1289(判决在下面)进行比较,我们发布了诉讼文件移送命令,550 U. S. ＿＿＿＿(2007),现在,我们推翻上述判决。

II

"第11501节的语言明确宣布了国会的目的。"*Burlington Northern*,481 U. S., at 461。州不能按照高于位于同一税收管辖权内的财产的评估价值与市场价值比率的比率来对铁路财产征税。为了适用该法律,地区法院必须计算位于州内的铁路财产的真实市场价值,如果法院手边没有可以使用的数字,法院不能承担比较法律所要求的比率的重任。我们现在要说的和 *Burlington Northern* 案件的判决一样:"从法律的语言中可以很清楚地看出,为了比较真实的评估比率,有必要确定什么是'真实的市场价值'。"同上。我们看不出法院如何能够确定真实的市场价值,如果它接受州所选择的评估方法的话。佐治亚州认为评估方法与法律的适用之间存在重要的差异,法律仅仅允许法院就后一个问题进行审查。我们在法律的语言中没有看出方法和适用有什么差异,也没有看到什么条款禁止地区法院从事该州所主张的事实认定。没有任何法律条款能够支持佐治亚州的主张,这并不令人惊讶。该州所主张的分裂法将导致法院听从该州所采取的评估方法,而该州所采取的歧视性税收正是该法律所要禁止的。考虑到市场价值计算的方法,佐治亚州的观点是站不住脚的。评估并不是一个数学问题,仿佛地区法院仅仅通过反复审查该州的评估方程式就可以防止歧视性的税收。

相反,真实市场价值的计算是一个适用的科学,甚至是一门艺术。绝大多数评估者都不是使用一种方法来评估市场价值,而是联合使用多种方法。这些不同的评估方法产生了市场价值可能存在的范围,根据该范围,评估者可以基于所有可能获得数据的更细致的审查而得出准确的市场价值。*Appraisal Institute, The Appraisal of Real Estate* 49(12th ed. 2001)。例如,佐治亚州的评估者就是一个例子,它们使用了三种不同的评估方法——折现现金流法、市场倍数法及存货和债务法。它们从这三种方法中得出了五个价值:从 812 600 万美元到 1 234 600 万美元。在选择了该范围内最小的一个数额以后,然后减去另外一个 40 000 万美元来考虑不需要征收从价税的无形资产的价值,它们得出了 780 000 万美元这个最终的真实市场价值。472 F. 3d, at 1284-1285。

　　评估者很典型地联合使用了多种评估方法,因为没有任何一种方法是绝对准确的,至少在缺少所评估财产的确定市场的情况下是这样。单独的评估方法所得出的结论有时比较准确,有时则不太准确,取决于财产的特殊性质。从该州的评估者所得出的市场价值范围的变化可以看出,不同的方法可以得出实质上不同的评估结果。W. Kinnard, *Income Property Valuation: Principles and Techniques of Appraising Income-Producing Real Estate* 52(1971)。

　　考虑到方法的选择可以影响价值的确定,阻止法院审查州所选择的评估方法将导致第 11501 节基本上成为一纸空文。这将导致强迫法院将作为诉讼一方主体的州所评估的价值作为“真实”的市场价值。反过来,州将可以自由地采取评估方法来过高地评估铁路财产的市场价值。然后再基于该过高的估价来征税,州就可以征收国会试图根除的歧视性税收。根据佐治亚州对于法律的理解,法院无权阻止它们,该法律最终将不能给铁路提供任何保障,除了在数学上正确计算具有歧视性的税收以外。我们并不认为这种解释具有说服力。相反,我们同意费伊法官下面的反对意见:“由于任何方法的目标都是确定真实的市场价值,应当允许铁路挑战州所使用的方法,以证明其结果并不是其财产的真实市场价值。”472 F. 3d, at 1294。该州赞同下列观点:不可能准确确定真实市场价值。但是它却从该前提中得出了不同的结论。

　　佐治亚州认为,由于任何评估的数额都是似是而非的,法院也不可能通过改变该州所适用的方法来得出准确的结果,只要该方法是合理的。该州警告说,允许铁路基于不同的方法引入它们自己的评估价值将不可避免地导致专家意见无用的冲突,对此,法院也没有合理的方法来解决。至少有一个上诉法院也持相同的观点。参见 *Chesapeake Western*, 938 F. 2d, at 532(没有绝对的方法来确定具有竞争性的评估方法的准确性)。国会没有遇到类似的困难。它指示法院发现真实的市场价值,无论它是多么难以捉摸。它将该价值作为法院评价州对铁路财产征税的客观基准。真实市场价值有可能不是一个单一的、精确的数额,但是国会很明显认为它应当受到司法审查,并且某些更加接近的数额比其他的更好。

　　尽管有佐治亚州的严酷的预言,法律所强制性规定的该审查对于法院而言并不陌生。财产评估,尽管被公认为非常复杂,但说到底不过是“关于可能的市场价格的事实问题”,*Suitum v. Tahoe Regional Planning Agency*, 520 U. S. 725, 741

(1997)，这是一个地区法院习惯于面对的问题。铁路财产并不是经常被出售，但是"确定市场价值通常是在没有市场交易利益的情况下在司法程序中作出的"。同上，第742页。本案中的地区法院明确表示它知道如何发现真实的市场价值："在一个更加典型的案例中，法院可以同时考虑铁路专家的评估以及该州的评估以确定该铁路的真实市场价值。"448 F. Supp. 2d, at 1338, n. 8。它拒绝这样做，不是因为真实市场价值在本质上是难以捉摸的，而是因为它认为该法律并没有允许它审查该州的方法。由于该法律所指示的确定真实市场价值是留给地区法院确定的事实问题，佐治亚州所主张的方法只是地区法院在事实认定中需要考虑的一种类型的证据。如果国会希望赋予各州选择评估方法的特权，它肯定会在法律中作出明确规定。例如，第11501节第c分节规定："确定真实市场价值的举证责任由州法律规定。"国会可以很容易规定类似语言以避免各州所选择的方法受到司法审查。但是国会没有这样做。正如俄克拉何马州在 *Burlington Northern* 一案中的观点，佐治亚州在本案中的立场完全"取决于其对法律所增加的支持其立场的语言"。481 U. S., at 463。我们拒绝去寻找该法律中并不存在的差异，特别是在如同本案的情况下，这些阻碍法律运行的差异。

Ⅲ

考虑到法律语言的清晰，我们试图将讨论停留在这里。"当我们发现法律的语言是明确的时候，司法审查也就完成了……" *Rubin v. United States*，449 U. S. 424, 430(1981)。然而，佐治亚州对于我们的解释提出了两个反对意见，其中每一个都值得予以回答。首先，该州认为，允许法院就州的评估方法进行司法审查的任何解释都忽略了制定该法律所依赖的联邦主义背景。下面的大多数法官表达了类似的观点。"评估方法的选择是州所享有的最基本的征税权"，472 F. 3d, at 1288，在没有国会的清晰法律的例外规定的情况下不应当受到限制。我们一直都主张州所采纳的征税方法"应当尽可能地不受干预"。*Dows v. Chicago*，11 Wall. 108, 110(1871)。其次，我们也被这样一个观点说服了：允许铁路挑战州的评估方法具有《铁路复兴与调整改革法》的明确授权。

作为一个最初的问题，我们审查了佐治亚州所主张的其对评估方法反对选择的观点是一个与其征税权密切相关的重要州政策选择。它们的评估者使用了它们认为合适的不同方法的组合。参见472 F. 3d, at 1284-1285(解释了该州评估者所使用的多种方法并且按照它们最好的判断选择了一个价值)。事实上，这一纠纷是某个评估者采取了与其前任所使用的方法不同的方法来进行作出评估决定的问题。他所选择的方法是他的选择，而不是任何州的法律或者规章所指示的选择。同上。但是，即使州政策的重要问题，正如第十一巡回区上诉法院所认为的那样，"与评估方法选择的问题纠缠在一起"，同上，第1288页，对于这些方法的审查也是

《铁路复兴与调整改革法》所明确指示的发现真实的市场价值的规则所要求的。正如我们上面的解释,计算真实市场价值的权利并不必然包括审查该州的评估方法的权利。

该法律在国家的法院中授予上述权力一点也不令人感到惊讶,如果我们考虑到国会认为各州正在不公平地对铁路财产征税的话。我们在 *Department of Revenue of Ore. v. ACF Industries, Inc.*, 510 U. S. 332(1994)一案中的观点与本案的观点并不矛盾。那个案子所涉及的是《铁路复兴与调整改革法》中的另外一个规定,即第 11 501 节第 b 分节(4)防止各州对于在该税收管辖权领域内提供运输的铁路运输者征收另外一种歧视性的税收。这是禁止表面上具有歧视性的税收,我们认为,并不禁止各州豁免某些非铁路财产本来应当被征收的从价税的做法。*ACF Industries*, 510 U. S., at 343。在《铁路复兴与调整改革法》被采纳之时,大部分州都豁免一类或者多类经营财产的从价税,"包括经营性存货,在纺织品制造业中使用的原材料……以及机械工具",我们仅提及了非常少的一部分。同上,第 344 页。各州已经豁免该财产税很多年了。在面对这种具有普遍性和历史性的实践时,我们拒绝将《铁路复兴与调整改革法》解释为禁止这种类型的免税,这一点是该法律所没有明确规定的。同上。相反,我们已经指出,该法律"以毫无疑问的语言禁止歧视性税率和歧视性评估比率……并且就被挑战的税率和评估实践进行司法审查规定了精确的标准"。同上,第 343 页。佐治亚州认为我们的对于州评估方法的司法审查没有被清晰的法律条款所授权是因为忽视了该法律明确禁止歧视性的评估比率。地区法院在不确定真实市场价值的情况下不能准确计算或者比较这些比率。

国会明确允许法院就州评估方法进行审查,当它禁止歧视性评估比率以及要求真实市场价值可以在联邦法院中被诉讼时。佐治亚州还认为我们的解释将破坏该州选择它们自己的评估方法的自由裁量权。我们不同意这种观点。州可以选择其喜欢的任何方法,只要该结果不是歧视性的。该法律并没有禁止任何评估方法的使用。它所禁止的是歧视。远非要求州必须遵循某种特定的方法,我们仅仅认为该法律的任何规定都没有禁止铁路试图表明该州所选择的方法导致了歧视性地确定真实的市场价值。

第十一巡回区上诉法院的判决被推翻。

如此判决。

附录一 《美国税法典》的结构与特点

《美国税法典》(Internal Revenue Code),又译为《美国国内税收法典》、《美国国内收入法典》、《美国联邦国内税收法典》,它是《美国法典》(United States Code)的第 26 标题(title),它是美国国会制定的联邦税法的法典化,包括所得税法、遗产税法、赠与税法、消费税法、酒税法、烟税法以及雇佣税法。通过对《美国税法典》结构与特点的研究可以为我国的税收立法提供一些借鉴经验。

一、《美国税法典》的历史与结构

(一)《美国税法典》简史

在 1874 年之前,美国的法律都是国会制定的单行法。美国国会于 1873 年开始将全部法律编纂成法典。1874 年 6 月 22 日,美国国会批准了《美国修正法律》(Revised Statutes of the United States),该法典编纂了在 1873 年 12 月 1 日之前生效的所有现行法律。其中,第 35 标题是"国内税收"(internal revenue)。1878 年国会又进行了一次法典编纂。

1919 年,美国众议院的一个委员会开始重新编纂美国法律,并于 1926 年完成了新的法典,其中包括税法。1939 年 2 月 10 日,国会通过法律决定重新编纂税法,并将其命名为《国内税收法典》,一般被称为《1939 年国内税收法典》(Internal Revenue Code of 1939)。它是《美国法典》的第 26 标题。

1954 年 8 月 16 日,美国国内税收服务局(Internal Revenue Service)被国会大规模改组和扩充,该法典被重新公布。为了不与《1939 年国内税收法典》相混淆,该法典被称为《1954 年国内税收法典》(Internal Revenue Code of 1954),其中,分标题、节等的编码方式被完全改变,1954 年的法典代替了 1939 年的法典。

《1986 年税收改革法》将 1954 年的法典重新命名为《1986 年国内税收法典》(Internal Revenue Code of 1986)。《1986 年税收改革法》对 1954 年法典的内容进行了实质性修改，但是在形式上并没有进行重新编纂，也就是说，1954 年法典的绝大部分分标题、章、分章、部分、分部分、节等得以保留下来。以后，国会又对 1986 年法典进行了多次补充和修改，但是，仍然作为《美国税法典》第 26 标题予以公布，并且基本保留了 1954 年法典的基本结构。

《国内税收法典》并没有包括联邦所有的税法，其中有一部分税法存在于第 11 标题（关于破产）和第 28 标题（关于司法），而且有一些税法根本就没有被编入法典。

（二）《美国税法典》的宏观结构

《美国税法典》分为 11 个分标题（subtitle），分标题用大写英文字母表示，即 A、B、C…，其标题依次为：所得税，遗产税与赠与税，雇佣税，杂项消费税，酒、烟以及其他特定消费税，征收程序与行政管理，税收联合委员会，总统竞选运动的资金筹集，信托基金法典，煤炭行业健康利益，团体健康计划要求。

分标题下是章（chapter），共 61 章，章用阿拉伯数字表示，即 1、2、3…。其中所得税分标题下有 4 章：正常税与附加税、自由职业者所得税、外国非居民纳税人以及外国公司的预提所得税，联合纳税申报。遗产税与赠与税分标题下有 4 章：遗产税、赠与税、隔代继承税，特殊估价规则。雇佣税分标题下有 6 章：联邦保险费法、铁路退休税法、联邦失业税法、铁路失业返还税、所得税的工资源泉征收，雇佣税的一般规定。杂项消费税分标题下有 15 章：零售消费税、制造业消费税、设备与服务、印花税、赌博税、其他特定消费税、环境税、税务登记义务、开业许可税的一般规定、公共慈善团体、私人基金会以及其他免税团体、合格养老金等计划、不动产投资信托公司、金色降落伞支付，某些团体健康计划。酒、烟以及其他特定消费税分标题下有 5 章：精馏酒精、葡萄酒与啤酒，烟草制品，卷烟纸与卷烟管，机关枪与其他轻武器，绿函交易，折价交易的组织结算。征收程序与行政管理分标题下有 20 章：资料与纳税申报，纳税时间与地点，核定，税款征收，税款的免除、抵免与返还，限制，利息，附加税、附加额与可征收的罚款，关于印花税的一般规定，危险、破产管理等，受让人与受托人，许可与登记，保单，终结契约与协商，犯罪、其他违法行为与没收，司法程序，杂项规定，责任的认定与权利的执行，定义，一般规定。税收联合委员会分标题下有 2 章：联合委员会的组织机构与成员资格、联合委员会的职权与职责。总统竞选运动的资金筹集分标题下有 2 章：总统竞选运动基金、总统初步匹配支付账目。信托基金法典分标题下有 1 章：信托基金法典。煤炭行业健康利益分标题下有 1 章：煤炭行业健康利益。团体健康计划要求分标题下有 1 章：团体健康计划要求。

章下是分章（subchapter），共 150 个分章，分章用大写英文字母表示，即 A、B、C…，但并非每一个章下面都有分章。第 1 章正常税与附加税下有 24 个分章：税收债务的确定,应税所得的计算,公司分配与调整,递延补偿与其他,会计年度与会计方法,免税团体,用于避免股东所得税的公司,银行业协会,自然资源,不动产、信托、受益人与死者,合伙与合伙企业,保险公司,受规制投资公司与不动产投资信托公司,对来源于美国内外的所得所征的税,财产处分收益与损失,资本收益与损失,跨年度税收调整与特别限制,S 公司及其股东的税收待遇,合作社及其出资人,授权地区、企业社区以及农村开发投资地区的指定与待遇,标题 11 情形,哥伦比亚特区企业地带,复兴社区,纽约自由区利益。这是整个法典中最大的一章。其他章一般只有不超过 5 个分章,很多章根本就没有分章。

分章下是部分(part),共 170 个部分,部分用大写罗马字母表示,即 I、II、III…,但并非每一分章下都有部分。部分下是分部分(subpart),共 97 个分部分,分部分用大写英文字母表示,即 A、B、C…,但并非每一部分下都有分部分。分部分下是节(section),共 1810 节,节用阿拉伯数字表示,即 1、2、3…,节是每章必备的,是《美国税法典》的基本组成单元。在 61 章中,有的下面按照顺序分为分章、部分、分部分和节,有的直接分为节。

第 1 章中的第 A 分章税收债务的确定之下分为 6 个部分:个人税收、公司税收、纳税年度内税率的变化、税收减免、可选择的最小税、环境税。第 B 分章应税所得的计算之下分为 11 个部分:毛收入、调整后的毛收入、应税所得等的定义,包括在毛收入中的特殊项目,排除在毛收入中的特殊项目,州与地方政府债券免税的条件,个人免税额的扣除,个人与公司详细说明的扣除项目,个人扣除的额外项目,公司的特殊扣除,不允许扣除的项目,终端铁路公司及其股东,公司税收优惠项目的特殊规定。其他分章下的部分相对比较少,或者没有部分。

(三)《美国税法典》的微观结构

在节之下,分为分节(subsection),分节之下分为段(paragraph),段之下分为分段(subparagraph),分段之下分为款(clause),条款之下分为分款(subclause)。分节用小写英文字母加括号表示,即(a)、(b)、(c)…;段用阿拉伯数字加括号表示,即(1)、(2)、(3)…;分段用大写英文字母加括号表示,即(A)、(B)、(C)…;款用小写罗马字母加括号表示,即(ⅰ)、(ⅱ)、(ⅲ)…;分款用大写罗马字母加括号表示,即(Ⅰ)、(Ⅱ)、(Ⅲ)…。当然,并非每一节下面都包括上述全部分类,大部分节都包括上述全部分类,很多节只包括分节,也有一些节,只有一句话,因此,连分节也没有。

每节所包含内容的多少存在较大差异,如第 1 节有 4 000 多个单词,译成中文近 8 000 字,而第 46 节只有 30 多个单词,译成中文只有 60 多个字。

第 1 节"应纳税额"包括 9 个分节:(a) 提交联合纳税申报的已婚个人和未亡配偶;(b) 家庭成员;(c) 未结婚的个人(除了未亡配偶和户主以外);(d) 分别提缴纳税申报表的已婚个人;(e) 不动产与信托;(f) 婚姻罚款在 15% 这一档次分阶

段停止,对税款表进行调整以确保通货膨胀不会导致应纳税额的增加;(g)未成年人的某些非劳动所得视同父母的所得予以征税;(h)最大资本收益率;(i)2000年以后税率的降低。

第2节"定义与特殊规则"包括5个分节:(a)未亡配偶的定义;(b)家庭成员的定义;(c)某些分开居住的已婚个人;(d)非居民外国人;(e)参照。

第3节"个人税率表"包括5个分节:(a)应征税收的税率表;(b)本节不适用于某些个人;(c)视为1节所征收的税款;(d)应税所得;(e)参照。

《美国税法典》的特定条款被引用时一般采取这种形式:162节第e分节(2)(B)(ⅱ)[section162(e)(2)(B)(ⅱ)],其所表示的就是第162节中的(e)分节中的(2)段中的(B)分段中的(ⅱ)款。它在整个《美国税法典》中的位置如下:

Title 26:Internal Revenue Code[26标题:国内税收法典]

Subtitle A:Income Taxes[A分标题:所得税]

Chapter 1:Normal Taxes and Surtaxes[1章:通常税与附加税]

Subchapter B:Computation of Taxable Income[B分章:应税所得的计算]

Part VI:Itemized Deductions for Individuals and Corporations[VI部分:个人与公司的详细说明的扣除]

Section 162:Trade or business expenses[162节:经营或者商业费用]

Subsection(e):Denial of deduction for certain lobbying and political expenditures[(e)分节:某些游说和政治费用的扣除的拒绝]

Paragraph(2) Exception for local legislation[(2)段:地方立法的例外]

Sub-paragraph(B)[(B)分段]

Clause(ⅱ)[(ⅱ)款]

二、《美国税法典》的特点

(一)法典化

《美国税法典》的首要特点就是其法典化,这似乎是同义反复,但的确有强调的必要。当前世界各国都有税法,但采取法典化形式的国家非常少。法典化作为一种立法模式既有优点,也有缺点。其优点是体系性强、稳定性强、便于纳税人掌握、避免法律的重复等,其缺点是适应性差、结构复杂等。从整体来看,《美国税法典》充分发挥了法典化的优点,基本上避免了法典化的缺点。

对于想了解美国税法的人而言,只需要翻一翻《美国税法典》即可,但是对于采取单行立法模式的国家而言,要想了解该国税法,则必须翻阅很多法律,而且还不能肯定是否穷尽了所有的税种法,特别是对于开征 20 个以上税种的国家而言。这一点是法典化最大的优点,也是美国国会将全部税法编纂成法典的最主要的初衷。

在避免法律的重复性方面,《美国税法典》也是其他国家的税法所无法比拟的。同样的定义、原则、方法和制度等,只需要在一个地方规定,其他涉及这个问题的直接参照该条款即可。但是在单行税法模式中,为了保证体系的基本完整往往难免对某些事项进行重复规定。即使可以采取参照其他税法规定的方法,但往往避免不了一部法律修改导致一系列法律必须修改的被动局面。有时被参照的法律修改了,而规定参照其他法律的法律并未修改,容易造成未修改的法律无法可参照或者必须对修改前后的法律进行对照才能确定应当参照哪个条款的尴尬状况。

(二) 复杂性

《美国税法典》的第二个特定就是复杂性。美国著名法官 Learned Hand 就曾在《自由的精神》(The Spirit of Liberty)中这样描述《美国税法典》:"在我看来,所得税一类的法案语言,不过是排着没有意义的队伍在我眼前跳动着的符号;相互参照又相互参照,例外之上又有例外——只是一些抽象的术语,没有线索可以把握——脑海中只对一些极其重要,但又成功隐藏起来的观点有一个模糊的印象。我的责任是尽我所能去概括它们,当然只有在经过长时间的努力之后才能做到。"《美国税法典》的确如此,它不仅结构复杂,而且语言难懂。

从结构方面来看,它有 11 分标题、61 章、150 分章、近 2 000 节,而每一节下还有分节、段、分段、条款和分条款。如果对《美国税法典》没有深入研究,单就这些篇章结构就够一个初学者研究半天的。除此以外,《美国税法典》内部的逻辑关系也比较复杂,特别是很多条文规定了参照,而被参照的条文中往往也有参照,这种参照的链条往往会让人晕头转向,另外,《美国税法典》条文中存在着大量的例外规定,不仅一节中专门列出一部分进行例外规定,而且在一个条文中也大量存在例外规定,特别是在例外的规定中还有例外规定,这种否定之否定的逻辑结构只有辩证法学得很好的人才能理解和掌握。从语言来看,《美国税法典》的语言有两个特点:一是特别长,而且中间增加了很多转折的连词和限定的语言;二是所适用的单词比较生僻,专业性比较强。这样两个特点导致《美国税法典》的规定非常难懂。

据说,在美国学习法律的研究生和研究法律的教授,除税法专业的以外,往往都看不懂《美国税法典》,更不容说普通的纳税人了。因此,美国的税务代理业务非常发达,连美国大学教授都要请专业人员代理纳税。

（三）务实性

《美国税法典》的第三个特点是务实性，它的篇章结构以及条文设计都是为了解决现实中的问题而有针对性的规定的，具有强烈的问题性。《美国税法典》之所以在结构和语言等方面都非常复杂，一个重要的原因是它是经历 100 多年的反复修改而成的，而且每次修改都是针对现实中出现的各种各样的复杂问题的应对措施。这样就难免使得该法典越来越复杂，甚至逐渐走向了其自身的反面——让人越来越看不懂。虽然其比较复杂，只有专业人士才能看懂，但其在解决现实问题方面的确比较成功。或许这就是一个不能两全其美的难题：为了能够有用，就必须复杂，简洁明了的规定虽然能让一般人看懂，但解决不了多少问题。

（四）公平性

《美国税法典》的第四个特点是公平性。可以说，《美国税法典》之所以设计成这么复杂的制度，运用这么多复杂的结构和难懂的语言，在例外之处规定例外，在参照中规定参照，一个非常重要的原因是它要追求公平。公平是一个见仁见智的问题，并没有非常客观的标准。《美国税法典》不仅追求简单公平，而且追求复杂公平，不仅追求形式公平，而且追求实质公平。例如，《美国税法典》中的扣除制度往往都规定了通货膨胀调整，这种制度设计使得相关扣除制度越来越复杂，但这种制度无疑是公平的。《美国税法典》中规定了很多复杂的计算公式，这种计算方法虽然复杂，但是其结果明显是一种实质公平。现实生活是复杂的，想通过简单的方法来获得实质公平是不切实际的。《美国税法典》将公平性放在了较高的地位，因此，伴随它的只能是复杂性。

三、对我国税收立法的启示

《美国税法典》的特点并非都是优点，因此，我们在税收立法中借鉴的只是其特点中的优点，同时应当尽量避免其缺点。

（一）遵循税收法定原则

法典化的前提是税收法定原则的遵循，即税收基本制度由法律来规定。我国目前开征的近 20 个税种中，只有个人所得税以及企业所得税是通过法律开征的，其他都是通过行政法规开征的。这种税收立法状况在国外，即使是在发展中国家也是比较少的。就我国目前的税收立法现状来看，离税收法定原则还有很长的距离，更不用说法典化了。因此，从《美国税法典》中我们所能借鉴的就是遵循税收法定原则，美国国会能制定出这么复杂的制度，我们不能以自己立法经验不足、立法能力有限为理由拒绝通过法律来规定基本的税收制度。

（二）遵循明确性原则

《美国税法典》的复杂性和难懂性是我们的税收立法应当尽量避免的,但是其立法的明确性却是我们应当遵循的。《美国税法典》中有大量的条款是定义性和解释性规定,估计可以占到1/3。这些定义性和解释性规定大大增强了该法典的明确性,使得纳税人仅凭该法典就基本上可以明确自己所承担的纳税义务。把我国的税法与《美国税法典》一比,就明显看出差别了。我们的税法几乎没有定义性和解释性规定,而是将其留给了税收行政法规、部门规章以及其他规范性文件。以与普通公民关系最密切的个人所得税为例,我国的《个人所得税法》只有15条,不到3 000字。这么简单的税法能把个人所得税说清楚吗? 仅凭这部税法,纳税人根本不知道怎样纳税,应该纳多少税。与此相配套的《个人所得税法实施条例》(45条,5 300余字)规定了很多定义性和解释性的条文,弥补了《个人所得税法》的不足,但是,仅凭这些仍不足以使纳税人明确如何纳税。要真正明确如何纳税,必须查看财政部和国家税务总局发布的200多个部门规章和其他规范性文件。由此可见,我国个人所得税法也是明确的,只是它将这种明确性的任务交给了行政法规,特别是部门规章和其他规范性文件来完成,而《美国税法典》是基本上由自己来完成的。明确性原则实际上是税收法定原则的一个延伸原则,没有明确性原则,实际上不是真正的税收法定,因为在纳税事项上真正起作用的是税收行政法规、部门规章和其他规范性文件,这怎么能说是税收法定呢?

（三）遵循公平性原则

如前所述,《美国税法典》的复杂性和难懂性是我们的税收立法应当尽量避免的,但是我们不能从一个极端走到另一个极端,为了简明扼要而损害了税法所要遵循的基本原则——税收公平。税收公平的基本含义是所得相同者缴纳相同的税,所得多者缴纳较多的税。这种公平性只有在综合所得税制以及分类综合所得税制下才能实现。《美国税法典》实行的是综合所得税制,这种税制比较复杂,但是比较公平。我国实行的是分类所得税制,比较简单,但不太公平。在我国的个人所得税制度下,所得相同者缴纳的税不一定相同,所得多者不一定缴纳较多的税。而且我国的个人所得税无法进行各种费用开支的扣除,如教育、医疗、老人抚养、儿童养育等各项费用,而在综合所得税制下这些费用就可以扣除。《美国税法典》之所以复杂,就复杂在它的各种扣除实在太多,而且计算方法也非常复杂。但正是这种复杂的制度设计导致了一个在整个世界来讲都算比较公平的所得税制度。当然,有人批评《美国税法典》太过复杂,以至于影响了其效率性。这当然是我们应当避免的,但是我们的税法过于简单,以至于难以确保公平的实现,这却是我们应当向《美国税法典》学习的。

附录二 / 关键术语对照表

ad valorem tax 从价税
arm's-length relationship 公平交易关系
bench trial 长椅子测验
boot 补价
Bureau of Indian Affairs 印第安人事务局
certiorari 诉讼文件移送命令
Circuit Court of Appeals 巡回区上诉法院
closely held corporation 紧密持有公司
Commissioner of Internal Revenue 国内税收服务局局长
contingent-fee 成功酬金
Court of Appeals 上诉法院
Court of Claims 权利主张法院
discounted cash flow approach 折现现金流法
District Court 地区法院
Double Jeopardy Clause 双重危险条款
Due Process Clause 正当法律程序条款
F. H. A. 联邦住房管理局
Federal District Court 联邦地区法院
form over substance 形式重于实质
Internal Revenue Code 国内收入法典
Internal Revenue Service 国内税收服务局
judicial review 司法审查
magistrate judge 治安法官
market multiple approach 市场倍数法

occupational tax 职业税

pari delicto 对等错误

res judicata 已决事项

Secretary of Interior 内务部长

Secretary of the Air Force 空军部长

Secretary of the Treasury 财政部长

self-incrimination 自证其罪

Social Security Administration 社会保障主管机关

special master 特派雇主

special trial judge 特派审理法官

stock and debt approach 存货和债务法

substance over form 实质重于形式

tax-deductible 可税收扣除的

tax-exemption system 税收豁免制度

tax claim 税收权利主张

Tax Court 税务法院

tax planning 税收筹划

tax system 税收制度

taxation with representation 纳税人代表

taxation with representation Fund 纳税人代表基金

Taxation With Representation of Washington(TWR)华盛顿纳税人代表组织

Treasury Regulation 财政部规章

United States District Court 美国地区法院

United States Court of Federal Claims 美国联邦权利主张法院

附录三　法律法规名称对照表

American Jobs Creation Act　《美国工作创造法》

Bankruptcy Code　《破产法典》

Code of Federal Regulations　《联邦规章法典》

Dangerous Drug Tax Act　《危险药品税法》

Emergency Price Control Act　《紧急情况价格控制法》

Federal Insurance Contributions Ac　《联邦社会保险缴费法》

Fed. Rule App. Proc.　《联邦上诉程序规则》

Fed. Rule Bkrtcy. Proc.　《联邦破产诉讼规则》

Fed. Rule Civ. Proc.　《联邦民事诉讼规则》

Federal Tort Claims Act　《联邦民事侵权权利主张法》

Housing Act　《住房供给法》

Indian Self-Determination and Education Assistance Act　《印第安人自我决定和
教育援助法》

Internal Revenue Code　《国内收入法典》

Maximum Price Regulation　《最大价格规章》

National Housing Act　《全国住房供给法》

National Prohibition Act　《全国禁酒法》

Railroad Revitalization and Regulatory Reform Act　《铁路复兴与调整改革法》

Restatement(Second)of Agency　《代理法重述(第二次)》

Revenue Act　《税收法》

Revenue Ruling　《税收规则》

Revised Code of Washington　《华盛顿修正法典》

Public Salary Tax Act　《公共薪金税法》

Tax Court Rule　《税务法院规则》

附录四　案例名称对照表

United States v. Sullivan, 274 U. S. 259(1927)

美国诉萨里凡

Bazley v. Commissioner of Internal Revenue, 331 U. S. 737(1947)

贝雷诉国内税收服务局局长

Philips Co. v. Dumas School Dist. , 361 U. S. 376(1960)

菲利普斯公司诉大仲马学区

Moses Lake Homes v. Grant County, 365 U. S. 744(1961)

摩西·莱克·霍姆斯诉格兰特县

Whipple v. Commissioner, 373 U. S. 193(1963)

惠普尔诉局长

Marchetti v. United States, 390 U. S. 39(1968)

马凯特诉美国

United States v. Davis, 397 U. S. 301(1970)

美国诉戴维斯

Regan v. Taxation with Representation of Washington, 461 U. S. 540(1983)

里根诉华盛顿纳税人代表

Commissioner v. Bollinger, 485 U. S. 340(1988)

局长诉鲍玲格

Commissioner v. Clark, 489 U. S. 726(1989)

税务局长诉克拉克

Davis v. Michigan Dept. of Treasury, 489 U. S. 803(1989)

戴维斯诉密歇根州财政部

Begier v. IRS, 496 U. S. 53(1990)

贝基诉国内税收服务局

United States v. Nordic Village, INC., 503 U. S. 30(1992)

美国诉北欧村有限公司

Harper v. Virginia Dept. of Taxation, 509 U. S. 86(1993)

哈珀诉维吉尼亚税务局

Department of Revenue of Montana v. Kurthranch et al. 511 U. S. 767(1994)

蒙大拿州税务局诉克斯大农场

United States v. Williams, 514 U. S. 527(1995)

美国诉威廉姆斯

Commissioner of Internal Rrevenue v. Lundy,516 U. S. 235(1996)

国内税收服务局局长诉朗蒂

Arizona Department of Revenue v. Blaze Construction Co., Inc.,526 U. S. 32
(1999)

亚利桑那州税务局诉布莱泽建筑有限公司

Hunt-Wesson, Inc. v. Franchise Tax Board of California,528 U. S. 458(2000)

杭特—维森公司诉加利福尼亚特权税收委员会

Commissioner of Internal Rrevenue v. Banks,543 U. S. 426(2005)

国内税收服务局局长诉班克斯

Ballard et ux. v. Commissioner of Internal Rrevenue,544 U. S. 40(2005)

鲍兰德诉税务局长

CSX Transportation, Inc. v. Georgia State Board of Equalization et al.,552
U. S. _____(2007)

CSX 运输公司诉佐治亚州均等化委员会